建築知識
kenchikuchishiki

世界で一番くわしい

木造詳細図

10 改訂版

猪野忍・中山繁信 著
Shinobu Ino ＋ Shigenobu Nakayama

X-Knowledge

本文組版 竹下隆雄 (TK クリエイト)
カバー・表紙デザイン 細山田デザイン事務所
印刷・製本 大日本印刷

はじめに

　建築家とともに家を考え、住宅を建てるということは、建主やその家族1人ひとりにとって、ことさら心ときめかせることで、一生のうち最も想像力を発揮する出来事の1つに違いない。しかし、わが国の住宅は、大半が木造建築であるにもかかわらず、建築家を目指す若い世代にとって、木材に関する知識、伝統的な様式や手法を含め、木造建築がどうできているのか、どう造るのかなどを学ぶ機会が年々少なくなってきており、設計教育でも学ぶのは、一般的に新鮮でユニークな考え方やカタチを提案することが中心になっている。このことは大工職をはじめとする建築関連職人たちの減少にもつながっている。

　本書は、こうしたことを踏まえ木造住宅のさまざまな工法上の仕組み、納まりや造作にかかわる詳細の基本を伝えようとするものである。木造建築では、表面に表される、あるいは現れる仕上げの表情、造作と呼ばれる枠や建具、取り付く造付け家具や設備機器など諸々の納まりは、骨組み、躯体、下地組と密接し立体的な関係にあることがほとんどである。このため、図はアクソメトリックの3次元的表現と納まり詳細図、解説文を併記し分かりやすくと心がけた。これは、新たな納まりや工夫につながり、さらに建築現場などで大工職や各種職方と意思を通わせるのに役立つものと思われる。挿入図は極力手で描いた。住宅に限らないが、建築は常に人間の目に触れるだけでなく、手で触ったり、音の響きを感じたり、素材の香りに接したりと身体全体を通し空間の味となって人々の意識とつながっている。設計に際し、CADのキーボードに手を触れる前にまずこのことを忘れないでほしいと願ってでもある。

　建築は表層だけきれいに納まっているだけでは本物にならない。木造住宅がしっかりとした納まりで出来上がり、意図した性能を維持し、住み手の生活に応え、表情を豊かに保ち続けていけるかが設計する者に期待されているのである。本書を通して木造住宅建築の設計、デザインに一層の意欲と関心を深めていただければ幸いである。

猪野　忍・中山 繁信

CONTENTS

CHAPTER 1
木造建築の納まりの基本

CHAPTER 2
外部の仕上げ

CHAPTER 3
内部の仕上げ

CHAPTER 4
各部屋の構成

CHAPTER 5
内外の開口部と建具

CHAPTER 6
外構

【本書の図面に記載されている記号は下記の意味を表しています】

㋐　：厚さ
@　：ピッチ
ϕ　：径
90□：90㎜角を表す
PL　：プレート
SUS：ステンレス鋼
ST　：スチール
CL　：クリヤラッカー塗り
EP　：合成樹脂エマルションペイント塗り
UC　：ウレタン樹脂ワニス塗り
OS　：オイルステイン塗り

CHAPTER 1

木造建築の納まりの基本

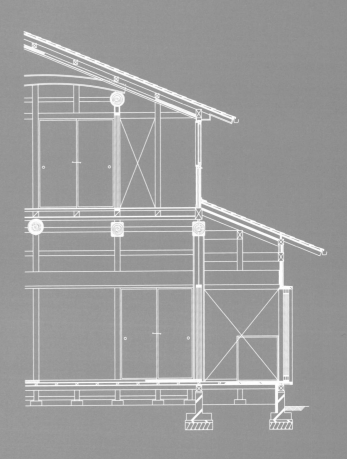

木造建築の構法と軸組構法の構造

木造建築は軸組構法と壁構法の2つに大きく分類される。各構造部材は、建物の荷重と地震や風に対する力にも抵抗する

木造建築の構法

　主要構造部を木材で加工したものを木造建築という。木造建築の構法には、柱、梁（横架材）で骨組みを構成し、柱で建物を支える軸組構法と、壁で建物全体を支える壁構法がある。軸組構法には、伝統軸組構法と在来軸組構法があり、壁構法には、枠組構法および丸太組構法がある。ともに壁の上に屋根を載せる建て方である。伝統軸組構法は、寺院建築や書院造り、民家建築など古くからの技術を受け継いだ構法である。これに対し、在来軸組構法は現在最も一般的な木造建築の構法である。枠組構法は、北米を中心に発達を遂げた木造建築で、日本では一般に2×4（ツーバイフォー）方式と呼ばれている。丸太組構法は、丸太や大断面に加工した木材を積み上げて壁を構成する。

軸組構法の基本構成

　在来軸組構法では、基礎や土台、柱、梁で建物を支え、地震や風の力に対しては耐力壁や筋かいなどで抵抗する。基礎は、壁方向に連続した鉄筋コンクリートの構造体である。柱は屋根や2階床などの荷重を支え、土台、基礎に伝える。梁は柱頭に位置する水平材で、軸組を形作り床材や屋根の小屋組みを支持する構造材である。床は、1階は束石、床束、大引と根太を介して、2階は1階の空間を跨ぐ床梁に根太を掛け、そこに床材を載せることになる。屋根荷重は小屋組みが支える。水平に架け渡された太い木材の小屋梁の上に小屋束を立て、その上に横架材・母屋を、1番高いところに棟木を取り付け、次に屋根下地材を支えるための垂木を載せることで、小屋組みと建物の骨組みが完成となる。

● 主要構造部
柱、梁、壁、床、屋根、階段をいい、構造上重要な部分として建築基準法2条5号で規定されている部位

● 壁構法
北米やヨーロッパ諸国、中国などで展開してきた住宅建築で、窓などの開口部は壁を穿つように造られてきた

● 筋かい
壁内に斜めに組み込まれ、耐震や耐風のための重要な部材

● 耐力壁
地震や強風による水平力に抵抗する壁

軸組構法の種類

①伝統軸組工法

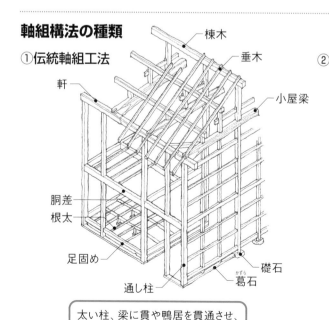

棟木 / 垂木 / 軒 / 小屋梁 / 胴差 / 根太 / 足固め / 通し柱 / 葛石 / 礎石

太い柱、梁に貫や鴨居を貫通させ、楔や栓などによって固定させるため、金物の使用は限定的である

②在来軸組構法

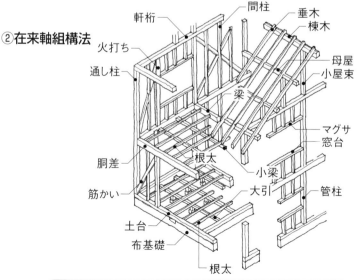

軒桁 / 間柱 / 垂木 / 棟木 / 火打ち / 通し柱 / 母屋 / 小屋束 / 梁 / マグサ / 窓台 / 胴差 / 根太 / 小梁 / 筋かい / 大引 / 管柱 / 土台 / 布基礎 / 根太

伝統軸組構法から発展し、柱を土台に載せ、上部を梁や桁で繋ぎ、壁には筋かいや構造用合板を入れて耐力壁とし、接合部に金物を使用するなど、さまざまな改良がくわえられてきた

在来軸組構法の構造

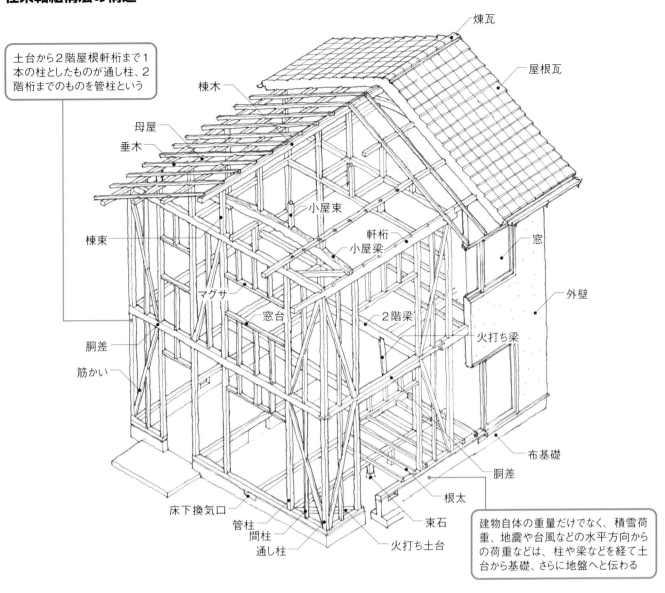

土台から2階屋根軒桁まで1本の柱としたものが通し柱、2階桁までのものを管柱という

煉瓦
屋根瓦
棟木
母屋
垂木
小屋束
軒桁
小屋梁
窓
外壁
棟束
マグサ
窓台
2階梁
火打ち梁
胴差
筋かい
布基礎
胴差
根太
床下換気口
管柱
間柱
通し柱
束石
火打ち土台

建物自体の重量だけでなく、積雪荷重、地震や台風などの水平方向からの荷重などは、柱や梁などを経て土台から基礎、さらに地盤へと伝わる

壁構法の種類

①枠組構法

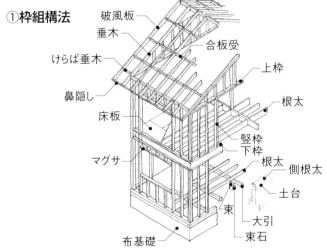

破風板
垂木
けらば垂木
鼻隠し
床板
マグサ
合板受
上枠
根太
竪枠
下枠
根太
側根太
土台
束
大引
束石
布基礎

布基礎の上に土台を載せ、合板の床材を釘打ちし、次に木枠を組み、そこに合板の面材を張り、これを外壁や間仕切り壁とする

②丸太組構法

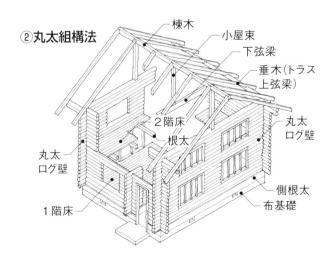

棟木
小屋束
下弦梁
垂木(トラス上弦梁)
2階床
根太
丸太ログ壁
丸太ログ壁
1階床
側根太
布基礎

壁は木の表情をそのまま表すことが多く、ログハウスとも呼ばれ、防火上の制約の少ない山間部などの別荘建築に多く採用されている

木造建築の外装・内装と構造部材の役割

外・内装材は性能を満たしつつも、デザインにもこだわり選択する。構造部材は仕様規定を満たすように検討する

木造建築の外装

木造建築の外装の主な部位は屋根と外壁である。外装にはさまざまな性能が求められるが、まず重要なのは耐久性と耐火性である。外装建材は建物の耐久性に直接影響するため、材質の選定と適切な納まりが求められる。遮音性や防音性のほか、断熱性にも配慮しなければならない。そして、各性能と同様に重要となるのがデザイン性である。建物は街並みを構成する一要素であるから、周囲の環境にも十分配慮した設計が必要だ。

木造建築の内装

木造建築の内装の主な部位は内壁と床、天井である。内装は目に触れやすく、身体と直接接触する機会が多いため、肌触りや健康に支障をきたす材ではあってはならない。できるだけ化学製品や有害な接着剤の使用は避ける。最近では本物そっくりのフェイク内装材も出回っているが、できるだけ味わい深い本物の材を使いたいものである。

各構造部材の役割

木造建築を構成する各部材には、それぞれ役割がある。柱は横架材を支える垂直材で、上部からの荷重を土台や基礎を通じて地面に伝える役割を持っているため、主に圧縮力がかかる材である。梁や桁は横架材の代表であり、上部の屋根や床などの自重、積載荷重を柱に伝える役割を担っている。曲げやせん断力がかかってくるため、それに耐えられる断面が必要になる。筋かいは建物にかかる水平力による変形に耐えるための斜め材である。

通常、4号建築物は基礎、柱、梁、などの仕様規定を満たすほか、壁量計算（水平力に対する耐力壁の必要量の検討）、壁配置（壁の偏った配置による水平力による回転力の発生の抑止）、柱頭柱脚の接合方法（地震力などにより柱の引き抜きの防止）などの検討が必要である。これらの検討は仕様規定の範疇で構造計算とはいわない。仮に仕様規定を外れる箇所がある場合は許容応力度計算によりその部位の安全性を確認する。

● 耐火性
防火地域、準防火地域、22条区域などでは、建物の用途、規模などによってさまざまな防火・耐火性能が求められる

● 4号建築物
木造2階建て以下で、延べ面積500㎡以下、かつ軒高9m以下、高さ13m以下の建築物

● 許容応力度計算
固定荷重や積載荷重、地震力などの荷重を想定し、構造部材が耐えうる部材断面の単位面積当たりの応力（許容応力度）を計算すること。建物の実情に合わせて荷重を計算し、耐力壁の耐力がそれを上回るよう、各部材の接合部の設計などを確認検討しなければならない

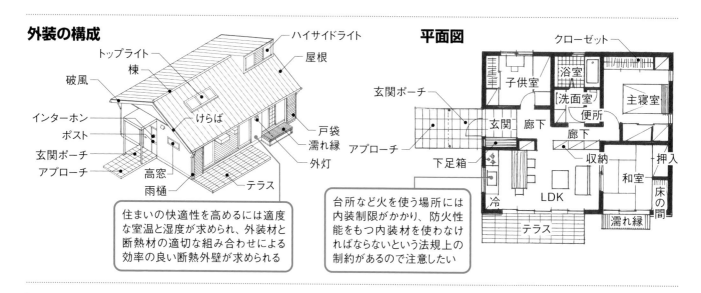

外装の構成

トップライト／ハイサイドライト／棟／屋根／破風／けらば／インターホン／ポスト／玄関ポーチ／アプローチ／高窓／雨樋／テラス／戸袋／濡れ縁／外灯

住まいの快適性を高めるには適度な室温と湿度が求められ、外装材と断熱材の適切な組み合わせによる効率の良い断熱外壁が求められる

平面図

クローゼット／玄関ポーチ／子供室／浴室／主寝室／洗面室／便所／玄関／廊下／アプローチ／下足箱／廊下／収納／押入／冷／LDK／和室／床の間／テラス／濡れ縁

台所など火を使う場所には内装制限がかかり、防火性能をもつ内装材を使わなければならないという法規上の制約があるので注意したい

木造軸組にかかる力

垂直荷重

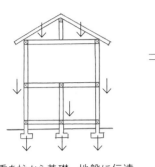

荷重を柱から基礎、地盤に伝達

水平荷重

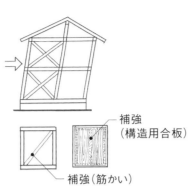

補強
（構造用合板）

補強（筋かい）

耐力壁の配置と建物変形への抵抗

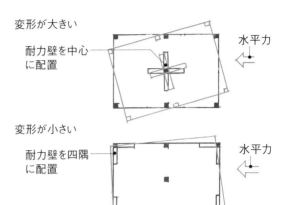

変形が大きい

耐力壁を中心
に配置

水平力

変形が小さい

耐力壁を四隅
に配置

水平力

壁配置の検討

補強の役割

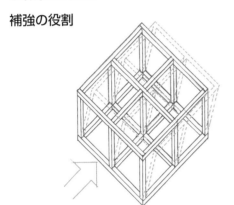

柱・梁だけでは水平力に対して抵抗
できない

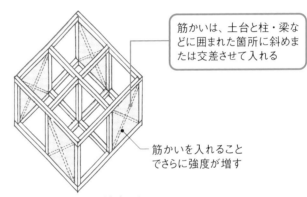

筋かいは、土台と柱・梁な
どに囲まれた箇所に斜めま
たは交差させて入れる

筋かいを入れること
でさらに強度が増す

力が均等に伝わるよう補強を入れる
ことで水平力に対して抵抗できる

接合方法と金物の検討

柱や梁などの接合には、継ぎ手仕口による木材だけの接合、木材と金物の併用での接合、
金物の実の接合の3種類があり、納まりやコストによって使い分けをする

接合金物（柱・梁）

梁通しの仕口

柱通しの仕口

木材のみ

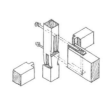

金物併用

金物のみ

接合金物（柱・基礎）

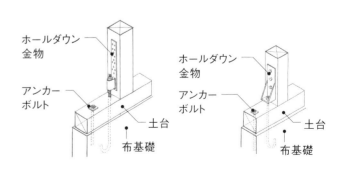

ホールダウン
金物

アンカー
ボルト

土台

布基礎

ホールダウン
金物

アンカー
ボルト

土台

布基礎

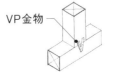

VP金物

アングル
金物

詳細図の基本となる矩計図

メイン部分の断面詳細図である矩計図を見ることで、建築物の納まりの全体を把握することができる

矩計図とは

矩計図(かなばかりず)は、建築設計の中でも重要な図面の1つで、建物の主要部分を垂直に切断した断面詳細図である。

各部位の寸法、仕上がり、部材の寸法などが細かく記入されており、建築の工法、屋根や基礎などの形状、外壁や内部の下地、仕上げ材など建物の仕様を知ることができる。作成には手間がかかる図面ではあるが、設計図書としては、平面図と並ぶ代表的かつ重要な図面といえる。

矩計図を見れば、建物全体の納まりを確認することができる。それにより、建物の品質もチェックできる。縮尺は1/20〜1/50程度でつくられることが多い。

代表的な住宅の矩計図

建物の断面をあらわす矩計図からは、その建物の型を確認することができる。建物、とりわけ住宅の型には、時代や地域性が反映されるものであるが、外壁のアウトラインを類型化していくと、いくつかのパターンのようなものが見えてくる。

CHAPTER 1では、その代表例として、①切妻屋根の住宅、②壁面に凸凹のある住宅、③フラットな壁面の住宅、④伝統的な木造住宅、⑤地域性を考慮した住宅、⑥大断面集成材を用いた住宅、の6つを取り上げ、それぞれの矩計図を紹介する。まずは、矩計図で納まりの原則を押さえ、そのうえで各部位のディテールを知ることが大切である。

● 平面図
各階の床面から一定の高さの水平断面を図面にしたもので、各階の形状・床面積などを示す。建物の内部構成や間取りを確認できる

一般的な屋根の骨組み(和小屋)

母屋
棟木
梁
小屋束
垂木
桁
柱

一般的な木造住宅の屋根・外壁と仕上げパターン

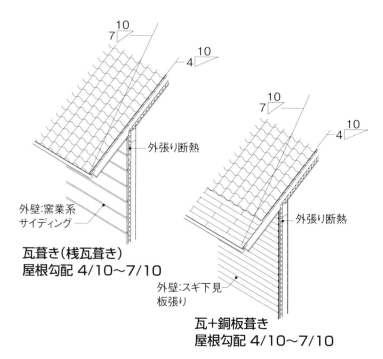

外張り断熱

外壁:窯業系サイディング

瓦葺き(桟瓦葺き)
屋根勾配 4/10〜7/10

外張り断熱

外壁:スギ下見板張り

瓦＋銅板葺き
屋根勾配 4/10〜7/10

一般的な木造住宅の類型

建売・ハウスメーカー
都市部極小敷地型

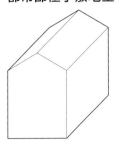

ハウスメーカー ツーバイフォー
プレファブ住宅展示場型

建売・ハウスメーカー・
工務店地方敷地型

都市部極小敷地倉庫型

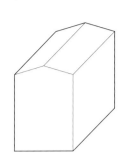

地方壁面凸型

地方民家型

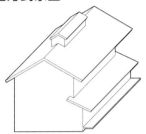

都市部極小敷地
壁フラット型

都市部壁面凹型

豪雪地ハイブリッド型

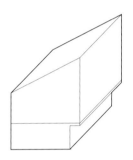

都市部極小敷地箱型
パラペットなしタイプ

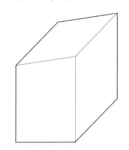

都市部極小敷地箱型
パラペットありタイプ①

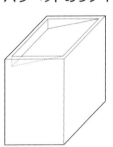

都市部極小敷地箱型
パラペットありタイプ②

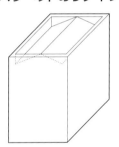

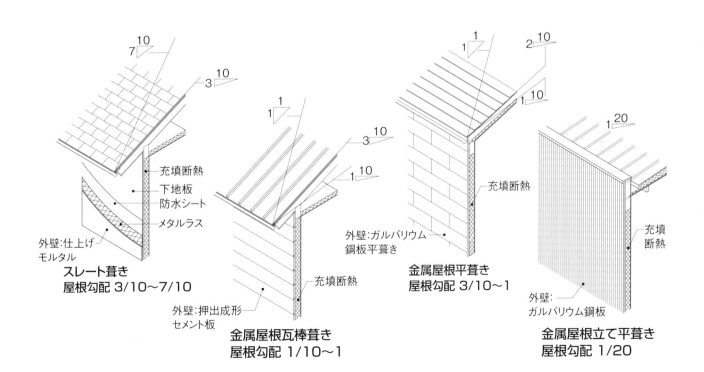

外壁:仕上げ
モルタル

充填断熱
下地板
防水シート
メタルラス

スレート葺き
屋根勾配 3/10〜7/10

外壁:押出成形
セメント板

充填断熱

金属屋根瓦棒葺き
屋根勾配 1/10〜1

外壁:ガルバリウム
鋼板平葺き

充填断熱

金属屋根平葺き
屋根勾配 3/10〜1

充填
断熱

外壁:
ガルバリウム鋼板

金属屋根立て平葺き
屋根勾配 1/20

切妻屋根の住宅の矩計図

家型らしい形で、軒の浅いタイプと深いタイプがある

箱型スタイルの切妻

建売やハウスメーカーが手がける、都心部の狭小敷地住宅でよく見かけるスタイルである。隣地境界線からのセットバックで、壁面はフラットで大きな凸凹がなく、軒の浅い箱形の切妻となる。妻面が道路に面していることが多いため、玄関、ベランダ、車庫なども妻側に設けられるスタイルが一般的である。

軒・ベランダのある切妻

箱型タイプとは異なり、敷地に余裕のある地方に多いスタイルで、軒が深くベランダや濡れ縁を設置したスタイルである。ベランダを支える梁は外壁を貫通するため、雨仕舞いに注意を要する。ベランダや濡れ縁を室内から段差なしでつなげる場合は、それぞれの床とサッシ下枠の納まりに工夫が必要となる。

● 濡れ縁
居室の外側に設けられる縁側のこと
→p.166参照

代表的な切妻屋根の矩計図

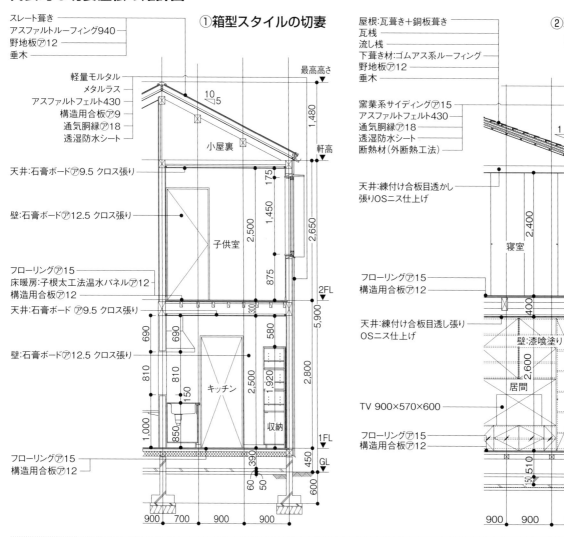

壁面に凸凹のある住宅の矩計図

１階または２階が張り出したスタイルは、雨仕舞いの納まりに気をつける

1階が張り出したスタイル

　1階部分が張り出したタイプの住宅は、壁面に下屋が取り付く部分の納まりに注意を要する。毛細管現象や気流・気圧差による雨水の浸入対策を検討する必要がある。また、上部屋根に横樋を設けず下部屋根に雨水を流すと、音の問題や跳ねによる汚れが生じるので、上屋根にも横樋を設ける。また、下部屋根内の断熱が壁面の断熱と切れないように注意する必要がある。

2階が張り出したスタイル

　2階部分が1階よりも張り出したタイプの住宅は、壁面の段差部分に水切を設け、表面張力による水の流れ道を断つ工夫が必要である。水切を設けた下部分にも玉砂利などを敷設すると、足元廻りが汚れにくくなる。軒天井には耐水性の高い天井材を用い、内部に必ず断熱材を施す。吹き上げによる風圧を受けるため、それを考慮した強度、ジョイントをすることが望ましい。

● 毛細管現象
　重力や圧力に逆らって、細い管の中を液体が上下する現象

● 軒天井
　軒裏部分を隠すための天井

壁面に凸凹のある住宅の矩計図

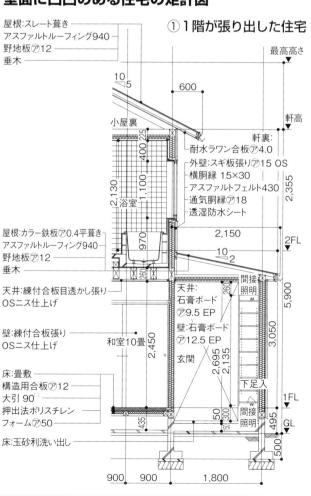

①1階が張り出した住宅

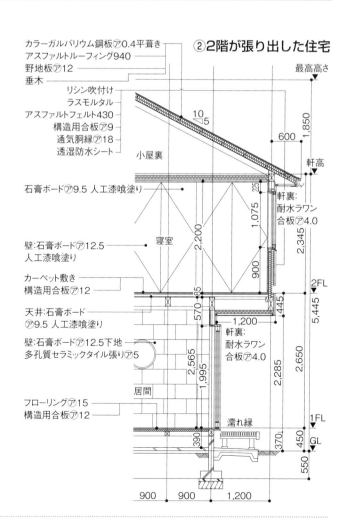

②2階が張り出した住宅

フラットな壁面の住宅の矩計図

箱型の住宅など壁面がフラットな建物は、屋根端部のディテールを消す工夫をしながら、壁面のメンテナンス性を考慮する

外観をフラット壁に見せる住宅

住宅の側面をフラットな壁として見せる場合、頂部、端部の水切、破風金物などを最小に抑えると意匠上はよい。ただし、雨水が壁面を伝うと、縦線の汚れが生じるので、水切は極力出したい。その際、水切裏面に水切溝を設けると汚れが防げる。

また、ジョイント部に油性シーリングを用いると、油分を含んだ黒い縦線が生じるので注意する。壁面の仕上げ材にリシンなどを広い範囲で用いると、下地の継目が現れることも知っておきたい。

外観を箱として見せる住宅

住宅の外観を箱状に見せる場合、パラペットに相当する部分の高さに余裕をもたせ、内側に設ける屋根は水勾配を十分取るようにする。その際、水切勾配は内側に流れるようにし、壁面に汚れを落とさないようにする配慮する。また、内樋の納まりにも検討が必要である。

箱型の建物は、切妻など雨水を流す構造の屋根と比べると、樋が詰まりやすいデメリットがある。あらかじめメンテナンス性を考慮しておくとよいだろう。

● 破風金物
破風は、切妻などにできる妻側の三角形の部分。破風金物はそこに取り付ける金物

フラットな壁面の住宅の矩計図

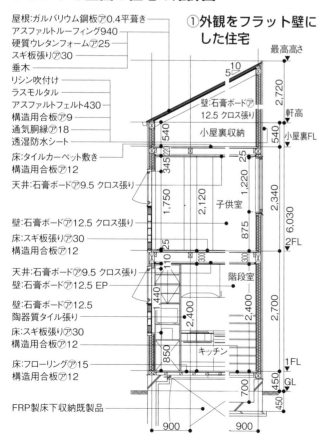

①外観をフラット壁にした住宅
屋根:ガルバリウム鋼板㋐0.4平葺き
アスファルトルーフィング940
硬質ウレタンフォーム㋐25
スギ板張り㋐30
垂木
リシン吹付け
ラスモルタル
アスファルトフェルト430
構造用合板㋐9
通気胴縁㋐18
透湿防水シート
床:タイルカーペット敷き
構造用合板㋐12
天井:石膏ボード㋐9.5 クロス張り
壁:石膏ボード㋐12.5 クロス張り
床:スギ板張り㋐30
構造用合板㋐12
天井:石膏ボード㋐9.5 クロス張り
壁:石膏ボード㋐12.5 EP
壁:石膏ボード㋐12.5
陶器質タイル張り
床:スギ板張り㋐30
構造用合板㋐12
床:フローリング㋐15
構造用合板㋐12
FRP製床下収納既製品
壁:石膏ボード㋐12.5 クロス張り
小屋裏収納
子供室
階段室
キッチン
最高高さ
軒高
小屋裏FL
2FL
1FL
GL
10
5
2,720
540
540
220
25
345
1,220
1,750
2,120
2,340
6,030
875
25
10
300
300
1,440
2,400
2,400
2,700
850
700
450
450
900
900
②外観を箱型にした住宅
ガルバリウム鋼板㋐0.4平葺き
アスファルトルーフィング940
野地板㋐12
垂木
天井:石膏ボード㋐9.5 EP
壁:石膏ボード㋐12.5 EP
ガルバリウム鋼板小波板㋐0.4
耐水合板㋐12
通気胴縁㋐18
透湿防水シート
床:フローリング㋐15
構造用合板㋐12
天井:石膏ボード㋐9.5 EP
壁:石膏ボード㋐12.5 EP
床:フローリング㋐15
構造用合板㋐12
居間
階段
玄関
ホール
最高高さ
軒高
2FL
1FL
GL
100
5
400
265
1,355
2,900
2,900
1,280
14
10
300
6,100
2,450
2,750
390
450
500
900
900
900

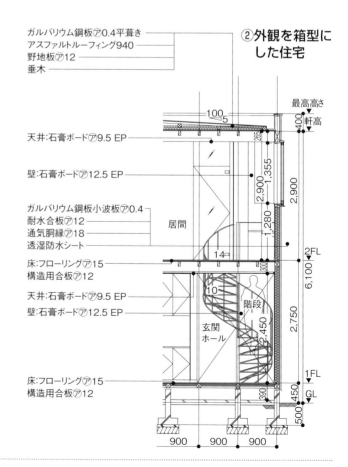

伝統的な木造住宅の矩計図

地域材の特性や質感を活かして仕上げる

地域材の特性を生かした住宅

　木造住宅は、ハウスメーカーなどが手がけるものも増えているが、地方などでは、地域材を用い、地場の工務店や大工による伝統的な木造住宅もまだ数多くつくられている。

　木造の家づくりは、製材所で乾燥を待つ丸太材を取捨選択し、丸太の曲がり具合に合わせて梁の仕様を決めたり、柱材の木取りを吟味して製材するなど、木材の特性や質感を活かして仕上げるのが本来の姿。樹種、板目など木を活かす仕上げに気を配りたい。

● 木取り
丸太から建築材を採材する際、丸太のどの位置をどの部材とするか決める作業のこと

伝統的な木造住宅の矩計図

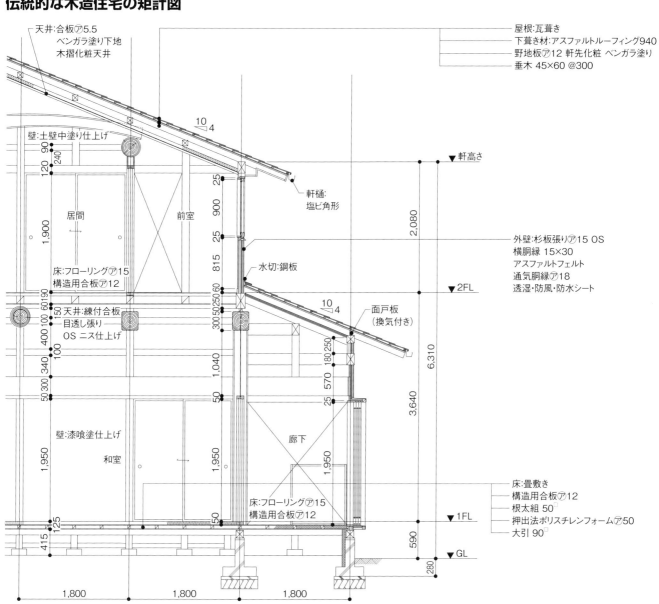

地域性を考慮した住宅の矩計図

豪雪地では、基礎から1階までをRC造、2階以上を木造にするハイブリッドスタイルの住宅が一般的

屋根勾配の大きい住宅

積雪地では、住宅のつくり方にさまざまな工夫が見られる。たとえば、新潟では、積雪高さに相当するレベルである基礎から1階部分までをRC造にし、1階は車庫にする。住居スペースは2階から設け、構造も木造に変わる。屋根勾配は除雪のために5寸勾配以上とされ、通常の住宅よりも屋根の傾斜が強い。

雪国の新興住宅地では、このようなスタイルで建設された住宅が建ち並ぶ風景に出くわすことがあり、独特の景観を形成している。

屋根勾配の小さい住宅

雪の多い地域でも、北海道などでは屋根勾配がないスタイルもある。風が雪を飛ばすため、フラットに近い屋根も多く見受けられる。また最近では、屋根に積雪した雪が、雪解け時に一気に落下して被害が出るなどの報告もある。そのため、以前と比べると、屋根勾配のゆるやかな住宅も増えてきている。

積雪地では、屋根、開口部の位置、断熱、すが漏れ、凍結深度を考慮した基礎計画などが必要となる。

● すが漏れ
軒先に積もった雪が融解と凍結を繰り返し氷状になると、それよりも上部に積もった雪が溶けて水になっても、氷によりせき止められて、屋根の上に水がたまった状態になる。この現象をすが漏れといい、屋根の漏水の原因となる

● 凍結深度
寒冷地において、冬季に地盤が凍結する深さ

豪雪地の住宅の矩計図

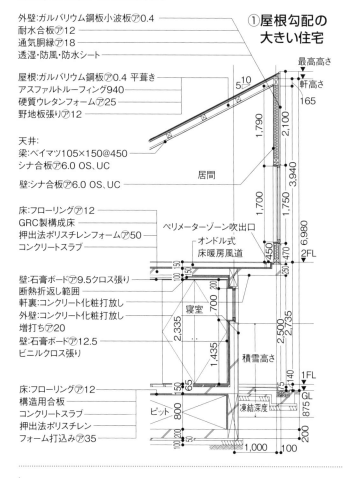

①屋根勾配の大きい住宅
外壁:ガルバリウム鋼板小波板⑦0.4
耐水合板⑦12
通気胴縁⑦18
透湿・防風・防水シート
屋根:ガルバリウム鋼板⑦0.4 平葺き
アスファルトルーフィング940
硬質ウレタンフォーム⑦25
野地板張り⑦12
天井:
梁:ベイマツ105×150@450
シナ合板⑦6.0 OS、UC
壁:シナ合板⑦6.0 OS、UC
居間
床:フローリング⑦12
GRC製構成床
押出法ポリスチレンフォーム⑦50
コンクリートスラブ
ペリメーターゾーン吹出口
オンドル式
床暖房風道
壁:石膏ボード⑦9.5クロス張り
断熱折返し範囲
軒裏:コンクリート化粧打放し
外壁:コンクリート化粧打放し
増打ち⑦20
壁:石膏ボード⑦12.5
ビニルクロス張り
寝室
積雪高さ
床:フローリング⑦12
構造用合板
コンクリートスラブ
押出法ポリスチレン
フォーム打込み⑦35
ピット
凍結深度
最高高さ
軒高さ
2FL
1FL
GL
②屋根勾配の小さい住宅
屋根:長尺カラー鉄板⑦0.35 蟻掛葺き
野地板張り⑦12
小屋垂木 45×60〜90 @450
小屋垂木 45×105 @900
防水シート
天井:スギ羽目板⑦15
壁:石膏ボード⑦12.5
ビニルクロス張り
子供室
床:フローリング⑦15
構造用合板⑦12
根太組
天井:垂木45×45@450
スギ羽目板⑦15
外壁:リシン吹付け
ラスモルタル
アスファルトフェルト
通気胴縁⑦18
透湿・防風・防水シート
居間
壁:石膏ボード⑦12.5 人工漆喰塗り
天井:コンクリート打放し
床:フローリング⑦15
構造用合板⑦12
モルタル直均し
(セルフレベリング)
コンクリートスラブ
寝室
外壁:コンクリートブロック化粧積素地
壁:コンクリートブロック化粧積素地
床:フローリング⑦15
構造用合板⑦12
根太組
コンクリートスラブ
スタイロフォーム打込み⑦100
最高高さ
軒高さ
3FL
2FL
1FL
GL

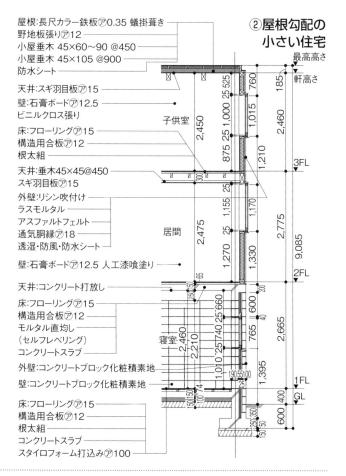

大断面集成材を用いた住宅の矩計図

自由度の高い大断面集成材は、さまざまな可能性をもつ建築材である

屋根勾配の大きい住宅

大断面集成材は、製作可能な材の長さ、断面形状の自由度、乾燥による狂いの少なさなど、さまざまな可能性のある建築主材であるといえる。工場で木材の切断や加工を行うプレカット技術の向上により、近年では、住宅に用いられることも多くなってきている。柱材を露しにして、奥行き方向を書棚や収納に用いるなど、多様な工夫が考えられる。

下図は、大断面集成材を用い、基礎躯体を埋設した住宅の矩計図である。

● 大断面集成材
集成材とは板材を接着剤で組み合わせることで強度を増した木質材料。大断面集成材の誕生により、曲線や大スパン架構などが実現可能となり、木質ドームなどもつくられている

大断面集成材を用いた住宅の矩計図

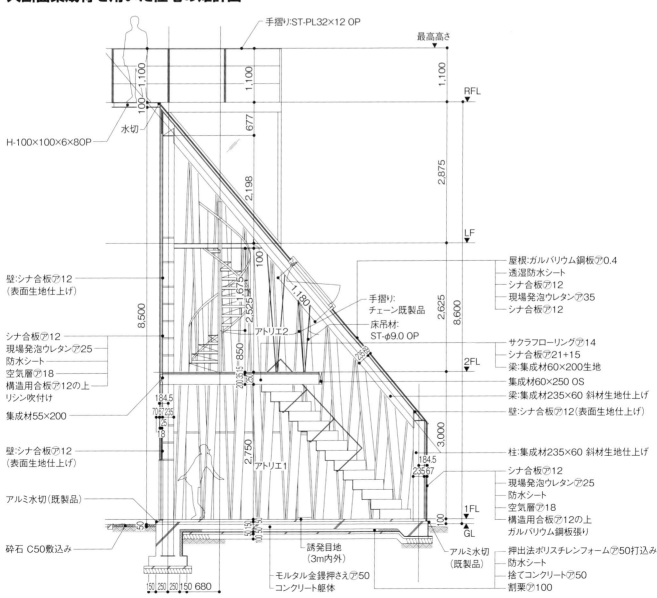

Column

図面の表示記号を学ぶ

■ 断面図に欠かせない表示記号

　図面を読み解くのに欠かせない知識が、表示記号の理解である。ここでは、主な表示記号を一覧表にした。本書ではわかりやすい3Dイラストとするためにあえて表示記号を用いず、絵として表現している図も多いが、本書を読み進めるにあたり、是非この表を参考にしていただきたい。

■ 主な図面の表示記号

記号	名称・役割	使用される箇所・部材
	主要構造部： 建物を支える主役となる材	柱、梁、桁、土台、棟木など
	副構造材： 建物の屋根や床、壁などを構築するための材	間柱、大引、束、根太、胴縁、母屋、垂木、野縁など
	造作材、化粧材： 窓枠や建具の枠など細かい細工を施される材。直接目や手に触れるため、カンナで仕上げられた材	敷居、鴨居、窓枠、戸枠、甲板、棚板など
	断熱材： 現在の建物では断熱材は不可欠。グラスウールとスタイロフォーム（押出法ポリスチレンフォーム）が使われることが多い	壁、屋根、天井、床下など
	コンクリート： 木造の建物でも基礎や土間などの部分はコンクリートが不可欠	基礎、土間床、浴室、テラスなど
	割栗石： 基礎を安定させるために敷く石	基礎下、土間コンクリート下
	地面： 地面は建物の高さの基準となるレベルのため断面図には必ず記載する	―
モルタルなど　畳 石材	その他： ・モルタルなど左官一般 ・畳の表示は断熱材と同じ記号が用いられることがある ・石材の表示は斜線と破線を交互に引く	―

CHAPTER **2**

外部の仕上げ

外壁の基本構成

外壁仕上げの種類によって下地の構成や寸法、開口部、通気層などの納まりが変わる

外壁の役割と分類

木造住宅の外壁にはデザイン的にも性能的にも厳しい条件が求められる。外壁は美しい家並みを構成するものでなければならないし、耐久・耐水、断熱、遮音といった性能も不可欠である。サイディングなど外壁の仕上げ材は建物の耐久性に影響を与えるため、選択には慎重にならなければならない。

外壁は主要構造材といわれる基礎、土台、柱、桁や梁、そして水平力を受ける筋かいなどで構成される。それらに間柱(まばしら)や胴縁(どうぶち)を加え、壁面の骨組みをつくり、その外側にさまざまな種類の外壁材で仕上げを施す。さらに、窓や出入口などの開口をつくるために、マグサや窓台などの下地も必要である。

外壁の構成

外壁は真壁(しんかべ)と大壁(おおかべ)に大きく分類される。真壁は主に和風の建築に、大壁は洋風の建築に用いられることが多い。

真壁造りの構造は、貫(ぬき)(12×100㎜程度)といわれる横材を柱の中心に貫通させるように入れる。この貫に小舞を取り付けて土壁を塗る。また、板材などを張って真壁にする場合は、胴縁を格子に組み、それに合板などの下地板を張り、仕上げる。

大壁は間柱(30×105㎜程度)を柱と柱の間に455㎜間隔で入れ、それに胴縁(45×40㎜程度)を打ち、合板などの下地板を張って仕上げるか、直接外壁材を張る。

外壁は仕上げの種類により、胴縁の打ち方や下地合板の必要性の有無が変わってくる。また、充填断熱、外張り断熱などの方法によって、仕上げ寸法や開口部のサッシなどの納まりが異なってくる。断熱材の位置や通気層のとり方なども、あわせて考慮しなければならない。

サイディング
板状の外壁材。大きくセメント(窯業)系とセラミック系、金属系に分けられる。工場で生産されるため品質が均一で比較的低価格といった特徴がある

マグサ・窓台
マグサとは開口部の上部に入れる補強材。上部の壁を支える役割がある。一方で下部に入れる補強材を窓台という

外壁を構成する部材

①アイソメ図

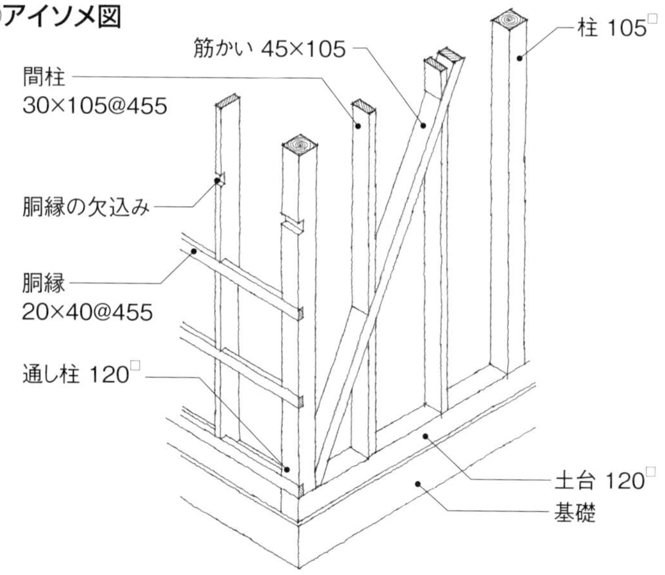

柱 105□
筋かい 45×105
間柱
30×105@455
胴縁の欠込み
胴縁
20×40@455
通し柱 120□
土台 120□
基礎

②断面図

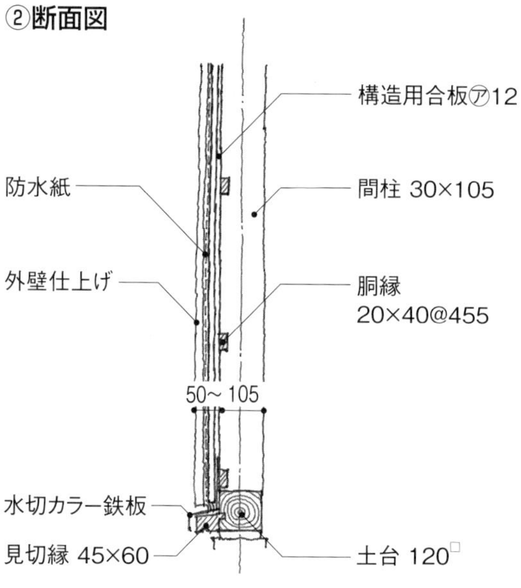

構造用合板⑦12
防水紙
間柱 30×105
外壁仕上げ
胴縁
20×40@455
50～105
水切カラー鉄板
見切縁 45×60
土台 120□

外壁の例

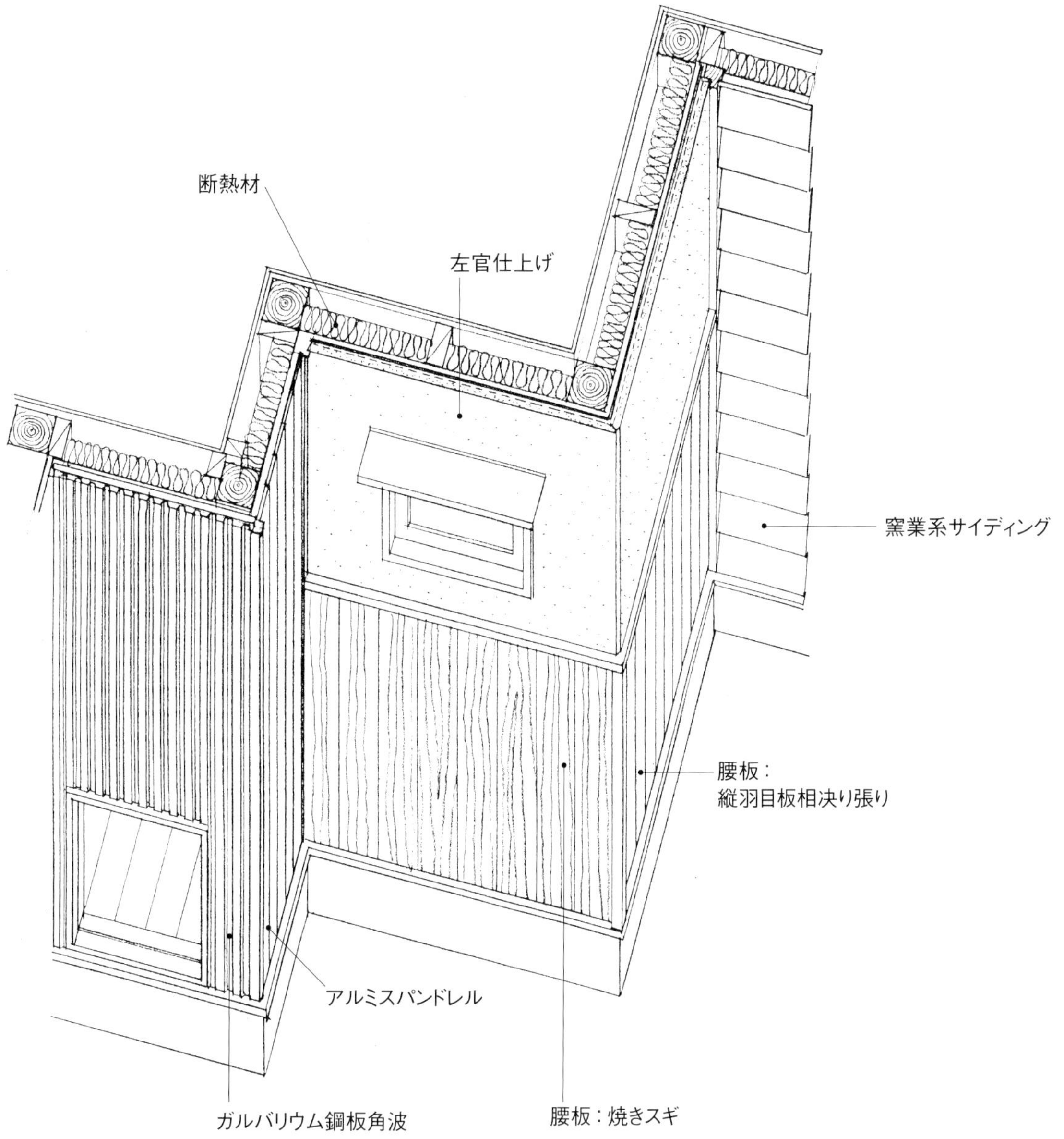

断熱材
左官仕上げ
窯業系サイディング
腰板：
縦羽目板相決り張り
アルミスパンドレル
ガルバリウム鋼板角波
腰板：焼きスギ

外壁のバリエーション

①合板下張りの外壁

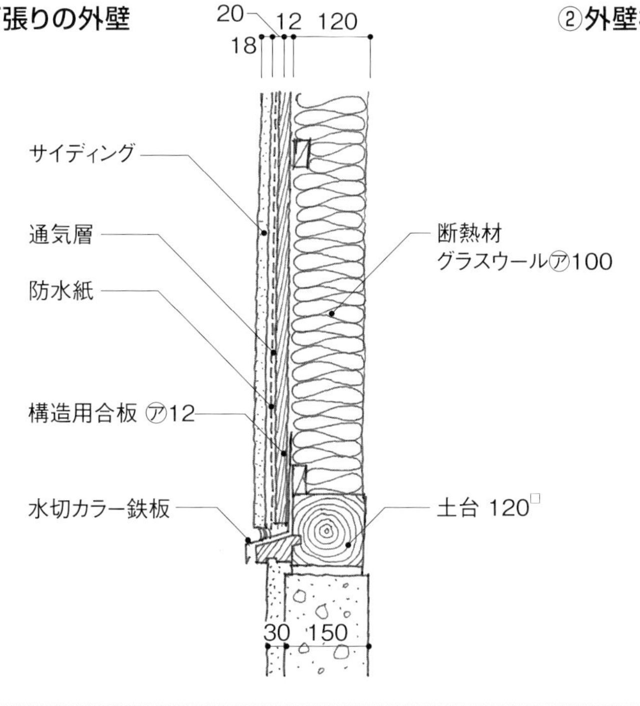

20
18
12
120
サイディング
通気層
防水紙
構造用合板 ㋐12
水切カラー鉄板
断熱材
グラスウール㋐100
土台 120□
30
150

②外壁材直張りの外壁

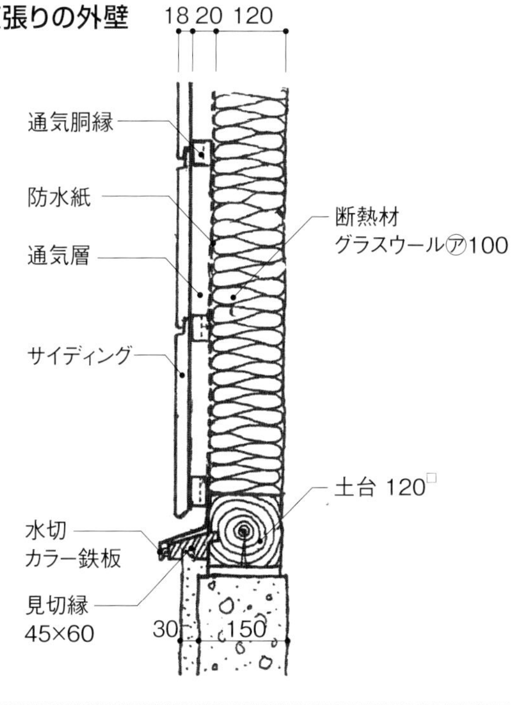

18
20
120
通気胴縁
防水紙
通気層
サイディング
水切
カラー鉄板
見切縁
45×60
断熱材
グラスウール㋐100
土台 120□
30
150

基礎の構成

基礎の種類には布基礎やベタ基礎などがある。数寄屋造りの基礎で自然石を使えない場合は自然石で化粧を施す

基礎の種類

基礎は、建築自体にかかる全荷重を均等に地盤に伝え、建築の沈下や倒壊がおきないよう保持する重要な構造体である。形状は、独立基礎、布基礎、ベタ基礎などがあり、一般的にすべてコンクリート造である。

独立基礎は建物にかかる荷重を点で支持する構造で不同沈下がおきやすく、通常の住宅では使われない。

ベタ基礎は建物の底部全体を基礎にしてしまう構造である。コンクリートの量は増えるが、形状が単純なため手間が少なく、構造的に安定し、将来改築する場合には間取りなどの変化に対応しやすいため、最近では使用される例が増えている。

布基礎は連続した基礎の形状で、外壁、内壁などの位置に沿って設けられる。荷重を分散させて地面に伝えるためにフーチングがあり、断面が逆T字型をしている。

設置は地面を掘り下げ、割栗石をランマーで突き固め、その上に均(なら)しモルタルを敷く。次に、均しモルタルの上に基礎の鉄筋と仮枠を組み、コンクリートを打設する。基礎の天端を平らに均した後、土台をアンカーボルトで締結し、土台の上に柱や筋かいを設置していく。

数寄屋の独立基礎

一般的に和風といえば書院造りを指すが、茶室に限れば数寄屋造り(すきやづくり)のほうが馴染み深い。数寄屋造りの基礎は普通、ごろた石といわれる自然石を一列に並べる。これは石の上に柱を据える独立基礎形式である。自然石を用い上に据える柱には、スギの面皮柱をそのまま載せる。そして、基礎と壁の脚部の取合いでは、意匠と外壁の塗り止めの役割をもたせるために雑木丸太を入れたり、壁留めにしたりする。その他、化粧腰板とする場合や、丸竹を横の格子にするなどさまざまである。

最近では、茶室を住宅の一部につくる場合も少なくないが、基礎は自然石ではなく布基礎になることが多い。その場合は、脚部を自然石や竹簾などで化粧する。

書院造り
室町時代中期以降に成立した住宅の様式。畳を敷き詰め、障子や襖、雨戸などを備え、現代和風建築の基本となっている。床の間や違い棚などを造作するといった特徴もある

数寄屋造り
安土桃山時代から江戸初期にかけての茶の湯流行ともない完成した住宅の様式。茶席、水屋などが備わっている。装飾を排した簡潔な意匠が特徴

布基礎の基本的な構成

①アイソメ図

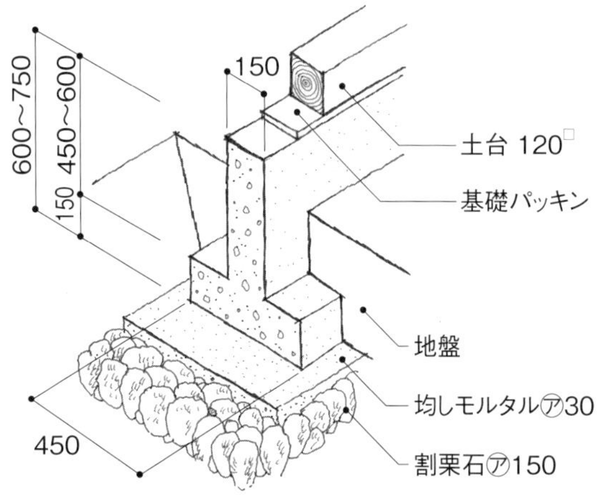

600~750
450~600
150
150
土台 120□
基礎パッキン
地盤
均しモルタル㋐30
割栗石㋐150
450

②断面図

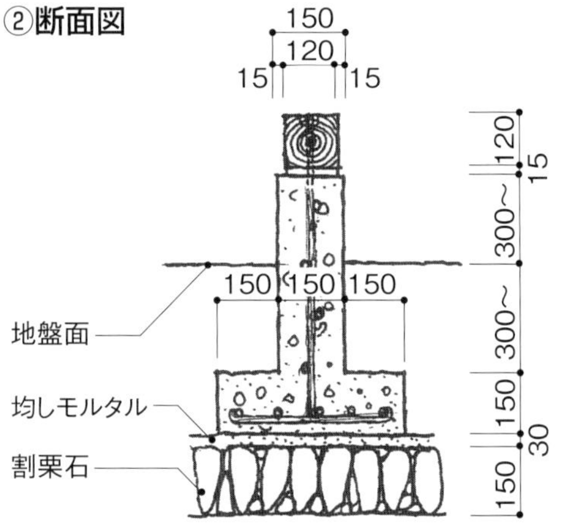

150
120
15
15
120
15
300~
150
150
150
300~
150
30
150
地盤面
均しモルタル
割栗石

基礎の構成

①フーチングのない布基礎

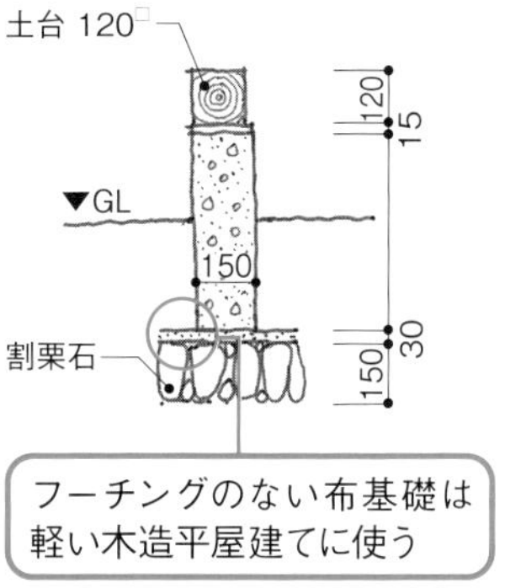

土台 120□
▼GL
120
15
150
30
150
割栗石
フーチングのない布基礎は軽い木造平屋建てに使う

②フーチングのある布基礎

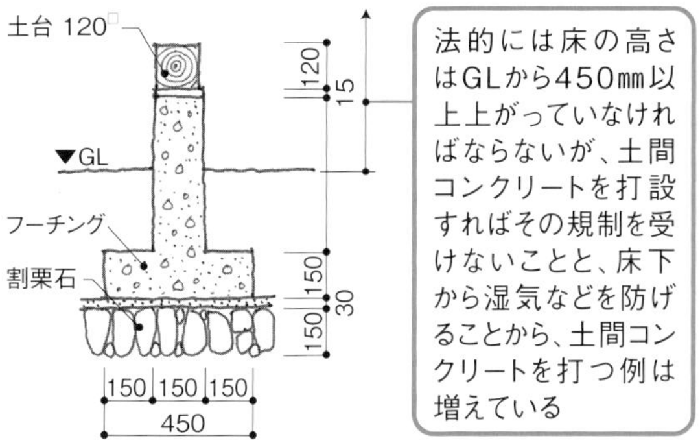

土台 120□
▼GL
120
15
フーチング
割栗石
150
30
150
150 150 150
450
法的には床の高さはGLから450㎜以上上がっていなければならないが、土間コンクリートを打設すればその規制を受けないことと、床下から湿気などを防げることから、土間コンクリートを打つ例は増えている

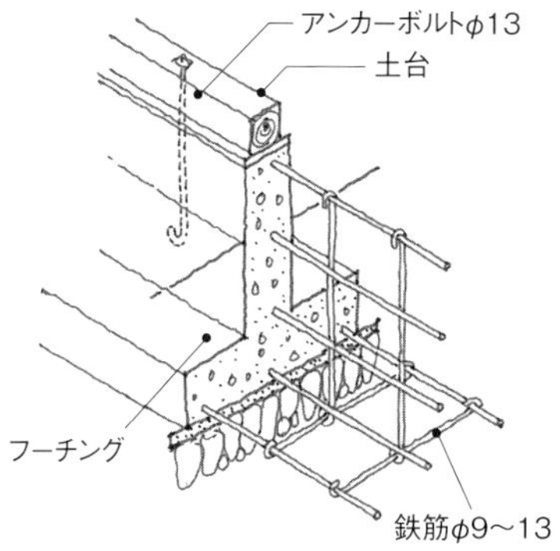

アンカーボルトφ13
土台
フーチング
鉄筋φ9～13

数寄屋の基礎廻り

①土壁のみの
納まり

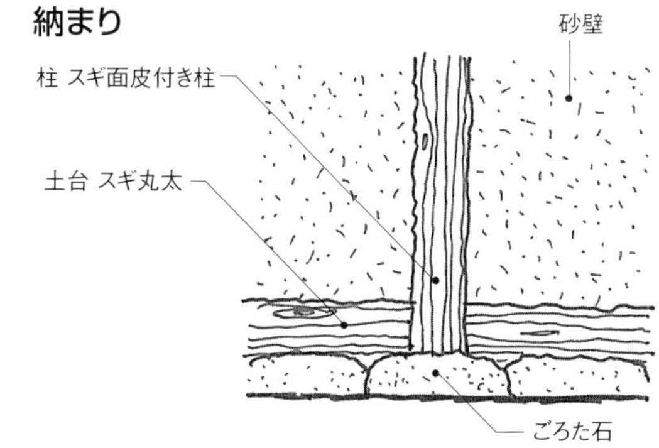

砂壁
柱 スギ面皮付き柱
土台 スギ丸太
ごろた石

②化粧腰板の
ある納まり

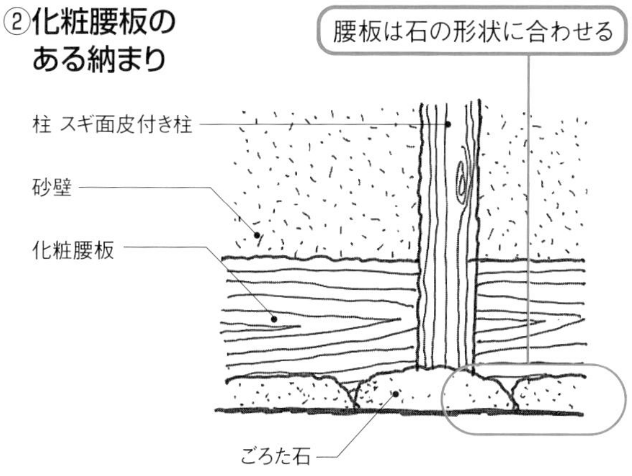

腰板は石の形状に合わせる
柱 スギ面皮付き柱
砂壁
化粧腰板
ごろた石

数寄屋の基礎廻りの構成

①アイソメ図

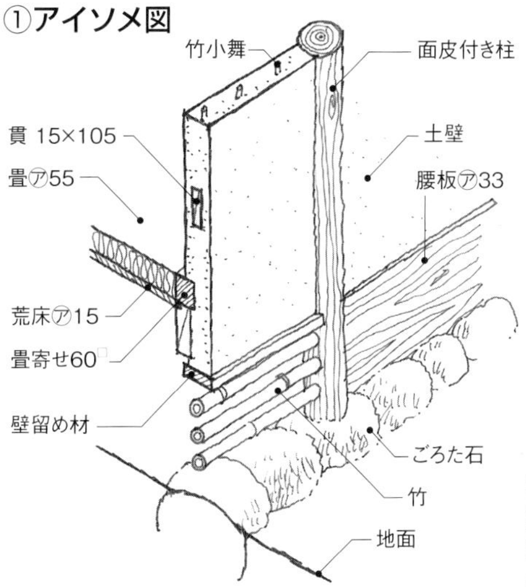

竹小舞
面皮付き柱
貫 15×105
土壁
畳㋐55
腰板㋐33
荒床㋐15
畳寄せ60□
壁留め材
ごろた石
竹
地面

②断面図

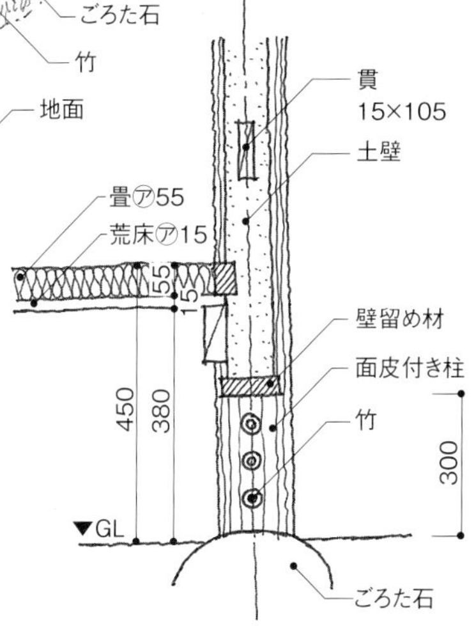

貫
15×105
土壁
畳㋐55
荒床㋐15
55
15
壁留め材
面皮付き柱
450
380
竹
300
▼GL
ごろた石

数寄屋の基礎廻りのバリエーション

①土台丸太で納める場合

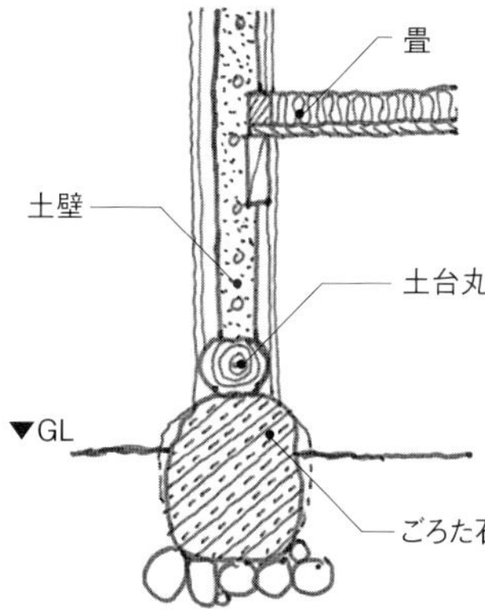

畳
土壁
土台丸太
▼GL
ごろた石

②腰板で納める場合

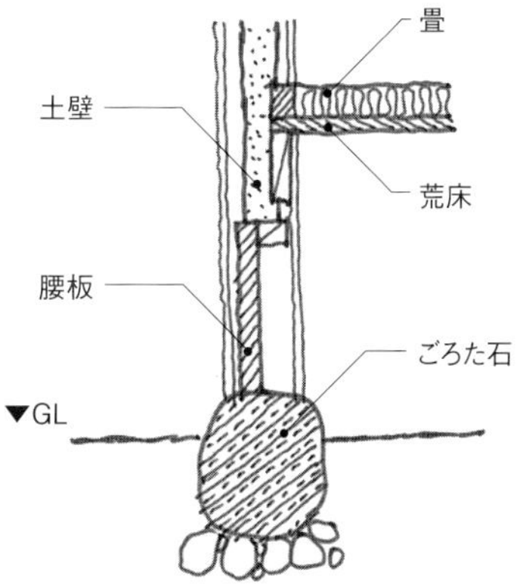

畳
土壁
荒床
腰板
ごろた石
▼GL

③壁留め材を使う場合

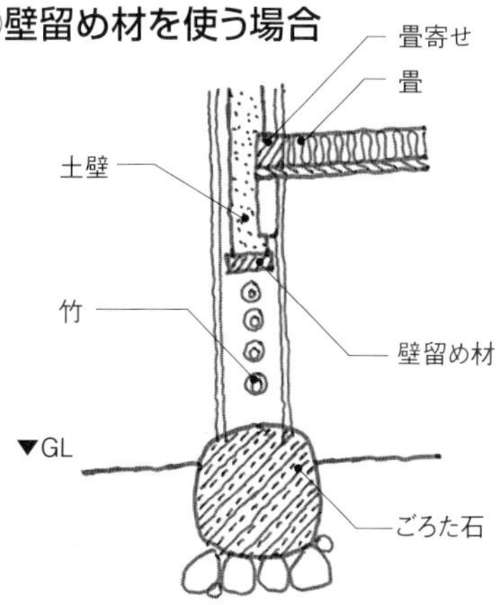

畳寄せ
畳
土壁
竹
壁留め材
▼GL
ごろた石

サイディング壁と板張り壁

サイディングは精度に優れ施工性もよい。
味わいのある板張りは納め方で表情が大きく異なる

乾式工法の種類

　最近は、外壁をサイディングなどの乾式工法で仕上げることが多くなった。左官工事による湿式工法に比べ、施工の手間と時間を省けることが大きな要因である。サイディングは、工場生産品であり、サイズとジョイント部の精度が一定している。そのため、施工が容易で、出来上がりの精度が優れている。

　サイディングの種類は、大きくセメント（窯業）系とセラミック系、金属系に分けられる。いずれも色柄が豊富で、比較的安価なため広く使われている。

　セメント系の従来品は再塗装が必要であったが、最近では表面に特殊な加工を施すことで汚れにくく、より耐候性を高めた製品、また裏側に断熱材を張り付け、断熱性能を高めた製品なども出てきている。

　金属系サイディングは耐衝撃性には劣るものの、耐久性がよく軽量であるため、リフォームなどで使用されることも多い。

板張りの魅力

　近年では防火などの法的規制を受け、板張りで外壁を仕上げるケースが少なくなった。しかし、木のもつ独特の柔らかな質感が捨てがたいという人は少なくない。法の規制が比較的少ない山荘などでは、木のもつ味わいと感触、そして何より環境の面からも好まれる材である。

　板壁には、板を竪に張る竪羽目張りと、横に張っていく横羽目張りがある。竪羽目張りでは板材のジョイントの仕方によって目板張り、底目（地）張り、相決り張りなどがある。

　横羽目張りは、相決りで箱目地をとって張る場合もあるが、下見板張りが多用される。下見板張りには、押し縁下見板張り、ささら子下見板張り、南京下見板張りなどがある。

● セラミック
陶器など高温で熱処理することによって焼き固めた金属以外の物質。非常に硬く耐熱性を持つ

● 金属系サイディング
基材にはステンレス、アルミニウム、ガルバリウム鋼板などがある。錆る可能性があるが、基材により耐久性は異なる。重量はセメント系サイディングに比べて約1/3、モルタル壁に比べると約1/10と軽く施工性が高い

金属系サイディングの構成

①アイソメ図

間柱
30×105@455

柱 105□
構造用合板㋑12
アスファルトフェルト
外壁
金属系サイディング

胴縁
20×40
@455

土台
120□

水切 カラー鉄板㋑0.4

②断面図

外壁
金属系サイディング㋑15〜

構造用
合板㋑12

胴縁
20×40@455

アスファルト
フェルト

105□ 40〜

土台 120□

水切
カラー鉄板

外壁サイディングのバリエーション

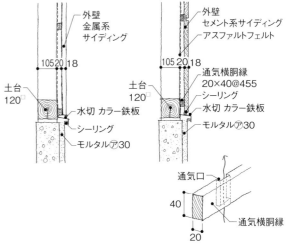

①金属系サイディングの納まり

外壁
金属系
サイディング

105 20 18

土台
120□

水切 カラー鉄板
シーリング
モルタル㋑30

②セメント系サイディングの納まり

外壁
セメント系サイディング
アスファルトフェルト

105 20 18

通気横胴縁
20×40@455
シーリング
水切 カラー鉄板
モルタル㋑30

土台
120□

通気口

40
20

通気横胴縁

板張りの納まり（平面図）

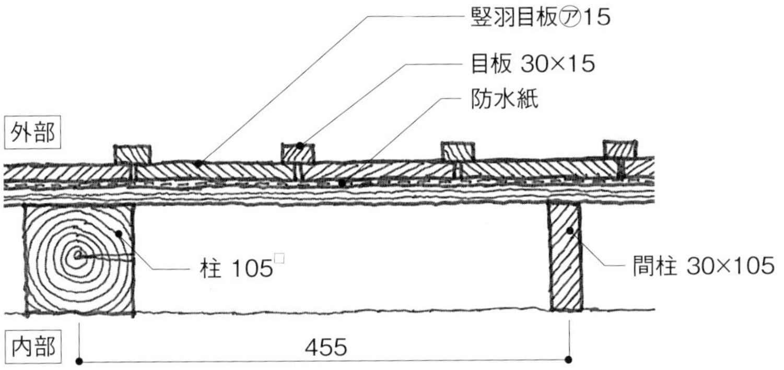
竪羽目板㋐15
目板 30×15
防水紙
外部
柱 105□
間柱 30×105
内部
455

板張りの構成

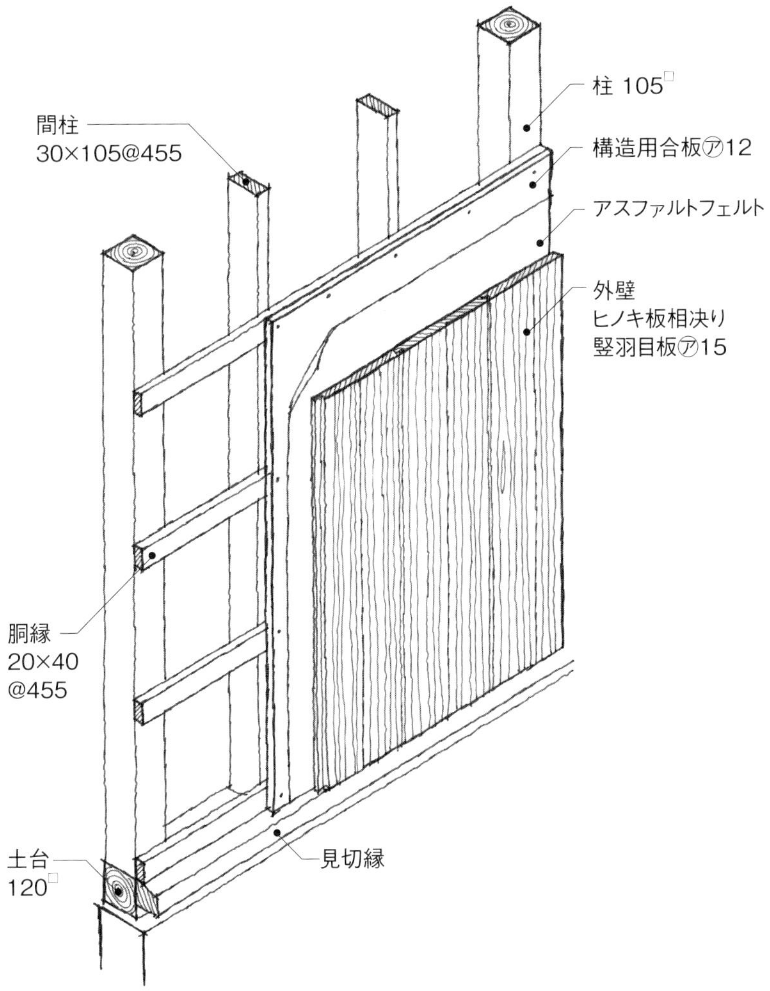
柱 105□
間柱
30×105@455
構造用合板㋐12
アスファルトフェルト
外壁
ヒノキ板相決り
竪羽目板㋐15
胴縁
20×40
@455
土台
120□
見切縁

乾式仕上げの納まり（平面図）

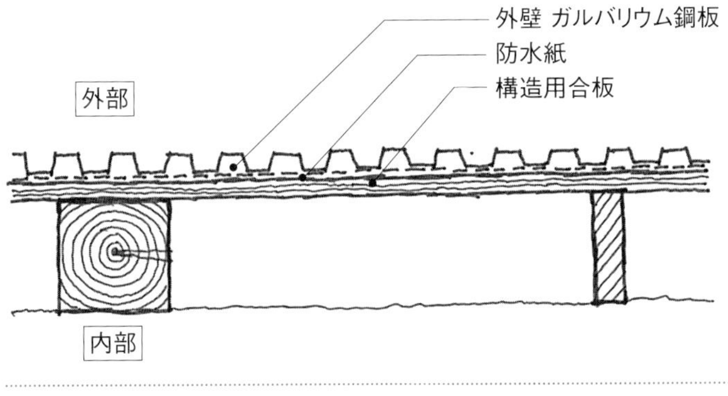
外壁 ガルバリウム鋼板
防水紙
構造用合板
外部
内部

板張りのバリエーション

①竪張りの納まり

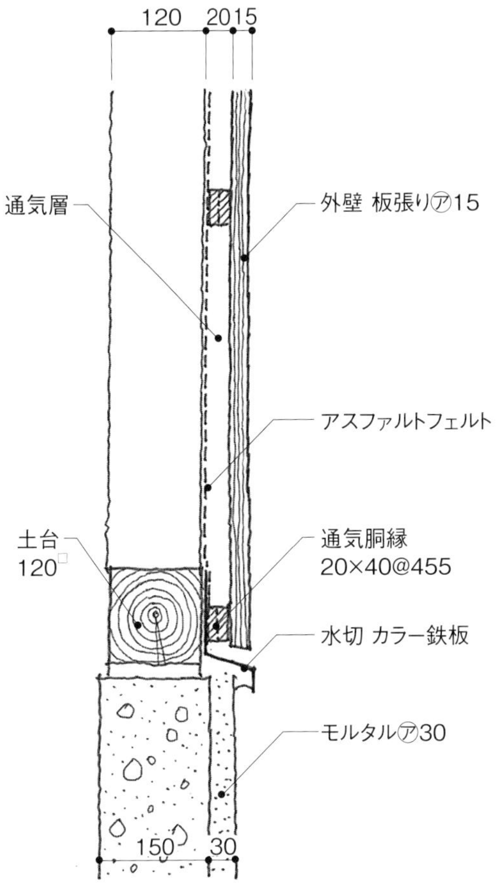
120
20
15
通気層
外壁 板張り㋐15
アスファルトフェルト
土台
120□
通気胴縁
20×40@455
水切 カラー鉄板
モルタル㋐30
150
30

②横張りの納まり

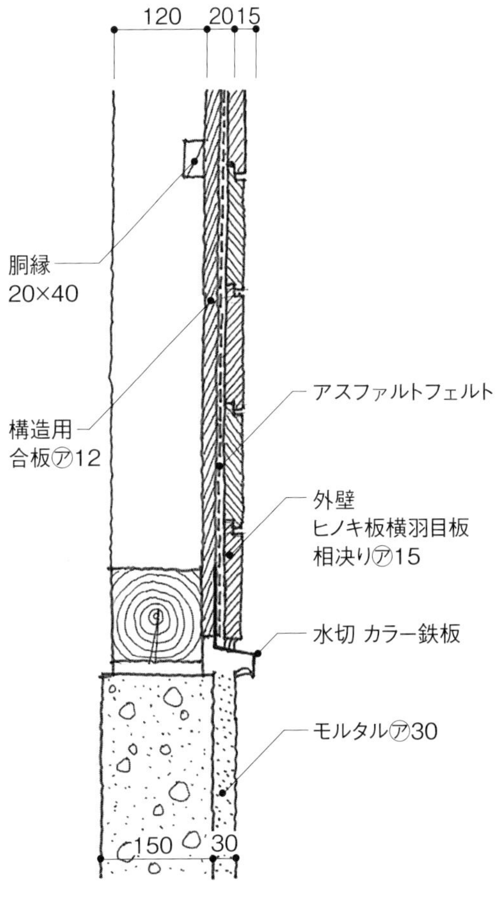
120
20
15
胴縁
20×40
アスファルトフェルト
構造用
合板㋐12
外壁
ヒノキ板横羽目板
相決り㋐15
水切 カラー鉄板
モルタル㋐30
150
30

左官仕上げ壁

左官仕上げは、クラック対策と通気に配慮する

左官仕上げの構成と納まり

左官仕上げは、下地材を構造用合板とし、その上にアスファルトフェルトを張り、ラスを打ち付けて左官で仕上げるのが一般的な方法であるが、下地に木摺り板を透かして張った下地もまれに使われる。

板張りと比較すると、左官仕上げは防火性能に優れ、曲面などの壁面にも適応しやすい。モルタルを下地としてリシンなどを吹き付けて仕上げる方法や、合成樹脂系の左官材を櫛(くし)引き、刷毛(はけ)引きなどで仕上げを施す方法などがあり、さまざまな意匠の壁面が表現できる材と仕上げ材である。特に外壁の出隅、入り隅部分を塗り回すことにより、見切り材を省いてすっきりと納めることができる長所もある。

左官仕上げの弱点に対応する

左官仕上げの弱点は、乾燥収縮などによるクラックが発生しやすいことと、乾燥に時間がかかり施工期間が多くかかることである。施工は下塗り、中塗り、上塗りの工程を守ることが大切で、これを省略して1度に厚いモルタルを塗ると、クラックが生じやすくなる。また、下塗りは2週間以上の乾燥が必要で、上塗りはムラ、不陸なく平坦に仕上げる。コンクリートとラス下地面との境目もクラックが発生しやすいので目地を設けるとよい。

さらに左官仕上げは、壁体内部が密閉されるため通気が悪くなり、壁内の材に腐食が起こりやすい点も弱点である。そのため、壁の内部に湿気をこもらせないよう配慮しなければならない。

そのため下地に防水シートを張り、その上にラス張りをする。防水シートはアスファルトフェルト430以上を使用し、ラスは下から張り上げ、継目を縦、横とも90㎜以上重ね合せる。その際、たるみ、しわのないよう注意する。

アスファルトフェルト
天然繊維を主原料としたフェルトにアスファルトを浸み込ませた建材。主に外壁の防水・防湿のために用いられる

ラス
モルタルや漆喰の外壁の下地として使用する、金属でできた網状のもの。針金を組んだものを「ワイヤーラス」、金属板に切れ目を入れ網状にしたものを「メタルラス」という

リシン
砂を混ぜた塗料用骨材。薄く吹付けることで表面が均一になり不陸などが目立たなくなる。モルタルやALC外壁の仕上げ塗装によく用いられる

左官仕上げの納まり(平面図)

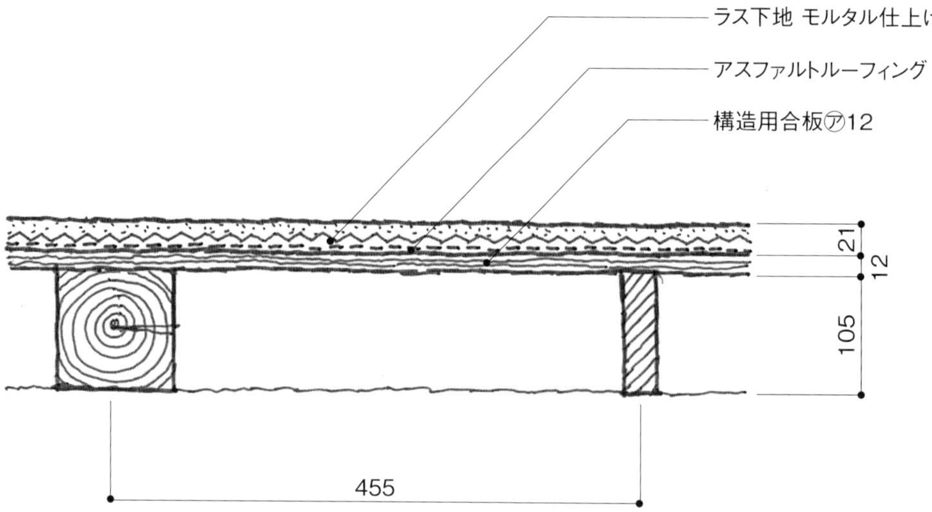

ラス下地 モルタル仕上げ㋐21
アスファルトルーフィング
構造用合板㋐12
21
12
105
455

左官仕上げ壁の構成

①アイソメ図

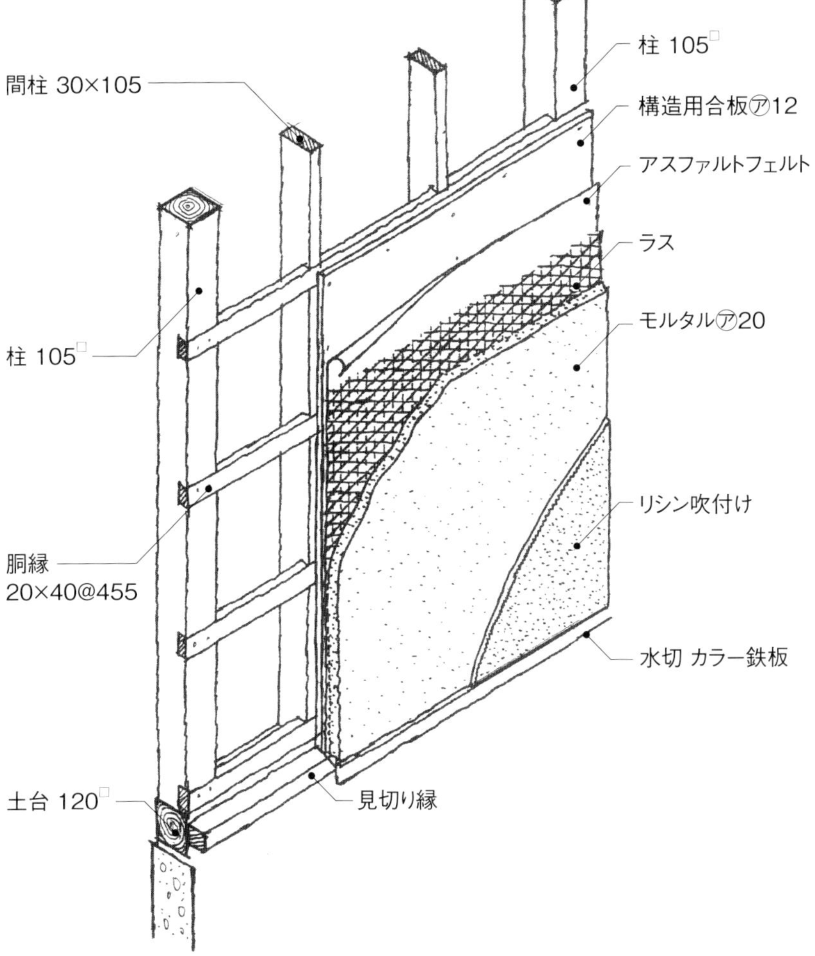

間柱 30×105
柱 105□
構造用合板㋐12
アスファルトフェルト
ラス
モルタル㋐20
柱 105□
リシン吹付け
胴縁
20×40@455
水切 カラー鉄板
土台 120□
見切り縁

②断面図

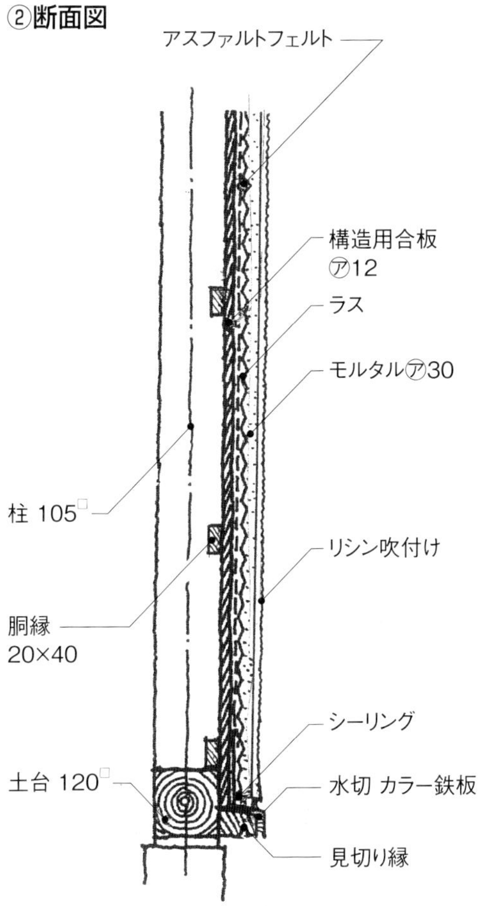

アスファルトフェルト
構造用合板
㋐12
ラス
モルタル㋐30
柱 105□
リシン吹付け
胴縁
20×40
シーリング
土台 120□
水切 カラー鉄板
見切り縁

左官仕上げのバリエーション

①木摺板下地の納まり

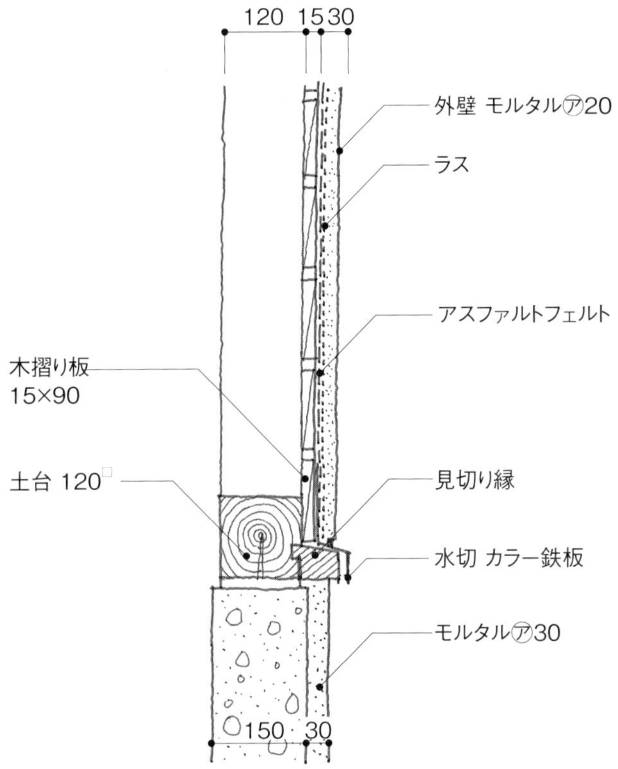

120 15 30
外壁 モルタル㋐20
ラス
アスファルトフェルト
木摺り板
15×90
土台 120□
見切り縁
水切 カラー鉄板
モルタル㋐30
150 30

②合板下地の納まり

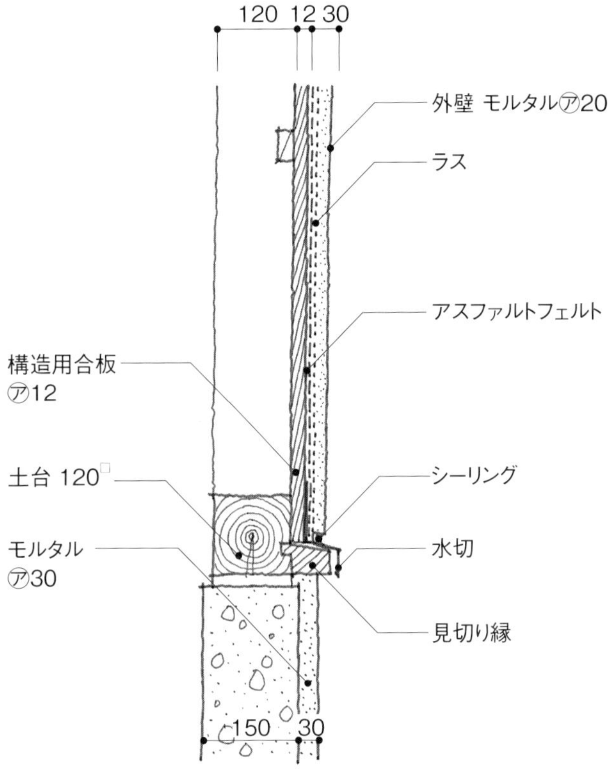

120 12 30
外壁 モルタル㋐20
ラス
アスファルトフェルト
構造用合板
㋐12
土台 120□
シーリング
モルタル
㋐30
水切
見切り縁
150 30

タイル・石張り仕上げ外壁

タイルや石の張り方は多種多様である。
仕上げの際は、目地を正確に通しながら張っていく

タイルと石の種類

　タイルは粘土を主な原料に、数種類の鉱物を混ぜて板状に成形し、焼き固めた素材である。焼き方や吸水率の違いで磁器質、せっ器質、陶器質に分けられ、磁器質とせっ器質は、耐水性が高く、耐候性、耐久性、耐火性に優れている。そのため基本的にメンテナンスは不要となり、外壁材として人気が高い。

　住宅で使用する石は大きく分けて、火成岩や変成岩、堆積岩などの天然石と、人造石の2種類に分類される。人造石とは天然石を骨材にセメントや砂を混ぜて成形したものである。天然石は重量が重いため、日本の木造住宅では内装材として使用されることが多く、外壁材としてはあまり使われてこなかった。一方で人造石は天然石に比べ重量が約1/3と軽く、安価なため外壁材として使用されることが増えている。

タイル割は正確に

　木造住宅の外壁にタイルや石を張って仕上げる場合、基本的には前項の左官仕上げと変わりはない。モルタルを塗った上にタイルを圧着、またはダンゴ張りにして、目地を正確に通す。こうした従来からのセメントモルタルを下地に張る湿式工法に代わり、現在では有機質接着剤を用いる乾式工法が主流となってきて、木造建築の壁にも用いられる例が多くなった。

　タイル・石張りで重要なことはタイル割である。タイルや石が半端になると意匠上美しくないので、タイルを張る面を正確に計り、目地幅を調整することでタイルを割り付ける。張り方は普通、芋目地、馬（乗り）目地がある。芋目地は縦横の目地を通す張り方で、馬（乗り）目地はタイルを半枚ずつずらす張り方である。

● 磁器質タイル
1,300℃前後で焼いたタイル。硬く、吸水性がほとんどない（吸水率1%未満）。たたくと金属質の澄んだ音がする

● せっ器質タイル
1,200℃前後で焼いた耐水性の高いタイル（吸水率5%以下）。釉薬で色付けせず、素焼きのような風合いがある

● 陶器質タイル
1,000℃以上で焼いたタイル。吸水率22%以下と吸水性があるので外壁には向いていない。色やデザインが豊富で、透明感があるので、内装材として人気がある

タイルと石の張り方のパターン

①乱張り目地
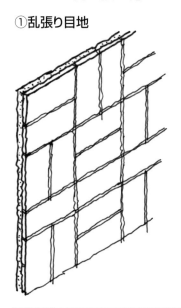

②芋目地

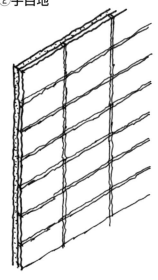

③馬（乗り）目地

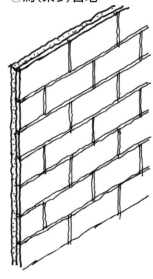

タイル張り仕上げの構成

①アイソメ図

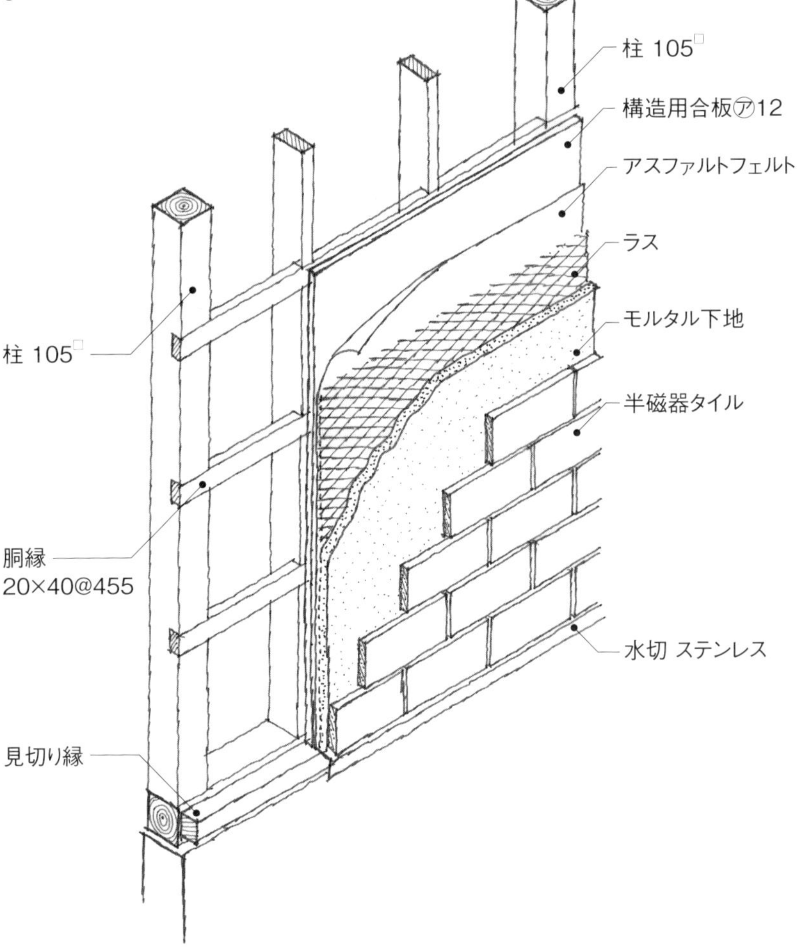
柱 105□
構造用合板㋐12
アスファルトフェルト
ラス
モルタル下地
半磁器タイル
柱 105□
胴縁
20×40@455
水切 ステンレス
見切り縁

②断面図

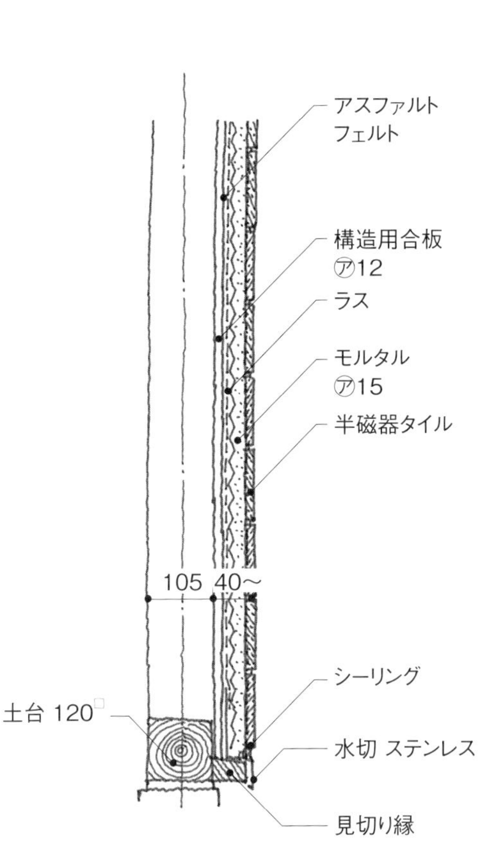
アスファルト
フェルト
構造用合板
㋐12
ラス
モルタル
㋐15
半磁器タイル
105 40〜
土台 120□
シーリング
水切 ステンレス
見切り縁

タイル張り仕上げの下地

①木摺板下地の納まり

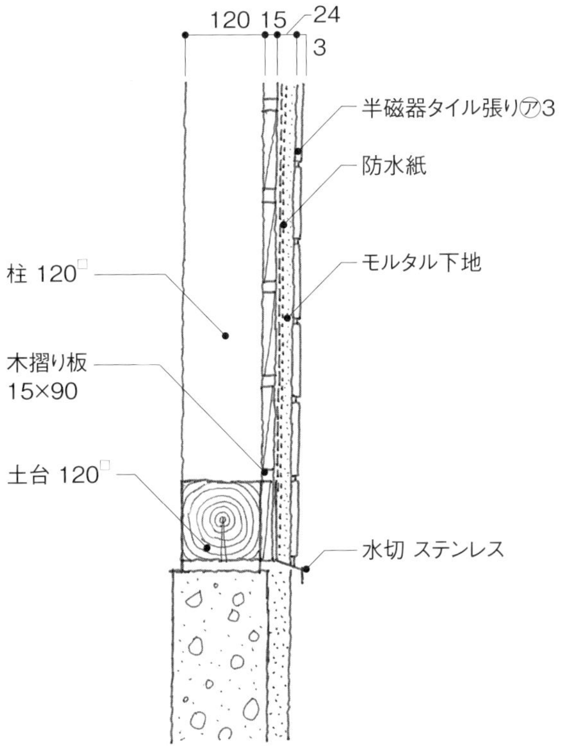
120 15 24
3
半磁器タイル張り㋐3
防水紙
モルタル下地
柱 120□
木摺り板
15×90
土台 120□
水切 ステンレス

②合板下地の納まり

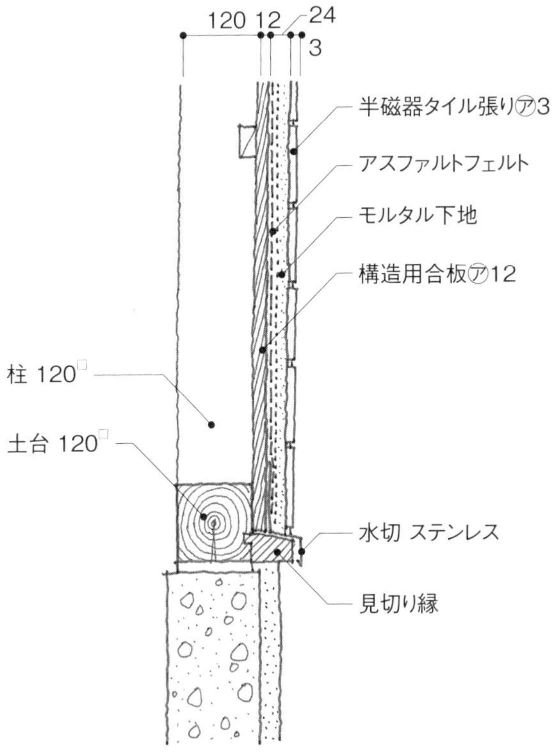
120 12 24
3
半磁器タイル張り㋐3
アスファルトフェルト
モルタル下地
構造用合板㋐12
柱 120□
土台 120□
水切 ステンレス
見切り縁

伝統工法の外壁

竹で小舞を組んで下地とする昔ながらの土壁では、柱に土の着きをよくする工夫を施す

茶室などでは欠かせない土壁

最近は古くから伝えられてきた、竹小舞下地に土壁という仕上げが少なくなった。しかし、日本の伝統文化である茶の湯に欠かせない茶室では、こうした伝統的な仕上げは必要なものである。一般的にこのような壁は真壁、または小舞壁といわれる和風の仕上げである。特に土壁の風合いと、下地窓といわれる竹の小舞を見せる窓などが、日本独自の建築様式を形づくっている。

小舞壁の施工方法

小舞壁は柱の間に貫（横板）を渡し、その貫に間渡し（縦板）を300〜450㎜間隔で渡してビスで固定する。さらに、その間に7本程度の小舞竹を細かく組んで壁の下地を形成する。

小舞竹を組む作業を「小舞掻き」という。作業手順としては、まず縦方向に竹を取り付けていき、枠内の縦が終わってから横方向に取り掛かる。縦の竹と横の竹はワラ縄で結っていくことが多いが、そのほかにも麻縄、ビニール縄、しゅろ縄などを使用してもよい。ワラ縄は水につけて結わくと、乾燥後に締まって、より丈夫な仕上がりになる。

下地が完成したらその上に荒木田土を塗りつけて土壁をつくる。工程は荒壁塗り、中塗り、上塗りの3回塗りが普通である。

近ごろでは大壁に左官仕上げをする建築も増えてきている。このような建築で柱の部分を塗り込める時は、塗り材の付着をよくするために柱の表面を「ちょうな」などで粗面に仕上げておく。

● ちょうな
木材の荒削道具。独特の湾曲をした柄に、刃が柄と直角になるように取り付けられている。柄を振り下ろし木材の表面を削る

伝統工法の外壁（平面図）

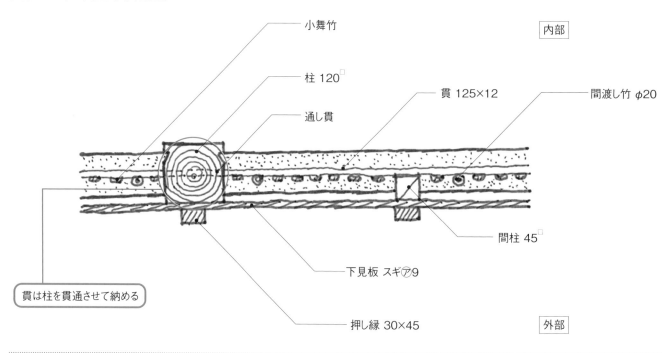

小舞竹

柱 120□

通し貫

貫 125×12

間渡し竹 φ20

内部

間柱 45□

下見板 スギⓉ9

貫は柱を貫通させて納める

押し縁 30×45

外部

伝統工法の外壁と構成

①アイソメ図

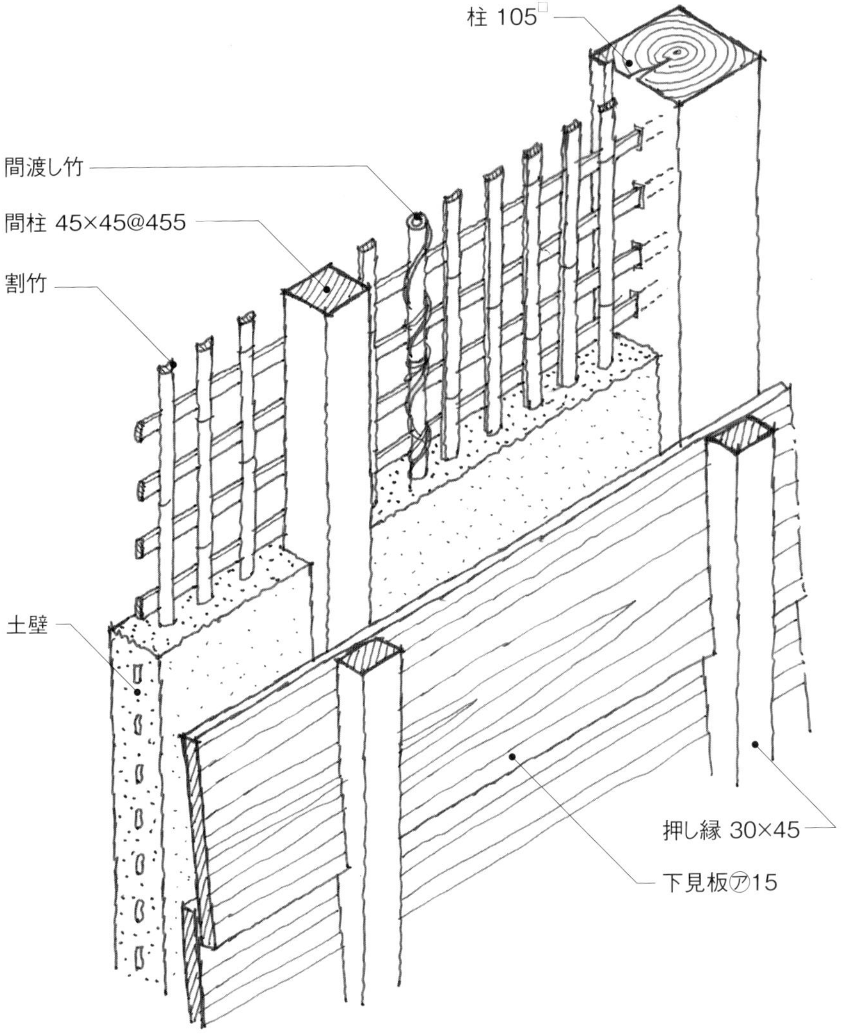
柱 105□
間渡し竹
間柱 45×45@455
割竹
土壁
押し縁 30×45
下見板㋐15

②断面図

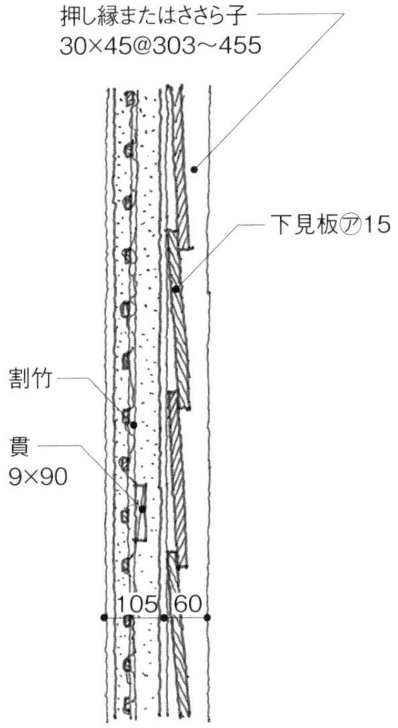
押し縁またはささら子
30×45@303～455
下見板㋐15
割竹
貫
9×90
105
60

土壁の外壁の納まり

①平面図

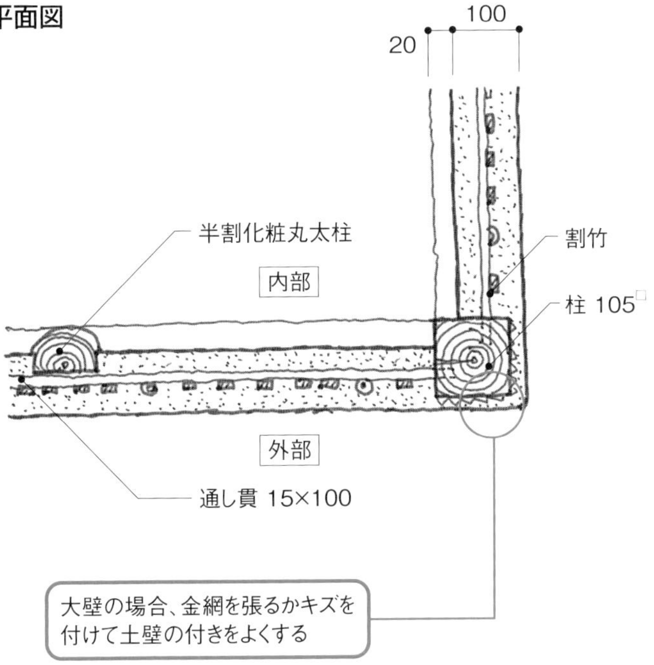
100
20
半割化粧丸太柱
[内部]
割竹
柱 105□
[外部]
通し貫 15×100
大壁の場合、金網を張るかキズを
付けて土壁の付きをよくする

②断面図

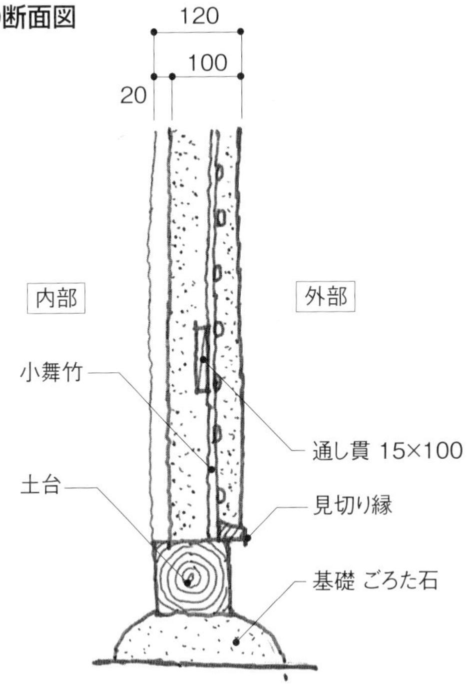
120
100
20
[内部]
[外部]
小舞竹
通し貫 15×100
土台
見切り縁
基礎 ごろた石

外壁の出隅・入隅

出隅・入隅ともに意匠・機能的に重要な部分となる。見切り材を用いてすっきりと納めていく

意匠と機能ともに重要な隅部

外壁の出隅と入隅の部分は構造的にも意匠的にも重要な場所である。

特に出隅は形状的に、衝撃を受けやすく欠損しやすい個所である。また日照によって陽の当たる面と日陰になる面ができやすく、接合部分に温度差や湿度の差の影響が生じ、ゆがみなどが発生する可能性があるので、納まりには十分配慮しなければならない。また、出隅は目につきやすいため、接合部を意匠的にすっきり納めることも大切である。

入隅は湿気がこもりやすく、風雨の強い時には吹き溜まりになり、雨水が吹き込む。また、強風や地震などによる建物の動きの影響を受けやすい。そのため下地の段階から納まりを考え、シーリング材を十分に施しておく必要がある。

最近は市販されている金属製や樹脂製のさまざまな形のコーナービードを用いて、簡便に仕上げる例も増えている。

出隅・入隅の納め方

具体的には出隅部の場合は、金属製コーナービードやコーナーテープなどの補強材を貼る。さらに補強材の両側にはファイバーテープを貼り、外壁材の目地同様にパテで処理をする。

入隅部も金属製コーナービードやコーナーテープなどの補強材を貼る場合は、出隅と同じように補強材の両側にファイバーテープを貼り、パテで処理をする。シーリング材を使用するケースでは、意匠的なことをふまえ、きれいなラインとなるよう細心の注意をはらう。シーリング材にはさまざま種類がある。入隅部のシーリングは、目立ちやすい上に建物の動きによってクラックが起こりやすいので、塗装が可能なアクリル系やウレタン系を選ぶなど、どの種類を選択するかにも配慮したい。

● シーリング材
気密性や防水性を高めるために隙間を埋める湿式の目地材。種類は多種多様で、外壁、屋根、浴室など使用部位によって使い分ける

鋼板外壁の出隅・入隅

①出隅

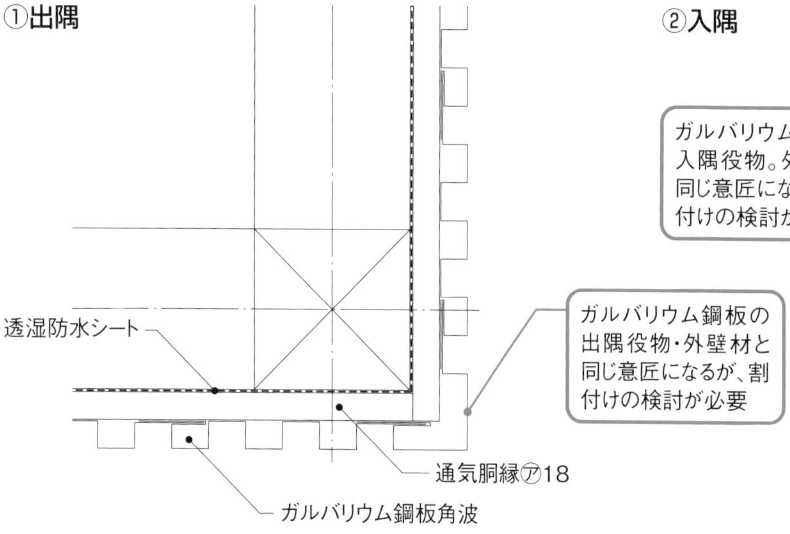
透湿防水シート
ガルバリウム鋼板の出隅役物・外壁材と同じ意匠になるが、割付けの検討が必要
通気胴縁㋐18
ガルバリウム鋼板角波

②入隅

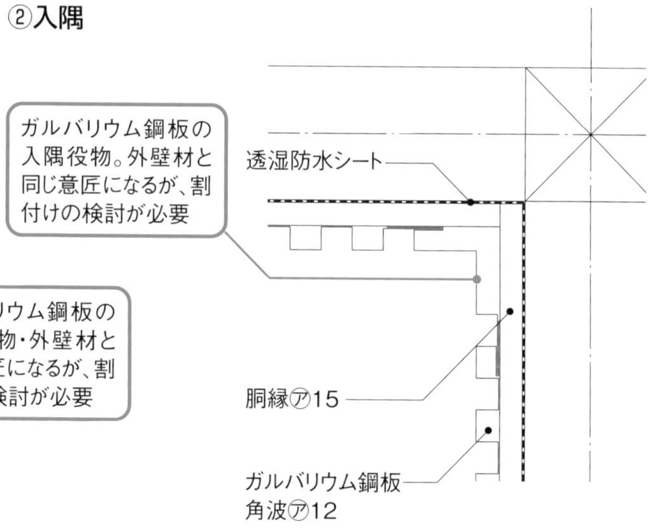
ガルバリウム鋼板の入隅役物。外壁材と同じ意匠になるが、割付けの検討が必要
透湿防水シート
胴縁㋐15
ガルバリウム鋼板角波㋐12

木板外壁の出隅

①アイソメ図

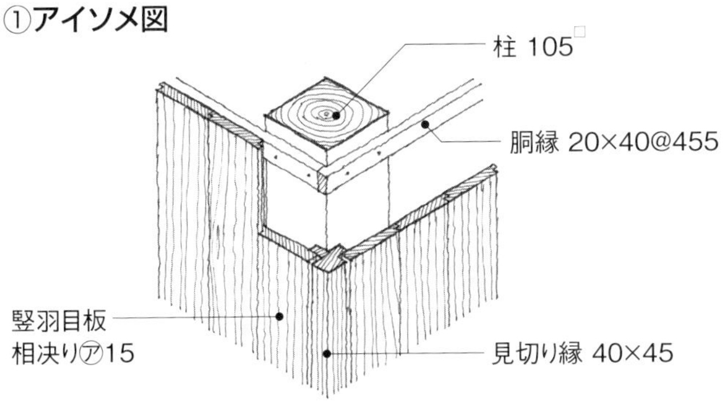
柱 105□
胴縁 20×40@455
竪羽目板
相決り㋐15
見切り縁 40×45

②平面図

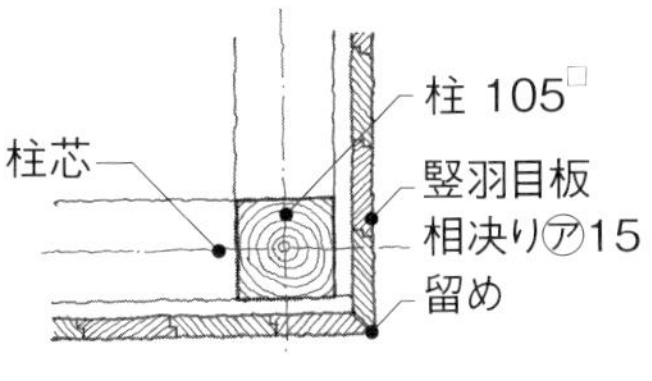
柱芯
柱 105□
竪羽目板
相決り㋐15
留め

③付け柱の場合

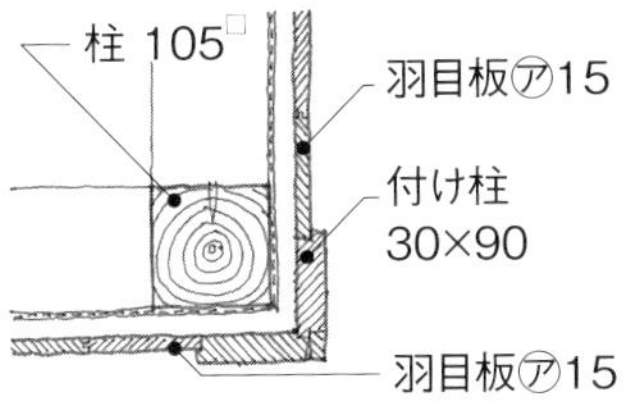
柱 105□
羽目板㋐15
付け柱
30×90
羽目板㋐15

木板外壁の入隅

①アイソメ図

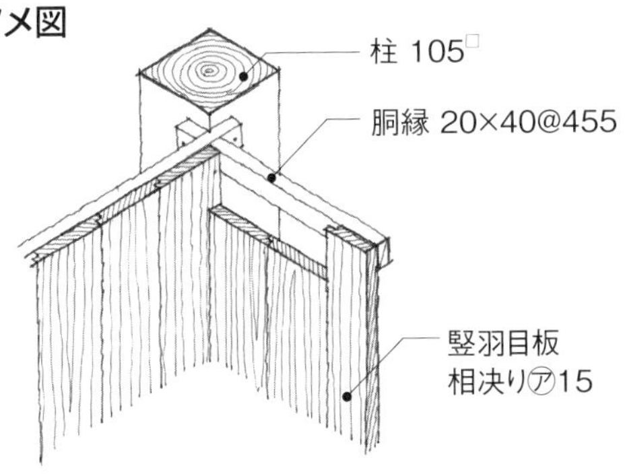
柱 105□
胴縁 20×40@455
竪羽目板
相決り㋐15

②平面図

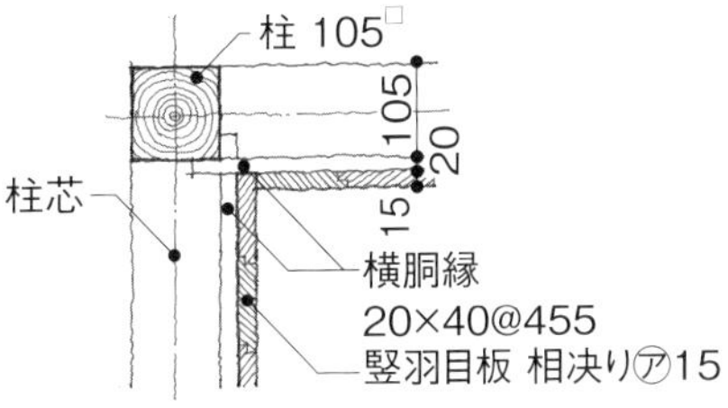
柱 105□
105
20
15
柱芯
横胴縁
20×40@455
竪羽目板 相決り㋐15

サイディング外壁の出隅・入隅

①出隅

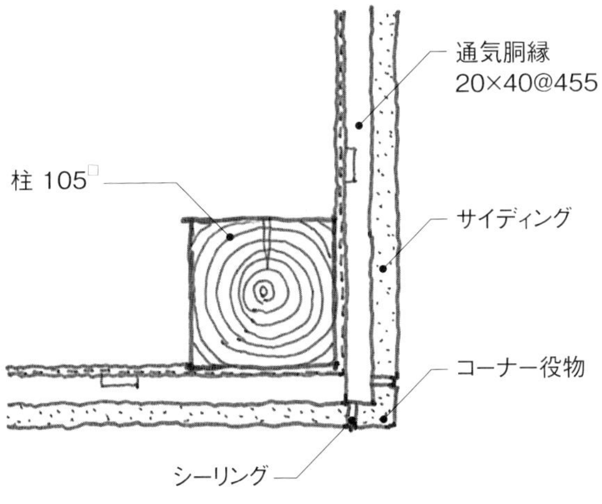
通気胴縁
20×40@455
柱 105□
サイディング
コーナー役物
シーリング

②入隅

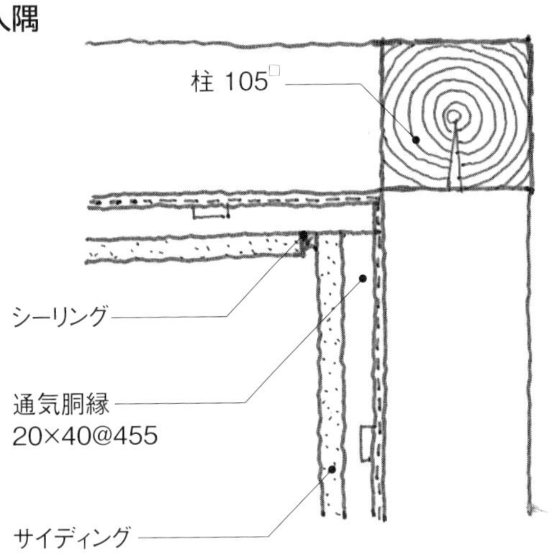
柱 105□
シーリング
通気胴縁
20×40@455
サイディング

コーナービードを用いた隅の納まり

①出隅　②入隅

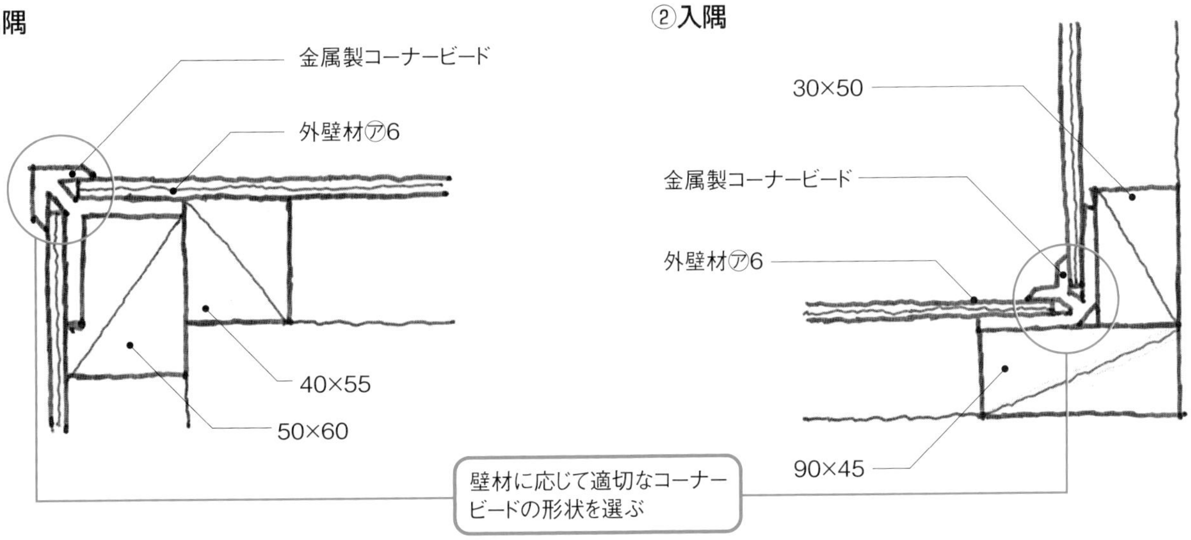
金属製コーナービード
外壁材㋐6
40×55
50×60
30×50
金属製コーナービード
外壁材㋐6
90×45
壁材に応じて適切なコーナービードの形状を選ぶ

土台廻りの取合い

土台廻りでは外壁と基礎のラインを整え水仕舞いの処理に注意する。土台には防腐・防蟻処理を行う

土台廻りで外壁面を揃える

土台の腐食は建物の寿命と直接関係する個所であるため、土台廻りの納まりはないがしろにはできない。特に、土台(120㎜角)と基礎の幅(150㎜)との寸法に差が出るため、土台と基礎の芯と同一にすると、外壁面に15㎜の段差ができる。その差が外壁と基礎の仕上げの納まりを悪くする要因になっている。そのため、土台と基礎の外面を同一面に揃えて納めることもある。

通常の土台廻りの納まりは、外壁の仕上げと基礎の仕上げの間に見切り縁を入れ、それに水切のための金属板を差し込む。場合によっては見切り縁を省略し、水切鉄板だけで納めることもある。

最近では外張り断熱で施工するケースも多くなった。特に寒冷地では基礎の部分にも断熱を施すため、外壁と断熱層の仕上げをそろえる必要がある。

土台の防腐・防蟻処理

土台は精度の高い納まりと同時に、防腐・防蟻処理も重要である。

品確法の等級2と3では、「外壁の下端に水切りを設ける」かつ、「土台にK3相当加圧注入による防腐、防蟻措置をする」または「特定耐久樹種を使用する」としている。

加圧注入による防腐措置とは、主に銅系や有機系、ホウ素系の薬剤を加圧注入した木材を使用することである。

防蟻措置とは、木材に対する現場での薬剤塗布などで、薬剤としては、シロアリを駆除(殺虫)するものや、シロアリを寄せ付けない効果のものがある。やり方としては前述の直接塗布をするほか、土壌に薬剤を散布する、床下に防蟻シートを張るなどさまざまな方法がある。

● 品確法
2000年4月に施行された住宅品質確保促進法のこと。制度として「住宅性能表示制度」があり、耐久性、省エネ性など9つの性能を等級によって評価する。この制度の利用は任意であり、多くの場合有料である

● 特定耐久樹種
土台用の特定耐久樹種には次のようなものがある。ヒバ、ヒノキ、米スギ、米桧、ケヤキ、クリ、米ヒバ、台湾ヒノキ、ウェスタンレッドシダー、サワラ、ネズコ、イチイ、カヤ、コウヤマキ、インセンスシダー、センペルセコイヤ

サイディング仕上げの土台廻り

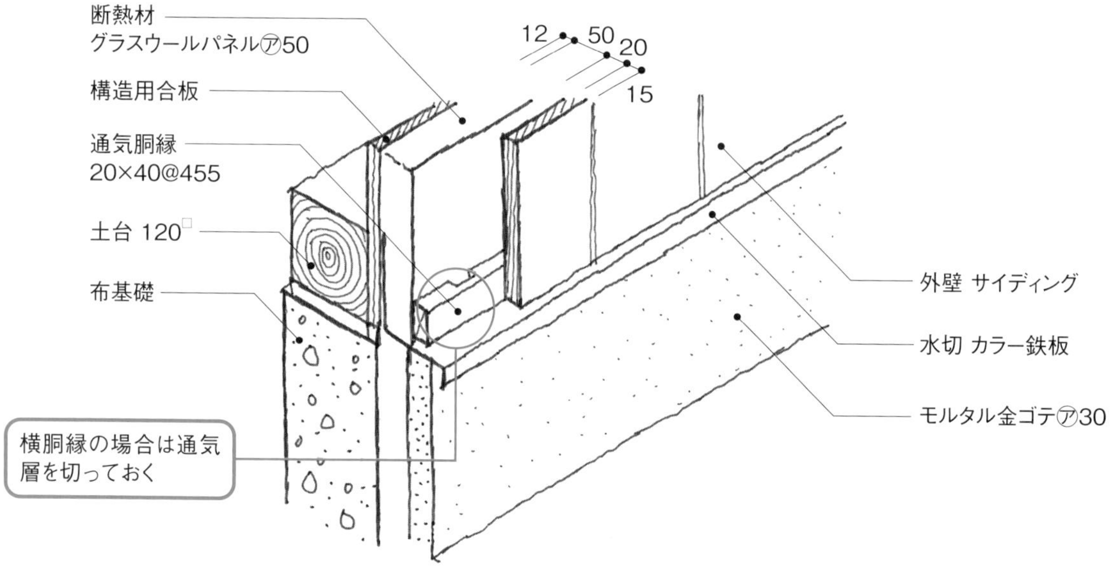

断熱材
グラスウールパネル㋐50
構造用合板
通気胴縁
20×40@455
土台 120□
布基礎
横胴縁の場合は通気層を切っておく
12
50
20
15
外壁 サイディング
水切 カラー鉄板
モルタル金ゴテ㋐30

竪羽目板仕上げの土台廻り

アイソメ図

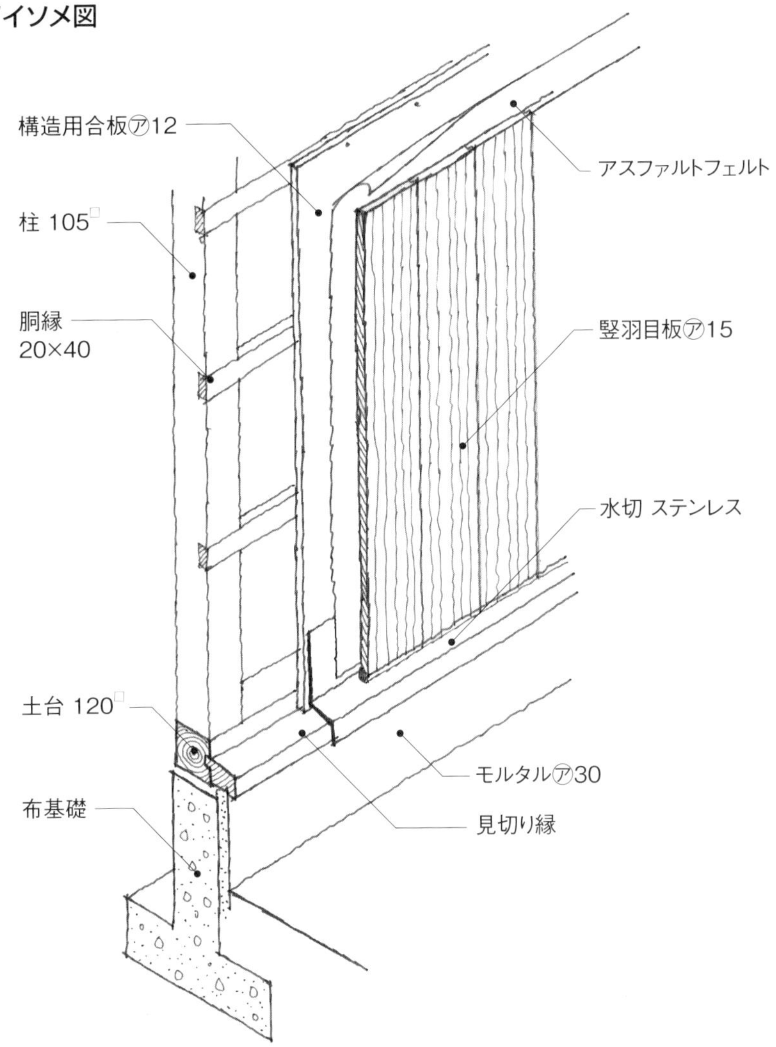
構造用合板㋐12
柱 105□
胴縁
20×40
土台 120□
布基礎
アスファルトフェルト
竪羽目板㋐15
水切 ステンレス
モルタル㋐30
見切り縁

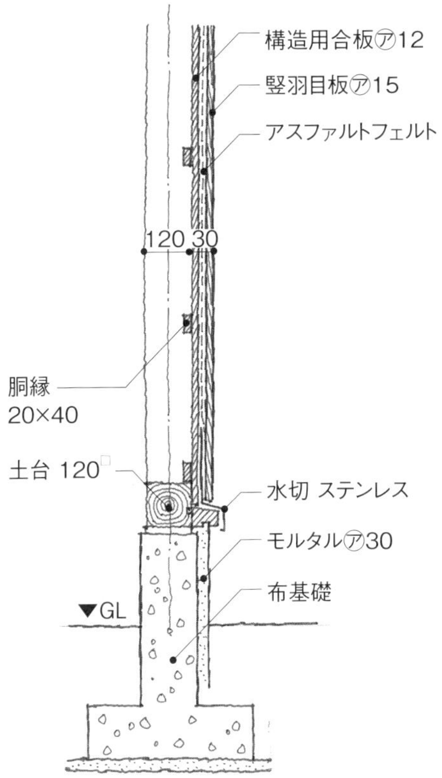
構造用合板㋐12
竪羽目板㋐15
アスファルトフェルト
120 30
胴縁
20×40
土台 120□
水切 ステンレス
モルタル㋐30
布基礎
▼GL

外壁仕上げの種類と土台廻り

①下見板張り

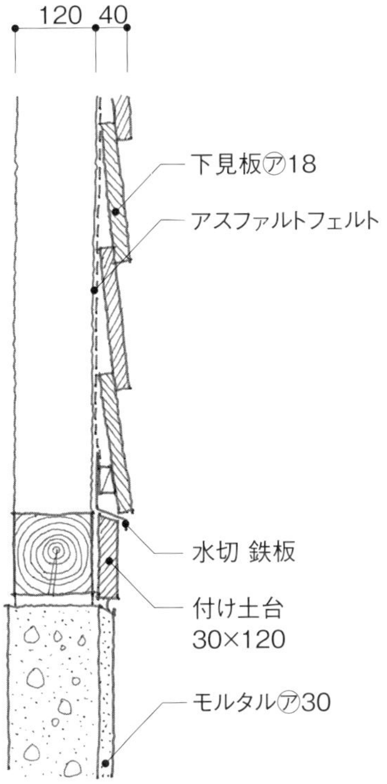
120 40
下見板㋐18
アスファルトフェルト
水切 鉄板
付け土台
30×120
モルタル㋐30

②サイディング張り

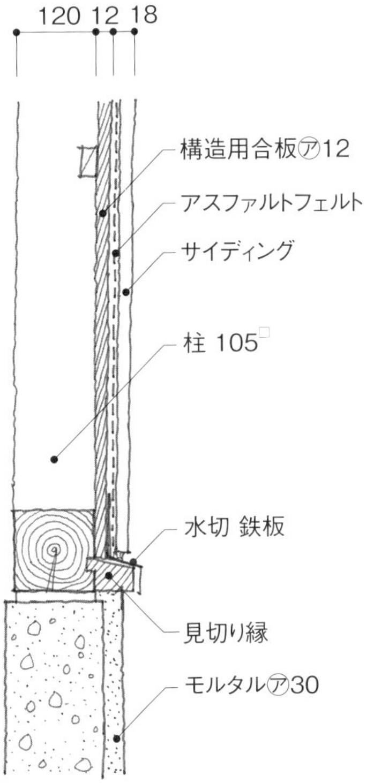
120 12 18
構造用合板㋐12
アスファルトフェルト
サイディング
柱 105□
水切 鉄板
見切り縁
モルタル㋐30

③羽目板張り

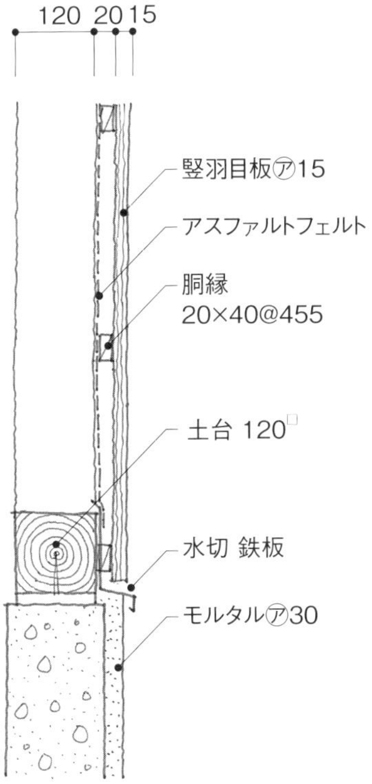
120 20 15
竪羽目板㋐15
アスファルトフェルト
胴縁
20×40@455
土台 120□
水切 鉄板
モルタル㋐30

腰壁の取合い

腰壁部分で材料を切り替えるときは、壁材同士の取合いを考える。1階は板張り、2階は防火・耐火仕様の外壁にすることもある

外壁仕上げを上下で分ける

外壁の腰より下の部分は、雨掛かりが多いため腐食の進行が早い。また、通りがかりに荷物や道具が外壁に当たったり、暴風時にはまれに飛来物が当たり衝撃を受けたりすることもある。そのため、外壁の仕上げを上・下部で変える方法もある。

外壁の仕上げを途中で変えるときには、何らかの見切り材を入れて仕上げなければならない。通常は、上下の材の間に見切り縁を打ち、金属の水切板を差し込み、シーリングを打って納める。

また、見切り材を使用することなく、上部の外壁と下の外壁に段差を付け、すっきりと納めることもある。その段差は、壁の通気や万が一壁の中に水が入ってしまった場合の排出にも役立つ。

外壁の防火・耐火仕様

延焼のおそれのある壁面を防火・耐火仕様にしなければならない建築基準法の規制から、1階は板張り、2階は防火・耐火仕様の外壁にすることもある。

準防火地域で、木造3階建てを建てる場合は、外壁を耐火時間45分以上の仕様にする必要がある。また、木造2階建てでも延焼のおそれのある外壁は耐火時間30分以上の仕様にする。法22条地域で木造住宅を建てる場合、建物の外壁のうち耐力壁は火災時に20分間構造耐力上支障を生じない変形、溶解、破壊が発生しない性能が求められている。

最近は、準防火や法22条地域外であっても、自宅での火災発生や隣家からの延焼被害を軽減するため、防火・耐火性能の高い外壁仕様で施工するケースが増えている。

準防火地域
建物が密集している地域において大規模火災を防止するため、建物構造が制限される地域。木造2階建てまたは平屋建ての場合は、隣地から一定の距離内で延焼のおそれのある部分の外壁や軒裏は防火構造としなければならないといった規制がある

法22条地域
建築基準法の22条に定められた地域。同地域では、屋根や外壁に不燃材料を使わなければいけない。法22条地域以上に厳しい制限が設けられているのが準防火地域などである

外壁の見切り縁なしの納め方

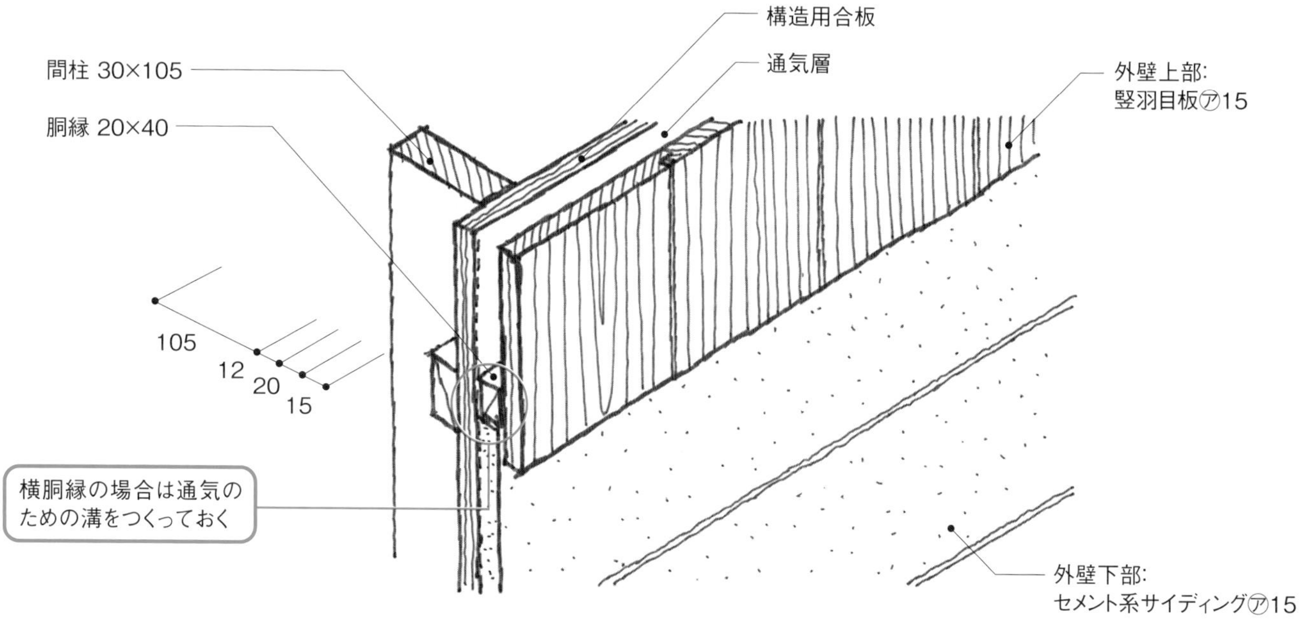

構造用合板
通気層
間柱 30×105
胴縁 20×40
外壁上部:
竪羽目板㋐15
105
12
20
15
横胴縁の場合は通気のための溝をつくっておく
外壁下部:
セメント系サイディング㋐15

外壁の腰部分の構成

①アイソメ図

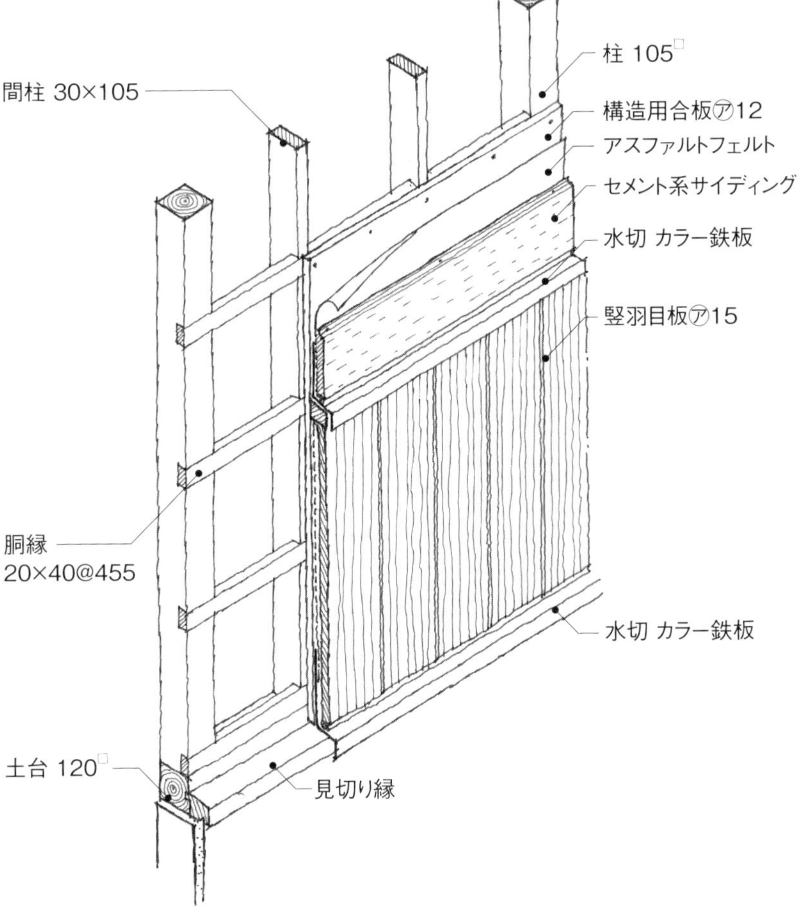

柱 105□
間柱 30×105
構造用合板㋐12
アスファルトフェルト
セメント系サイディング
水切 カラー鉄板
竪羽目板㋐15
胴縁
20×40@455
水切 カラー鉄板
土台 120□
見切り縁

②断面図

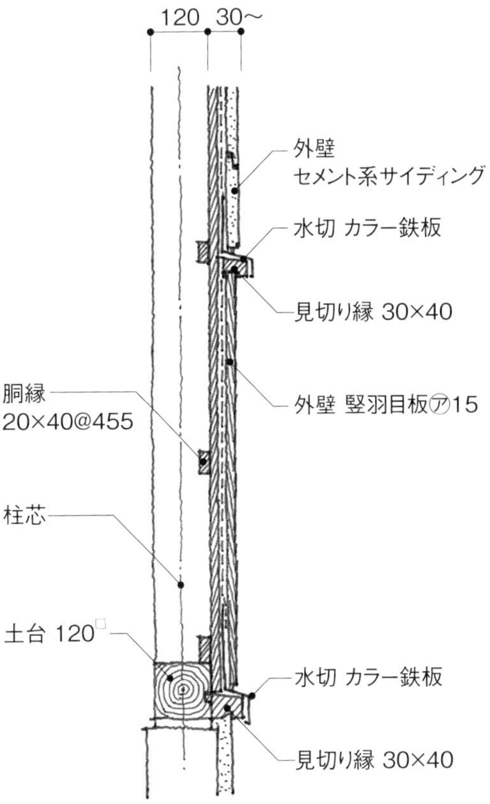

120
30〜
外壁
セメント系サイディング
水切 カラー鉄板
見切り縁 30×40
胴縁
20×40@455
外壁 竪羽目板㋐15
柱芯
土台 120□
水切 カラー鉄板
見切り縁 30×40

外壁腰部のバリエーション

①竪羽目板の場合

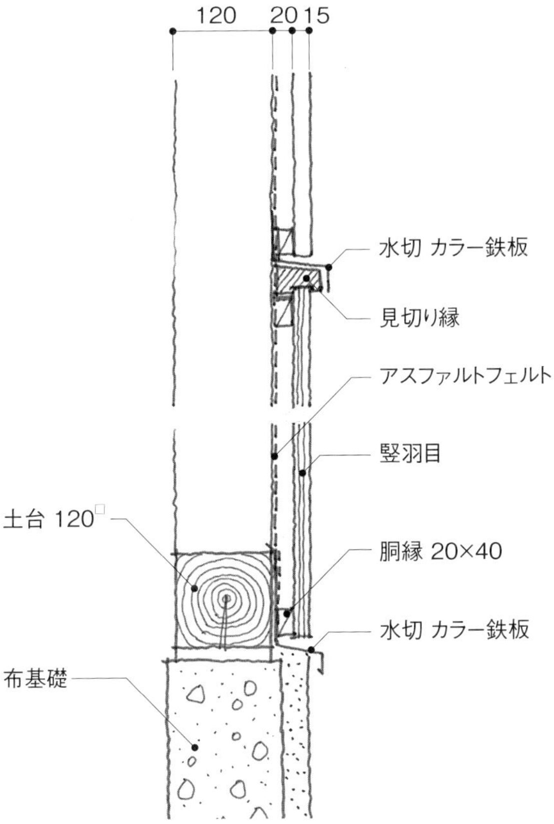

120
20
15
水切 カラー鉄板
見切り縁
アスファルトフェルト
竪羽目
土台 120□
胴縁 20×40
水切 カラー鉄板
布基礎

②ガルバリウム鋼板の場合

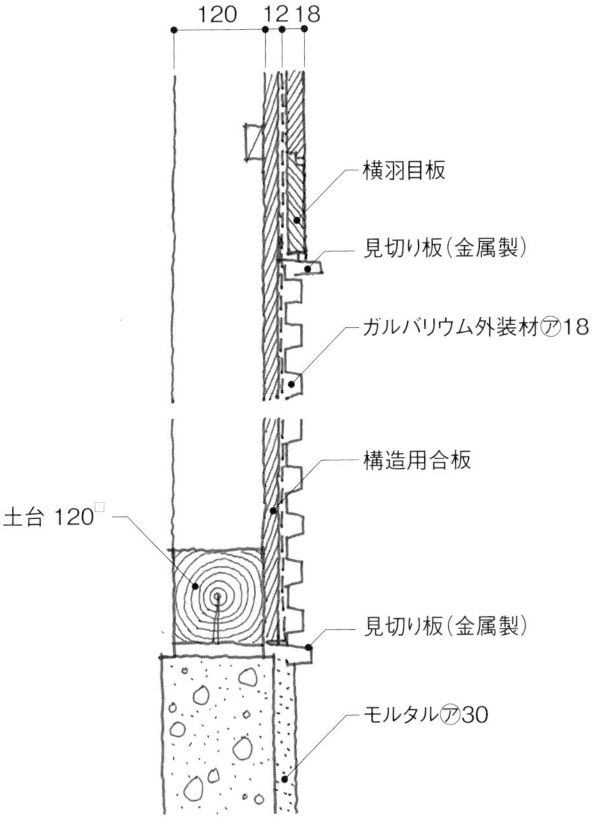

120
12
18
横羽目板
見切り板(金属製)
ガルバリウム外装材㋐18
構造用合板
土台 120□
見切り板(金属製)
モルタル㋐30

外壁と軒裏の取合い

不燃材が必要な場合は、不燃ボードかモルタル仕上げなどとする。フラット35の仕様基準では、小屋裏換気のため換気口を設ける

室内天井と似た軒裏納まり

外壁と軒裏の取合いは、室内の壁と天井の取合いに類似している。通常、室内の場合は天井と内壁を廻り縁で納めるが、軒裏の場合は、軒裏天井材と外壁材を見切り縁で納める。しかし、軒裏は室内ほどには目立たないため、軒裏天井に外壁材を直接ぶつけ、コーナーに化粧見切り縁を打ち付けて納める。または、天井と外壁を目透かし目地で納めるといった簡易的な方法もある。

軒裏は法規制によっては防火構造とする必要があり、不燃ボードを張るかモルタルなどを塗り仕上げる。

小屋裏の換気

小屋裏にこもった熱気を換気するために、軒裏天井に換気口を設けることがある。

フラット35の仕様基準では住宅性能表示の劣化軽減において等級2以上の対策が必要で、そのために換気口は小屋裏ごとに2カ所以上設けなければならない。

その際、軒裏と外壁の妻面換気口を併用する場合は、軒裏に吸気口を、妻面に排気口を設ける。その際それぞれの有効換気口面積は天井面積の1/900以上とする(垂直距離で910㎜以上離している場合)。

軒裏換気と排気筒や棟換気などを併用する場合は、排気筒などの器具を利用する開口部はできるだけ小屋裏頂部とし、排気口の有効面積は天井面積の1/1,600以上とする。また軒裏の有効換気口面積は天井面積の1/900とする。

軒裏のみで給気をする場合は、有効換気口の面積を天井面積の1/250以上とする。

このとき換気口に防虫網を取り付けるが、網目が小さいと目が詰まり、通気の役目をしなくなるので注意をする。

外壁と勾配軒裏天井との取合い

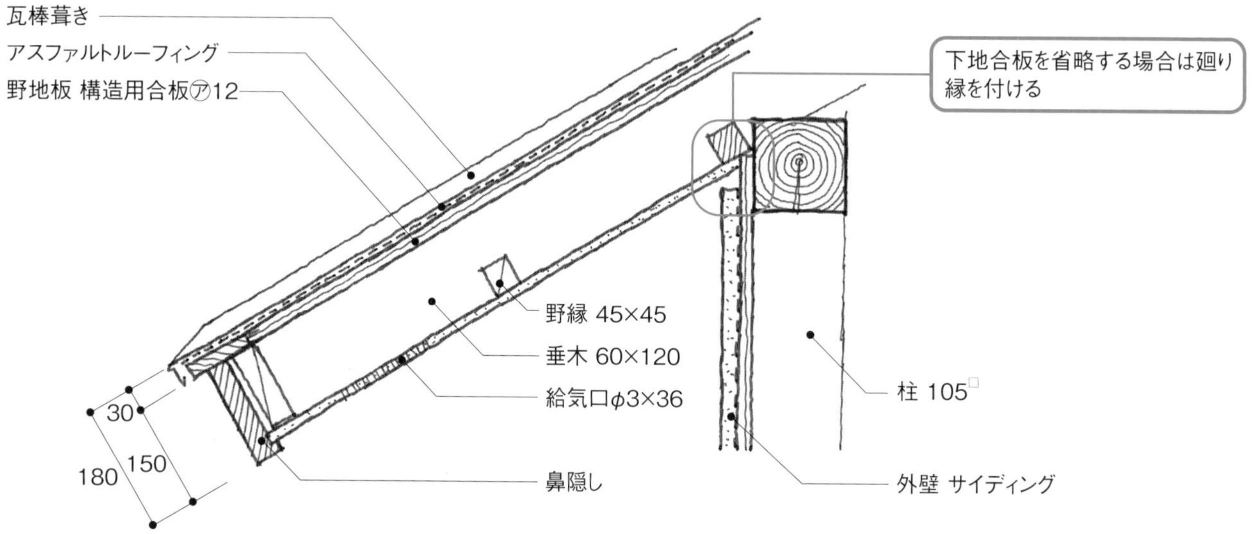
瓦棒葺き
アスファルトルーフィング
野地板 構造用合板㋐12
下地合板を省略する場合は廻り縁を付ける
野縁 45×45
垂木 60×120
給気口φ3×36
柱 105□
鼻隠し
外壁 サイディング
30
150
180

外壁と軒天井との取合い

①アイソメ図

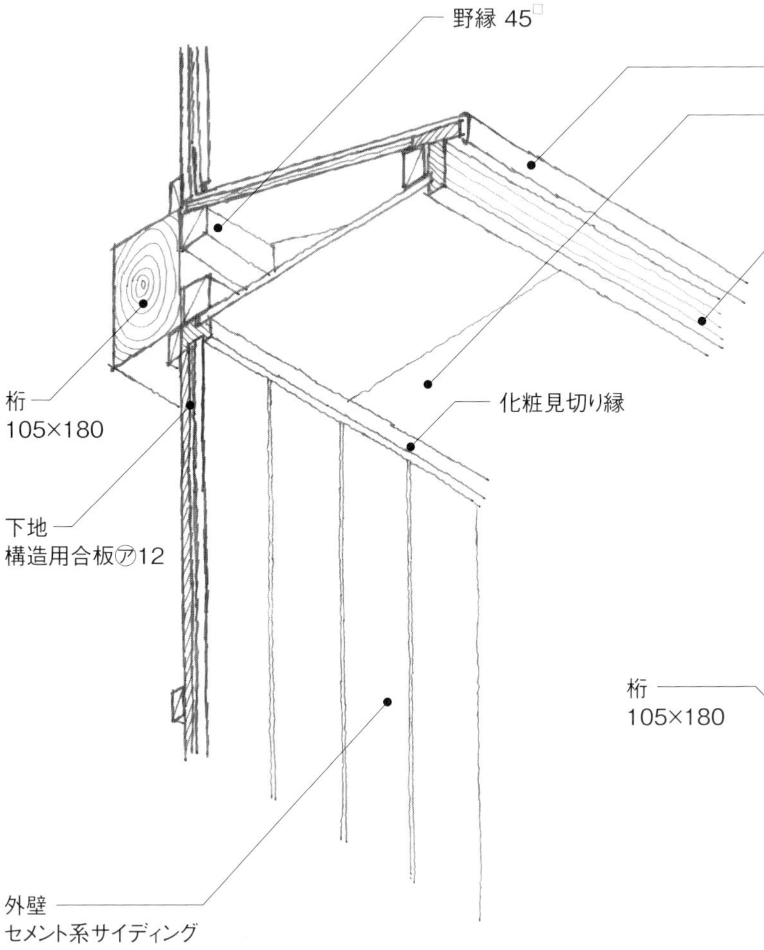
野縁 45□
屋根 銅板葺き
軒天井ケイカル板㋐6
鼻隠し
桁
105×180
化粧見切り縁
下地
構造用合板㋐12
外壁
セメント系サイディング

②断面図

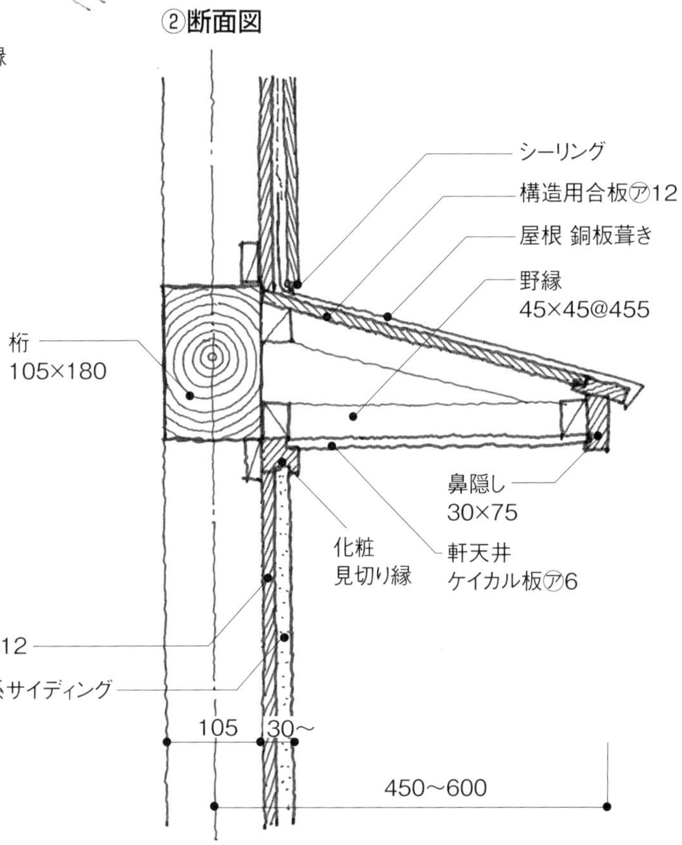
シーリング
構造用合板㋐12
屋根 銅板葺き
野縁
45×45@455
桁
105×180
鼻隠し
30×75
化粧
見切り縁
軒天井
ケイカル板㋐6
構造用合板㋐12
外壁 セメント系サイディング
105
30～
450～600

外壁と軒裏との取合い

①押し縁で留める

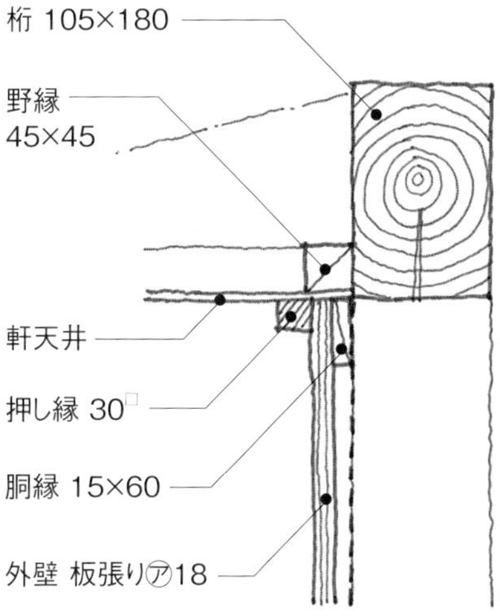
桁 105×180
野縁
45×45
軒天井
押し縁 30□
胴縁 15×60
外壁 板張り㋐18

②廻り縁で留める

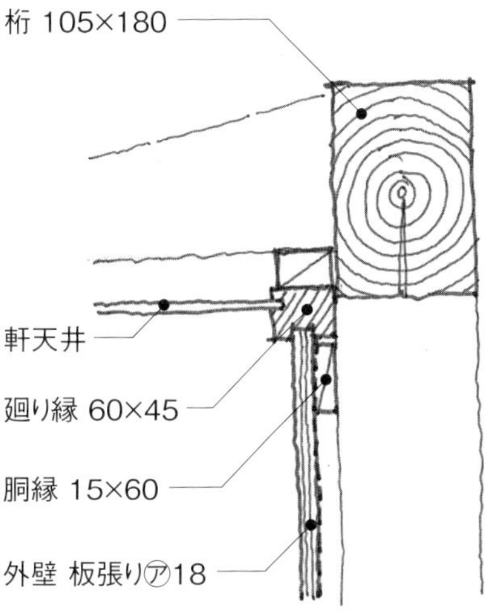
桁 105×180
軒天井
廻り縁 60×45
胴縁 15×60
外壁 板張り㋐18

③突付け

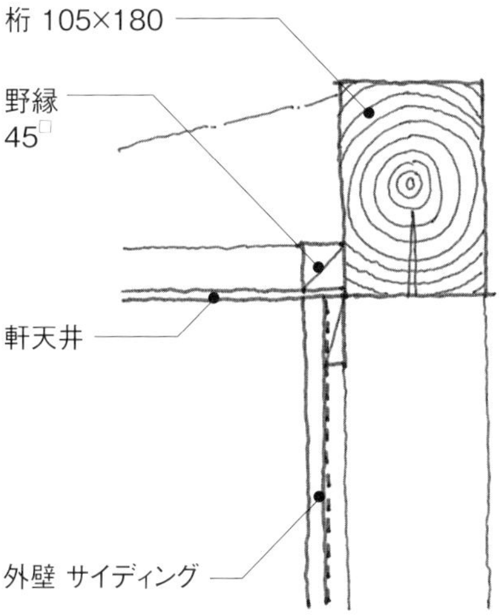
桁 105×180
野縁
45□
軒天井
外壁 サイディング

外壁廻りの防水・断熱

外張り断熱では通気層を確保し、外壁と屋根部分の取合いで断熱が切れないようにする

内断熱の弱点と対策

住宅というものは天井、外壁、床、窓から出ていく熱を抑える断熱性と、気密性を確保することで室内上下での温度差が軽減でき、少ないエネルギーでも快適な室温を維持できる。そのためには家を断熱材ですっぽり覆うことが必要である。

外壁の断熱の工法として、内断熱（充填）工法と、外張り断熱工法がある。

内断熱は壁のなかに断熱材を充填していく工法である。断熱は住宅全体を断熱材できっちり隙間なく覆うことで本来の性能を発揮する。だが内断熱では柱や梁などで断熱材が分断されてしまうため、外張り断熱より断熱性が落ちてしまう。対処方法としては外張り断熱工法よりも15％ほど断熱材を分厚くするなどがある。

また断熱材はグラスウールを使うことが多

いが、長い時間経過するとダレが生じやすい。

そのため、スタイロフォーム材やグラスウールボード材などを間柱の間に入れる。しかし板材だと細部で隙間ができやすく、そのままにしておくと結露が生じる可能性がある。そこで外壁の仕上げと断熱材の間には、結露を防止するために通気層を設ける。

外張り断熱の構成と注意点

外張り断熱は、建物全体を断熱材でくるんでしまう工法のため断熱性能がよく、最近よく使われる工法である。

下地には構造用合板を打ち、グラスウールボードなどの断熱材を張り付ける。その上に透湿防水シートを張り、胴縁を付け外壁材を張って仕上げる。通気層は胴縁の部分でとる。この場合、断熱は外壁と屋根との接合部で切れてしまうことが多いため、施工には十分注意する。

● グラスウール
リサイクルガラスを主原料に高温で溶解し、綿状に繊維化したもの。断熱性・吸音性・防振性に優れる。そのほか虫に食われない、軽量といった特長がある

● スタイロフォーム
主原料のポリスチレン樹脂に添加剤などを混ぜ、発泡させた板状の保温材。名前の由来はポリスチレン樹脂の「スタイロン」（商品名）

外張り断熱とベランダの取合い

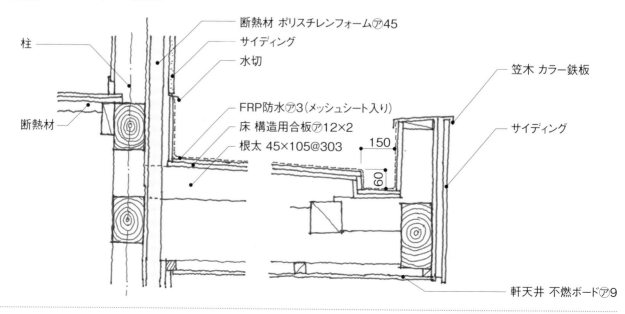

- 断熱材 ポリスチレンフォームア45
- サイディング
- 水切
- 柱
- 断熱材
- FRP防水ア3（メッシュシート入り）
- 床 構造用合板ア12×2
- 根太 45×105@303
- 笠木 カラー鉄板
- サイディング
- 150
- 60
- 軒天井 不燃ボードア9

外張り断熱と防水の構成

①アイソメ図

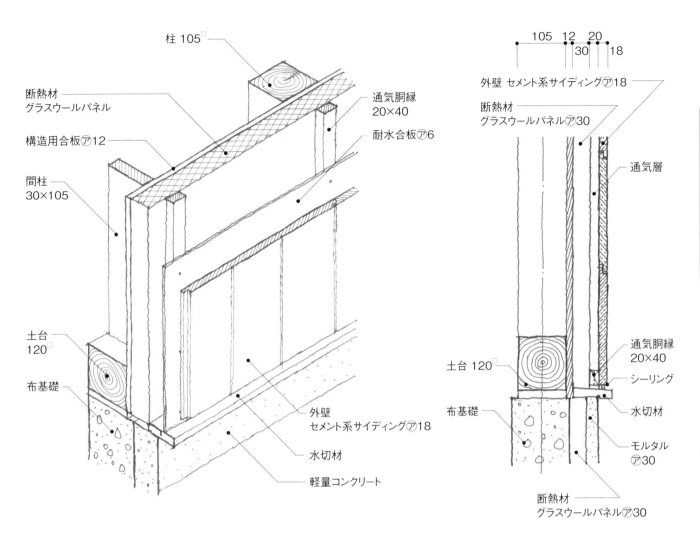

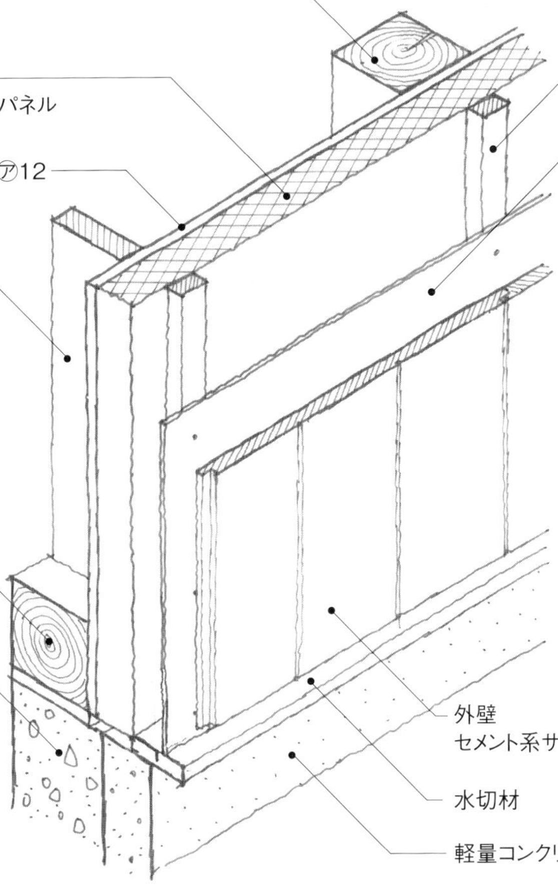
柱 105□
断熱材
グラスウールパネル
構造用合板㋐12
間柱
30×105
通気胴縁
20×40
耐水合板㋐6
土台
120□
布基礎
外壁
セメント系サイディング㋐18
水切材
軽量コンクリート

②断面図

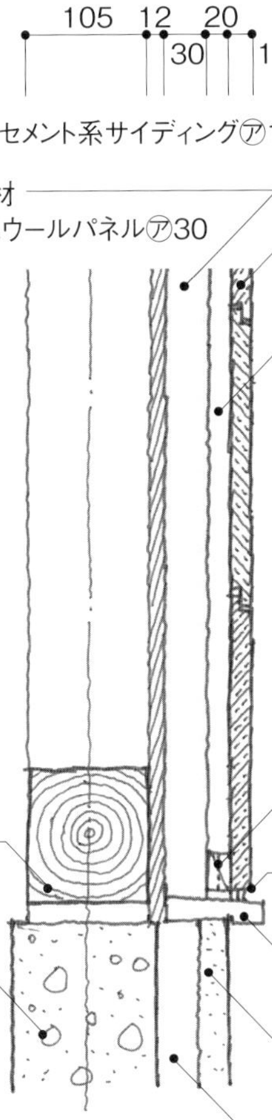
105 12 20
30 18
外壁 セメント系サイディング㋐18
断熱材
グラスウールパネル㋐30
通気層
通気胴縁
20×40
シーリング
土台 120□
水切材
布基礎
モルタル
㋐30
断熱材
グラスウールパネル㋐30

断熱工法の種類

①充填断熱の納まり

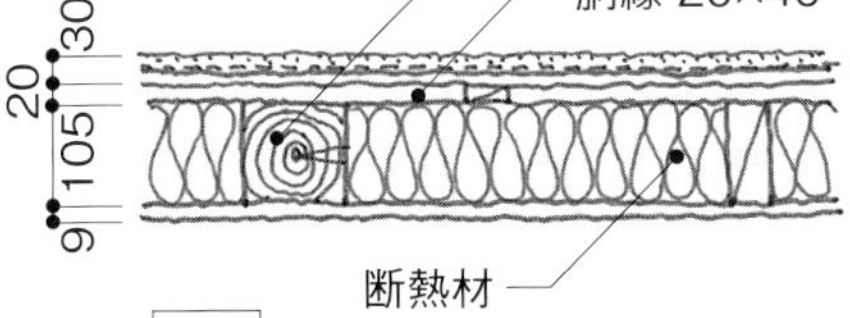
外部
柱 105□
胴縁 20×40
30
20
105
9
内部
断熱材
グラスウール㋐100

平面

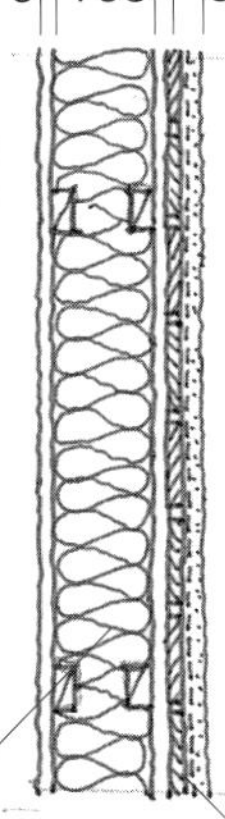
20
9 105 30
内部
外部
断熱材
グラスウール㋐100
木摺り板下地モルタル塗り

断面

②外張り断熱の納まり

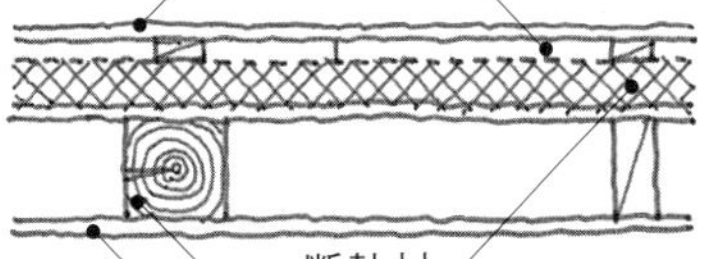
外部
外壁材
通気層
断熱材
内部
柱 105□
構造用合板

平面

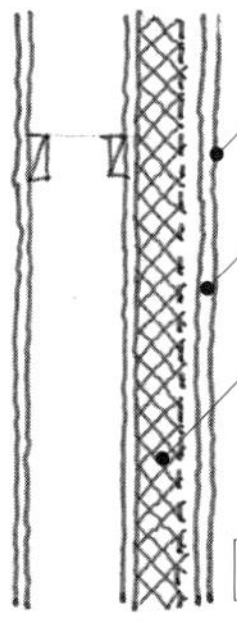
外壁材
通気層
断熱材
内部
外部

断面

屋根部の基本構成

和小屋にはベイマツや集成材などを使うことが多い。
屋根は地域の気候風土に合った形状を探す

和と洋で異なる形式と構成

屋根を構成する構造は、大きく分けて、日本古来から伝えられてきた和小屋と、西洋の建築で多く用いられている洋小屋とがある。

和小屋は梁の上に小屋束を立て、母屋を載せ、それに垂木を置き並べる。洋小屋はハサミ束や方杖などでトラスを構成する構造である。

和小屋で大きな力がかかる梁のことを小屋梁という。かつてはこの梁に、自然に曲がった材で、曲げの力に強いマツの丸太が使われた。しかし、最近はこうした材が少なくなったため、輸入材のベイマツや集成材などを使うことが多くなっている。納まりとしては、和小屋はホゾや仕口で材を組み上げることが多い。洋小屋は基本的にトラス構造であるため、ハサミ吊り束などをボルトなどの金物で締結することが多い。

屋根の役割と形態

屋根は、建築全体の外観を決定する重要な要素である。また、美しい家並みを構成している建物群は必ずといっていいほど屋根の形が統一されている。しかも、その地域の気候風土に合った機能的合理的な形をしているため、奇をてらうデザインの形態や個人の趣味だけで決めないほうがよい。

建築のなかで屋根は最も風雨にさらされる機会が多いので耐候、耐久性が求められる。多雪、多雨地帯、また山間部や海に近い地域など建物が建てられる地域によって気候風土は違ってくる。そのため屋根の形態、屋根を葺く材質、日当たりや風向きによって棟の方向などを慎重に検討しなければならない。

形態の種類としては、切妻屋根、寄せ棟屋根、入母屋屋根、方形屋根、陸屋根、片流れ屋根などさまざまなバリエーションがある。

● トラス
部材をお互いにもたれ合うようにして三角形を構成し組み立てた構造体骨組。外力がかかったときに強い構造。主に屋根組みや橋に用いられる

小屋の形式ごとの部材名

①洋小屋　　　　　　　　　　　　　　　②和小屋

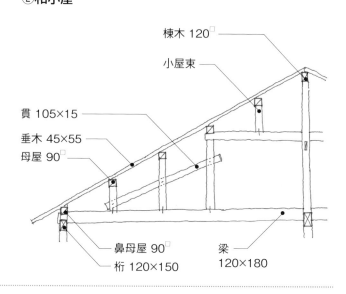

真束　　棟木
方杖 120×100
母屋 90□
ハサミ吊り束
60×100
垂木 45×60
合掌 120×150
ボルトφ13
鼻母屋
軒桁 120×150

棟木 120□
小屋束
貫 105×15
垂木 45×55
母屋 90□
鼻母屋 90□
桁 120×150
梁 120×180

屋根裏・軒先換気口による通気の考え方

①アイソメ図

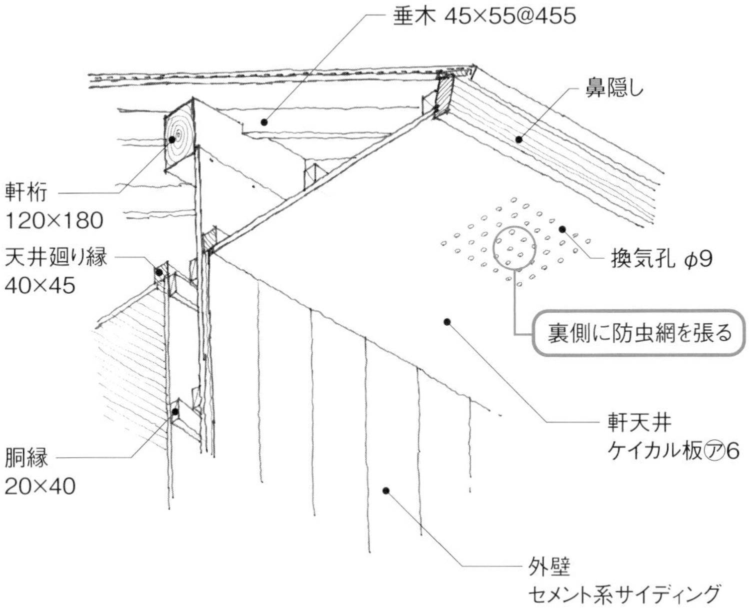

垂木 45×55@455
鼻隠し
軒桁
120×180
天井廻り縁
40×45
換気孔 φ9
裏側に防虫網を張る
軒天井
ケイカル板㋐6
胴縁
20×40
外壁
セメント系サイディング

②断面図

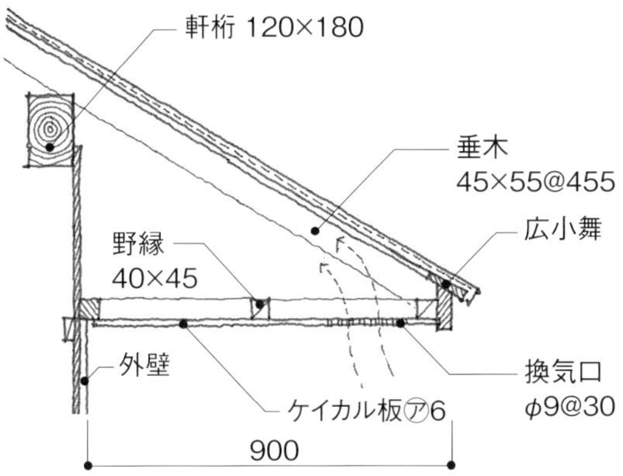

軒桁 120×180
垂木
45×55@455
広小舞
野縁
40×45
外壁
ケイカル板㋐6
換気口
φ9@30
900

勾配軒天井での通気の例

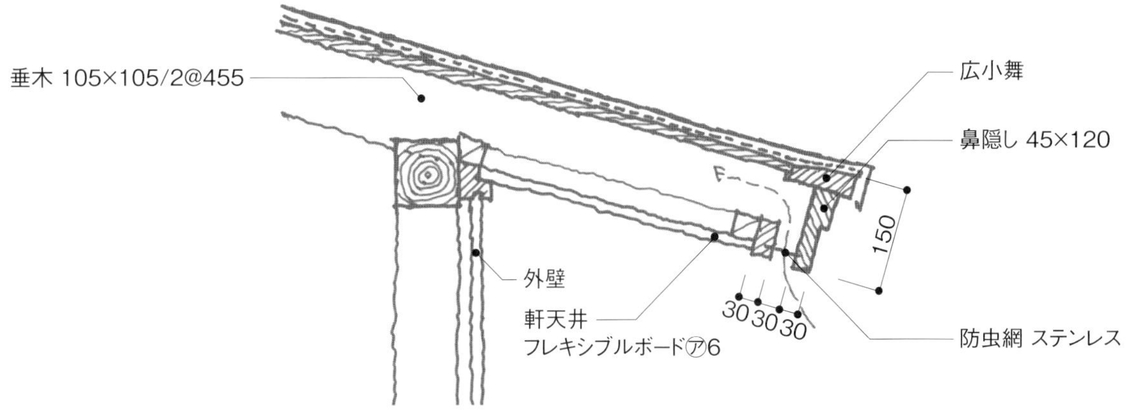

垂木 105×105/2@455
広小舞
鼻隠し 45×120
150
外壁
軒天井
フレキシブルボード㋐6
30 30 30
防虫網 ステンレス

桁部分の納まりの違い

①洋小屋

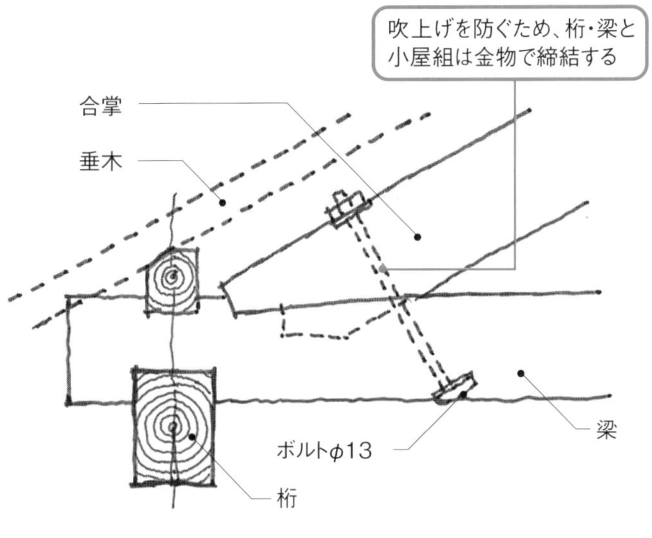

吹上げを防ぐため、桁・梁と
小屋組は金物で締結する
合掌
垂木
ボルトφ13
梁
桁

②和小屋

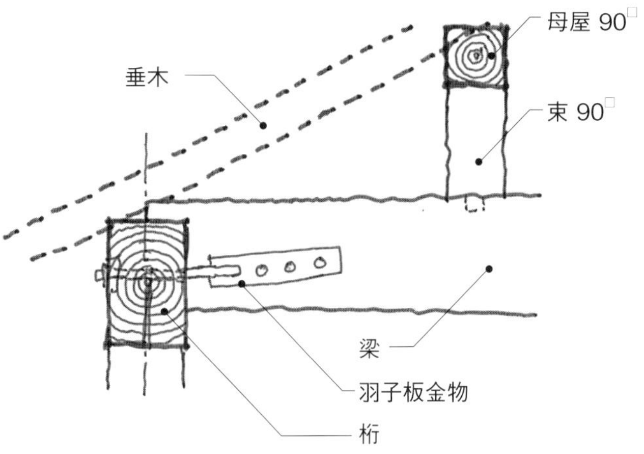

母屋 90□
垂木
束 90□
梁
羽子板金物
桁

瓦屋根

住宅で一般的に用いられるのは桟瓦葺き。屋根の勾配は4/10程度以上とする

いぶし瓦と釉薬瓦

瓦は粘土を成型し1,000℃以上で焼成してつくられる。種類は、窯のなかでいぶしたいぶし瓦と、施釉した釉薬瓦に分けられる。いずれも機能で求められるのは耐水・耐候性である。瓦には多少の吸水性があるが、釉薬瓦は吸水が少なく凍害に強い。特に、焼成時に塩を投入した塩焼き瓦は吸水率が少なく、寒冷地用とされている。一方、いぶし瓦は独特の光沢と風合いがあり、古建築のほとんどに使用されている。

瓦の寸法は建物の大きさによって数種類のものが使い分けられてきたが、今ではさまざまなサイズの製品がつくられている。

瓦の種類による葺き方

葺き方は大きく本瓦葺きと桟瓦葺きに分類できる。本瓦葺きは古建築や寺院などに使用される場合がほとんどで、一般の住宅では後者の桟瓦葺きが一般的である。本瓦葺きは平瓦と丸瓦の組合せで葺く方法で、平瓦と平瓦の接合部に丸瓦を載せる葺き方である。

桟瓦の葺き方は本瓦葺きよりも安価で施工がしやすいため、現在広く普及している。本来の桟瓦葺きは葺き土を野地板の上に敷いて施工するが、現在では葺き土を省略し、アスファルトルーフィングを敷き、それに横桟を打ち付け、これに瓦を引っ掛ける方法が多くなった。この施工の仕方を空葺き、または引掛け桟瓦葺きという。

また桟瓦の一種で一文字瓦がある。これは軒先が平らですっきりした形の桟瓦で、数寄屋造りの建物に使われることが多い。

瓦葺きで注意したいのは屋根の勾配である。緩いと雨水が逆流する恐れがあるからだ。そのため桟瓦葺きでは4/10程度以上の勾配が必要である。

● 釉薬瓦
陶磁器の表面をガラス状にコーティングするための釉薬をかけて、1,000℃以上の温度で焼いた瓦。瑠璃瓦とも呼ばれる

引掛け桟瓦葺きの構成

①アイソメ図

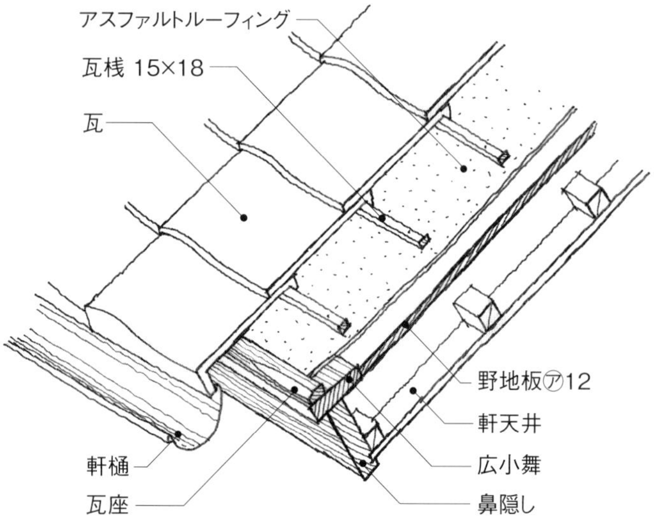
アスファルトルーフィング
瓦桟 15×18
瓦
野地板㋐12
軒天井
広小舞
鼻隠し
軒樋
瓦座

②断面図

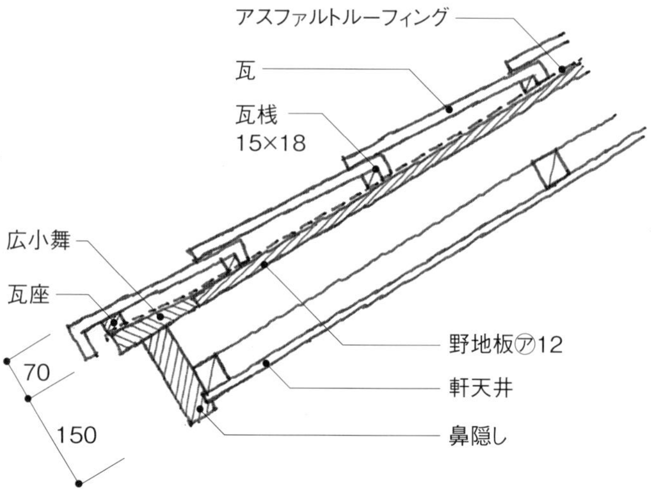
アスファルトルーフィング
瓦
瓦桟
15×18
広小舞
瓦座
70
150
野地板㋐12
軒天井
鼻隠し

瓦屋根の基本的な納まり

①軒先の納まり

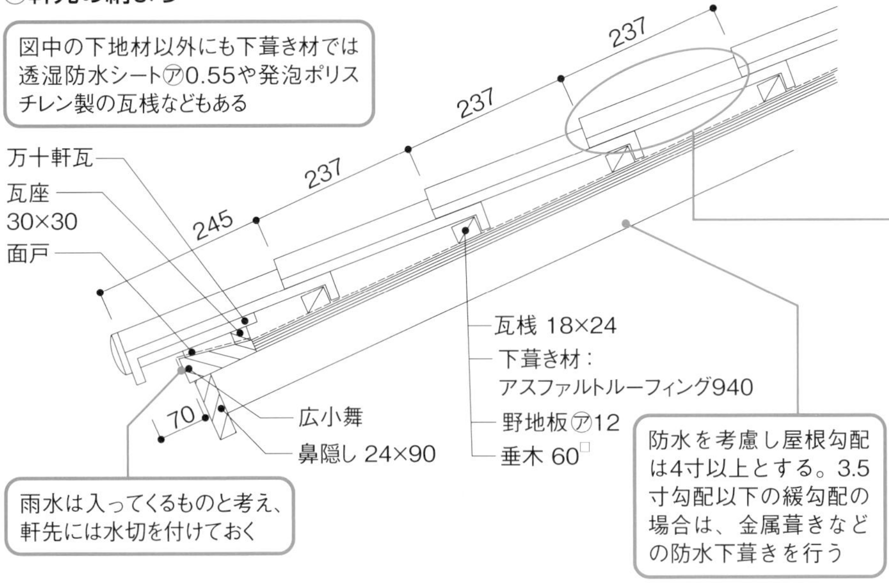
図中の下地材以外にも下葺き材では透湿防水シート㋐0.55や発泡ポリスチレン製の瓦桟などもある
237
237
237
245
万十軒瓦
瓦座
30×30
面戸
瓦桟 18×24
下葺き材：
アスファルトルーフィング940
野地板㋐12
垂木 60□
70
広小舞
鼻隠し 24×90
雨水は入ってくるものと考え、軒先には水切を付けておく
防水を考慮し屋根勾配は4寸以上とする。3.5寸勾配以下の緩勾配の場合は、金属葺きなどの防水下葺きを行う

瓦の製品寸法（J形、S=1：15）

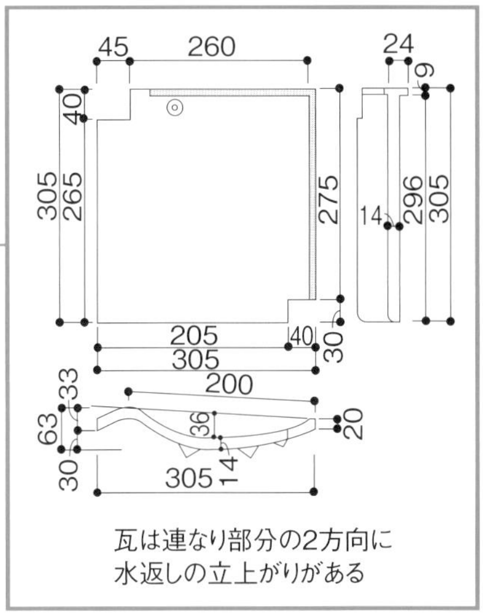
45
260
24
9
40
305
265
275
14
296
305
205
40
30
305
200
33
63
36
20
30
14
305
瓦は連なり部分の2方向に水返しの立上がりがある

②谷の納まり

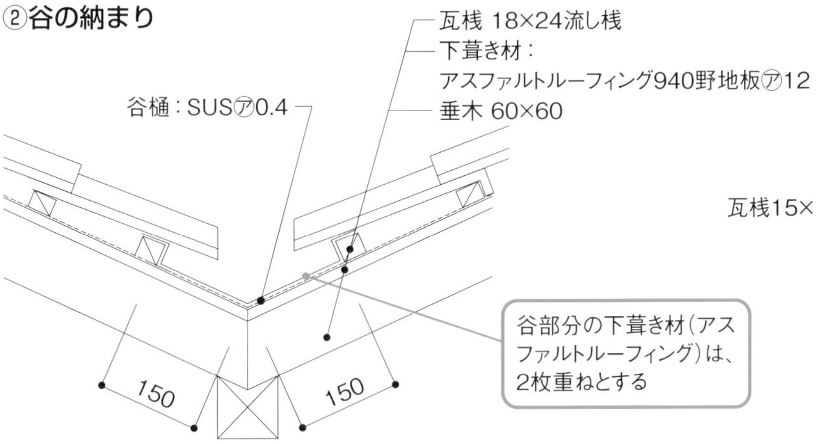
瓦桟 18×24流し桟
下葺き材：
アスファルトルーフィング940野地板㋐12
垂木 60×60
谷樋：SUS㋐0.4
150
150
谷部分の下葺き材（アスファルトルーフィング）は、2枚重ねとする

③棟部の納まり

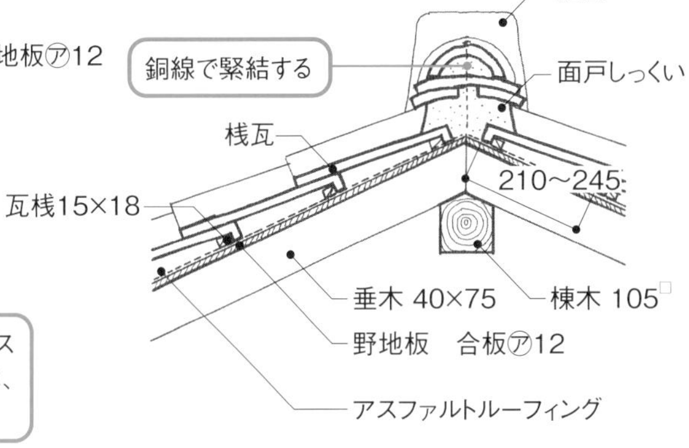
鬼瓦
銅線で緊結する
面戸しっくい
桟瓦
210～245
瓦桟15×18
垂木 40×75
棟木 105□
野地板　合板㋐12
アスファルトルーフィング

瓦葺き屋根のバリエーション

①勾配の急な引掛け桟瓦葺き

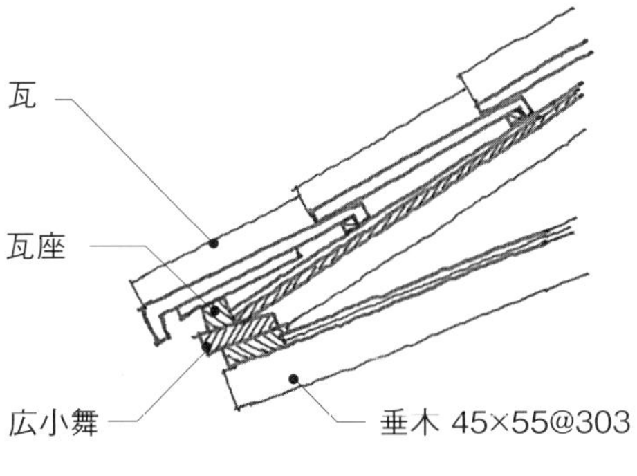
瓦
瓦座
広小舞
垂木 45×55@303

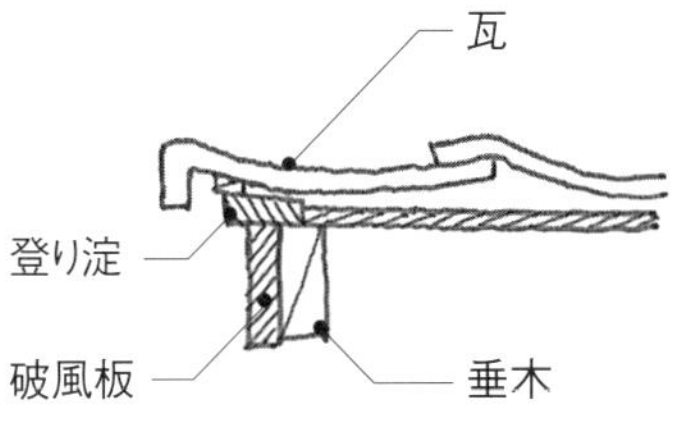
瓦
登り淀
破風板
垂木

妻側の納まり

②樋を隠す納まり

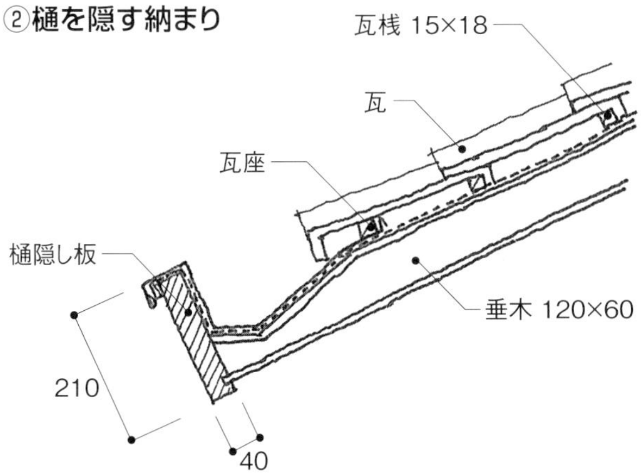
瓦桟 15×18
瓦
瓦座
樋隠し板
垂木 120×60
210
40

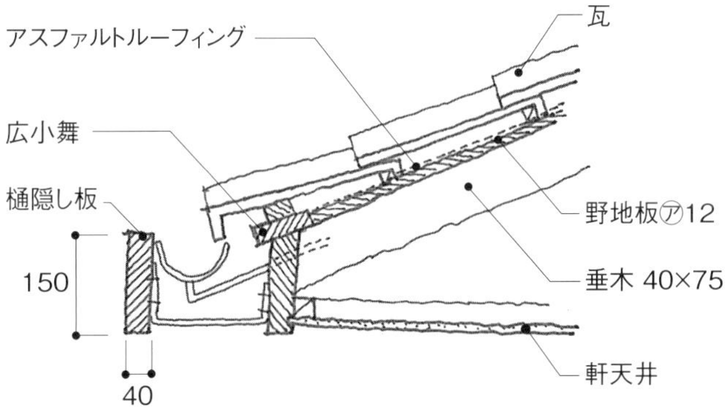
アスファルトルーフィング
瓦
広小舞
樋隠し板
150
野地板㋐12
垂木 40×75
軒天井
40

瓦葺きと銅板葺きの取合い

銅板を併用すると軽快な印象の屋根になるが、重ね部分を十分にとることが必要

軽快な屋根を実現する銅板葺き

瓦屋根の軒先の部分を銅板葺きにすると、意匠的に軽快な感じの屋根になる。また、一部を銅板葺きにすると重量を軽減でき、勾配と素材を変えることで屋根の形に変化を与えることができる。

一般的に使用される銅板の厚さは0.3〜0.5㎜程度。厚めの0.5㎜の場合、耐用年数が50年を超えることもある。この長寿命という点も銅板葺きの魅力である。

屋根の仕上げは途中で変えると、ジョイントの部分で雨漏りをする可能性があるので、基本的にはできるだけ避けたほうがいい。しかし奈良地方の民家などの大和棟造りには茅葺きと瓦葺きを併用した例もある。意匠性を重要視する建物ではたびたび用いられてきた葺き方である。

銅板葺きと瓦葺きの併用

銅板葺きと瓦葺きを併用する場合の注意点は、重ね部分を十分にとり、水返しの桟を打ち、その桟に沿って水返しの銅板を十分に立ち上げ、打ち付けておくことである。さらに風の吹上げによる雨水の逆流がないよう、そして瓦が飛ばされないよう留意する。

また近年になって銅板葺きと陶器瓦葺きの併用時に、20年程度で銅板が腐食し、穴が開くという事例が報告されるようになった。その理由は確定されていないが、最近耳にするようになった酸性雨などによって瓦の釉薬が溶け出し、銅板と化学反応を起こすという説が有力である。この場合、銅板をカラー銅板、チタン、カラーステンレス、ガルバリウム鋼板、瓦などほかの素材にすべて葺き替えるしかない。

● 大和棟造り
大和（奈良盆地の中南部地方）に見られる民家の一様式。急勾配の茅葺と、妻側の両端に一段低くて勾配の低い瓦葺という2種類の屋根で構成されている。高塀造りともいう

瓦葺きと銅板葺きの構成

①アイソメ図

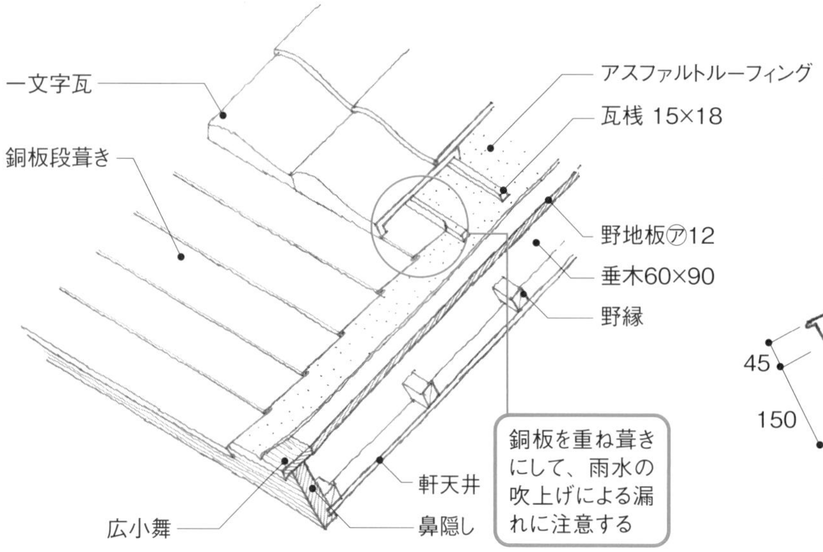
一文字瓦
銅板段葺き
アスファルトルーフィング
瓦桟 15×18
野地板㋐12
垂木60×90
野縁
軒天井
鼻隠し
広小舞
銅板を重ね葺きにして、雨水の吹上げによる漏れに注意する

②断面図

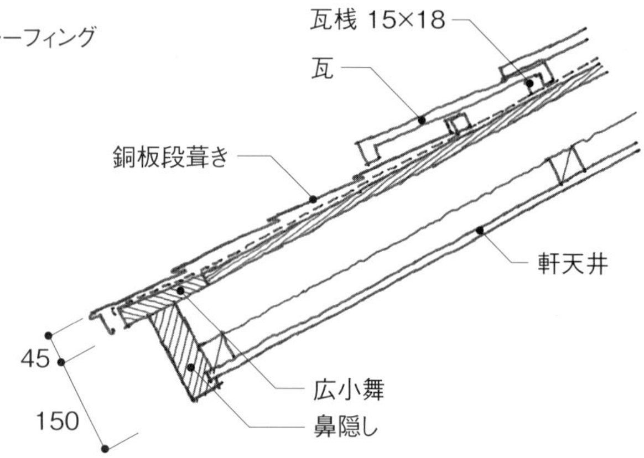
瓦桟 15×18
瓦
銅板段葺き
軒天井
45
150
広小舞
鼻隠し

瓦葺きと銅板葺きの納まり

①瓦と銅板取合い部の納まり

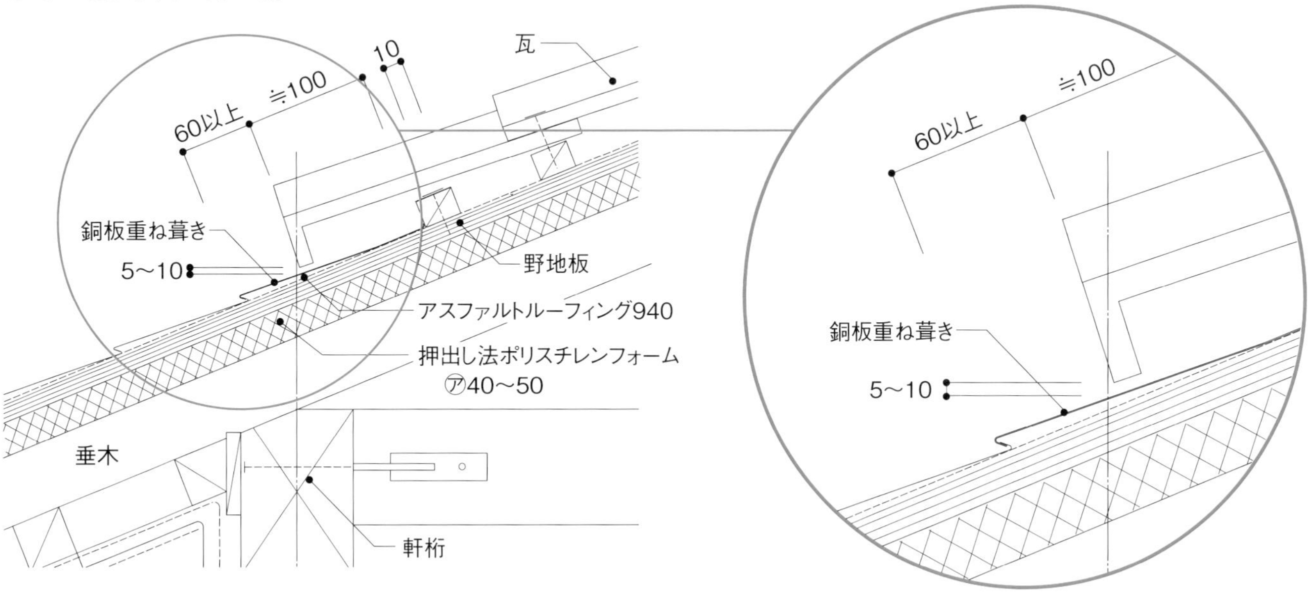
瓦
10
≒100
60以上
銅板重ね葺き
5〜10
野地板
アスファルトルーフィング940
押出し法ポリスチレンフォーム
㋐40〜50
垂木
軒桁
≒100
60以上
銅板重ね葺き
5〜10

②けらばの瓦と銅板取合い部の納まり

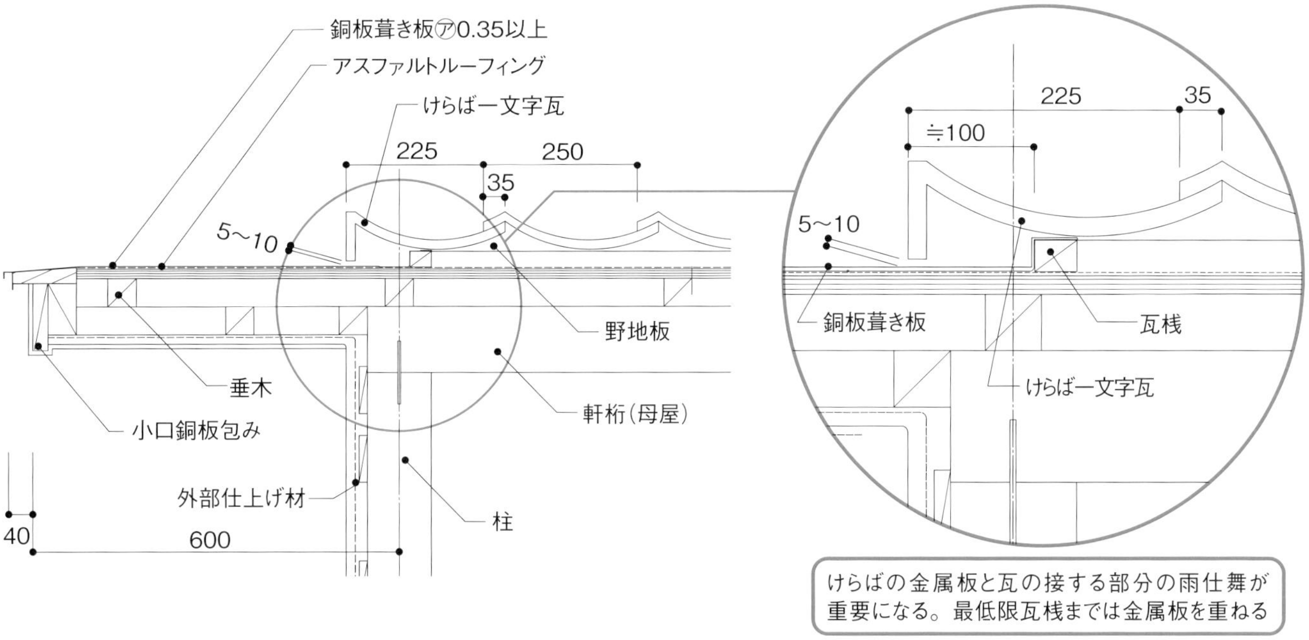
銅板葺き板㋐0.35以上
アスファルトルーフィング
けらば一文字瓦
225
250
35
5〜10
野地板
垂木
軒桁（母屋）
小口銅板包み
外部仕上げ材
柱
40
600
225
35
≒100
5〜10
銅板葺き板
瓦桟
けらば一文字瓦
けらばの金属板と瓦の接する部分の雨仕舞が
重要になる。最低限瓦桟までは金属板を重ねる

③谷部分の納まり

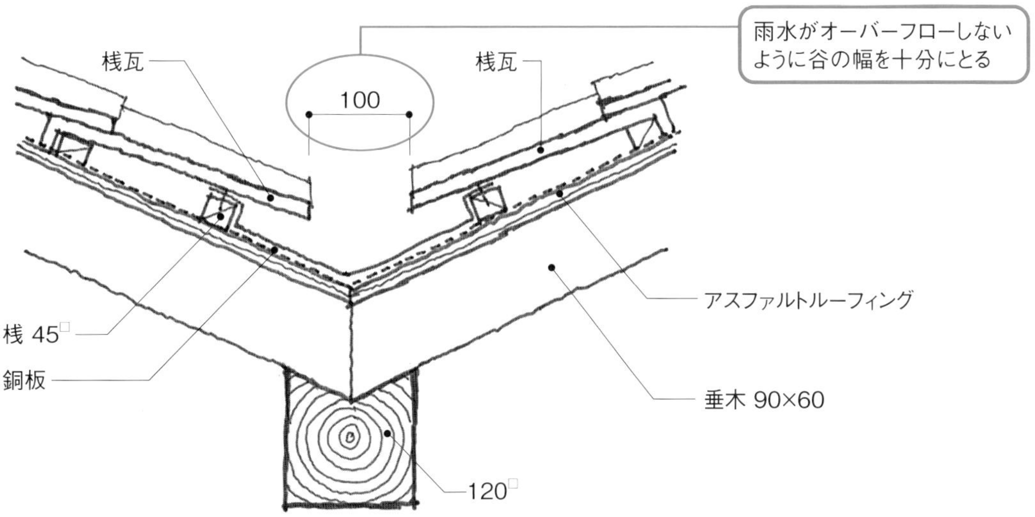
雨水がオーバーフローしない
ように谷の幅を十分にとる
桟瓦
桟瓦
100
桟 45□
銅板
アスファルトルーフィング
垂木 90×60
120□

金属屋根

緩い勾配の屋根も施工可能な金属葺きは、板幅が小さいほど手間がかかる

金属葺きのメリット・デメリット

金属は耐火・耐候性に優れているため屋根に適した材である。また、材が薄く曲げ加工が容易にでき、防水性のよい接合が可能であるため、1/10程度の緩い勾配の屋根もできる。

一方、金属屋根は強風で吹き上げられることもあり、また熱伝導率がよく、直射日光を受けると高温になるため、しっかりと断熱する必要が生じるといったデメリットもある。

屋根に使用される金属は、銅、鉄が主流であり、いずれも0.3～0.4㎜程度の厚さのものを葺き方に応じて裁断して葺く。鉄は安価だが錆びる欠点がある。当然ながらメッキや塗装が必要であるが、最近はフッ素樹脂加工などの耐候性の優れた製品も出ている。

金属屋根の種類と葺き方

金属板の一般的な葺き方には、一文字葺きや菱葺きといった平葺きと、瓦棒葺きなどがある。

一文字葺きは、長方形に切った金属板にハゼを取り付け、互いに組み合わせる葺き方である。ハゼの線は左右チドリに、上下は水平段上に現れる。板の幅が小さいほど手間がかかり上級の仕事になる。葺き下地にはアスファルトルーフィングを使用する。葺き板は伸縮による動きを考慮して、直接野地板に留めずに吊り子で固定する。比較的強風に吹き上げられる弱点があるため、入念な施工が求められる。

瓦棒葺きは、屋根の下地に瓦棒という角材を打ち付け、双方より金属板を立ち上げて、瓦棒上部で細長の金属片を巻き込み、蓋をする。この葺き方は施工が早く、雨漏りも少ないとされている。瓦棒の心材を入れずに金属板の端部を立ち上げて雨仕舞をする葺き方を、立てハゼ葺きという。

● フッ素樹脂
フッ素原子を含むプラスチックの総称。耐熱性、耐薬品性、耐摩擦性などに優れる。フライパンの焦げ付き防止コーティングなどで有名

● ハゼ
屋根の金属葺きなどで、金属板を折り曲げ、かみ合わせる形にした接合部分

金属屋根瓦棒葺きの構成

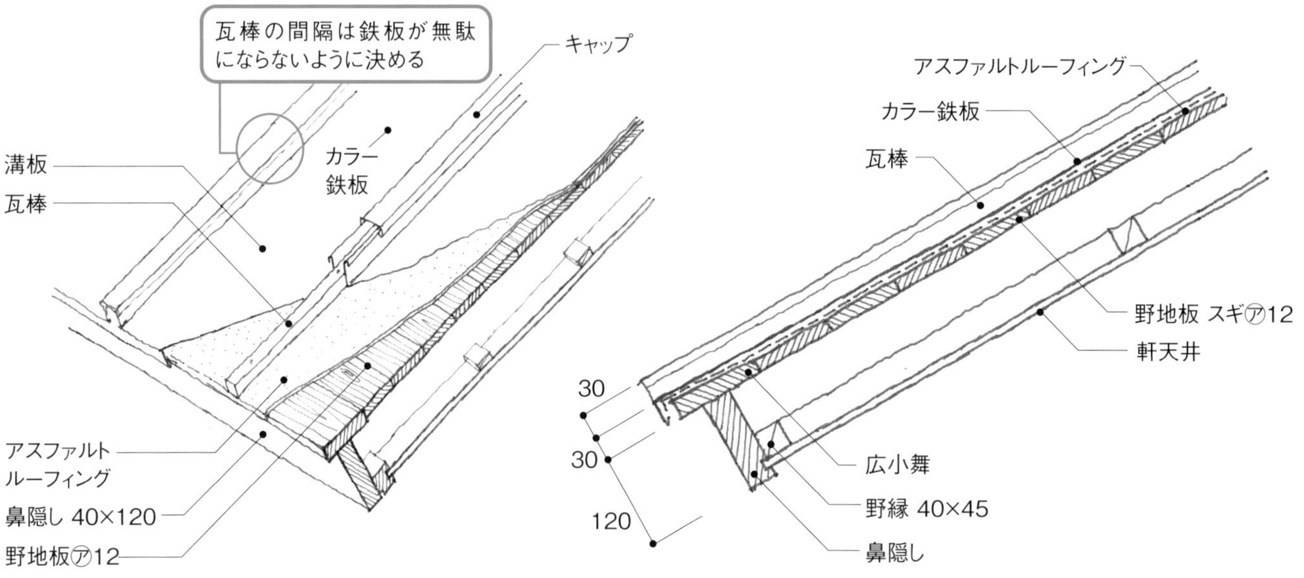
瓦棒の間隔は鉄板が無駄にならないように決める
キャップ
カラー鉄板
溝板
瓦棒
アスファルトルーフィング
鼻隠し 40×120
野地板㋐12
アスファルトルーフィング
カラー鉄板
瓦棒
野地板 スギ㋐12
軒天井
30
30
120
広小舞
野縁 40×45
鼻隠し

金属屋根の納まり

①棟の納まり

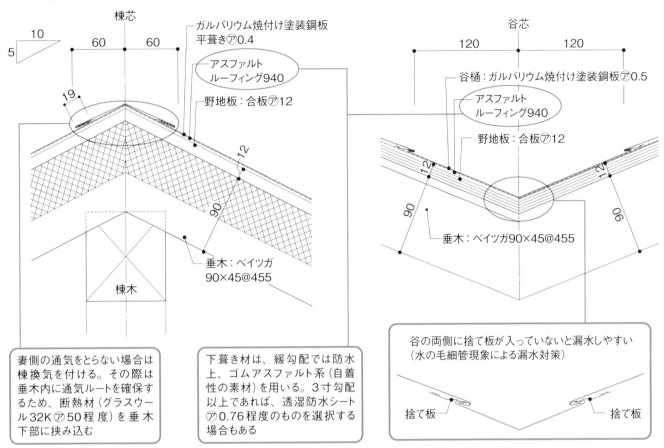

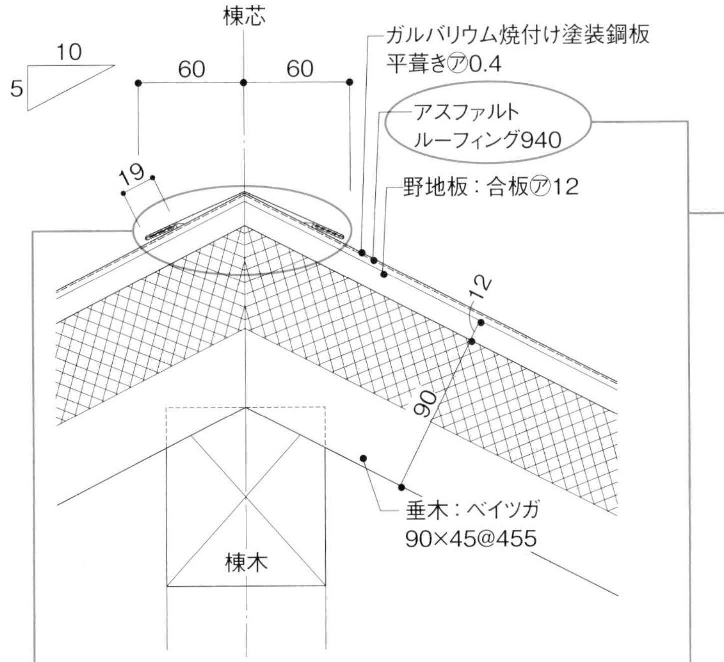
棟芯
10
5
60
60
19
ガルバリウム焼付け塗装鋼板
平葺き㋐0.4
アスファルト
ルーフィング940
野地板：合板㋐12
12
90
垂木：ベイツガ
90×45@455
棟木

妻側の通気をとらない場合は棟換気を付ける。その際は垂木内に通気ルートを確保するため、断熱材（グラスウール32K㋐50程度）を垂木下部に挟み込む

下葺き材は、緩勾配では防水上、ゴムアスファルト系（自着性の素材）を用いる。3寸勾配以上であれば、透湿防水シート㋐0.76程度のものを選択する場合もある

②谷の納まり

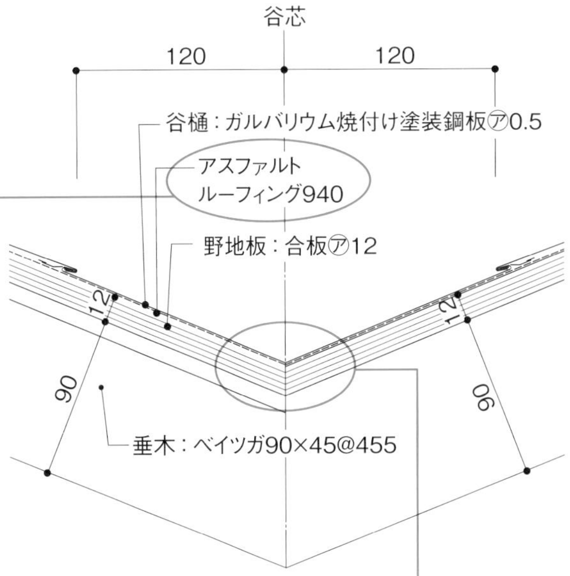
谷芯
120
120
谷樋：ガルバリウム焼付け塗装鋼板㋐0.5
アスファルト
ルーフィング940
野地板：合板㋐12
12
12
90
90
垂木：ベイツガ90×45@455

谷の両側に捨て板が入っていないと漏水しやすい（水の毛細管現象による漏水対策）

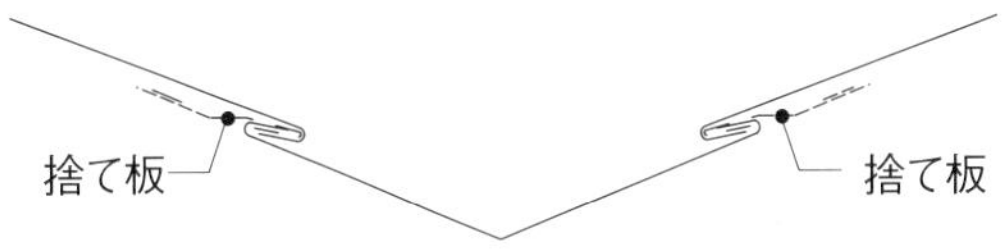
捨て板
捨て板

金属屋根瓦棒葺きの種類

①化粧軒天井の場合

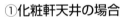

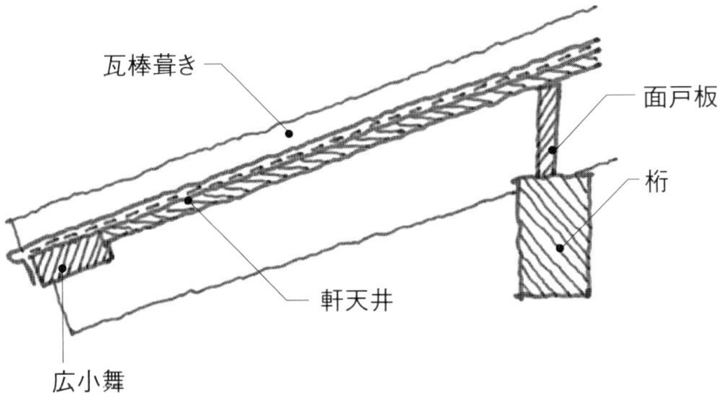
瓦棒葺き
面戸板
桁
軒天井
広小舞

③棟の納まり

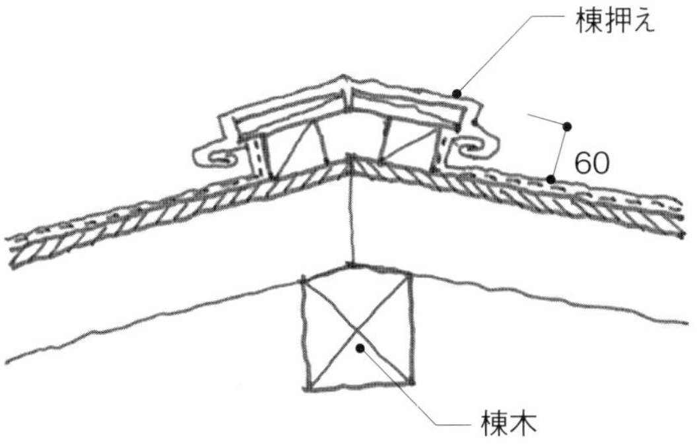
棟押え
60
棟木

②2重の軒天井

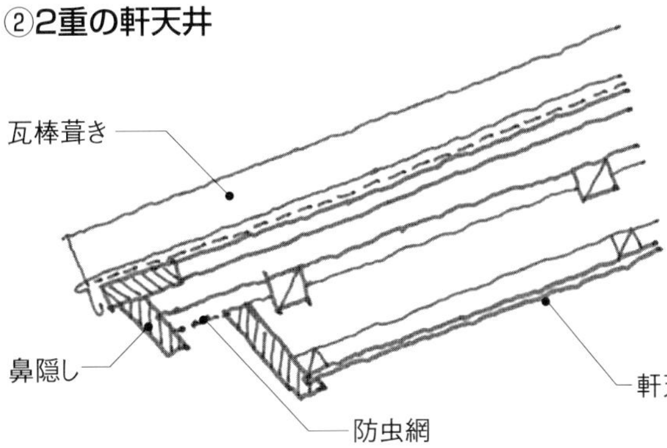
瓦棒葺き
鼻隠し
防虫網
軒天井

④桟木省略の瓦棒葺き

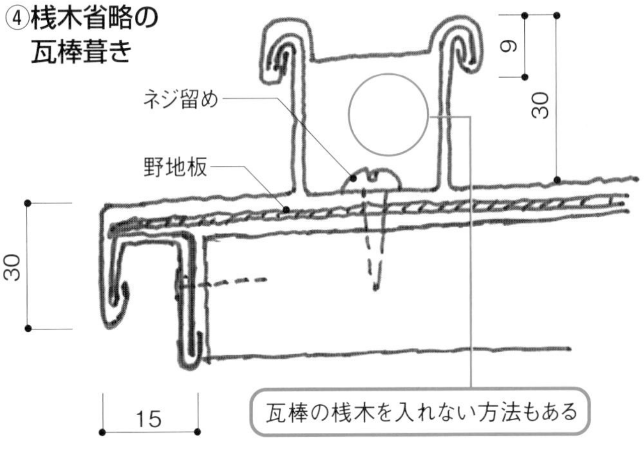
9
30
ネジ留め
野地板
30
15

瓦棒の桟木を入れない方法もある

スレート屋根

棟や軒先、けらば部分では、水切鉄板を十分に入れて水の浸入を防ぐ

天然スレートは風合いを生かす

スレートは石質の薄板の総称で、天然と人工のものがある。人工のものは軽量なため、地震に有利なうえに、比較的低価格であるため屋根材としてもっとも一般的に使用される。人工のスレートには多種多様な種類があり、それぞれ施工方法、納め方が異なるので、仕様書に従い施工しなければならない。

一方で天然スレートは長期間が経過しても劣化が少なく、何度でも繰り返し葺き替えが可能な点と、自然石ならではの風合いと趣を持っている点などで根強い人気がある。しかし近年は、重量が重く衝撃に弱い、自然石ゆえ製品にムラが出やすいなどの理由で、天然スレートで葺くケースは少なくなった。

スレート屋根の施工

一般的なスレートの葺き方は、野地板の上にアスファルトルーフィングを敷き、それに桟を打ち付け、そこにスレートを打ち付けて重ねて葺いてゆく。

ただし、棟や軒先、けらば部分の納まりは複雑になりやすい個所である。そのため水切鉄板を十分に入れて、吹上げによる水の浸入に配慮しなければならない。また、天然スレートの場合は重量が重いため、建築全体の構造体をより強固にしておくことも怠ってはならない。

トップライト、煙突、窓際、ドーマー廻りは特に雨漏りの可能性が高く、注意しなければならない。

これらの設置位置は、壁や棟、谷から十分に距離をとる必要がある。棟、谷からは900㎜以上、壁際からは300㎜以上、けらばからは450㎜以上離すようにする。さらに、取合い部分は、雨仕舞いがしっかり行われているかの確認が必要である。

● けらば
切妻屋根の妻側の端部分

● ドーマー
屋根の上に突き出して設ける小さな屋根をもった窓。ロフトなど小屋裏部屋への採光を目的とする

スレート屋根葺きの構成

①アイソメ図

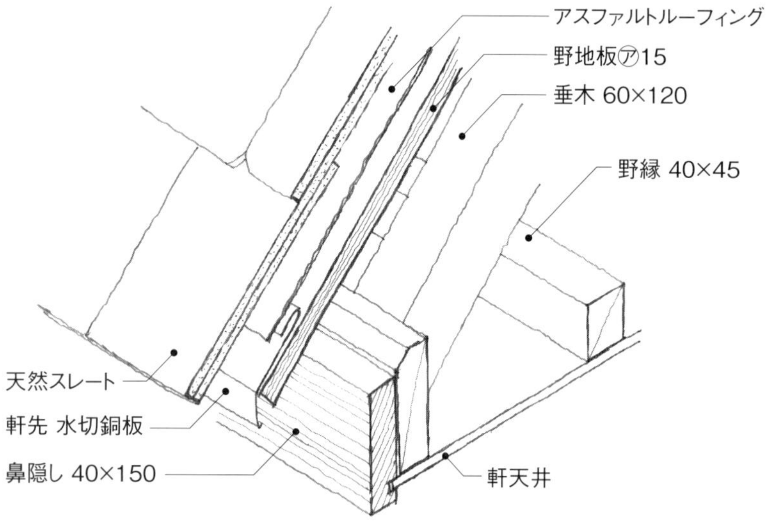
アスファルトルーフィング
野地板㋐15
垂木 60×120
野縁 40×45
天然スレート
軒先 水切銅板
鼻隠し 40×150
軒天井

②断面図

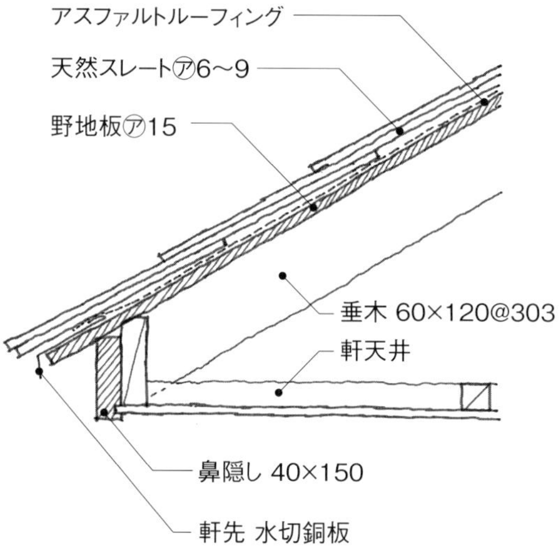
アスファルトルーフィング
天然スレート㋐6～9
野地板㋐15
垂木 60×120@303
軒天井
鼻隠し 40×150
軒先 水切銅板

スレート屋根の葺きパターン

①隅切り葺き

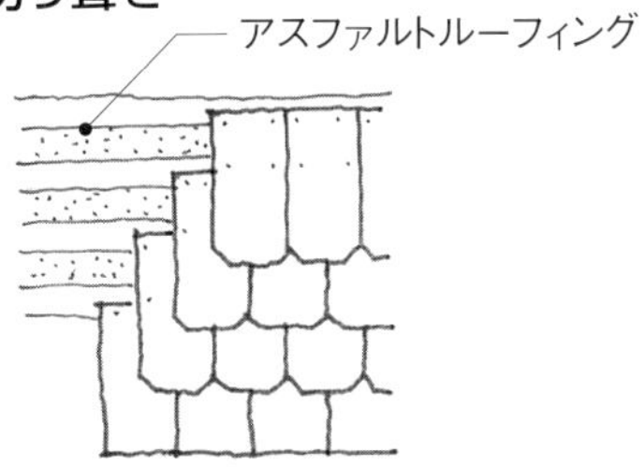
アスファルトルーフィング

②一文字葺き

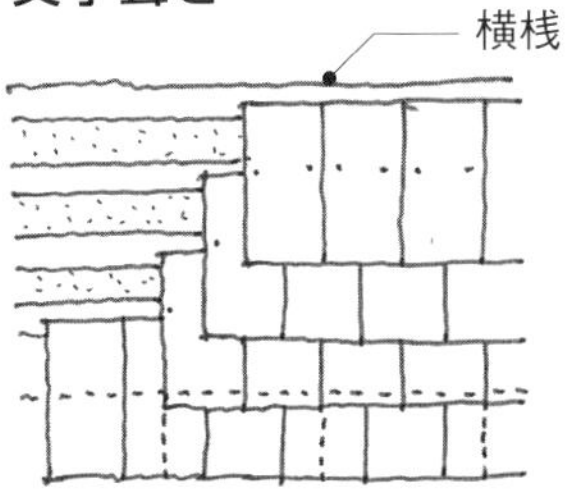
横桟

③開き葺き

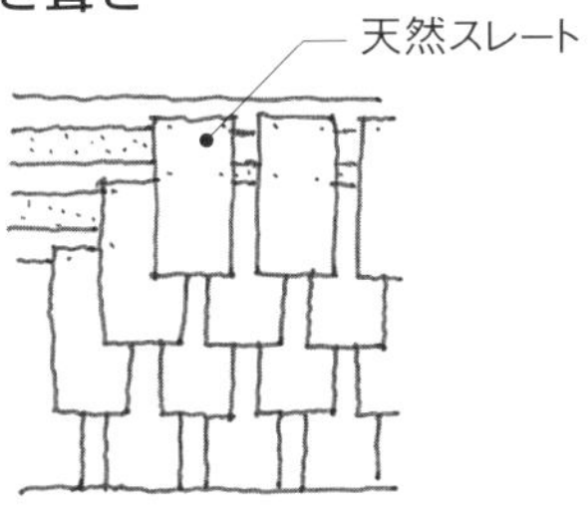
天然スレート

④亀甲葺き

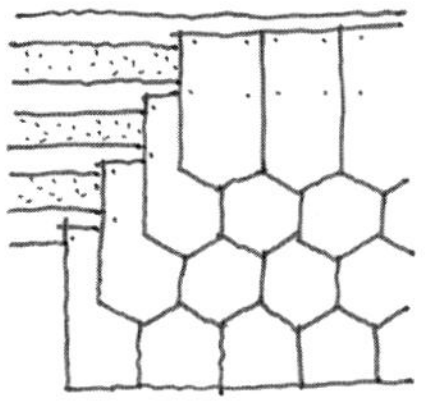

⑤斜め葺き

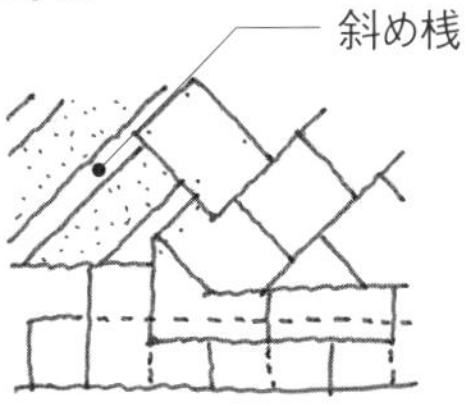
斜め桟

⑥菱形葺き

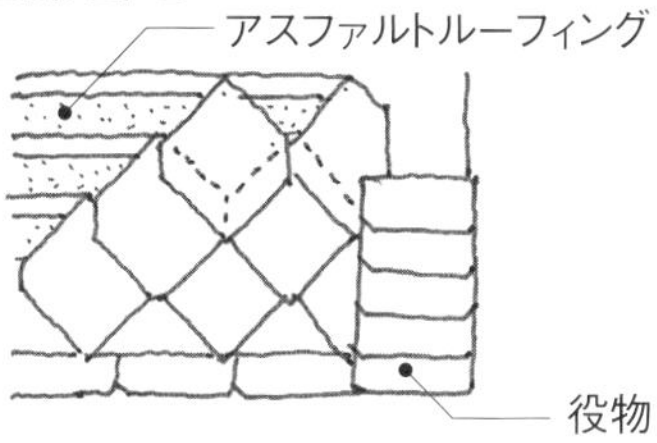
アスファルトルーフィング
役物

スレート屋根の納まり

①端部の納まり

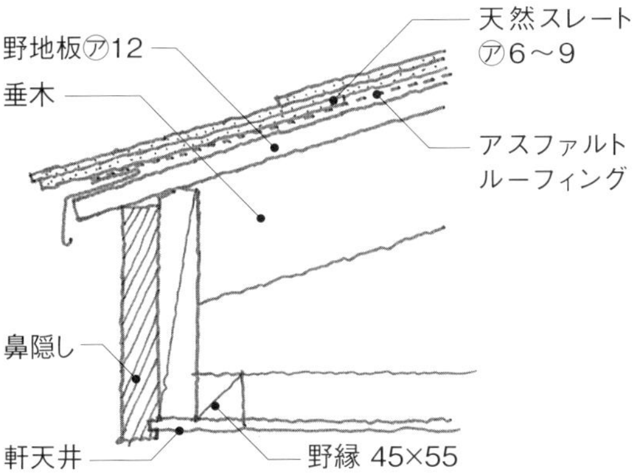
野地板㋐12
垂木
天然スレート
㋐6～9
アスファルト
ルーフィング
鼻隠し
軒天井
野縁 45×55

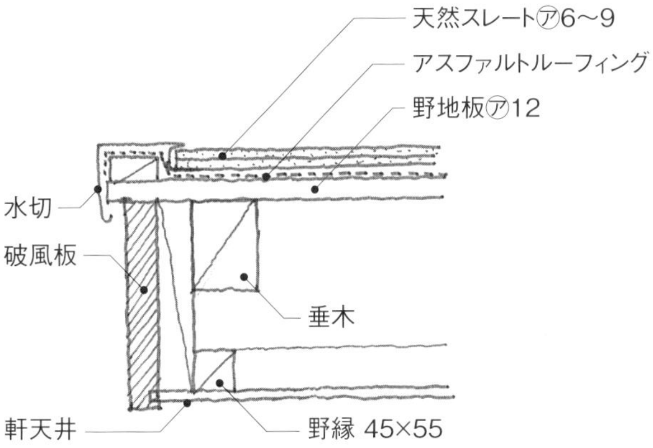
天然スレート㋐6～9
アスファルトルーフィング
野地板㋐12
水切
破風板
垂木
軒天井
野縁 45×55

②棟（換気棟の場合）の納まり

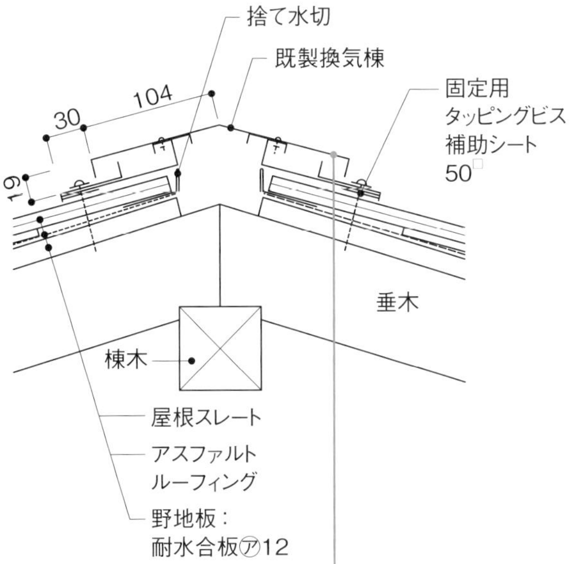
捨て水切
既製換気棟
固定用
タッピングビス
補助シート
50□
30
104
19
垂木
棟木
屋根スレート
アスファルト
ルーフィング
野地板：
耐水合板㋐12

既製換気棟は熱上昇による自然換気により小屋裏の熱が抜け、同時に結露防止や建物の耐久性に寄与する。3寸から矩勾配に対応することが可能。なお、スレート用の換気棟は、金属屋根にも転用が利く

③谷の納まり

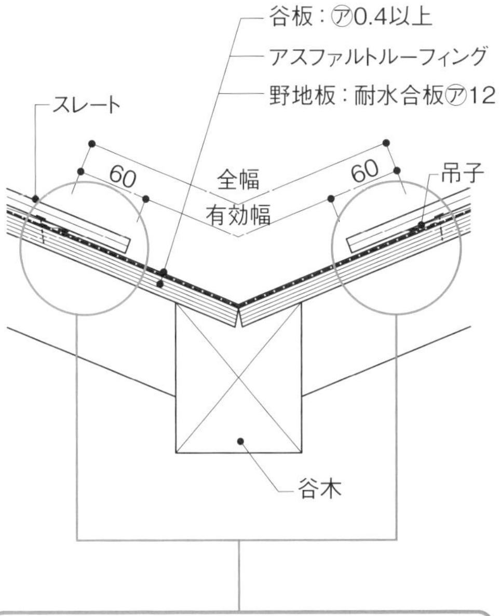
谷板：㋐0.4以上
アスファルトルーフィング
野地板：耐水合板㋐12
スレート
60
全幅
有効幅
60
吊子
谷木

谷板は金属板㋐0.4以上を用い、屋根スレートを谷板に60㎜重ね、谷板に釘打ちしないように吊子で固定する。谷廻りの小幅板は接着剤を併用して施工するとよい

庇と下屋

庇は外壁との納まりに留意し、外壁の下地部分に水切金属板を十分に差し込む

庇の役割と構成

庇は窓や玄関ポーチ、バルコニーなどの上部に外壁から持出しで支えられた小屋根をいう。別名として霧除け、または差し掛け屋根ともいわれている。

その用途は、建物に入り込む日差しや雨を防ぐだけでなく、雨が降ったあとに窓枠から垂れてくる線状の汚れも軽減する。

庇の出や形式は地域に応じてさまざまである。たとえば豪雪地帯では、雪の重みに耐えられるよう重厚で頑丈な庇が求められ、暖かく日差しの強い地域では板に軽量な金属板を張った簡単なもので十分である。また、腕木や桁に装飾を施した化粧庇といわれるものもある。庇を支持する材として、柱から腕木という片持ち梁で支える方法、持送り板という材で支持する方法などがある。

最近はシンプルなデザインの住宅が流行しているといったことから、庇を設置しないケースも目立つ。しかし梅雨の蒸し暑い日などに雨を気にせず窓を開けられるなど、便利な点が多い。デザインを優先するばかりでなく、快適な暮らしのため、ぜひ設置したいものである。

庇と下屋の納まり

下屋は外壁から出た屋根を先端の柱で支持する片流れの屋根、またはその下の空間をいう。下屋は縁側や土間空間、物置、押入、トイレなどを構成することが多く、内部でもなく外部でもないという中間領域を形成するのに役立っている。

庇と下屋の納まりで留意しなければならない点は、外壁と庇屋根の納まりである。外壁の下地部分に水切金属板を十分に差し込み、シーリングを施しておくことが大切である。

● 桁
在来軸組み工法で、柱などの上に横に渡して上部の構造体をささえる横架材

庇と下屋の構成

①アイソメ図

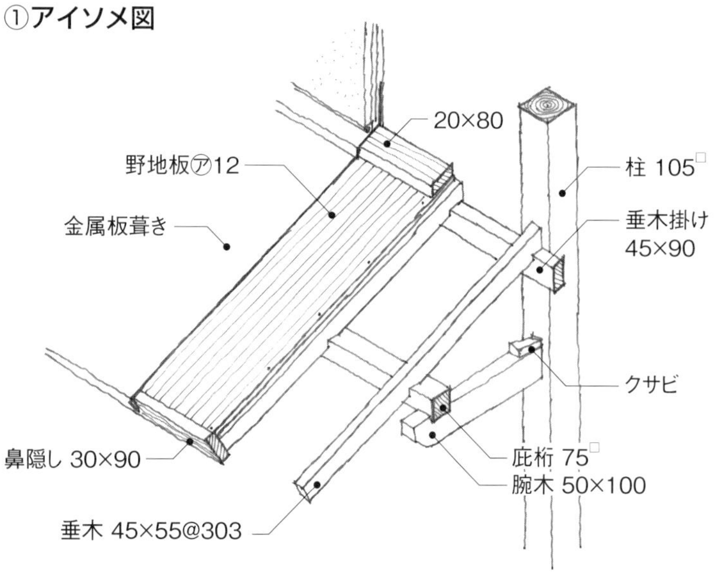
20×80
野地板㋐12
柱 105□
金属板葺き
垂木掛け
45×90
クサビ
鼻隠し 30×90
庇桁 75□
腕木 50×100
垂木 45×55@303

②断面図

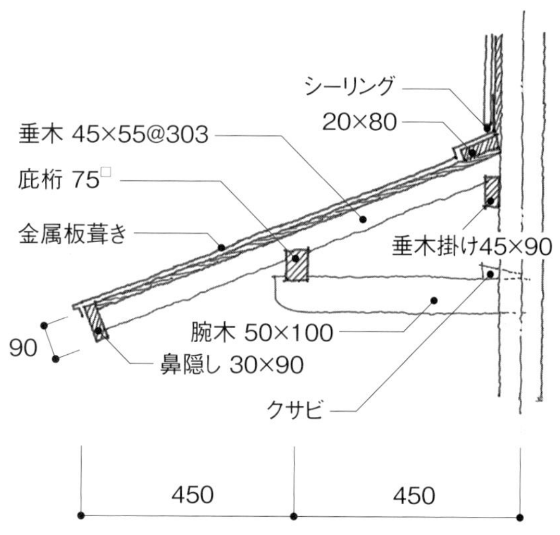
シーリング
20×80
垂木 45×55@303
庇桁 75□
金属板葺き
垂木掛け45×90
90
腕木 50×100
鼻隠し 30×90
クサビ
450
450

庇の納まり

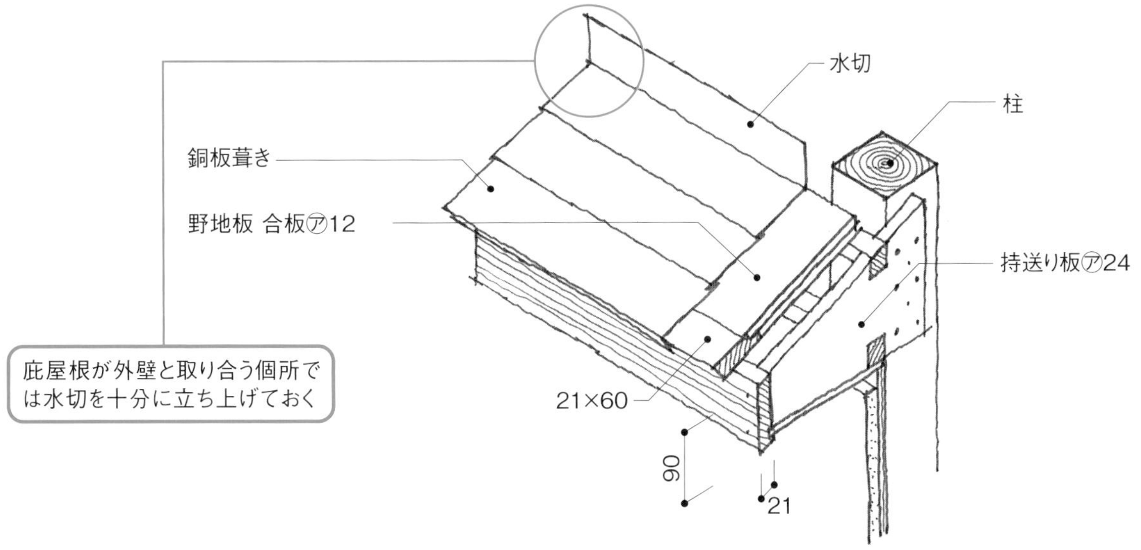
水切
柱
銅板葺き
野地板 合板㋐12
持送り板㋐24
庇屋根が外壁と取り合う個所では水切を十分に立ち上げておく
21×60
90
21

庇の納まりのバリエーション

①腕木で持ち出す場合

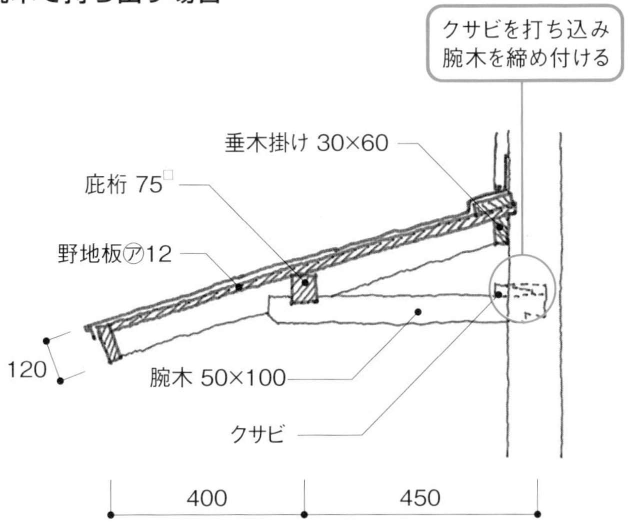
クサビを打ち込み腕木を締め付ける
垂木掛け 30×60
庇桁 75□
野地板㋐12
120
腕木 50×100
クサビ
400
450

②軒裏を張る場合

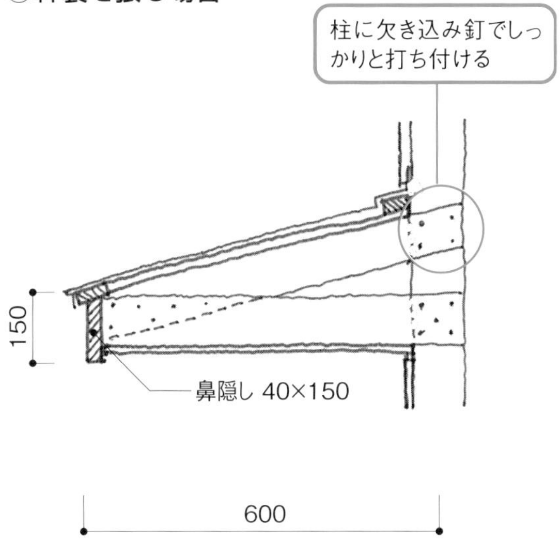
柱に欠き込み釘でしっかりと打ち付ける
150
鼻隠し 40×150
600

水切程度の小庇の納まり

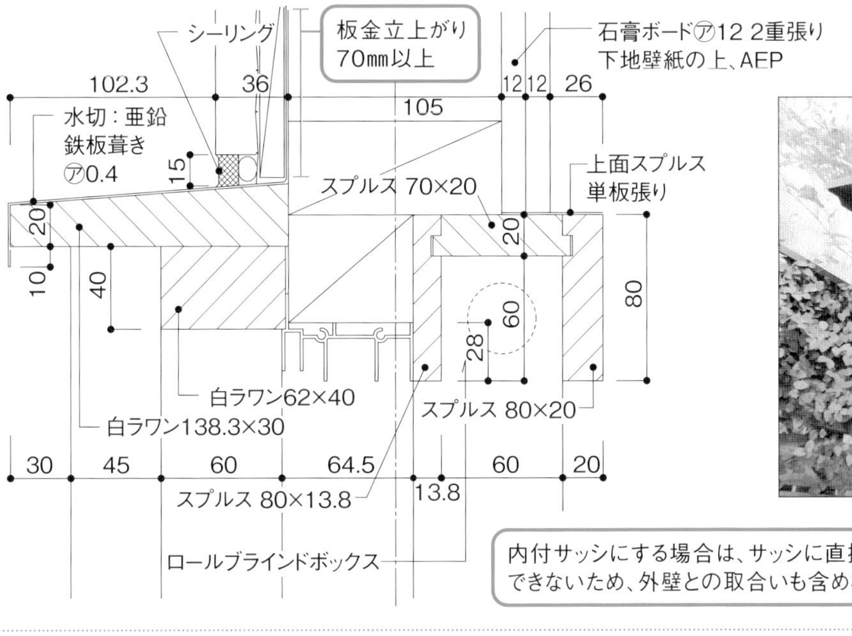
シーリング
板金立上がり70mm以上
石膏ボード㋐12 2重張り
下地壁紙の上、AEP
102.3
36
12
12
26
105
水切：亜鉛鉄板葺き㋐0.4
15
スプルス 70×20
上面スプルス単板張り
20
10
40
20
60
28
80
白ラワン62×40
白ラワン138.3×30
スプルス 80×20
30
45
60
64.5
60
20
スプルス 80×13.8
13.8
ロールブラインドボックス

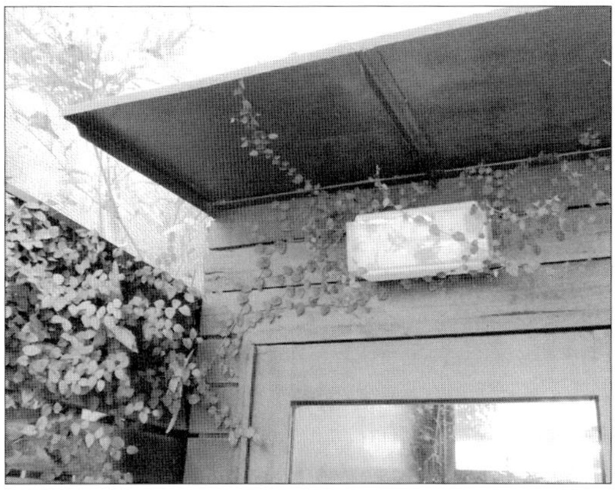

内付サッシにする場合は、サッシに直接庇を付けることができないため、外壁との取合いも含め検討する

樋と換気口

隠し樋とする場合は特にモノを詰まらせないことが大切。
通気口は、虫や小動物の侵入に注意する

軒樋の構成とデザイン

樋は軒樋、縦樋とそれをつなぐアンコウで構成されている。銅やステンレスなどの金属製もあるが、最近では安価な塩化ビニール製のものも多く出回っている。

軒樋は910㎜間隔で樋受け金物を鼻隠しや垂木に打ち付けて支える。樋の勾配は20mに10～15㎜程度の緩い勾配をつける。樋の径は屋根の面積に応じて変わってくる。

デザイン的にアンコウを見せないですっきりと納めたい場合には、縦樋の太さを十分にとる。

また、軒や壁の内側に隠して設ける樋を隠し樋（内樋）というが、雨仕舞いに注意しないと雨漏りの原因となる。隠し樋の場合には、枯れ葉などが詰まらないように、アンコウ上部に金網を付けておく。さらに樋の断面寸法を十分確保したうえ、万が一のためオーバーフローを設けておく。

断熱の工法で変わる通気の役割

小屋裏は直射日光を受け、熱がこもりやすい。そのため十分な通気と換気が不可欠である。通常は軒下の天井部分に給気口を設け、切妻の棟の下端に排出口を設ける。

最近では建築に断熱を施すことが当たり前になり、通気換気のあり方や必要性が変わってきた。

特に外張り断熱工法では、屋根仕上げの下地である野地板の下に断熱層をとり、建築全体を断熱材でくるむ工法であるため、小屋裏に熱気がこもることは少なくなった。

壁の間に断熱材を入れる充填断熱工法の場合は、天井の上に直接断熱材を敷き並べることが多く、従来と同じく小屋裏の換気が必要になる。

通気口は虫やネズミが侵入しないように大きさを検討しておく。また、孔に取り付ける防虫網の形状・粗さに気をつける必要がある。

● アンコウ
軒樋と縦樋の継ぎ目に設置する接合金具。語源はアンコウを吊るした姿に似ているからという説がある

箱樋と軒先の構成

①アイソメ図

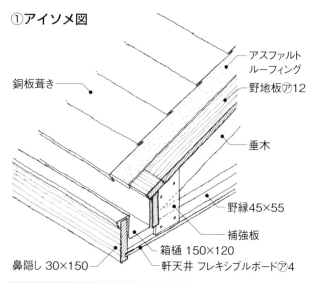

銅板葺き

アスファルトルーフィング
野地板㋐12
垂木
野縁45×55
補強板
箱樋 150×120
鼻隠し 30×150
軒天井 フレキシブルボード㋐4

②断面図

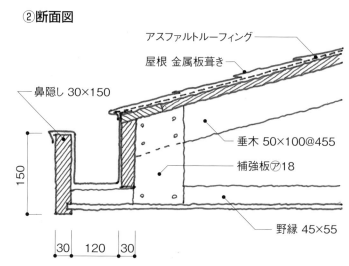

アスファルトルーフィング
屋根 金属板葺き
鼻隠し 30×150
垂木 50×100@455
補強板㋐18
野縁 45×55
150
30 120 30

雨樋の納まり

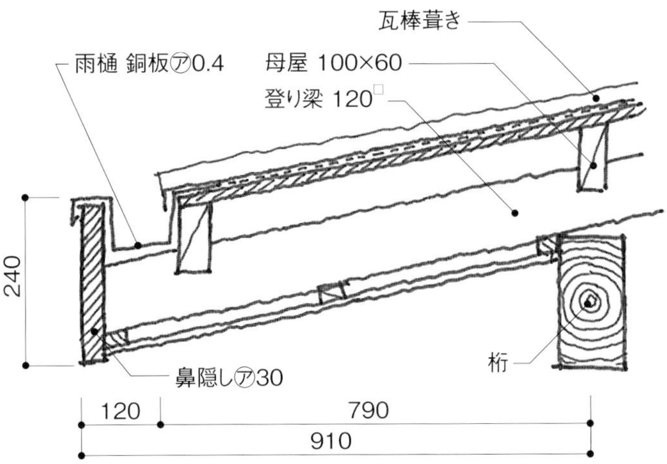
瓦棒葺き
雨樋 銅板㋐0.4
母屋 100×60
登り梁 120□
240
鼻隠し㋐30
桁
120
790
910

軒先換気口の納まり

①アイソメ図

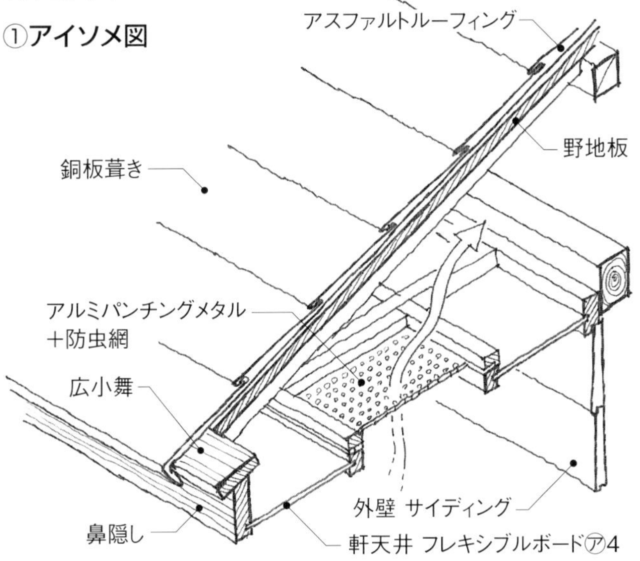
アスファルトルーフィング
野地板
銅板葺き
アルミパンチングメタル
＋防虫網
広小舞
鼻隠し
外壁 サイディング
軒天井 フレキシブルボード㋐4

②断面図

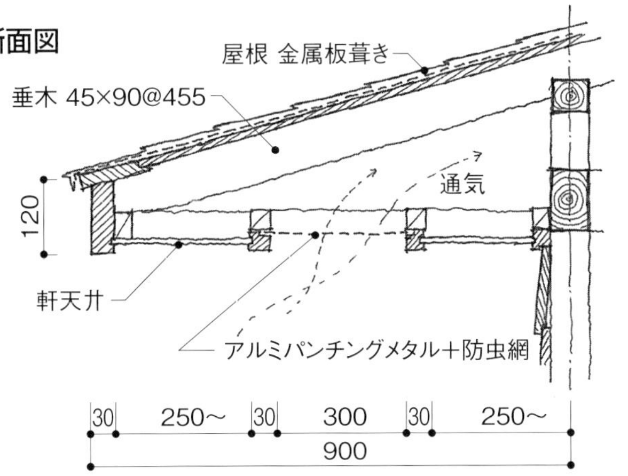
屋根 金属板葺き
垂木 45×90@455
120
通気
軒天井
アルミパンチングメタル＋防虫網
30
250～
30
300
30
250～
900

小屋裏換気の納まり

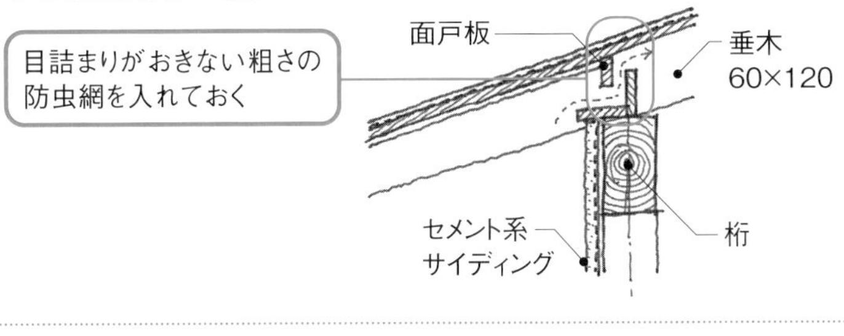
目詰まりがおきない粗さの
防虫網を入れておく
面戸板
垂木
60×120
セメント系
サイディング
桁

樋の納まりのバリエーション

①箱樋の納まり

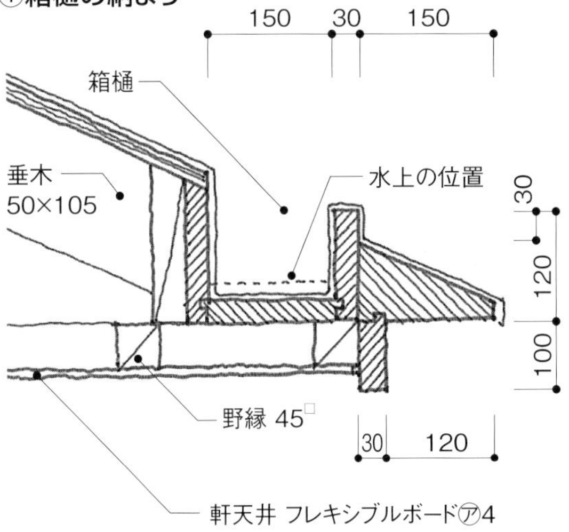
150
30
150
箱樋
垂木
50×105
水上の位置
30
120
100
野縁 45□
30
120
軒天井 フレキシブルボード㋐4

②軒樋の納まり

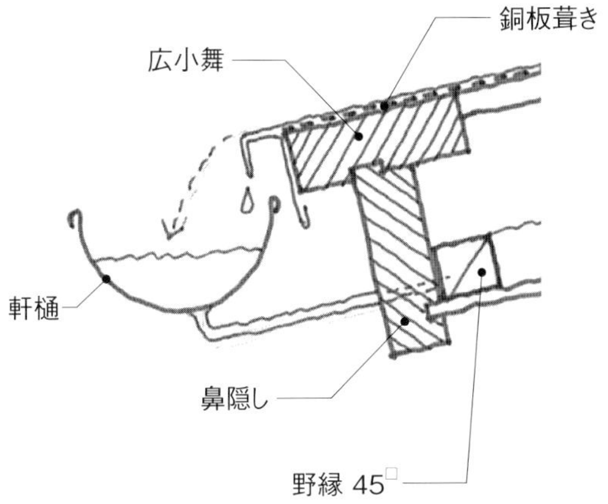
銅板葺き
広小舞
軒樋
鼻隠し
野縁 45□

換気口の納まりのバリエーション

①面戸板の通気

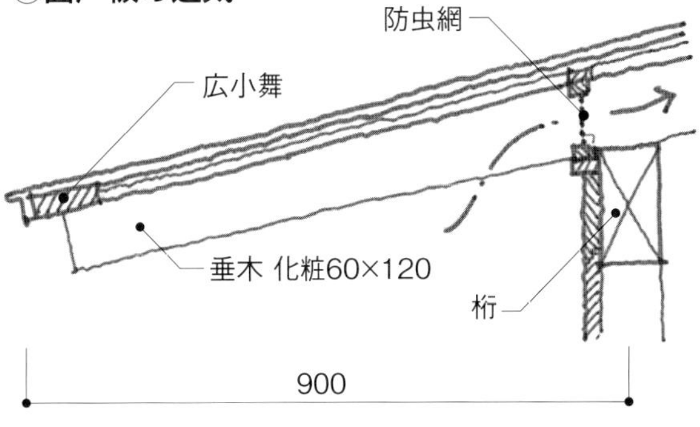
防虫網
広小舞
垂木 化粧60×120
桁
900

②2重鼻隠しの通気

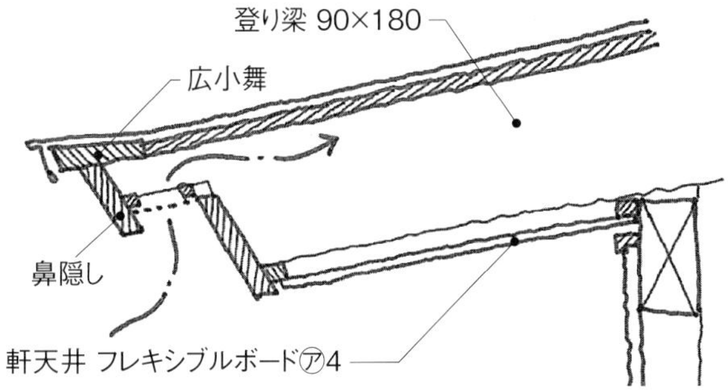
登り梁 90×180
広小舞
鼻隠し
軒天井 フレキシブルボード㋐4

屋根・パラペット廻りの防水・断熱

防水や断熱の材料の性能向上に頼り切らず、建築的な納まりで性能を確保する

シーリングと断熱技術の向上

　木造住宅にとって防水は非常に重要である。雨漏りは木材の腐食やシロアリ繁殖を促し、建物の耐久性を著しく低下させる。

　近年では屋根材の種類が豊富になり、耐久性、耐候性も一段とよくなった。屋根材のジョイント部分が改良工夫され、材の精度が安定して雨仕舞いの性能が向上している。

　また、接合部の防水には欠かすことができないシーリング材の性能も向上し、さらに安価になったため、建築の防水性能が上がった。ただ、すべてシーリングに頼り、建築的な納まりに対して工夫をしなくなることは、雨漏りの原因につながる可能性がある。

　具体的な工夫としては、複雑な取合い部分に、十分な立上りをつくり、銅板などで捨て板を入れたうえで、ルーフィング、防水テープなどを2重に張る。そして最後の仕上げでシーリングを行うといった多重構造にするな

どの方法がある。

断熱材の選択

　省エネルギーの観点から建築に断熱を施すことは不可欠である。外張り断熱と充填断熱を併用する場合も少なくない。

　断熱材を大きく分類すると無機質系断熱材、発泡プラスチック系断熱材、木質繊維系断熱材の3種類になるが、そのなかでもさまざまな断熱材がある。

　無機質系断熱材は、ガラスや鉱石を溶かして繊維状にしたもので、グラスウールやロックウールなどがある。発泡プラスチック系断熱材は、プラスチックを発泡させたもので、押出し法発泡ポリスチレンフォームや硬質ウレタンフォームなどがある。木質繊維系断熱材は木片や古紙などを加工したもので、セルロースファイバーや炭化コルクなどがある。

　それぞれに特徴があるので建設地域の気象や現場の条件などを考慮して選択したい。

● ルーフィング
瓦など屋根材の下に敷く防水紙

外張り断熱の仕組み

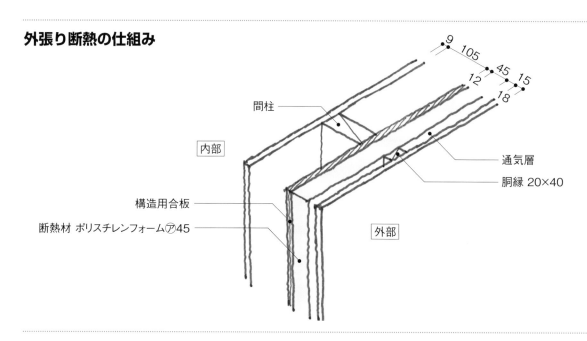

間柱

内部

構造用合板

断熱材　ポリスチレンフォーム（厚）45

9
105
45　15
12
18

通気層

胴縁 20×40

外部

パラペット部の断熱の納まり

①アイソメ図

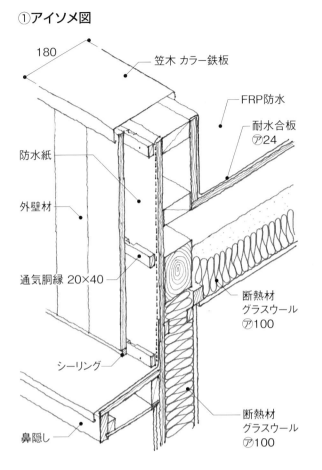

180
笠木 カラー鉄板
FRP防水
耐水合板 ㋐24
防水紙
外壁材
通気胴縁 20×40
断熱材 グラスウール ㋐100
シーリング
鼻隠し
断熱材 グラスウール ㋐100

②断面図

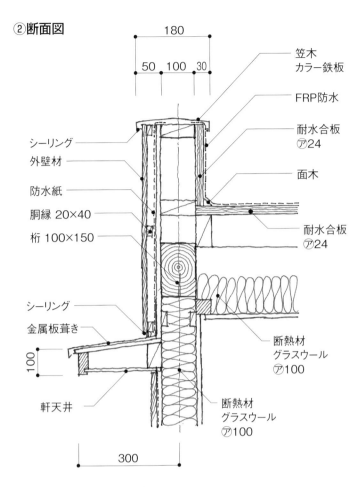

180
50 100 30
笠木 カラー鉄板
FRP防水
耐水合板 ㋐24
シーリング
外壁材
防水紙
胴縁 20×40
桁 100×150
面木
耐水合板 ㋐24
シーリング
金属板葺き
100
軒天井
断熱材 グラスウール ㋐100
断熱材 グラスウール ㋐100
300

軒桁廻りの断熱の納まり

①外張り断熱の軒の仕組み

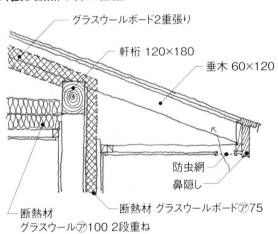

グラスウールボード2重張り
軒桁 120×180
垂木 60×120
防虫網
鼻隠し
断熱材 グラスウールボード㋐75
断熱材 グラスウール㋐100 2段重ね

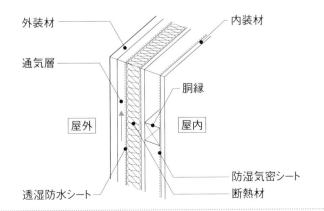

外装材
内装材
通気層
胴縁
屋外
屋内
透湿防水シート
防湿気密シート
断熱材

②充填断熱の軒の納まり

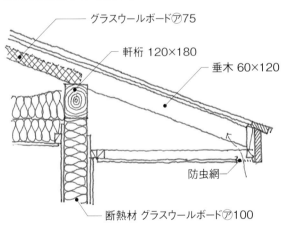

グラスウールボード㋐75
軒桁 120×180
垂木 60×120
防虫網
断熱材 グラスウールボード㋐100

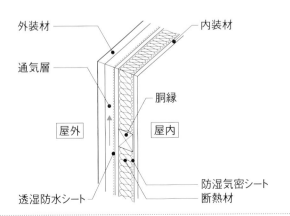

外装材
内装材
通気層
胴縁
屋外
屋内
透湿防水シート
防湿気密シート
断熱材

Column

断熱はエコの意識をもって選べ

■ 断熱性能を考える

　省エネルギー上、最も有効な手段が「断熱」である。ほかの省エネルギー手法でこれに優るものはない。一般に、省エネルギーを評価するときに費用対効果で示すことが多いが、断熱の場合は2〜4年で回収することが可能である。

　断熱はどこに施しても効果はさほど変わらない。外断熱、内断熱、特異な例で中断熱などさまざまな方法があるが、すべては断熱材の厚さによっての効果のほうが顕著である。

■ エコロジーな断熱材の選択

　断熱材を採用するときには、何を用いるかをしっかりと考えたい。地球温暖化問題をはじめ、社会的にも環境への意識が急速に高まりつつある昨今、単にコストだけを考慮するような安易な選択から、エコロジーな断熱材への選択を心がけたいものである。

　断熱の効果を持続させるためには、内部結露対策が必要である。断熱材に含まれる水蒸気量を少なくするため、室内側に防湿気密シートを施すことが求められる。そして、通気層側に防水透湿シートを設け、断熱材中の水蒸気量を抑制し、内部結露を防止することで断熱効果を確保している。

　さらに、室内の換気を行うことで、室内湿度を上げないようにする運用も重要である。

■ 断熱の方法と断熱材の選定

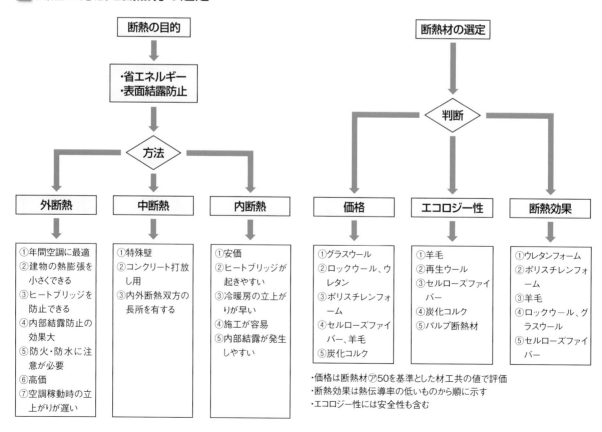

CHAPTER 3

内部の仕上げ

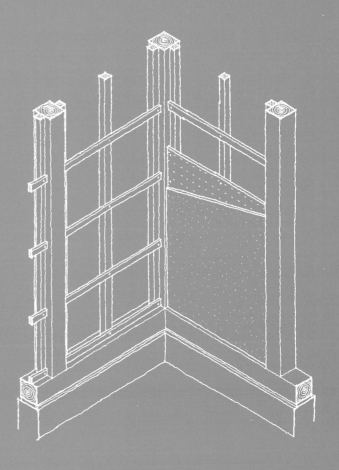

床組の基本構成

束立て、大引、根太の構成で床にかかる荷重を受け止め、ポイントごとに釘、かすがい、番線、ホゾを使い分ける

束立てで支える1階の床組

一般的に1階の床は「束立て床組」で構成されている。この床組は、1階床下で910mm（3尺）間隔に束石を置き、それに床束を立て、その上に大引を架け、さらに大引の上に455mmまたは303mmピッチで根太を渡した上に床板を張っていく構造である。最近では床下一面に土間コンクリートを打つ場合が多くなったため、直接その上に束を立てる場合もある。

また、上からの荷重ばかりでなく、材の狂いなどによる床の浮上がりを防ぐため、束石ごと大引を番線で締めておく。束は水平力に弱点があるため、束が高い場合や面積が広い場合は根がらみ貫を打ち付けておく。

床束は大引を支えるための柱で90mm角材が用いられる。大引との接合は釘やかすがいを打ち、また束と束石もホゾを突き、ずれないようにしっかりと締結する。最近では、高さが自由に調整できる金属製や樹脂製の束も多く使われている。

2階床には単床と複床がある

大引の材は90mm角材を910mmピッチで束に載せていくが、その上の根太は上から釘で留める。その際、根太の間に断熱材を挟み込む。さらに根太の上に荒床として合板などが張られる。床下に土間コンクリートを打つ場合は、床下の高さを少なくできるため、床束を省いた転ばし床が用いられる。

2階の床の基本的な構造は、複床と単床に分類できる。複床は最も一般的に用いられる床の構造で、梁、根太などの複数の材を組み合わせてつくる床である。

単床は根太床とも呼ばれ、押入、床の間などスパンが900mm前後の短い個所で、根太だけでもたせる構造である。

● 番線
複数の部材を締め付けるために使われるもので、針金などをシノなどの工具を使い、回し締める

● 根がらみ貫
床束の転倒やぐらつきを防ぐため、床束と床束の間に渡す横木のこと

● ホゾ
木材や石材の一方に穴をあけ、他方に穴に入れるための突起をつくって接合する。この突起をホゾと呼ぶ

● 転ばし床
土間やコンクリート床の上に直接大引や根太を置くこと。床下空間が狭いため、防湿対策をしっかり行う必要がある

床組のアイソメ図

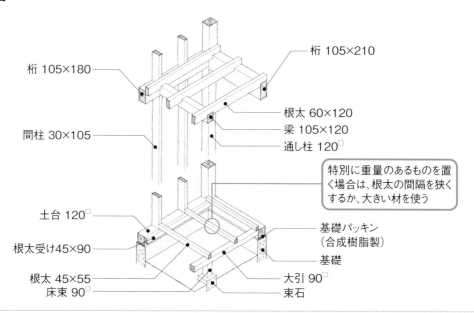

桁 105×180
桁 105×210
間柱 30×105
根太 60×120
梁 105×120
通し柱 120□
土台 120□
根太受け45×90
根太 45×55
床束 90□
特別に重量のあるものを置く場合は、根太の間隔を狭くするか、大きい材を使う
基礎パッキン（合成樹脂製）
基礎
大引 90□
束石

床組の断面図

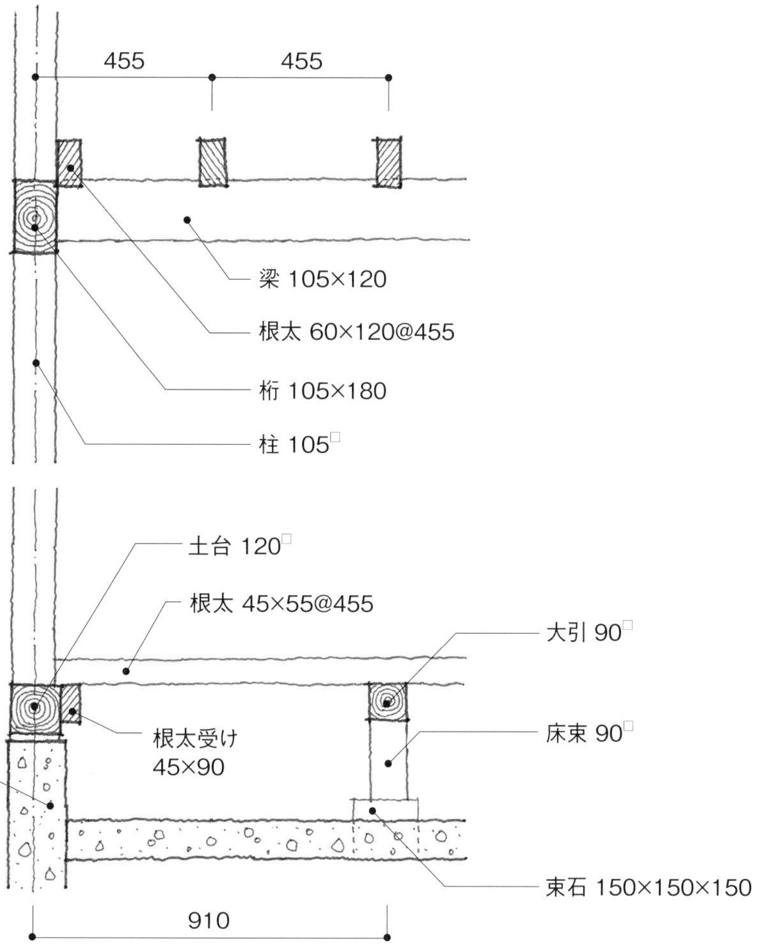

455
455
梁 105×120
根太 60×120@455
桁 105×180
柱 105□
土台 120□
根太 45×55@455
大引 90□
床束 90□
根太受け
45×90
布基礎
束石 150×150×150
910

1～2階の床組のバリエーション

①木製束、2階複床の場合

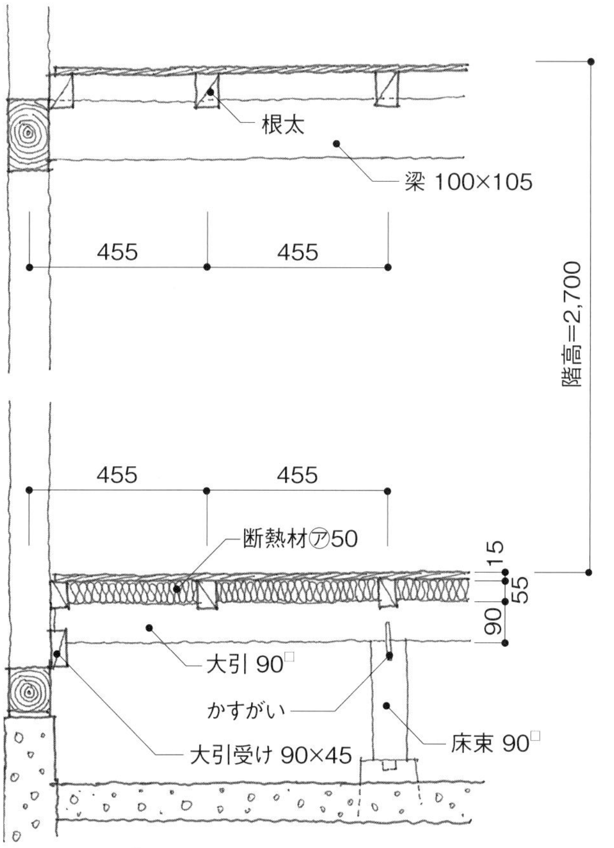

根太
梁 100×105
455
455
階高=2,700
455
455
断熱材㋐50
15
55
90
大引 90□
かすがい
床束 90□
大引受け 90×45

②鋼製束、2階単床の場合

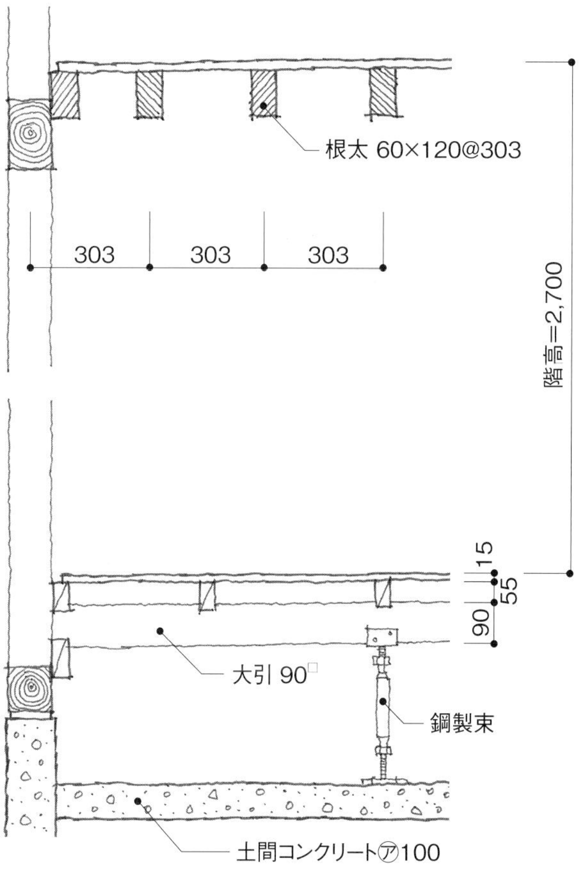

根太 60×120@303
303
303
303
階高=2,700
15
55
90
大引 90□
鋼製束
土間コンクリート㋐100

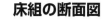

床材別の納まり

一般的な床材は、木質系、シート系、畳敷きなど。それぞれの材質を活かした納め方がある

多種多様な木質系床材

木質の床材は多種多様である。一般的に広く使用されているのは複合フローリングで、合板を基材とした1種、集成材や単板積層材を基材とした2種、中質繊維板(MDF)を基材とした3種がある。ムクの縁甲板よりも狂いが少なく、安価で、製品の供給も精度も安定している点が長所である。しかし、接着剤などに有害な物質が含まれていることなどが問題になったこともあり、注意が必要である。

これらの床材の厚さは一般的に12～18㎜のものが多い。ジョイントには本実、相決り、雇い実などがある。

簡便・安価なシート系床材

シート系の床材は施工が簡便かつ安価で、材の多様性、メンテナンスが容易なことから多用される。長尺塩化ビニールシートは塩化ビニール製の厚さ1.2～3㎜、幅1,800㎜の長尺材である。下地に合板を捨て張りし、ジョイントは防水処理をして床下地に水が入らないようにする。材自体には耐水性はあるが、通気性がないため下地が湿気を含むと、下地が腐食するなどの心配がある。また熱の影響を受けやすく、伸縮が大きい。

天然リノリウムシートは天然素材で構成された長尺、またはタイル型の床材である。加工時に必要な天然亜麻仁油は抗菌性があり、燃えにくく、燃えても有毒ガスを発生しない。一方、弾力性には乏しく、曲げに対して脆い。

根強い人気の畳敷き床

畳は畳表と畳床でできている。床は根太上に合板の荒床を敷き、畳を敷くが、壁が真壁づくりの場合、壁との納まりは畳寄せを入れて壁と見切るのが一般的である。

畳寄せは柱と同一の面でそろえ、畳と同じ高さでそろえる。畳寄せの材の寸法は40×50㎜程度だが高さを畳の厚さに合わせるため、450㎜程度の間隔で飼木を挟み込み、取り付ける。

本実
本実は最も多く使われているつなぎ方で、表面に釘の頭が出ない納まりができる

相決り
材が薄く本実加工ができない場合などに用いられるが、表面に釘の頭が出てしまうので床材のジョイントには適さない

雇い実
決りを入れた2枚の材にもう1つの部材を差し入れてジョイントするもの

天然リノリウムシート
亜麻仁油に天然の松脂を溶かし、そのなかにコルクの粉や木粉、顔料などを入れてよく練り混ぜ、これを伸ばして熟成乾燥させてつくる。天然素材のため、エコ製品として最近需要が増えている

飼木
2つの材の間に挟み、材の間隔の寸法を調整したり、隙間を埋めるために使う部材のこと

木質系床材の構成

①アイソメ図

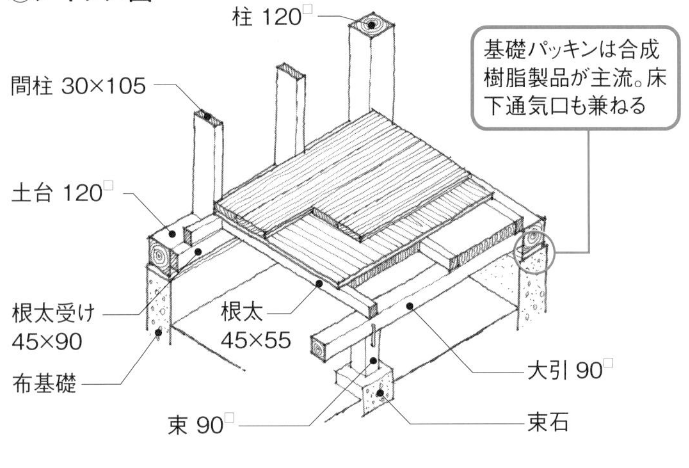
柱 120□
間柱 30×105
基礎パッキンは合成樹脂製品が主流。床下通気口も兼ねる
土台 120□
根太受け 45×90
根太 45×55
布基礎
大引 90□
束 90□
束石

②断面図

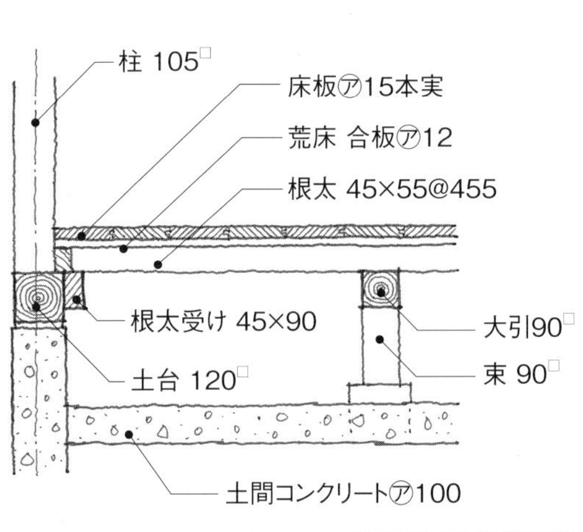
柱 105□
床板㋐15本実
荒床 合板㋐12
根太 45×55@455
根太受け 45×90
大引90□
土台 120□
束 90□
土間コンクリート㋐100

シート系床材の構成

①アイソメ図

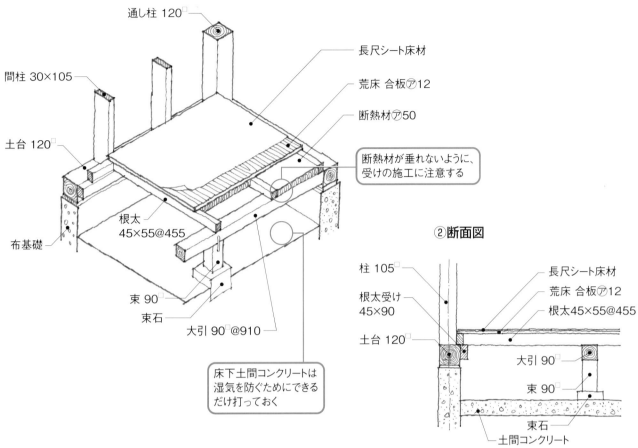

通し柱 120□

間柱 30×105

土台 120□

布基礎

根太
45×55@455

束 90

束石

大引 90□@910

長尺シート床材

荒床 合板㋐12

断熱材㋐50

断熱材が垂れないように、受けの施工に注意する

床下土間コンクリートは湿気を防ぐためにできるだけ打っておく

②断面図

柱 105□

根太受け
45×90

土台 120□

長尺シート床材

荒床 合板㋐12

根太 45×55@455

大引 90□

束 90

束石

土間コンクリート

畳敷き床の納まり

①アイソメ図

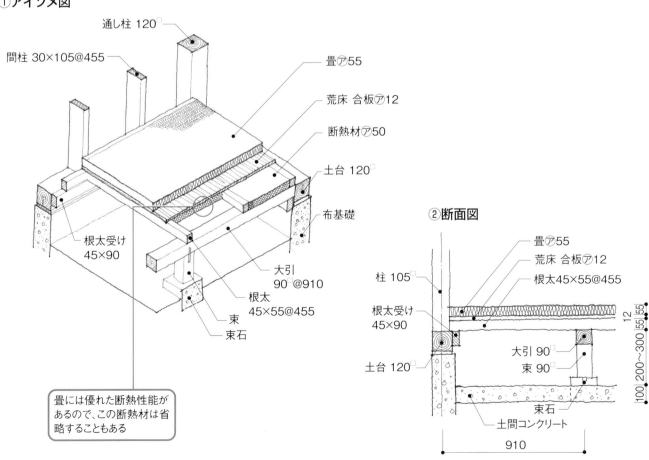

通し柱 120□

間柱 30×105@455

根太受け
45×90

大引
90□@910

根太
45×55@455

束

束石

畳㋐55

荒床 合板㋐12

断熱材㋐50

土台 120□

布基礎

畳には優れた断熱性能があるので、この断熱材は省略することもある

②断面図

柱 105□

根太受け
45×90

土台 120□

畳㋐55

荒床 合板㋐12

根太 45×55@455

大引 90□

束 90

束石

土間コンクリート

12
55
55
100 200~300

910

真壁と大壁の基本構成

壁が薄い真壁の耐力壁は、材や下地、仕上げ寸法に注意する。大壁の納め方には２通りあり、状況に応じて使い分ける

真壁の基本構成

真壁は柱が壁の面に露れたつくりで、主に和風の建築でみられる。壁の厚さが柱の厚さより薄くなるため、材の大きさや壁下地の構成の仕方も工夫が必要となる。

壁を構成する貫材、胴縁材は、柱と壁のチリ、壁の仕上げの厚さなどにより、組み方と大きさを計算して決める。柱が見えるため、節をできるだけ見せないよう鉋で仕上げ、さらに背割れが壁のなかに隠れるように配慮しなければならない。真壁の剛性を確保する間柱や胴縁の組み方は、縦胴縁と横胴縁を同じ面で組む、細い間柱に薄い横胴縁を打ち付けて下地を構成する方法などがある。

本来、真壁は水平力に対して貫などで耐えるが、現在では筋かいを入れることが一般的である。このように真壁を耐力壁として期待する場合、筋かい、貫、胴縁などの材の寸法と下地の構成、そして仕上げの厚さを慎重に検討しなければ、柱内で納まらなくなるので注意が必要である。

また、こうした構造下地に、木摺り板を打って左官の下地にする方法もある。最近では、石膏ラスボードを下地に張り、左官で仕上げる工法がとられることが一般的である。

大壁の基本構成

大壁は柱を見せない構造である。壁下地である胴縁を柱に直接打ち付けるか、胴縁のぶんだけ柱と間柱を欠き込んで、柱と同一面で胴縁を納める。胴縁は厚さ15～24㎜程度、幅45㎜のスギ材が一般的に使われる。しかし、ボードや合板などの継ぎ目の部分には幅90㎜のものを使う場合もある。胴縁の間隔は狭いほうが強度的に強いが、303～455㎜程度が普通である。

なお、壁に直接胴縁を打ち付ける工法は、壁が厚くなるため室内空間が狭くなる。特に階段など狭い場所では壁が厚いと、窮屈になってしまうため、柱に胴縁を欠き込んで納めたほうがよい。

● チリ
「散り」とも書く。２つの垂直面のわずかなズレを指す

● 背割れ
木材の乾燥時に起こる収縮割れのこと。通常は、不均一な背割れを避けるため、あらかじめ適度な切り込みを入れる「背割り」を施す

● 木摺り板
塗り壁などの下地に使われる薄い小幅板のこと

真壁の壁内の納まり

①平面図 ②断面図

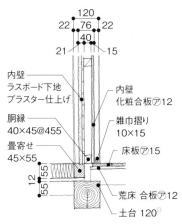

大壁の壁内の納まり

①平面図 ②断面図

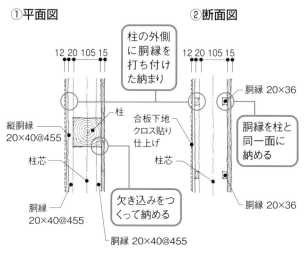

真壁の構成

①アイソメ図

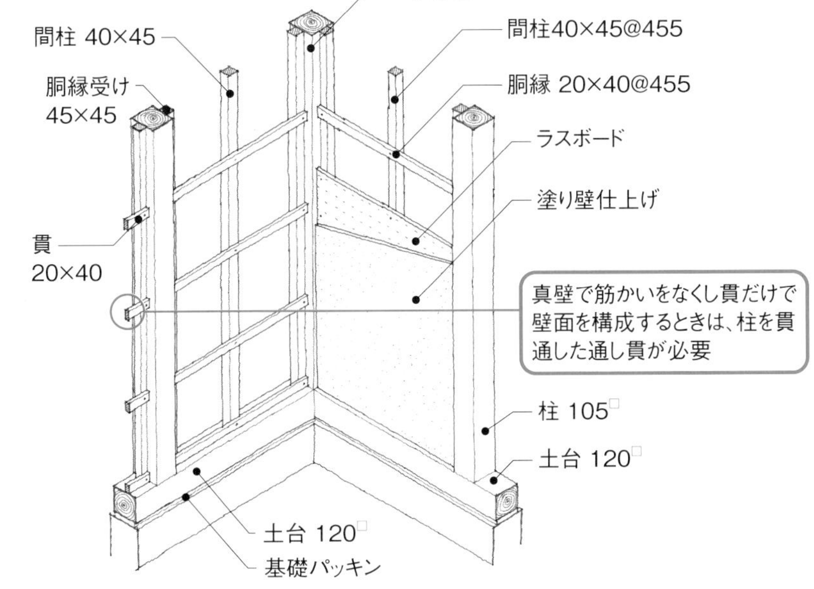

通し柱 120□
間柱 40×45
間柱40×45@455
胴縁受け
45×45
胴縁 20×40@455
ラスボード
塗り壁仕上げ
貫
20×40
真壁で筋かいをなくし貫だけで
壁面を構成するときは、柱を貫
通した通し貫が必要
柱 105□
土台 120□
土台 120□
基礎パッキン

②断面図

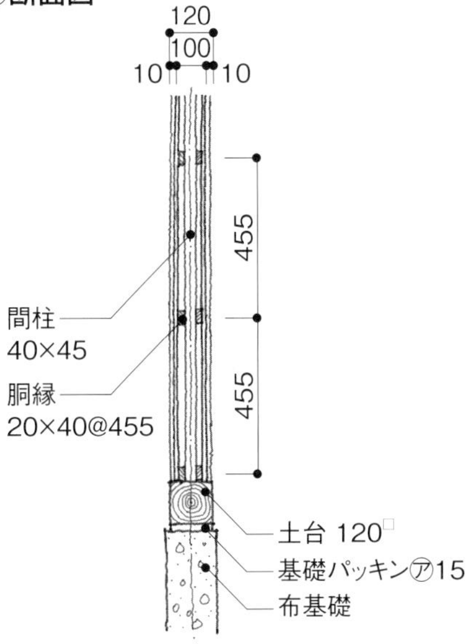

120
100
10
10
455
455
間柱
40×45
胴縁
20×40@455
土台 120□
基礎パッキン㋐15
布基礎

大壁の構成

①アイソメ図

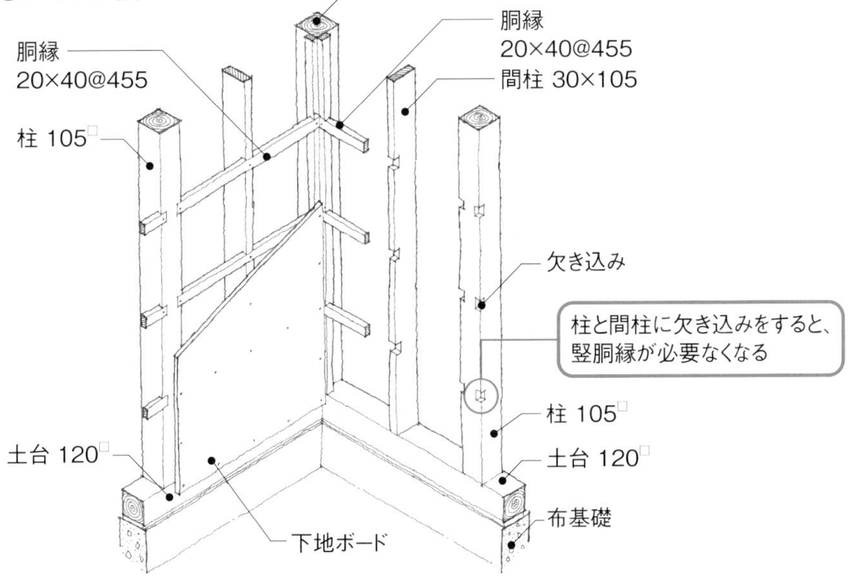

通し柱 120□
胴縁
20×40@455
胴縁
20×40@455
間柱 30×105
柱 105□
欠き込み
柱と間柱に欠き込みをすると、
竪胴縁が必要なくなる
柱 105□
土台 120□
土台 120□
布基礎
下地ボード

②断面図

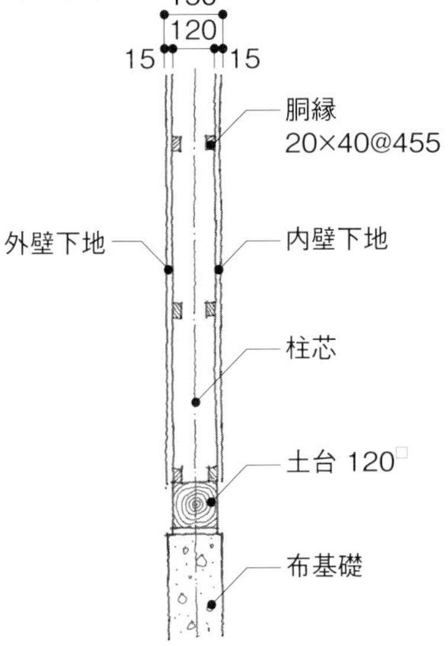

150
120
15
15
胴縁
20×40@455
外壁下地
内壁下地
柱芯
土台 120□
布基礎

大壁の胴縁と柱の取合い

①胴縁を柱に打ち付ける方法

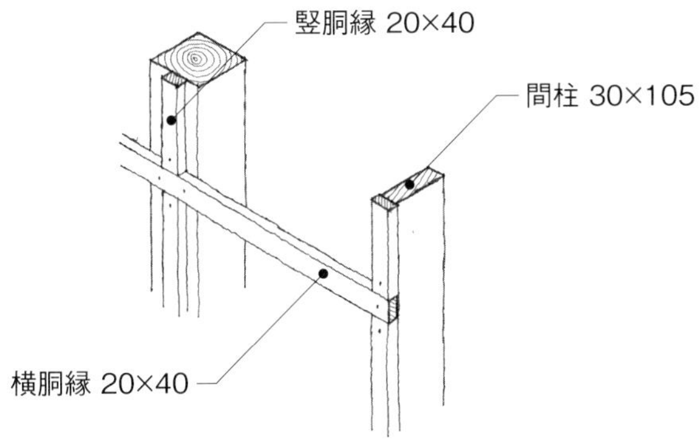

竪胴縁 20×40
間柱 30×105
横胴縁 20×40

②胴縁を柱と同面で納める方法

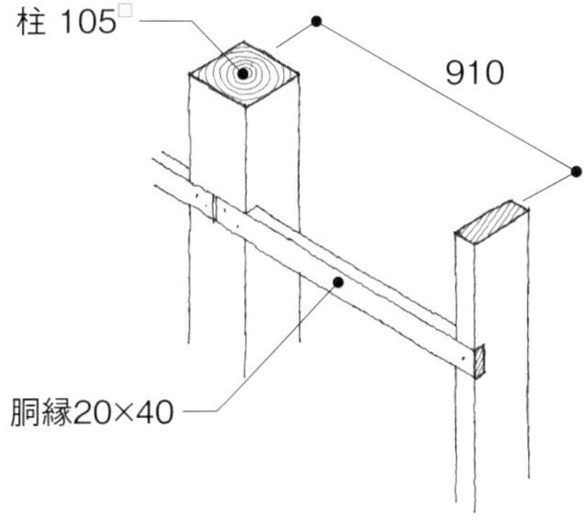

柱 105□
910
胴縁20×40

さまざまな壁の仕上げ

板の伸縮に対応する板張り壁。環境にやさしく、仕上がりが美しい左官仕上げ壁。防水性能が高いタイル・石仕上げ壁

工法が豊富な板張り壁

板張り壁に使用するムク板を羽目板という。材としては長尺のものがとりにくい広葉樹よりも、ヒノキ、スギ、ヒバなどの針葉樹系のものが多く使われる。

材のジョイント（矧ぎ合わせ）の仕方は、突付け張り、本実張り、相決り張り、雇い実張りなどがある。胴縁に直接打ち付けるか、合板などの捨て張りをしてから張るという丁寧な仕事もある。

板張りで本実加工の板張り以外は表面に釘の頭が出てしまうので、化粧釘か隠し釘などを使用する。

環境によい左官仕上げ壁

左官仕上げ壁には土の風合いや独特の質感、調湿効果がある。また、曲面などの塗り回しができるため意匠的にすっきりと納めることができるなどの利点がある。

下地には、木摺り下地、ラス網下地、石膏ラスボード下地などがある。塗る材料は土や砂などの自然材料に代わり、合成樹脂を基材にした材料が主流を占める。貝殻を加工し混入させたものや、珪藻土などの環境によいとされる素材も登場している。

どのような材料においても、乾燥収縮が起きやすいので、柱など接合部に隙間ができないようにするため、柱や枠などにチリ決りを入れて納める。

タイル・石・塗装仕上げ壁

タイルや石仕上げは、主に防水性能が求められる個所に多い。施工的には合板や石膏ボードに有機質接着剤で張る乾式工法が主流で、従来の湿式工法に比べると下地や構造体の変形に追随しやすく、ひび割れや剥離などが少ないこと、施工の手間や養生期間が少なくてすむ点が長所である。

塗装仕上げの場合は下地の出来が仕上がりのよし悪しを決めるため、下地づくりを丁寧に行わなければならない。

突付け張り
接合部を加工せずに突き付けて張る工法。材の伸縮があると接合部に隙間ができてしまうこと、留める際にどうしても釘の頭が見えることが短所

本実張り
板の長手方向に雄雌の実加工を施した材を差し込んで張る工法。隙間が見えにくい点と釘の存在を隠せる利点がある

相決り張り
板の長手方向に決りを入れて加工した板を張る工法。突付け張りの板の伸縮による隙間を補う張り方だが、釘の頭が見える

雇い実張り
板の長手方向に雌の実加工を施し、その2つの材の間にもう1つの材を挟み込んで張る工法。釘の存在を見せないで張ることができるが、雇い実の材料取りと加工の手間がかかる

木摺り下地
幅36㎜、厚さ7㎜程度のスギ板を横、または斜めに6～9㎜の間隔をあけて間柱に釘留めする

ラス網下地
木摺り下地や合板などにタッカーなどで留める

石膏ラスボード下地
仕上げが2～6㎜程度と比較的薄くなるため、ボードの不陸をできるだけ少なくなるように配慮する

板張りのジョイント

①本実張り

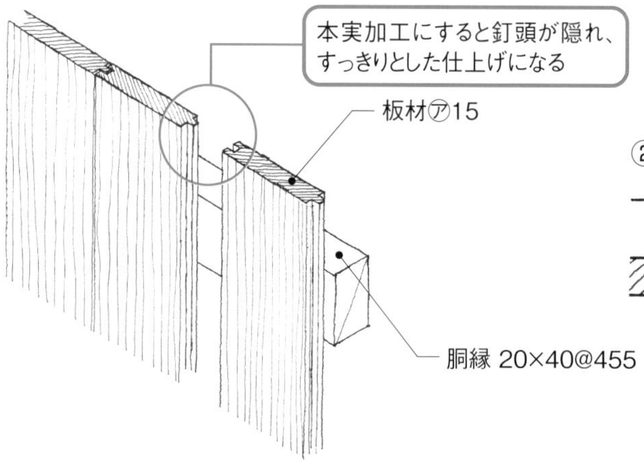

本実加工にすると釘頭が隠れ、すっきりとした仕上げになる
板材㋐15
胴縁 20×40@455

②本実の留め方

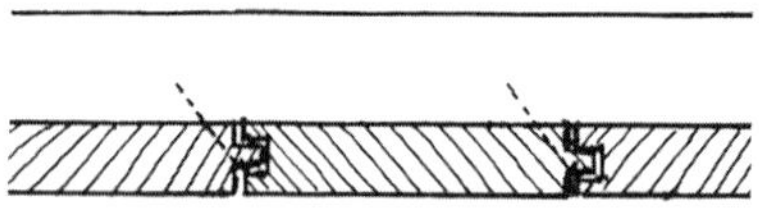

敷目板張りと目板張り

①敷目板張り

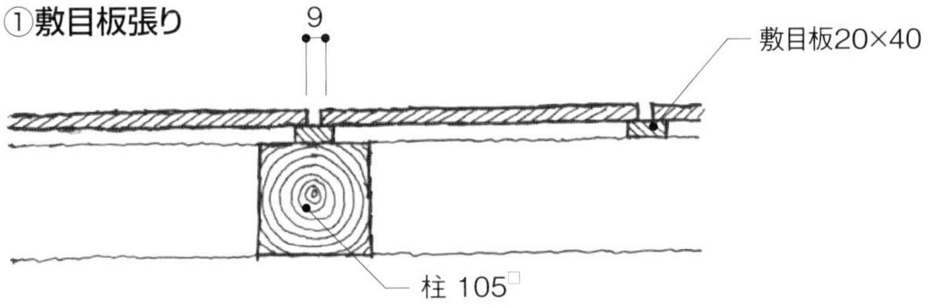

9
敷目板20×40
柱 105□

②目板張り

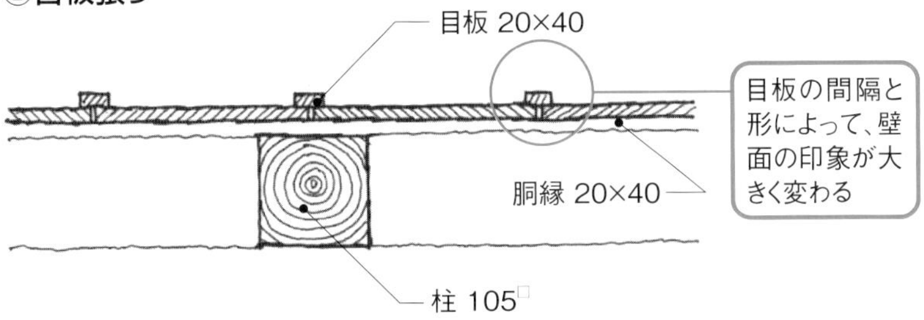

目板 20×40
目板の間隔と形によって、壁面の印象が大きく変わる
胴縁 20×40
柱 105□

腰壁板の見切り

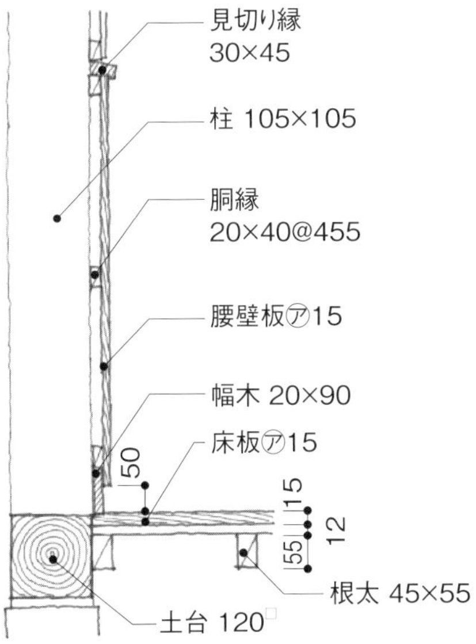

見切り縁
30×45
柱 105×105
胴縁
20×40@455
腰壁板㋐15
幅木 20×90
床板㋐15
50
15
12
55
根太 45×55
土台 120□

左官仕上げコーナー納まり

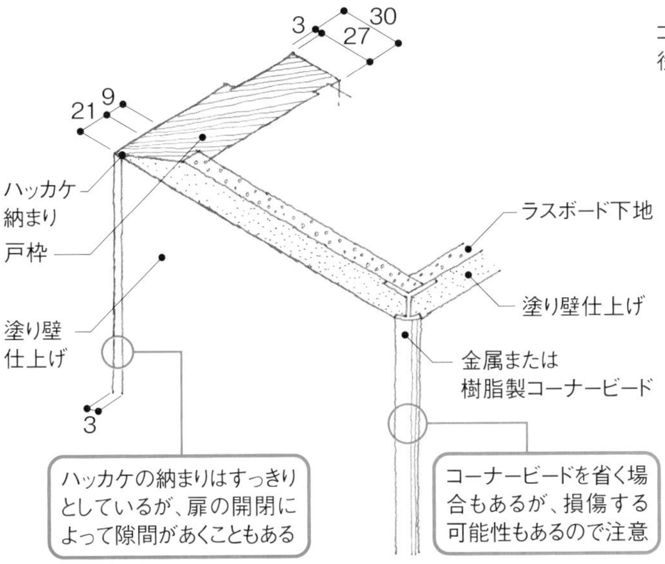

3
30
27
9
21
ハッカケ
納まり
戸枠
塗り壁
仕上げ
3
ラスボード下地
塗り壁仕上げ
金属または
樹脂製コーナービード
ハッカケの納まりはすっきりとしているが、扉の開閉によって隙間があくこともある
コーナービードを省く場合もあるが、損傷する可能性もあるので注意

タイル全面接着剤張り

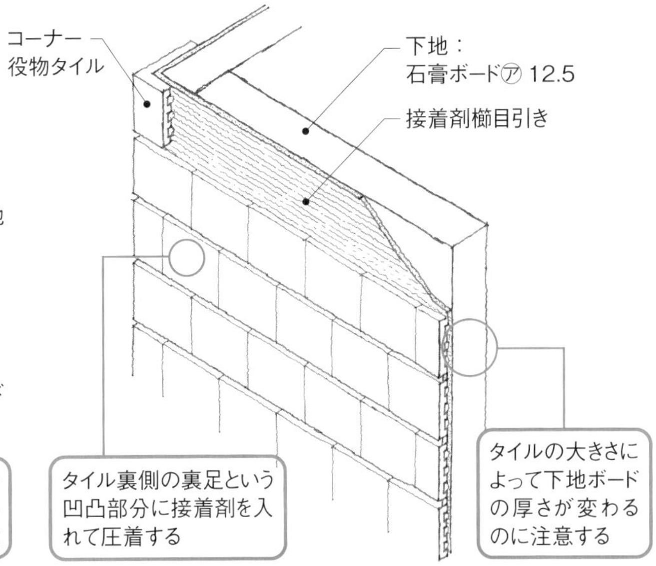

コーナー
役物タイル
下地：
石膏ボード㋐ 12.5
接着剤櫛目引き
タイル裏側の裏足という凹凸部分に接着剤を入れて圧着する
タイルの大きさによって下地ボードの厚さが変わるのに注意する

クロス張りとタイル張り仕上げ

①クロス張り仕上げ

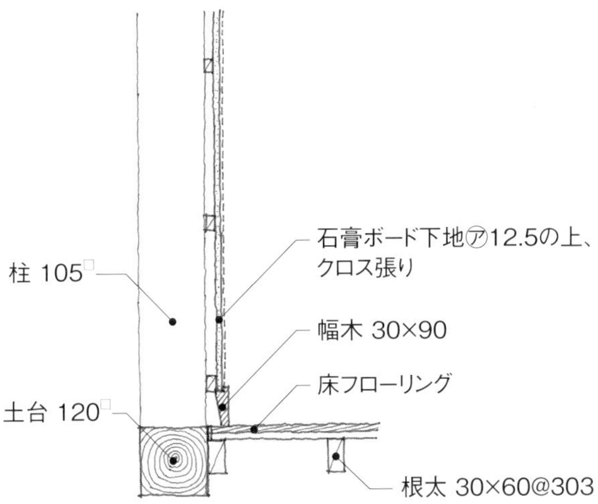

石膏ボード下地㋐12.5の上、
クロス張り
柱 105□
幅木 30×90
床フローリング
土台 120□
根太 30×60@303

②タイル張り仕上げ

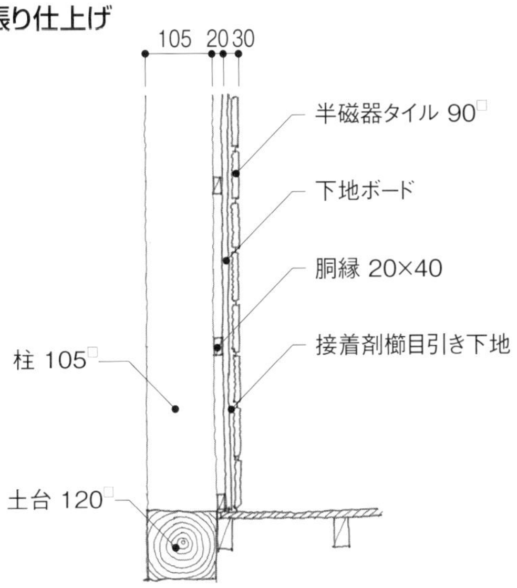

105
20
30
半磁器タイル 90□
下地ボード
胴縁 20×40
接着剤櫛目引き下地
柱 105□
土台 120□

天井の基本構成

天井には冷暖房効果を高め、落ち着いた空間をつくる役割がある。
建築化照明は雰囲気を高める効果がある

天井の基本構成と施工

天井は梁などの小屋組を隠す意味で設けられ、さまざまな形状がある。冷暖房効果が期待でき、心理的にも意匠的にも落ち着いた空間が演出できる。

天井下地の構成は仕上げ材や張り方によって異なるが、施工する過程でいうと、吊木受け、吊木、野縁受け、野縁の順になる。材質は暴れの少ない針葉樹が適しており、スギ、マツ、ベイツガなどが一般的に使われる。

吊木受けは上階の震動を伝えないために設けられるが、省略する場合も少なくない。必要な場合は910㎜間隔で取り付ける。芯持ちの丸太材で、径の末口が70～80㎜程度のものが使われる。吊木は野縁受けや野縁を吊るための45×40㎜程度の材で、910㎜間隔で設ける。

野縁受けは吊木と野縁をつなぎ、不陸をなくす役割がある。材は吊木と同じ材・大きさのものを使う。野縁は、仕上げ材を張る下地の精度を高めるためにも、よく乾燥した狂い

のない材を選ぶようにする。野縁と野縁受けの●寸法は45×40㎜程度のものを使い、455㎜間隔で設ける。なお、天井は水平に張ると中央部が下がって見えるため、若干のむくりをつけて張る。

雰囲気を高める建築化照明

建築化照明とは、建物と一体化させた間接照明である。たとえば、天井懐にボックスを設けて光源を埋め込み、光が直接目に入らないようにアクリル板に和紙張りを施す。この場合、光源とアクリル板の距離をある程度とっておかないと、光源の熱でアクリル板を傷めるので注意する。また、光源の形がそのまま見えてしまうと、間接照明のやわらかい明かりが得られなくなることも念頭に置いておく。

そのほかの方法として、天井と壁の部分に溝をつくり、目に入らない位置に光源を設置し、光を天井や壁などに乱反射させる間接照明も、一般の住宅に取り入れられるようになってきた。

● 天井の形状
水平の面をした陸天井（平天井）、傾斜のある勾配天井（傾斜天井）、船の底を逆さまにしたような舟底天井、壁の上端より曲線で天井面を高くした折上げ天井、天井の中央部分が水平で壁に向かって傾斜した腰折れ天井などがある。空間の用途や意匠を考えて、形状や仕上げ材を決定する

● むくり
上の方に向かって凸型に反るようにすること

天井各部の納まり

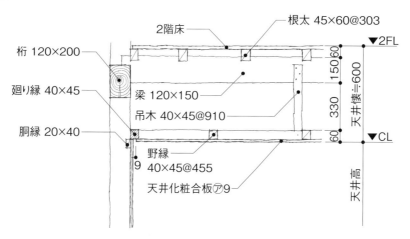

天井の構成

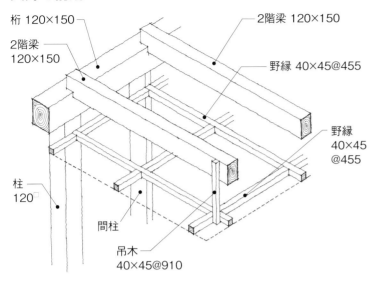

桁 120×150
2階梁 120×150
2階梁 120×150
野縁 40×45@455
野縁 40×45 @455
柱 120□
間柱
吊木 40×45@910

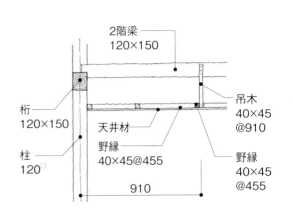

2階梁 120×150
桁 120×150
天井材
柱 120□
野縁 40×45@455
吊木 40×45 @910
野縁 40×45 @455
910

建築化照明の例

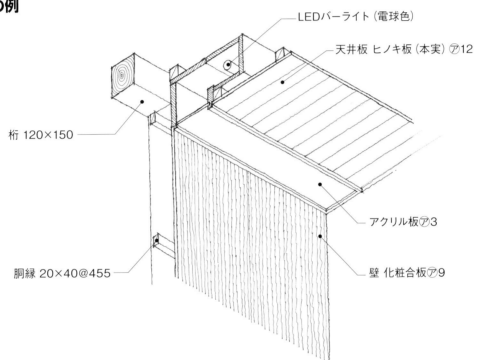

LEDバーライト（電球色）
天井板 ヒノキ板（本実）⑦12
桁 120×150
アクリル板⑦3
壁 化粧合板⑦9
胴縁 20×40@455

建築化照明のバリエーション

①壁際を下向きに照らす（コーニス照明）

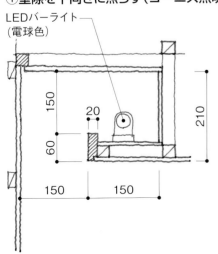

LEDバーライト（電球色）
150
20
210
60
150
150

②壁際を上向きに照らす（コーブ照明）

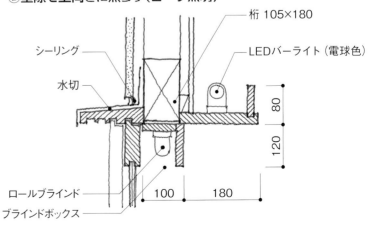

桁 105×180
シーリング
LEDバーライト（電球色）
水切
80
120
ロールブラインド
ブラインドボックス
100
180

目透かし仕上げと
目板張り仕上げの天井

**不陸を目立たせず、意匠にもなる目透かし天井。
目板張りは板の張り方を変えれば、異なる名称になる**

目透かしの役割と工法

　ボード、合板、縁甲板に限らず、天井材の
ジョイントを、突付けにしないで目地をとっ
て張るものを目透かし張りという。目透かし
張りは、材の継ぎ目の不陸などを目立たなく
する役割以外に、目地自体が意匠としての重
要な役割を果たす。その場合、目地の幅、深さ、
間隔、そして材料の組合せにより、多様な天
井を演出することができる。

　天井を目透かしにする場合に、目地の底部
分に敷目板を用いた天井を敷目板天井とい
う。敷目板張りの敷目板材は天井材と同じ材
を使い、幅は6〜12mm程度とするのが一般
的である。

　最近では、化粧合板の雇い実加工を施した
敷目板天井の既製品が流通している。それら
を施工する場合は、野縁と接合するために、
敷目釘、三山釘などの釘を使用する。

目板張り、大和張り、網代張り

　目板とはムク板を張る際、目地の部分に表
から小幅板を張って隙間を隠す材である。目
板張りは、壁や天井などに、手軽な納まりと
して用いられる。一方、目板を先に張り、そ
の部分を透かし目地にして天井板を張ってい
く仕上げを敷き目板という。敷き目板と天井
材は同一材を使う。また、板を1枚おきに重
ねて張る方法は、大和張りと呼ばれる。

　網代張り天井は、スギ柾、サワラ、ヒノキ
などのヘギ板（手作業で薄くした板）や竹の皮
などを斜めに編み込んだ材（網代）を天井下地
板に取り付けた天井をいう。主に茶室の天井
などに用いられるが、一般の住宅では床の間
の天井に用いられる。網代の編み方には矢羽
根編み、石畳編み、市松編み、籠目編み、むし
ろ編みなどがある。網代は垂れが生じないよ
うに、合板下地板に接着剤で圧着する。

● 敷目釘・三山釘
天井桟と野縁を留めるための、特殊な形状の釘

目透かし仕上げの納まり

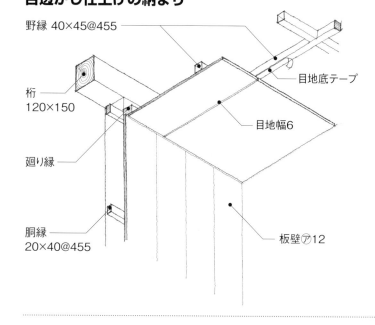

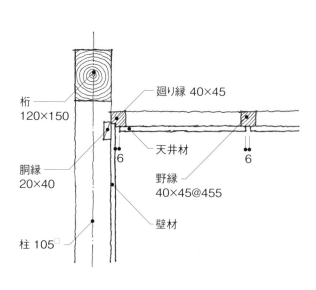

目板張り仕上げの構成

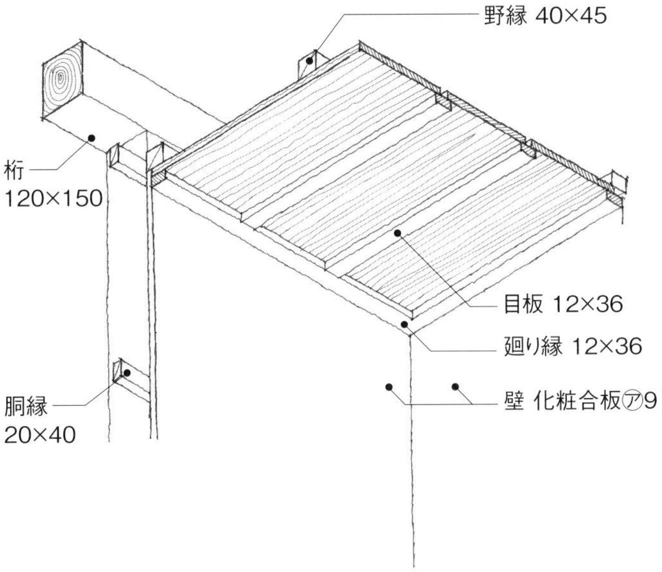

野縁 40×45
桁
120×150
目板 12×36
廻り縁 12×36
胴縁
20×40
壁 化粧合板㋐9

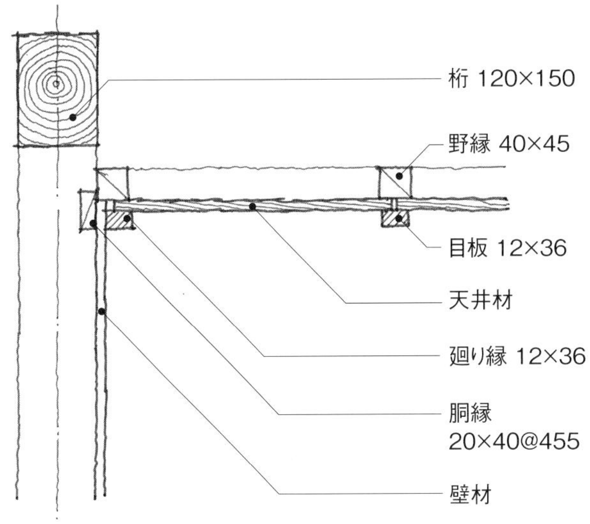

桁 120×150
野縁 40×45
目板 12×36
天井材
廻り縁 12×36
胴縁
20×40@455
壁材

目透かし仕上げのバリエーション

①相決り目透し張り

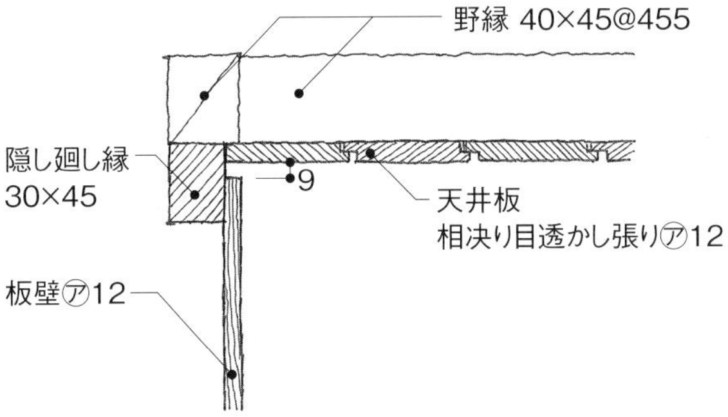

野縁 40×45@455
隠し廻し縁
30×45
9
天井板
相決り目透かし張り㋐12
板壁㋐12

②目地底をテープ張りする

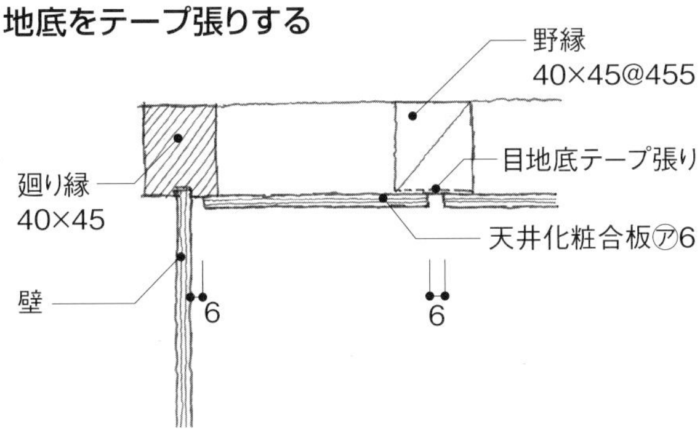

野縁
40×45@455
目地底テープ張り
廻り縁
40×45
天井化粧合板㋐6
壁
6
6

③敷目板天井

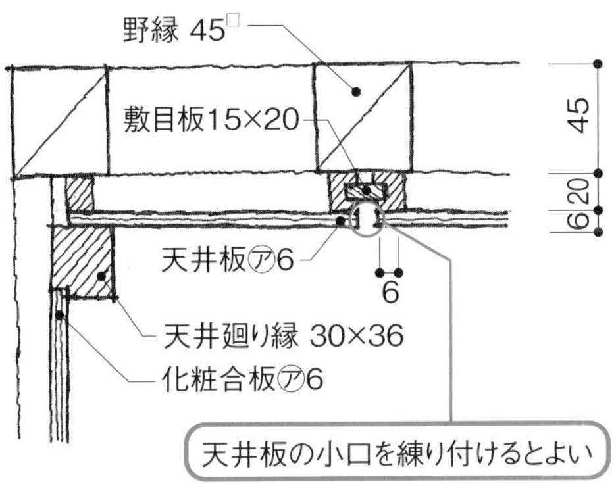

野縁 45□
敷目板15×20
45
20
6
天井板㋐6
6
天井廻り縁 30×36
化粧合板㋐6
天井板の小口を練り付けるとよい

目板張り仕上げのバリエーション

①目板を設置する場合

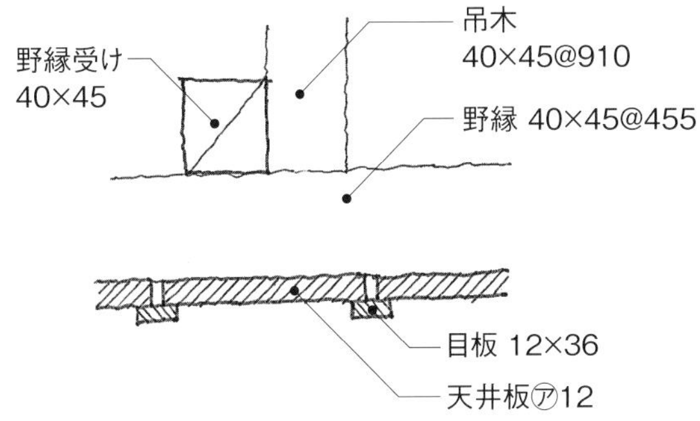

野縁受け
40×45
吊木
40×45@910
野縁 40×45@455
目板 12×36
天井板㋐12

②敷目板にする場合

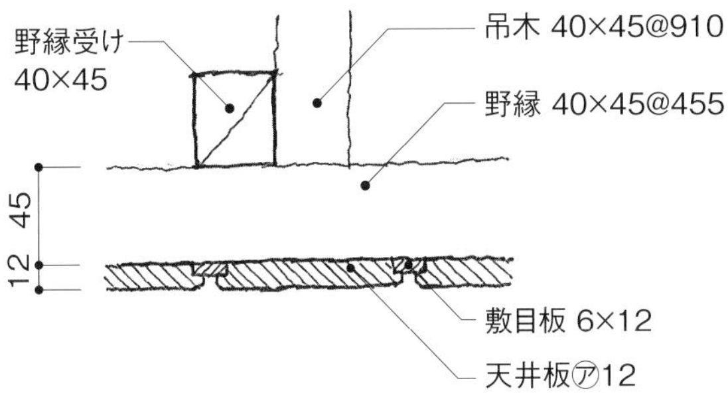

野縁受け
40×45
吊木 40×45@910
野縁 40×45@455
45
12
敷目板 6×12
天井板㋐12

③大和張り天井

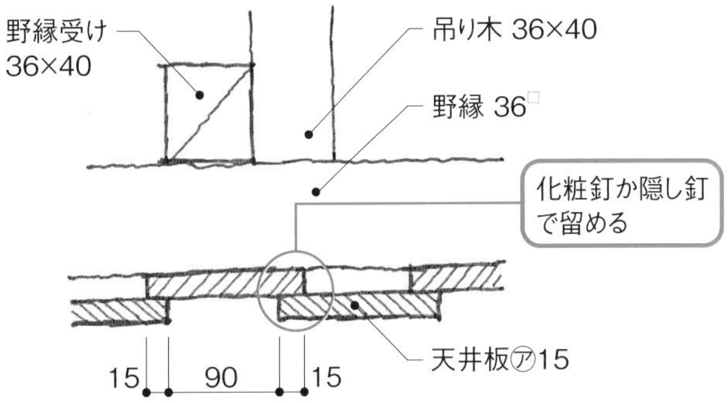

野縁受け
36×40
吊り木 36×40
野縁 36□
化粧釘か隠し釘
で留める
天井板㋐15
15
90
15

打上げ・竿縁・格天井仕上げ

板張り、塗装仕上げ、クロス仕上げがある打上げ天井。
竿縁天井は張り方にさまざまな決まりがある

打上げ天井の構成

　打上げ天井は最も一般的な工法で、下地の野縁に、石膏ボード、合板、縁甲板などの材を下から釘打ちをして留める。板張りの天井では、縁甲板の長手方向に雇い実加工を施した場合、隠し釘打ち仕上げができるが、相決りにして化粧釘で留める場合もある。

　塗装仕上げのときの下地は石膏ボードや合板だが、ジョイントと部分の伸縮による亀裂を防ぐため寒冷紗を貼り、パテで平滑に仕上げる必要がある。また、釘の頭の浮き上がりやさびが出る場合があるため、できれば釘頭に防錆処理をしておくとよい。

　クロス仕上げの場合、塗装仕上げと同様に、下地の石膏ボードや合板のジョイント部は、入念にパテ処理をしなければならない。

竿縁天井の構成と格天井

　竿縁天井は和室の天井として最も一般的に使われる形式で、竿縁という細い材を並べ、それと直交方向に天井板を載せた天井のことである。ほかの天井のように格子状の野縁に天井材を下から打ち付けるのではなく、竿縁が天井の支持材の役割を果たしている点が大きな特徴である。

　竿縁の材はスギやツガなどの柾目材が使われる。一般的な竿縁の納まりは、まず竿縁を流し、直交する方向だけに裏桟といわれる野縁を設ける。上から天井板を竿縁に釘で打ち付けたのち、野縁に吊木を打ち付けて竿縁を吊る。竿縁の間隔は尺寸法にしたがって、303、455、606、910㎜などの割付となるが、基本的に広い部屋は竿縁の間隔が広くなり、狭い部屋では間隔を狭くする。また広い部屋は天井板の幅も広く、狭い部屋では狭い天井板を使用する。

　格天井は、格縁という角材を格子状に組んだものを廻り縁上端に取り付け、格子のなかに正方形の鏡板を張った天井をいう。寺院や城閣、または上級の書院造り建築の天井に見られる。

● 寒冷紗
各種ボードを塗装仕上げする際、亀裂やひび割れを防ぐため、下地に張るガーゼ状のもの。ナイロン、ガラス繊維、カーボンなどさまざまな素材がある

● 竿縁
竿縁の入れ方にはいくつかの伝統的な約束ごとがある。その1つは、竿縁の方向が床の間に直角に向かってはいけないこと。これは床刺しといって忌み嫌われる。また、廊下などの細長い空間では竿縁を長手方向に入れる、竿縁と天井板の目地が正方形にならないように竿縁の幅を決める、などがある

● 柾目材
丸太材の年輪に対して直角に切り出した板材。表面に出てくる縦縞模様を柾目という。一方、年輪に沿うように切り出した板材は板目材という

打上げ天井の納まり

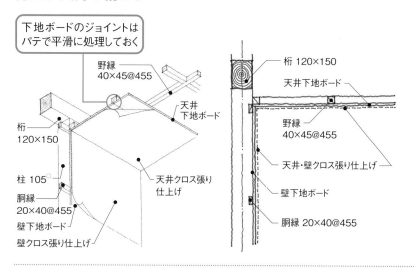

下地ボードのジョイントはパテで平滑に処理しておく

野縁 40×45@455

天井下地ボード

桁 120×150

柱 105□

胴縁 20×40@455

壁下地ボード

壁クロス張り仕上げ

天井クロス張り仕上げ

桁 120×150

天井下地ボード

野縁 40×45@455

天井・壁クロス張り仕上げ

壁下地ボード

胴縁 20×40@455

天井仕上げのバリエーション

①本実張り

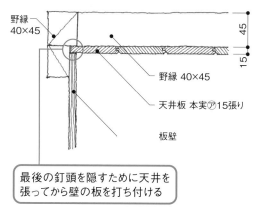

野縁 40×45

野縁 40×45

天井板 本実⑦15張り

板壁

最後の釘頭を隠すために天井を張ってから壁の板を打ち付ける

竿縁天井の構成

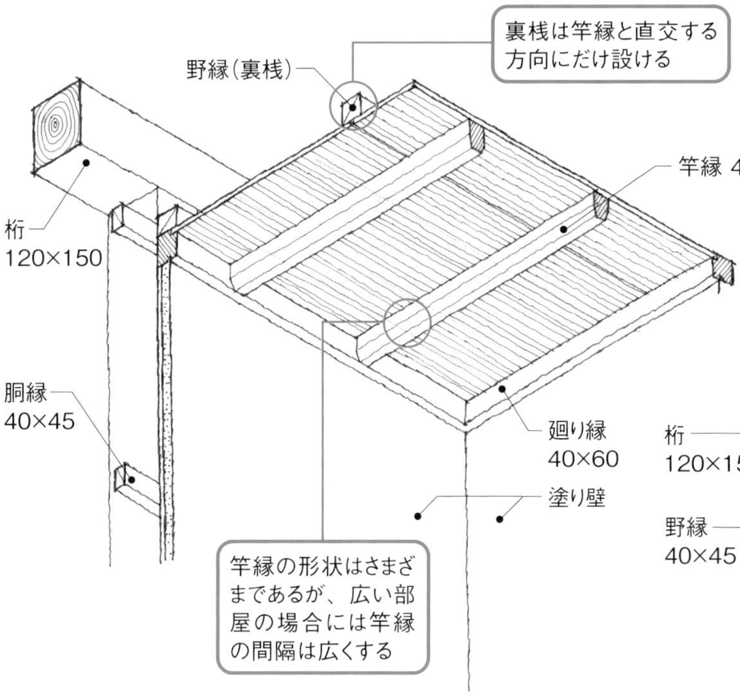
裏桟は竿縁と直交する方向にだけ設ける
野縁(裏桟)
竿縁 40×60@455
桁 120×150
胴縁 40×45
廻り縁 40×60
塗り壁
竿縁の形状はさまざまであるが、広い部屋の場合には竿縁の間隔は広くする

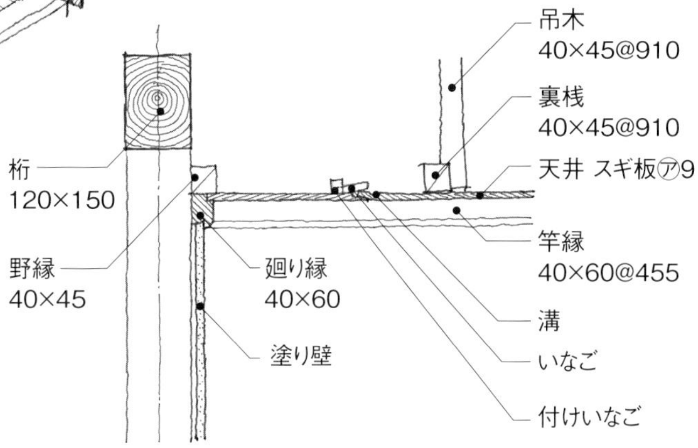
吊木 40×45@910
裏桟 40×45@910
天井 スギ板㋐9
桁 120×150
竿縁 40×60@455
野縁 40×45
廻り縁 40×60
溝
いなご
塗り壁
付けいなご

竿縁天井の各納まり

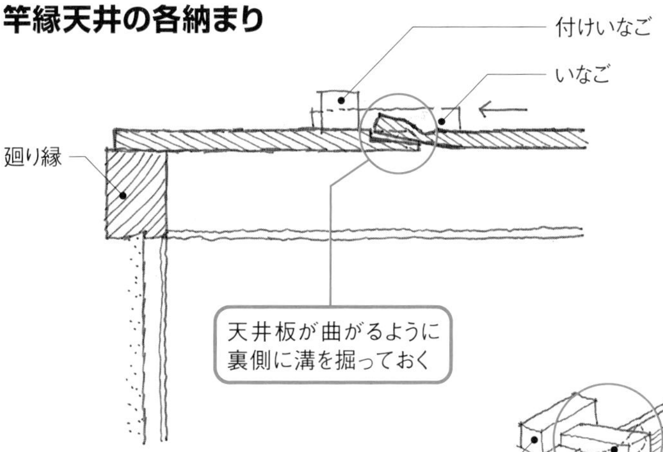
付けいなご
いなご
廻り縁
天井板が曲がるように裏側に溝を掘っておく

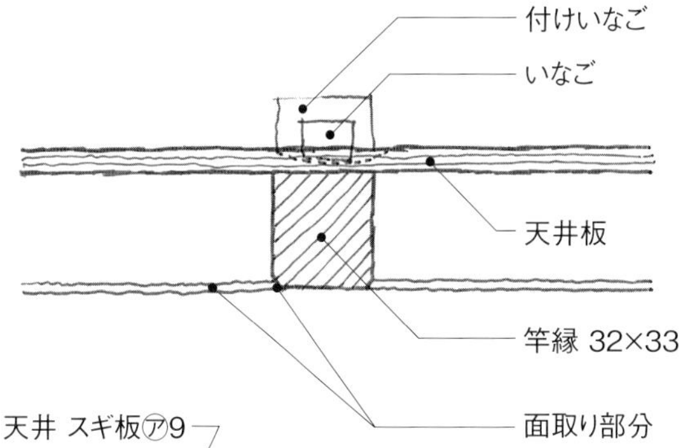
付けいなご
いなご
天井板
竿縁 32×33
面取り部分

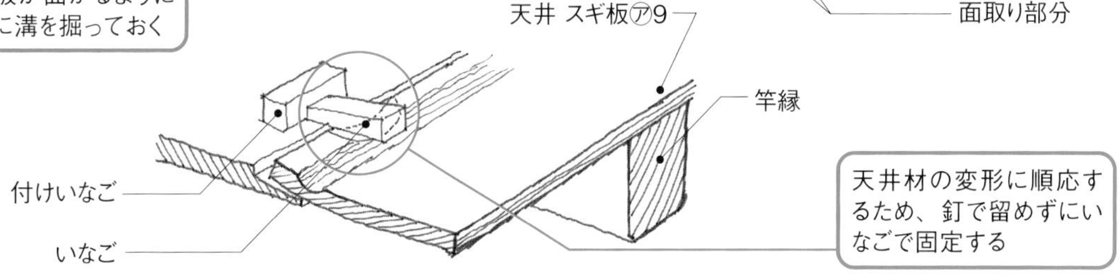
天井 スギ板㋐9
竿縁
付けいなご
いなご
天井材の変形に順応するため、釘で留めずにいなごで固定する

②クロス張り

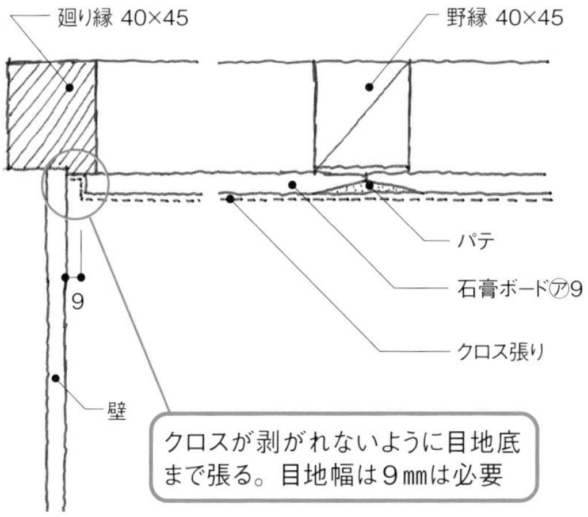
廻り縁 40×45
野縁 40×45
パテ
石膏ボード㋐9
9
クロス張り
壁
クロスが剥がれないように目地底まで張る。目地幅は9㎜は必要

③雇い実で天井板を納める天井

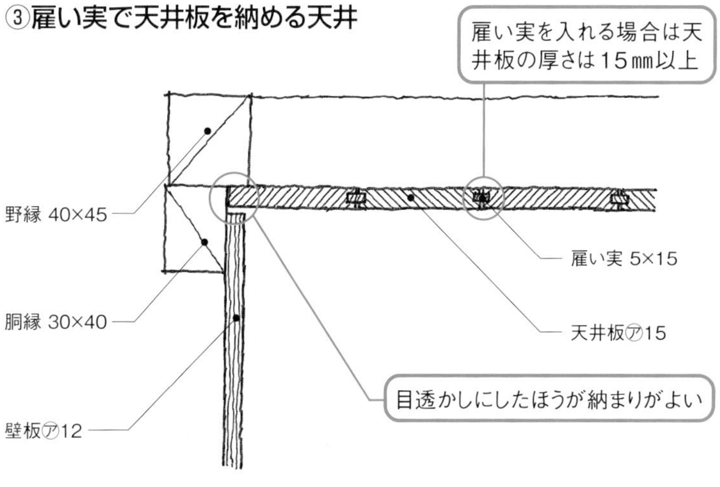
雇い実を入れる場合は天井板の厚さは15㎜以上
野縁 40×45
雇い実 5×15
天井板㋐15
胴縁 30×40
目透かしにしたほうが納まりがよい
壁板㋐12

真壁と大壁の内法廻り

柱が露出する真壁は長押、付け鴨居など造作材が多い。柱が隠れる大壁は壁が厚くなるが、デザインの自由度が高い

真壁納まりの内法廻り

構造材である柱が壁の面に露れている納まりを真壁納まりという。この納まりは壁から柱が露出するため、いくつかの造作材が必要で、和室に多く見られる。壁面と床面の接点については、床が畳の場合は畳寄せを取り付け、畳の面と同じ高さで納める。床が板張りの場合は、柱と柱の間に幅木を設ける。

開口部廻りでは、下部に敷居、上部には鴨居を取り付ける。なお、開口部でない壁の部分でも、鴨居と同じ高さに付け鴨居を付ける。さらに鴨居、付け鴨居の上に長押が取り付けられる場合もある。

天井と壁との接点には、天井廻り縁が設けられる。この長押や付け鴨居と天井廻り縁との間の壁に、格子や飾りの板などをはめ込んだ欄間を設けることもある。

大壁納まりの内法廻り

柱が壁のなかに隠れ、表から見えない納まりを大壁納まりという。主に洋室に多用される。大壁は柱や梁などの構造材が見えないため、構造と意匠を分離して考えることができ、自由度が高い。真壁と比較すると壁が厚いため、断熱・遮音性能はよくなるが、壁内部に構造材が隠蔽されるため、壁内の漏水や腐りなどの発見が遅くなるという欠点もある。

通常、壁と床面の間には幅木が設けられる。開口部廻りには、竪枠と上枠、沓摺りの四方枠、または三方枠で壁と床で見切って納める。

天井と壁との接合部は天井廻り縁を設けるが、隠し廻り縁などですっきり納めることもできる。また、廻り縁を省略して、クロスの貼りまわしや、塗装の塗りまわしで、壁と天井を一体化する納まりもある。

● 鴨居・付け鴨居
和室の開口部上部の枠を鴨居という。付け鴨居は開口部以外の壁に、鴨居と同じ高さで取り付ける化粧部材のこと

● 長押
鴨居の上、敷居の下に取り付ける柱と柱をつなぐ横架材。装飾的な役割をもつ

● 沓摺り
和室の開き戸やドアの下部にある枠のことで、引き戸の場合は敷居と呼ぶ。床面から少し出っ張った形にし、戸当たりをつけ、気密性や防音性を高める効果がある

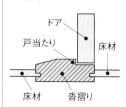

真壁の内法での納まり

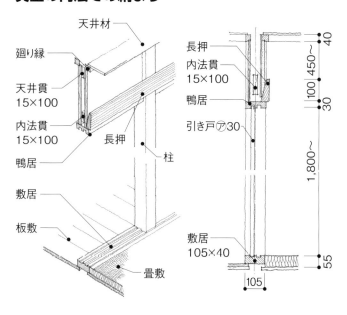

造作材による納まりの違い

①付け鴨居の和室

②長押の和室

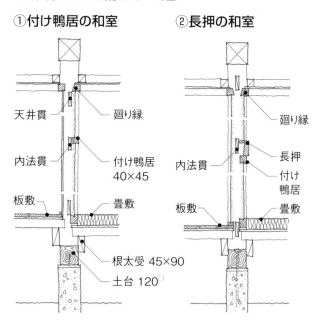

大壁の内法の構成

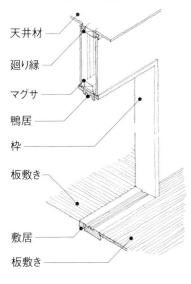

- 天井材
- 廻り縁
- マグサ
- 鴨居
- 枠
- 板敷き
- 敷居
- 板敷き

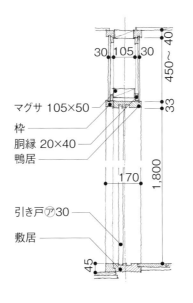

- 30 105 30
- 450〜40
- マグサ 105×50
- 枠
- 胴縁 20×40
- 鴨居
- 33
- 1,800
- 170
- 引き戸ア30
- 敷居
- 45

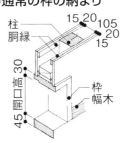

①通常の枠の納まり

- 柱
- 胴縁
- 15 20 105
- 20
- 15
- 開口高 30
- 45
- 枠
- 幅木

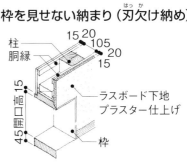

②枠を見せない納まり（刃欠け納め）

- 柱
- 胴縁
- 15 20 105
- 20
- 15
- 開口高 15
- 45
- ラスボード下地 プラスター仕上げ
- 枠

大壁の内法のバリエーション

①外─内の納まり

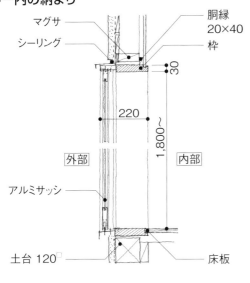

- マグサ
- シーリング
- 胴縁 20×40
- 枠
- 30
- 220
- 1,800〜
- 外部
- 内部
- アルミサッシ
- 土台 120□
- 床板

②内─内の納まり

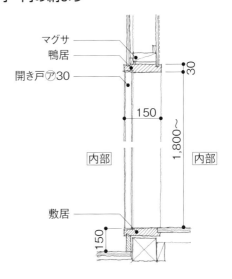

- マグサ
- 鴨居
- 開き戸ア30
- 30
- 150
- 1,800〜
- 内部
- 内部
- 敷居
- 150

真壁の枠と柱の納め方

①柱の面内で納める

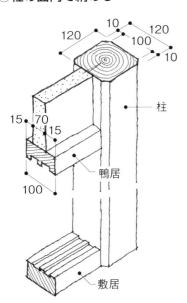

- 10
- 120
- 120
- 100
- 10
- 柱
- 15 70
- 15
- 鴨居
- 100
- 敷居

②柱の面の中で納める

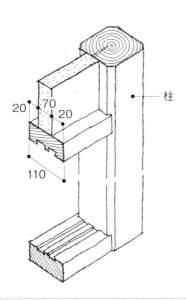

- 柱
- 20 70
- 20
- 110
- 敷居

③柱の面外で納める

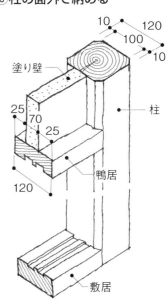

- 10
- 120
- 100
- 10
- 塗り壁
- 柱
- 25 70
- 25
- 鴨居
- 120
- 敷居

畳寄せ・雑巾摺り・幅木の納まり

真壁の見切り材で、仕上げの定規になる畳寄せ・雑巾摺り。大壁の床と壁の見切りになる幅木は、壁面の保護にもなる

真壁納まりの見切り材

真壁の室内で畳と壁が接する部分に設ける見切り材を畳寄せといい、畳と壁の隙間を埋めつつ、床・壁の仕上げの定規としての役割ももつ。畳寄せは柱と同面にし、畳の上端とそろえる。断面寸法は壁のチリにより変わるが、40×45㎜程度で柱との間に畳との高さを調節するため飼木を差し込む。

真壁には、壁と地板や棚板と接する部分があるが、ここに設ける小さな見切り材を雑巾摺りという。床の間では、床板の壁付きの三方向部分にまわして取り付ける納まりもある。また、押入れ内部の壁と床、棚などとの縁木も雑巾摺りという。雑巾摺りの断面寸法は厚さ10㎜で、見込み幅は30㎜程度。左官仕上げの定規にもなるが、壁に隠れてしまう部分に釘を打って留める。

大壁納まりの見切り材

大壁仕上げの場合、壁と床との接合部に設ける材を幅木という。床と壁の見切り材としての役割と、床の清掃時にモップや掃除機が当たり、壁を汚れや傷から保護する役割も兼ねている。

形状によって、出幅木、平幅木、入り幅木の種類がある。施工手順によって、先付け幅木、後付け幅木という分類の仕方もある。

幅木の成は60～90㎜程度であるが、意匠的な見地から自由に決めてよい。しかし、厚さ、見込み幅、壁とのチリをどのぐらいとるかは、建具枠との兼ね合いがあるので注意が必要である。枠よりも幅木のほうが出てしまうと、幅木の小口が見えてしまうので、幅木の出は枠よりも小さくすることが大切だ。

近年、貼り幅木という既製の樹脂製品が出回っている。これは壁に貼り付けるだけの手軽な製品だが、風合いに欠けるため、できるかぎり幅木本来の納まりを試みるべきである。なお、大壁仕上げの際、10㎜角程度の雑巾摺りを取り付けて幅木の代わりにすることもある。

● 出幅木
壁の面より出る納まりの幅木で、最も一般的

● 平幅木
壁面と同一の面で納める形式の幅木で、壁と幅木の間に目地をとって納める場合が多い

● 入り幅木
壁面よりも内側に引っ込んで納める形式

畳寄せ・雑巾摺りの納まり

①一般的な畳寄せ

②一般的な雑巾摺り

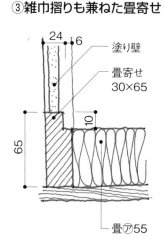

③雑巾摺りも兼ねた畳寄せ

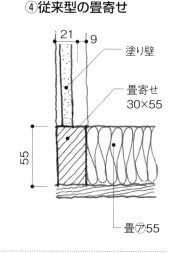

④従来型の畳寄せ

畳寄せ・雑巾摺り廻りの構成

①畳寄せ

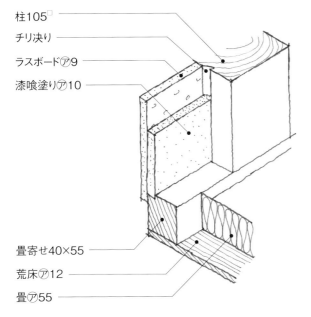

- 柱105□
- チリ決り
- ラスボード㋑9
- 漆喰塗り㋑10
- 畳寄せ40×55
- 荒床㋑12
- 畳㋑55

②雑巾摺り

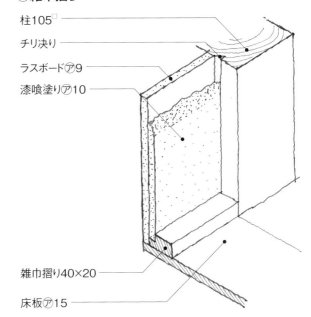

- 柱105□
- チリ決り
- ラスボード㋑9
- 漆喰塗り㋑10
- 雑巾摺り40×20
- 床板㋑15

幅木廻りの構成

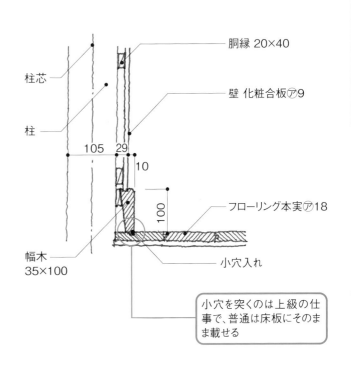

- 胴縁
  20×40
- 化粧合板
- 幅木
  35×100
- 小穴
- フローリング本実㋑18

- 柱芯
- 柱
- 胴縁 20×40
- 壁 化粧合板㋑9
- 105
- 29
- 10
- 100
- フローリング本実㋑18
- 幅木
  35×100
- 小穴入れ
- 小穴を突くのは上級の仕事で、普通は床板にそのまま載せる

幅木の納まり例

①一般的な納まり

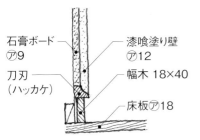

- 石膏ボード㋑9
- 刀刃（ハッカケ）
- 漆喰塗り壁㋑12
- 幅木 18×40
- 床板㋑18

②平幅木

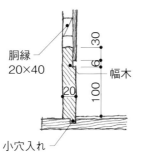

- 胴縁 20×40
- 30
- 6
- 20
- 100
- 幅木
- 小穴入れ

③入り幅木

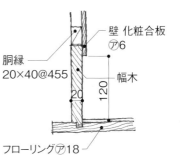

- 胴縁 20×40@455
- 壁 化粧合板㋑6
- 20
- 120
- 幅木
- フローリング㋑18

④出幅木

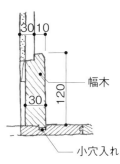

- 30
- 10
- 30
- 120
- 幅木
- 小穴入れ

廻り縁・敷居・鴨居・長押・欄間

壁と天井を見切る天井廻り縁には、複数の見せ方がある。敷居・鴨居・長押は高い精度と耐久性が求められる

廻り縁の見せ方と納まり

天井廻り縁は、壁と天井の見切り材で、畳寄せとは違い、柱の面よりも内側に出て回す。廻り縁のせいは柱幅の4/10～5/10（40～60㎜）。また柱の面からの出は1/8（12～15㎜）、下の面は1/10（10～12㎜）とするのが普通である。

大壁の場合、廻り縁を積極的に見せる意匠と、隠し廻り縁ですっきりと納める意匠がある。隠し廻り縁には、壁の面を目透かしにする方法と、天井面を目透かしにする方法がある。目透かしの納まりは目地幅をそろえなければならないため手間がかかるが、目地底を見えないようにすると、すっきりと軽快に見える。天井の場合、目地の幅と奥行きを同程度にすると、目地底が見えにくい。一般的な目透かしの目地幅は9～15㎜程度である。

敷居・鴨居・長押の構成

敷居は開口部の下部の部材で、敷居上端は畳の高さにそろえる。板張り床の場合は床を敷居から30㎜（約1寸）程度下げて納めるが、バリアフリーとして両方の床を同レベルで納めることも多くなった。敷居は高い精度が求められると同時に、建具の荷重、開け閉めの衝撃などを受けるため、消耗しやすく狂いやすい部材である。よく乾燥したヒノキやスギなどの柾目材を使用し、敷居下に455㎜間隔で飼木を入れ、隠し釘打ちにする。

鴨居は敷居と対をなす部材で、建具の開閉のための溝を突いた横木である。敷居と同様に精度が求められる。通常は柱幅の4/10（40～50㎜）程度の厚みの材を使用する。鴨居のスパンが大きくなると、たるみが生じる恐れがあるため、吊束や内法貫から目鎹釘（めかすがい）で吊り込んでおく。

長押（なげし）は鴨居上部に取り付ける部材である。正面から見える部分は柱幅の8/10分(80～100㎜)程度、柱からの出は15～18㎜を標準とする。欄間は部屋を仕切る垂れ壁の部分に取り付ける。

目透かし
ジョイント部を突付けにしないで目地をとって張ること。左官壁の場合には壁目透かしとし廻り縁を刀刃（はっかけ）納まりにするとよい。壁・天井目透かしを問わず天井と壁が化粧合板の場合は、合板の小口処理をし、クロスの場合は下地合板の小口までクロスを巻き込んで納める

目鎹釘
表から見えずに天井廻り施工ができる伝統的な日本建築用の釘

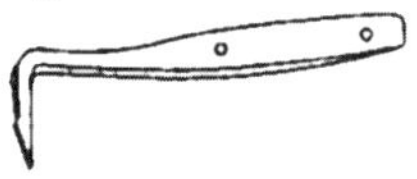

隠し廻り縁の納まり（天井目透かし）

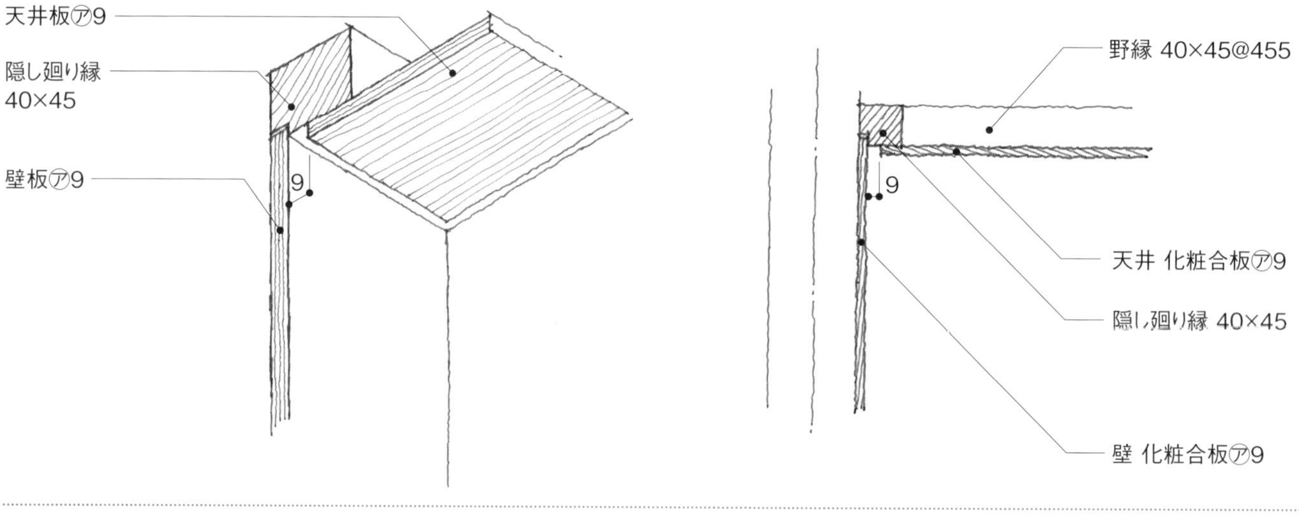
天井板㋐9
隠し廻り縁
40×45
壁板㋐9
9
野縁 40×45@455
9
天井 化粧合板㋐9
隠し廻り縁 40×45
壁 化粧合板㋐9

敷居・鴨居・長押・欄間の構成

①アイソメ図

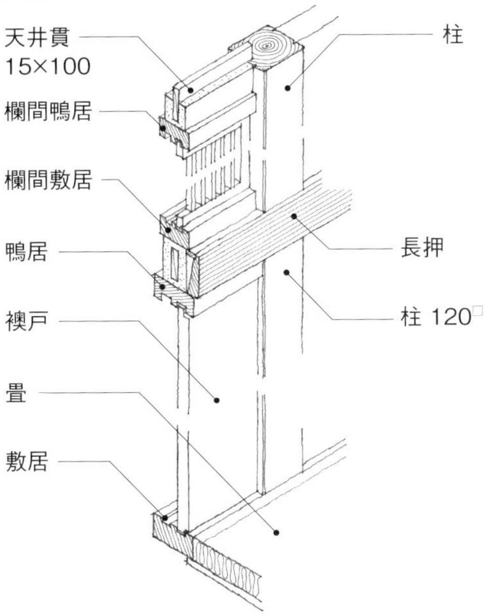
天井貫
15×100
欄間鴨居
欄間敷居
鴨居
襖戸
畳
敷居
柱
長押
柱 120□

②断面図

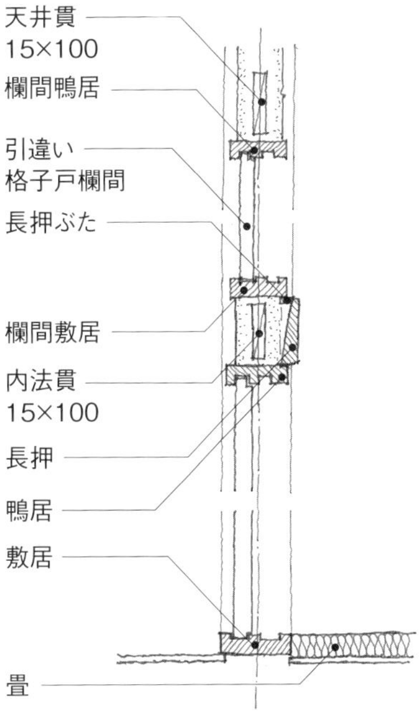
天井貫
15×100
欄間鴨居
引違い
格子戸欄間
長押ぶた
欄間敷居
内法貫
15×100
長押
鴨居
敷居
畳

内法部材によるバリエーション

①欄間格子を納める

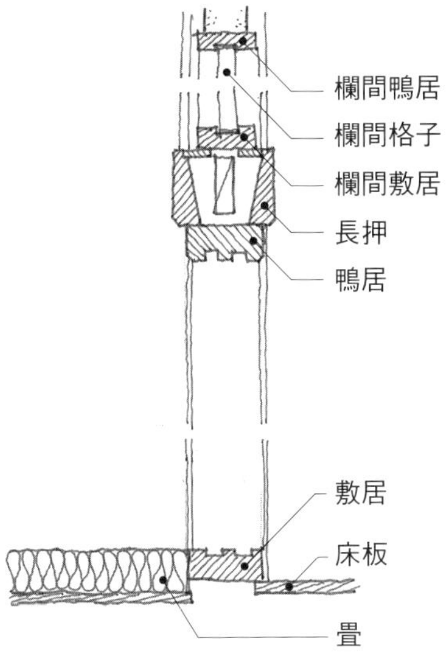
欄間鴨居
欄間格子
欄間敷居
長押
鴨居
敷居
床板
畳

②和室と洋室の内法

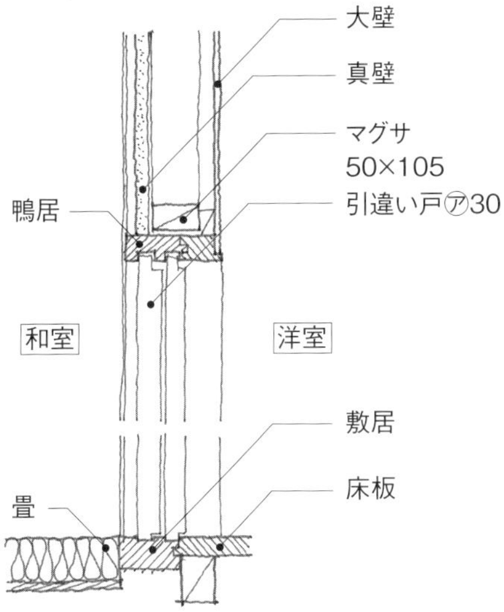
大壁
真壁
マグサ
50×105
引違い戸㋐30
鴨居
和室
洋室
敷居
床板
畳

隠し廻り縁(目透かし)のバリエーション

①壁目透かし納まり

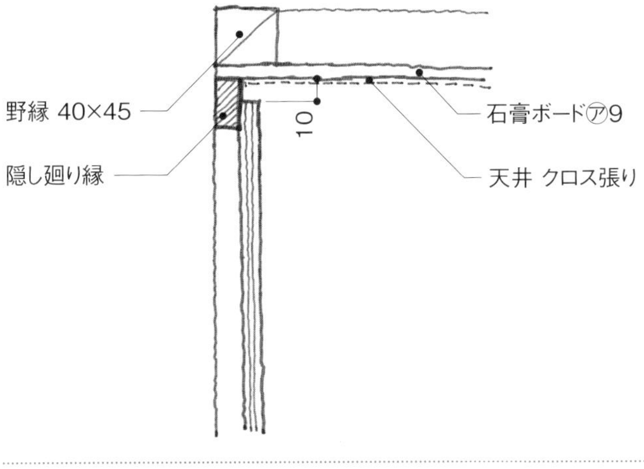
野縁 40×45
隠し廻り縁
10
石膏ボード㋐9
天井 クロス張り

②天井目透かし+ブラインドボックス

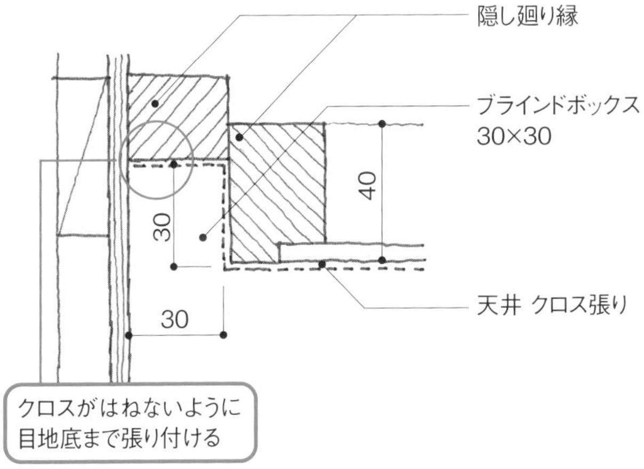
隠し廻り縁
ブラインドボックス
30×30
40
30
30
天井 クロス張り
クロスがはねないように
目地底まで張り付ける

Column

基礎・土台の種類と構成

■ 基礎は手抜かりなくしっかりと

　基礎は、建物全体の荷重ばかりでなく、それに載る家具や人間などの積載荷重をも支える重要な部分である。建物が傾いてしまうなどという欠陥住宅の典型は、地盤の問題と基礎工事の手抜きであることが多い。

　基礎の形には、独立基礎、布基礎、ベタ基礎などがある。建築敷地の地盤に問題がない場合は、布基礎の採用が一般的である。布基礎はTの字を逆にした断面形をしており、底の広がった部分をフーチングと呼ぶ。このような形状にするのは、できるだけ広い面積で荷重を支えるほうが構造的に安定し、沈下などが起きにくいためである。なお、基礎には、土台を締結するためのアンカーボルトを埋め込んでおく。

■ 土台は基礎と上部構造の接点

　基礎工事が終わると、その上に土台を敷く。土台は上部の荷重を支え、それを基礎に伝える材である。この材も建物の下部にあるため、基礎と同じような意味合いをもつため、物事が不安定なことを「土台がなってない」などという言い方をする。

　土台の設置個所は地盤面に近いため湿気を受けやすく、腐食やシロアリの被害を受けやすいところである。そのため、通常は腐食に強いヒノキ材やヒバ材などを用いる。一般的な木造住宅の柱は105mm角を使う場合が多いが、土台には必ず120mm角以上の材を使う。また、防腐防蟻剤を塗布も必ず行う。

　基礎と土台の間にネコ土台を敷き、通気スペースをとることがあるが、これは基礎から土台を浮かすことができるため、土台材が腐食しにくくなる利点がある。

　土台にはあらかじめ基礎に打込んでおいたアンカーボルトと締結するための穴をあけておき、しっかりとねじで締結する。最近ではそのほか、柱が地震力などで引っ張り上げられないようにホールダウンという金物を用いる場合が多くなった。

■ 基礎の構成

土間コンクリート
アンカーボルトφ13
換気口
布基礎
アンカーボルトφ13

■ 土台の構成

土間コンクリート
土台 120□
アンカーボルトφ13
布基礎

CHAPTER 4

各部屋の構成

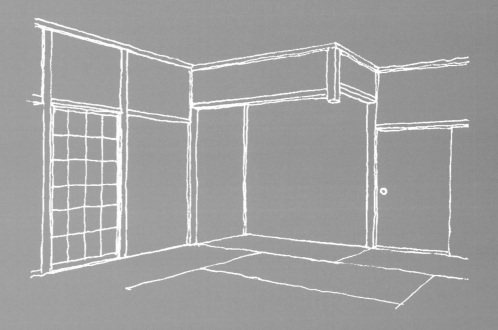

玄関廻りの納まり

玄関はポーチとの連続性や水仕舞いを考慮する。
段差が大きい場合は式台を設け、上がり框は美しく仕上げる

玄関は水仕舞いや気候に配慮

玄関の土間の仕上げ材は、玄関外のポーチや土間仕上げとあわせて選択する。そのため、内・外の土間と壁との取合い部分（幅木や地覆）の納まりに注意する。

梅雨の季節には土間の表面が結露することもある。敷地の気候条件を把握し、場合によっては下地の土間コンクリートの下を断熱処理する。また、雨水や洗浄水の排水のための水勾配、水仕舞いなども納まり上重要である。

玄関土間仕上げには黒平瓦四半敷きや碁盤敷き、石張りやタイル張り、左官職の錆砂利洗い出しや三和土などがある。

大きな段差には式台を設置

玄関で履物を脱ぎ、1階床まで上がるための造作として生まれたのが式台や沓脱ぎ石である。床に座って下足を脱いだり履いたりする場合、土間面と床面の差は300㎜は必要である。400㎜以上とる場合は、沓脱ぎ石を据えたり、1段低く式台をつくることになる。

「式台」は、もともと玄関に設けられた板の間、板敷きの空間で、送迎の挨拶をするところを指していた。「沓脱ぎ石」は、玄関土間に合った石材と大きさとし、滑りにくくするため小叩き仕上げとする。現代の住宅では玄関の面積も小さく、段差の少ない納まりが増えたため、式台や沓脱ぎ石を据えなかったり、わずかに石の上面だけをのぞかせる洒落た納め方も生まれている。

「上がり框」とは、土間と上床の見切り材である。「地板」は床面と同じレベルに納める板材の総称のことで、玄関では幅広の地板を式台を兼ねた見切り材として用いることもしばしばである。

上がり框は摩耗の激しい部分であると同時に、人を迎える大事な部位でもある。そのため、木目の美しいケヤキやマツ、ヒノキ材などの突き板張りとすることが多い。ただし、足当たりを和らげるため面を大きくとり、厚張りとしたい。

● 黒平瓦四半敷き
標準寸法1尺角、8寸5分角、6寸角、厚さ1寸の敷き瓦を壁面に対して45°になるよう斜めに敷くもの。瓦の小口をヤスリで摺り合せ、眠り目地（目地幅なしで部材を密着させる仕様）とし、下地コンクリートに荒木田土、砂をベースにレベルを調整しながら敷き込む。これは床の感触を柔らかくするためで、最後の敷き瓦は細紐で吊るしながら落とし込む

● 碁盤敷き
四半敷きに対して、壁に平行に敷くこと

● 三和土
風化した花こう岩や安山岩からできた土に消石灰、苦汁、水を加えて練ると硬化する性質を利用し生まれた。土、石灰、苦汁の3種類の素材を絡ませ叩き固めることから、この名称が付いた

黒平瓦四半敷き土間の構成

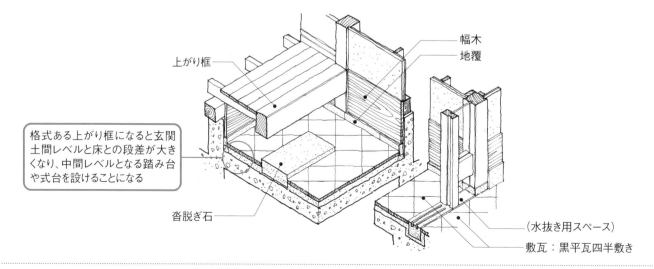

上がり框

格式ある上がり框になると玄関土間レベルと床との段差が大きくなり、中間レベルとなる踏み台や式台を設けることになる

沓脱ぎ石

幅木
地覆

（水抜き用スペース）

敷瓦：黒平瓦四半敷き

式台を設ける場合の玄関

①アイソメ図

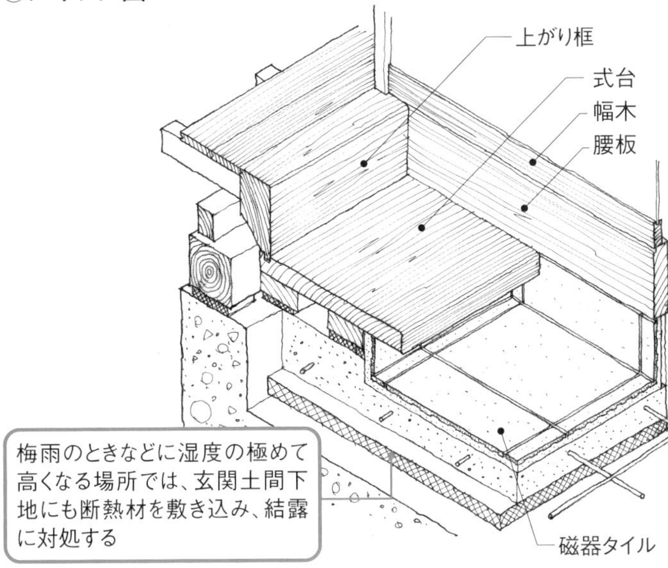
上がり框
式台
幅木
腰板
梅雨のときなどに湿度の極めて高くなる場所では、玄関土間下地にも断熱材を敷き込み、結露に対処する
磁器タイル

②断面図

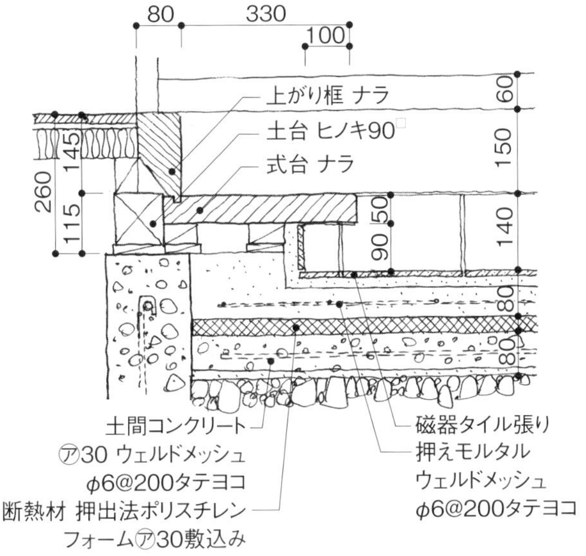
80
330
100
60
150
140
80
80
260
145
115
50
90
上がり框 ナラ
土台 ヒノキ90□
式台 ナラ
土間コンクリート
㋐30 ウェルドメッシュ
φ6@200タテヨコ
断熱材 押出法ポリスチレン
フォーム㋐30敷込み
磁器タイル張り
押えモルタル
ウェルドメッシュ
φ6@200タテヨコ

上がり框のみの場合

①アイソメ図

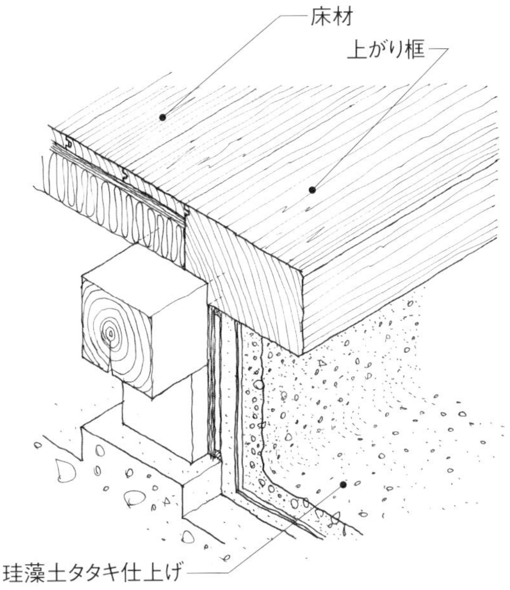
床材
上がり框
珪藻土タタキ仕上げ

②断面図

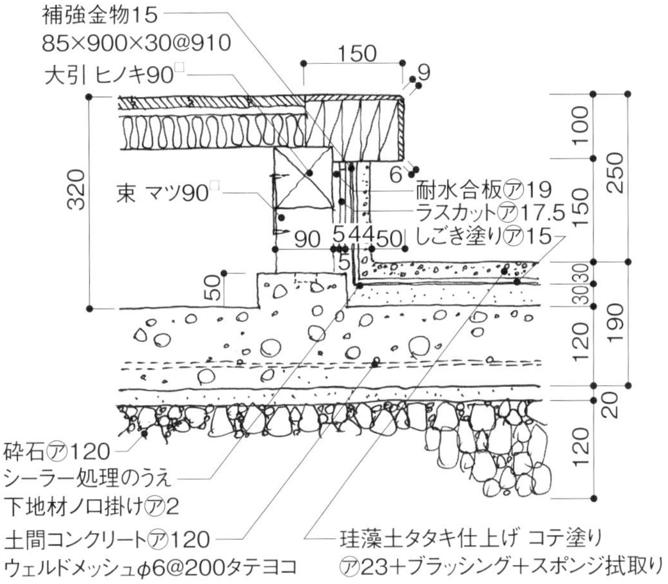
補強金物15
85×900×30@910
大引 ヒノキ90□
束 マツ90□
150
9
6
320
100
250
150
90
5
44
50
5
50
30
30
120
190
20
120
耐水合板㋐19
ラスカット㋐17.5
しごき塗り㋐15
砕石㋐120
シーラー処理のうえ
下地材ノロ掛け㋐2
土間コンクリート㋐120
ウェルドメッシュφ6@200タテヨコ
珪藻土タタキ仕上げ コテ塗り
㋐23＋ブラッシング＋スポンジ拭取り

土間仕上げのバリエーション

①錆砂利仕上げ

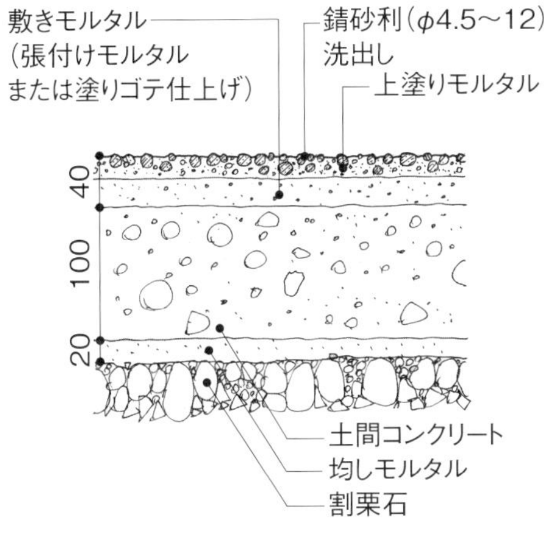
敷きモルタル
(張付けモルタル
または塗りゴテ仕上げ)
錆砂利(φ4.5〜12)
洗出し
上塗りモルタル
40
100
20
土間コンクリート
均しモルタル
割栗石

②タイル圧着張り仕上げ

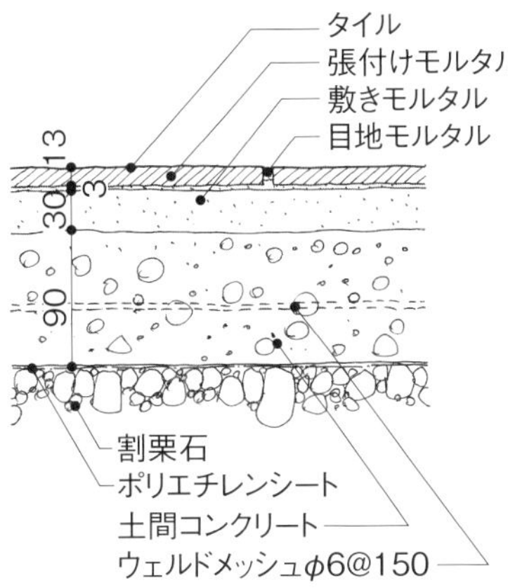
タイル
張付けモルタル
敷きモルタル
目地モルタル
13
3
30
90
割栗石
ポリエチレンシート
土間コンクリート
ウェルドメッシュφ6@150

③石張り仕上げ

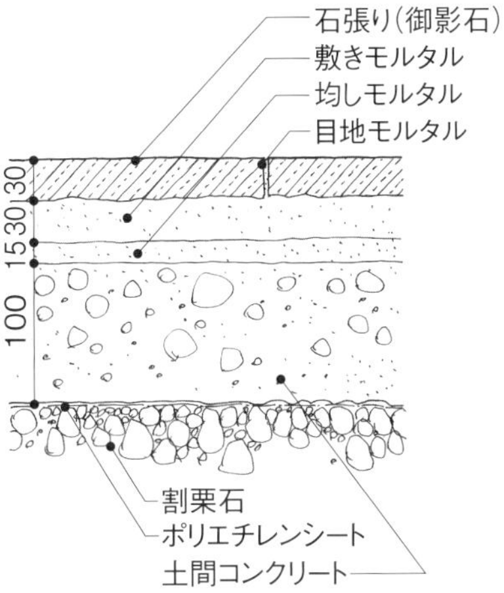
石張り(御影石)
敷きモルタル
均しモルタル
目地モルタル
30
30
15
100
割栗石
ポリエチレンシート
土間コンクリート

階段と手摺りの納まり

階段の段割りは、設置スペースと上り下りしやすさから決定。
手摺りは安全性に配慮し、頑丈でつかみやすい形状にする

階段は足の運びやすさに配慮する

住宅内の事故で最も多いのが階段での転落といわれる。階段の設計で最も大切な点は、人の足の運びを踏まえ、その段割・蹴上げと踏み面の関係を理解することである。

階高を等間隔に割り付けることを階段割りと呼び、「蹴上げ」はその1段の寸法(R)である。「踏み面」は、階段の足を載せる水平面を指し、その先端を段鼻というが、段鼻から次の段鼻より鉛直に下した位置までが踏み面寸法(T)で、蹴上げと同様に等間隔にしなければならない。

快適に上り下りができる階段は、大人の歩幅が60〜65cmであることから、「2R+T≒60〜65(cm)」が目安とされる。

手摺りは体重を支える強度が必要

手摺りは身を乗りだし、体重をかけてもぐらつかないだけの強度をもたせ、使用材料と納まりに対する工夫が重要だ。

手摺りを構成するのは、手をかけ、掴み手を滑らせるハンドレールとそれを支える腰壁や格子、手摺り子である。高さは段鼻から75〜80cmが適当とされているが、吹抜け部分や廊下の手摺り高さとの調整が必要となることがある。

ハンドレールは階段の上り終わりの端部で300mm以上水平に伸ばし、端部は袖を引っ掛けないよう下方に曲げ込んでおく。中折れ階段や矩折れ階段では、折返し部分の手摺りは途切れさせないで連続して手を添えられるように工夫しておく。さらに素材と握りやすい形状にも心掛けておくべきである。

丸棒の場合、手のひらに馴染みやすいナラ集成材などを用い、太さは誰にでもつかみやすく、32〜36mmと小振りで強度のあるものにする。また、手摺り子や受け金物は、つかんだまま滑らせるときに指先の移動を邪魔しないデザインが必要である。

● 階段
階段の形状による種類には、直進階段、矩折れ階段、折返し階段、回り階段、螺旋階段などがある

● 手摺り子
手摺り支柱と手摺り支柱の間に垂直に設置される細い桟のこと。装飾や手すりからの落下防止用につくられる

階段の形状による種類

①直進階段（鉄砲階段）

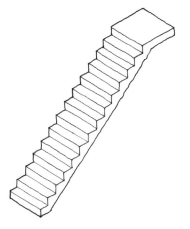

②矩折れ階段

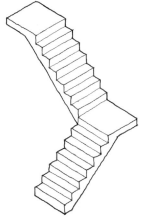

③回り階段

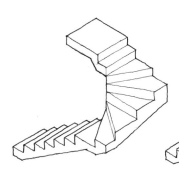

④折返し階段

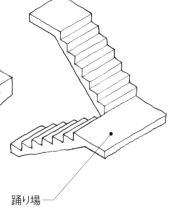

踊り場

階段の蹴上げ・踏み面と勾配の関係

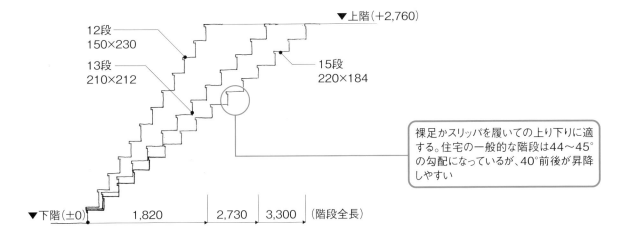

▼上階(+2,760)

12段
150×230

13段
210×212

15段
220×184

裸足かスリッパを履いての上り下りに適する。住宅の一般的な階段は44〜45°の勾配になっているが、40°前後が昇降しやすい

▼下階(±0)

1,820　2,730　3,300　(階段全長)

回り階段の手摺り

①アイソメ図

②見返しアイソメ図

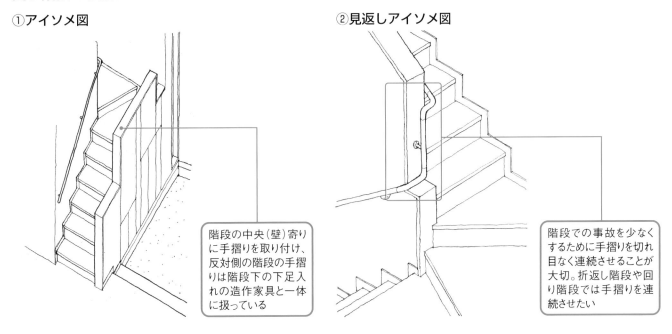

階段の中央(壁)寄りに手摺りを取り付け、反対側の階段の手摺りは階段下の下足入れの造作家具と一体に扱っている

階段での事故を少なくするために手摺りを切れ目なく連続させることが大切。折返し階段や回り階段では手摺りを連続させたい

階段の立上がりと手摺りを一体化させる例

①アイソメ図

②断面図

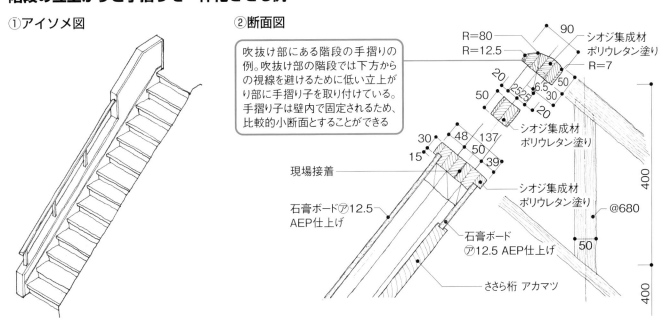

吹抜け部にある階段の手摺りの例。吹抜け部の階段では下方からの視線を避けるために低い立上がり部に手摺り子を取り付けている。手摺り子は壁内で固定されるため、比較的小断面とすることができる

R=80
R=12.5
90
シオジ集成材
ポリウレタン塗り
R=7
20
50
50
25 23
6.5
30
20

シオジ集成材
ポリウレタン塗り

30
48　137
15
50
39

現場接着

シオジ集成材
ポリウレタン塗り

石膏ボード㋨12.5
AEP仕上げ

石膏ボード
㋨12.5 AEP仕上げ

ささら桁 アカマツ

400
@680
50
400

側桁階段

両側に側桁を斜めに掛け、段板などをはめ込む側桁階段。
階段の形状や素材を工夫すれば、空間のアクセントとなる

最も一般的な側桁階段

側桁階段は通常最も多く用いられる階段のスタイルで、両側に側桁を斜めに掛け渡し、間に板厚30㎜程度の段板と厚み15㎜程度の蹴込み板をはめ込むものである。

厚さ60～90㎜・板幅300～400㎜の側桁に段板、蹴込み板と裏側のクサビ打ちのため彫込み溝加工をし、段板と蹴込み板を組み付ける。段板と蹴込み板は互いに小穴ホゾ差しとし、裏から隠し釘打ちする。さらに段板と蹴込み板はともに板の反りを防ぎ、軋みや揺れを少なくするために、階段中央に沿って裏に吸付き桟を取り付ける。吸付き桟は、段板、蹴込み板ともに小穴決りをして差し込み、裏面より釘打ちとする。

側桁と柱が当たる場所では「相欠き」とし、ボルトナットで締め付ける。簡単に納めたい場合は、単純に添え付けて釘打ちとしたり、側桁のみ欠込みとしてボルト締めとすることもある。

側桁が壁と接する部分では、壁仕上げにひび割れなどが生じないように「小穴決り」または「チリ決り」を施すことで、段板からの振動に対処するのが一般的である。

側桁は下階の土台と上階の受け梁の間に掛け、土台との納まり部となる段尻は「大入れ蟻ホゾ差し」として、羽子板ボルトで緊結する。側桁上部は、受け梁に同じく「大入れ蟻掛け」として梁に載せ掛け、羽子板ボルト締めとする。

階段を空間デザインの中心に

閉鎖的空間となりがちな階段を、空間のなかで視覚的中心となる工夫も重要だ。

たとえば、蹴込み板をなくし視線が抜ける階段や、壁に沿って空間を浮遊するように架けられた階段がそうである。さらには木造の領域を乗り越えて新たな素材に取り組み、段板に強化ガラス、金属やFRP製のグレーチングを採用する階段などはシルエットもデザインモチーフとなっている。

● 側桁
側板、登り桁、側木とも呼ばれ、素材はマツ、ヒノキなどの堅木やラワンの集成材などが使われる

側桁階段の構成

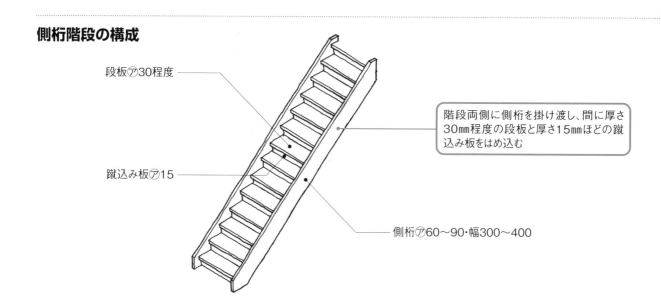

段板⑦30程度

蹴込み板⑦15

側桁⑦60～90・幅300～400

階段両側に側桁を掛け渡し、間に厚さ30㎜程度の段板と厚さ15㎜ほどの蹴込み板をはめ込む

側桁階段の断面構成

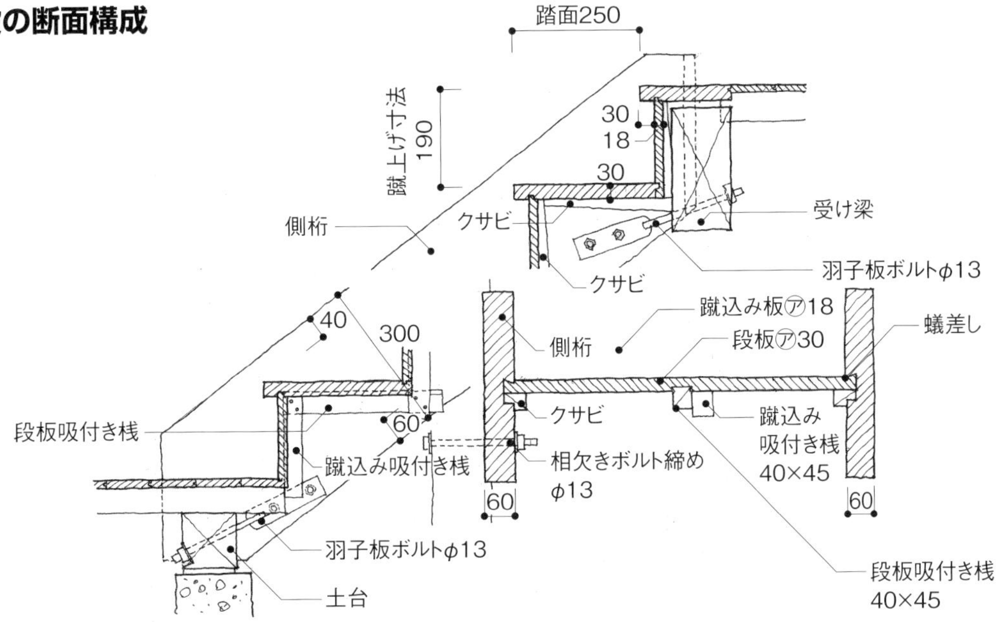

踏面250
蹴上げ寸法
190
30
18
30
側桁
クサビ
クサビ
受け梁
羽子板ボルトφ13
40
300
60
段板吸付き桟
蹴込み吸付き桟
羽子板ボルトφ13
土台
側桁
蹴込み板㋐18
段板㋐30
蟻差し
クサビ
相欠きボルト締め
φ13
蹴込み
吸付き桟
40×45
60
60
段板吸付き桟
40×45

側桁階段ですっきりと納める

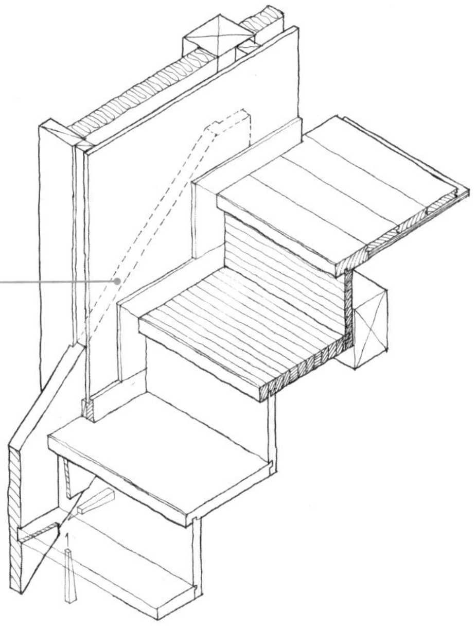

側桁を表には見せず
に壁の内側に納める

側桁階段での軽快な納まり

カットT鋼に段板を載せてすっきりとさせ、
段板両端にもスリットを設けることで、外光
を階段の下に通すことを狙ったものである

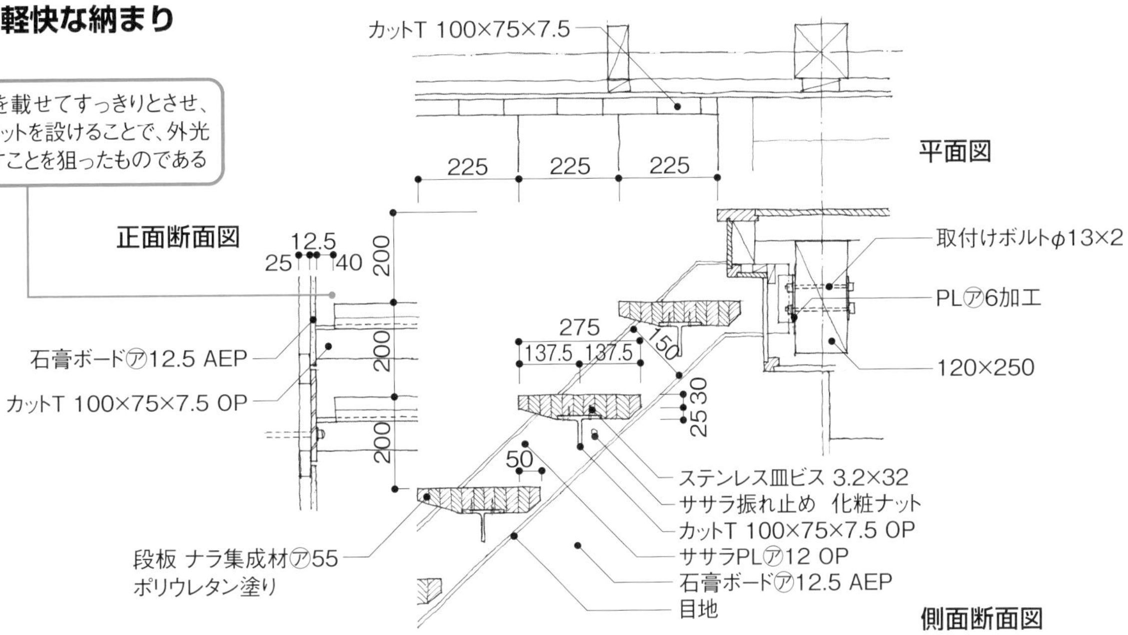

カットT 100×75×7.5
225
225
225
平面図
正面断面図
12.5
25
40
200
200
200
石膏ボード㋐12.5 AEP
カットT 100×75×7.5 OP
段板 ナラ集成材㋐55
ポリウレタン塗り
取付けボルトφ13×2
PL㋐6加工
120×250
275
137.5
137.5
150
30
25
50
ステンレス皿ビス 3.2×32
ササラ振れ止め 化粧ナット
カットT 100×75×7.5 OP
ササラPL㋐12 OP
石膏ボード㋐12.5 AEP
目地
側面断面図

箱階段・中桁階段・ささら桁階段

最も簡単な造りの箱階段。中桁階段には片側に支持が必要。ささら桁階段は階段背後に視線が届き、軽快感をもたらす

箱階段、中桁階段とは

箱階段は側桁（がわげた）階段の一種で、階段の両側面が壁や建具などで囲まれ、裏が階段勾配に沿ってスギ板などの縦羽目張りでふさがれた形式のものである。簡単な造りだが、最も勾配が急で梯子段（はしごだん）とも呼ばれる。また、蹴込み板をもたないのが一般的である。階段が「箱」家具の役割をもつものもあり、今日では箱階段といえば、この箱と家具を合体させた階段を示すことが多い。

中桁階段は、階段中央に寄せた中桁で段板を支持させようとするもので、力桁階段ともいう。斜めに渡した桁に段板受けを取り付け、これに段板を載せる工法と、1本の桁そのものに加工を施し、受け材なしで段板を取り付ける工法がある。いずれも中桁のみで段板を支えるが、構造的に安定させるため片方は壁や方立（ほうだて）で支持させるべきである。

開放的なささら桁階段

段板を受ける桁が、雛壇状になっている階段をささら桁階段と呼ぶ。側板がなく蹴込み板を取り付けない場合が多く、開放的な階段となるので、吹抜けなどで階段の背後にも視線を届かせ、軽快感と浮遊感をもたせたいときなどに用いられる。

ささら桁階段は、段板の木口を見せる意匠となるため、ささら桁や中桁の構造となる部分の成は、桁スパンなどによる強度上の寸法の取り方に十分注意する必要がある。段板の厚みは36～40mm、板幅も250～300mmと大きめで、「蟻差し」でささら桁に差し込むように取り付ける。段板が痩せるなどしたときのズレ防止のために段板面からビス留めし「込栓納め」とする。さらに、ささら桁の上階での取付けは受け梁からの吊りボルトで行い、ボルト頭を耳板でふさぐなどの処理をしておく。

下階の段尻では受け土台との納まりを「大入れ蟻差し」で羽子板ボルト締めとし、床面との取合いをさりげなく納めたい。各部分のディテールは、開放的な階段で隠れる部分が少ないだけに、いっそうの工夫を要する。

- **方立**
柱のない壁などに建具を取り付けるために設置する縦長材のこと。柱寄せともいう

- **蟻差し**
段板材の反りを防ぐため、差し込む桁に木目と直角に鳩尾状の溝を彫り、段板を差し込むこと

箱階段・ささら桁階段・中桁階段のアイソメ図

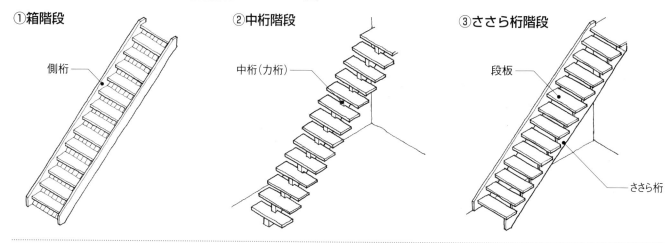

①箱階段　側桁

②中桁階段　中桁（力桁）

③ささら桁階段　段板　ささら桁

箱階段の納まり

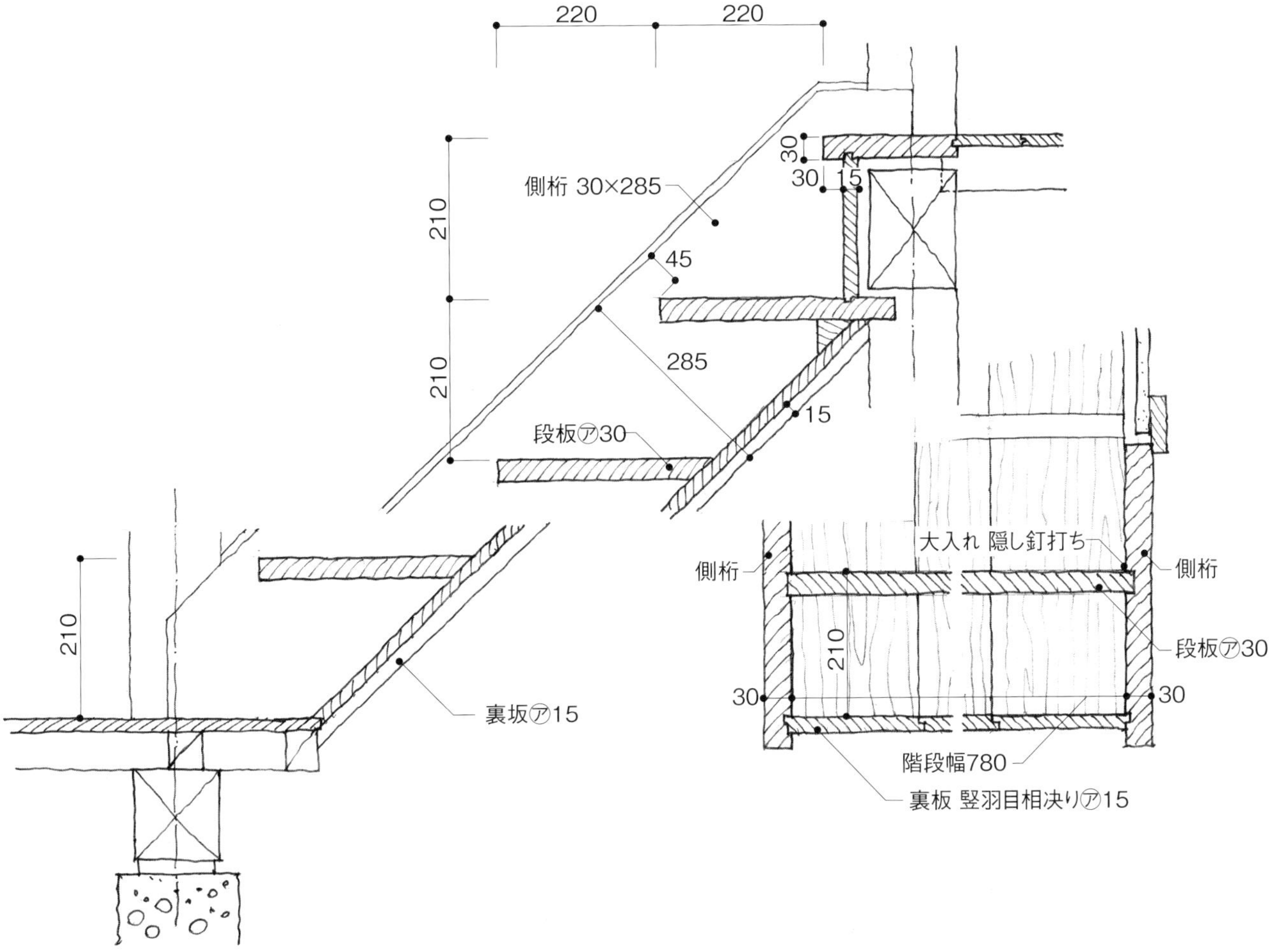
220
220
210
210
210
30
30
15
側桁 30×285
45
285
15
段板㋐30
裏坂㋐15
大入れ 隠し釘打ち
側桁
側桁
段板㋐30
210
30
30
階段幅780
裏板 竪羽目相決り㋐15

ささら桁階段の納まり

①アイソメ図

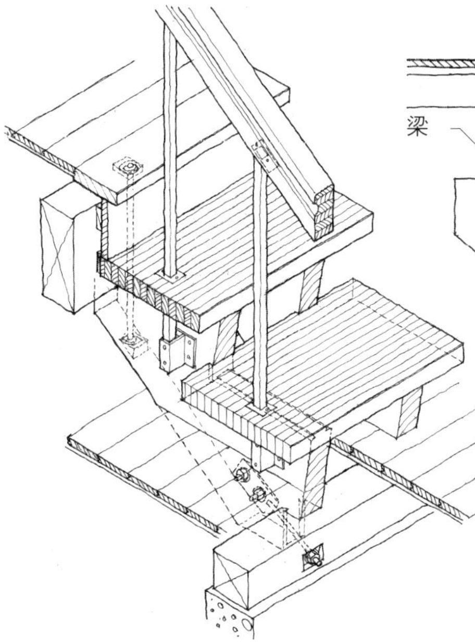

②断面図

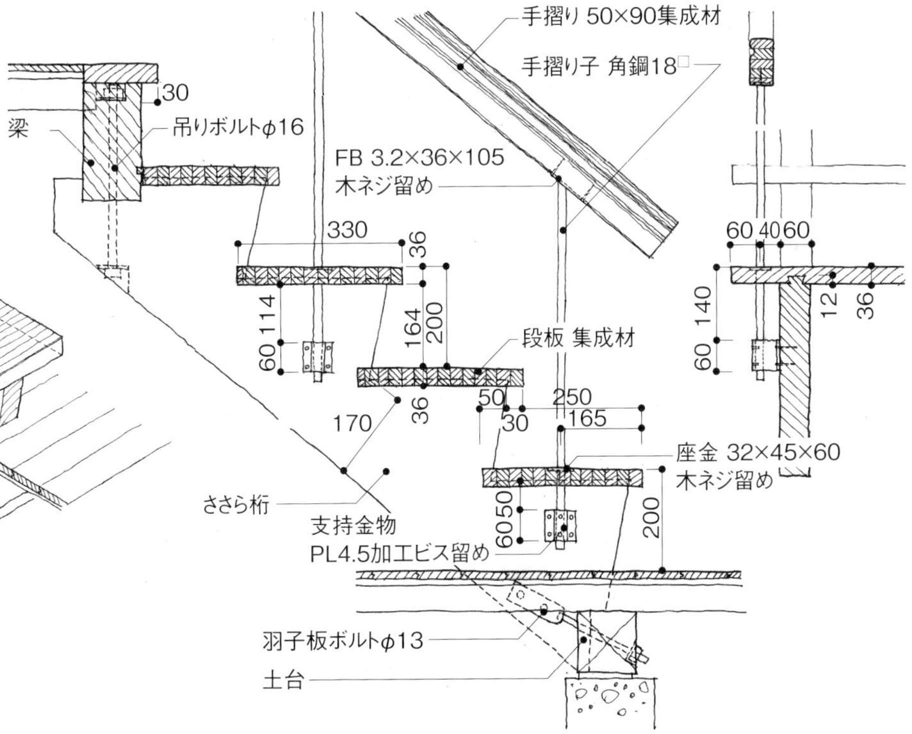
手摺り 50×90集成材
手摺り子 角鋼18□
30
梁
吊りボルトφ16
FB 3.2×36×105
木ネジ留め
330
36
164
200
114
60
段板 集成材
36
170
50
30
250
165
ささら桁
支持金物
PL4.5加工ビス留め
座金 32×45×60
木ネジ留め
50
60
200
60 40 60
140
60
12
36
羽子板ボルトφ13
土台

押入とクローゼット

押入廻りでは、床下や壁への断熱材の入れ忘れに注意。余裕のないスペースのクローゼットは扉幅を小さめにする

押入は断熱材との取り合いに注意

押入は何でも入れることのできる極めてフレキシブルな性格を備え、和空間で欠かせない収納空間である。

押入の奥行きは柱の芯々で3尺(910mm)、間口が同じく1間(1,820mm)で、中棚を内法高1,760mmのほぼ中央に取り付けて2段に仕切り、長押のレベル付近・畳面から1,600mmあたりに奥行の浅い枕棚を設けて、小壁裏も収納として利用することが基本となっている。

施工に際しては、床下や壁で断熱材の入れ忘れに注意する。天井は屋根裏や天井裏への点検口として大きく天井板を外せるように廻り縁に載せる納め方とすることもある。

押入の壁は合板張りが一般的である。床材は厚さ9mmのラワン合板などを303〜360mm間隔で根太に釘打ちすることが多い。天袋の戸を引違い戸とする場合、収納物の荷重で敷居が下がるのを避けるため、天袋の根太受けを敷居と離して取り付ける。

クローゼットは扉の干渉に注意

クローゼットの形式は、衣類をたたまずにハンガーに吊るして収納する洋服ダンスタイプが中心である。

ハンガーに吊るす衣類の種類ごとの寸法や数量のほか、引出しに納める小物類、アクセサリー類、下着やワイシャツ、ブラウス類、セーター類の数量などを事前に確認しておく。丈の長いドレスやコート類はハンガー下の寸法が1,600mm以上必要である。

クローゼットは大きく、場所もとるため、意匠上ほかの部分への影響も大きい。ベッドルームのクローゼットでは、扉が開いたときベッドなどにぶつからないよう扉幅を小さめにしておく。扉の裏面に姿見の鏡を取り付けるときは、扉を開いたときに見やすくなるように丁番の開き角度を130〜170°と大きめにする。引出しを組み込む場合は、詰め込まれて盛りあがった衣類が引出しの前受け桟に引っかからないよう水平・中仕切りパネルを入れておくなどの配慮が求められる。

押入の天井裏の納まり

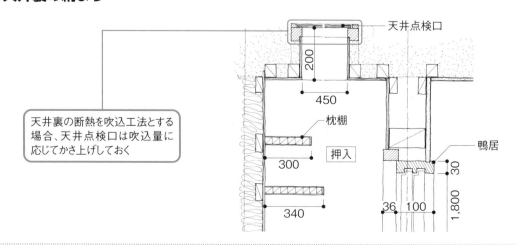

天井裏の断熱を吹込工法とする場合、天井点検口は吹込量に応じてかさ上げしておく

天井点検口
200
450
枕棚
300
押入
鴨居
30
340
36 100
1,800

押入の構成と納まり

①アイソメ図

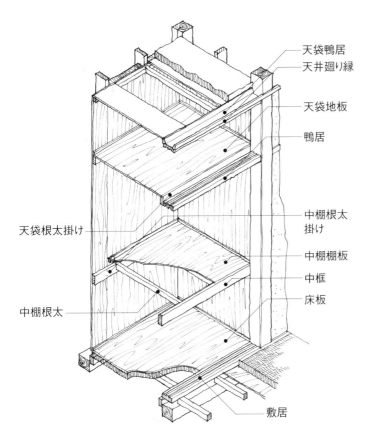

- 天袋鴨居
- 天井廻り縁
- 天袋地板
- 鴨居
- 天袋根太掛け
- 中棚根太掛け
- 中棚棚板
- 中框
- 床板
- 中棚根太
- 敷居

②断面図

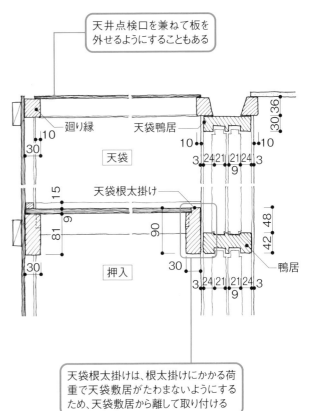

天井点検口を兼ねて板を外せるようにすることもある

- 廻り縁
- 天袋鴨居
- 天袋
- 天袋根太掛け
- 押入
- 鴨居

10 / 30 / 30 36 / 10 / 10 / 3 24 21 21 24 3 / 9 / 15 / 9 / 81 / 90 / 42 48 / 30 / 3 24 21 21 24 3 / 9

天袋根太掛けは、根太掛けにかかる荷重で天袋敷居がたわまないようにするため、天袋敷居から離して取り付ける

クローゼットの構成と納まり

①アイソメ図

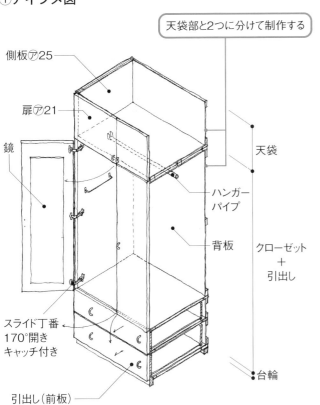

天袋部と2つに分けて制作する

- 側板⑦25
- 扉⑦21
- 鏡
- 天袋
- ハンガーパイプ
- 背板
- クローゼット＋引出し
- スライド丁番170°開きキャッチ付き
- 台輪
- 引出し（前板）

②断面図

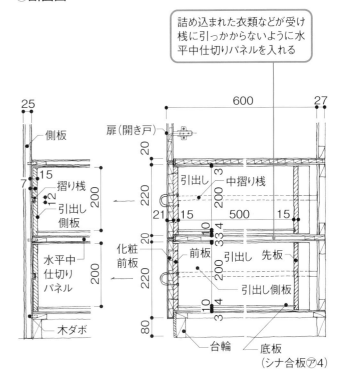

詰め込まれた衣類などが受け桟に引っかからないように水平中仕切りパネルを入れる

- 側板
- 摺り桟
- 引出し側板
- 水平中仕切りパネル
- 木ダボ
- 扉（開き戸）
- 引出し
- 中摺り桟
- 化粧前板
- 前板
- 引出し
- 先板
- 引出し側板
- 台輪
- 底板（シナ合板⑦4）

25 / 600 / 27 / 7 / 15 / 12 / 20 / 220 / 20 / 220 / 220 / 80 / 21 / 15 / 10 3 3 4 / 200 / 200 / 3 / 500 / 15 / 10 3 4 / 200 / 200 / 200

家具の基本寸法

造付け家具は収納するモノの大きさや数で寸法が決まる。
特殊な納まりは1/1〜1/3の家具図で設計の意図を伝える

造付け家具の基本構成

造付け家具は、箱体のほか、箱体の基礎であり幅木の役目をする台輪、箱と壁との間の隙間を調整するフィラー、同じく天井との間の不陸調整や逃げを埋めるための支輪から構成される。中心となる箱体は、地板、左右の側板、方立と裏板および天板(甲板)で構成される。中仕切り、固定棚、可動棚などが加えられ、さらに扉や引き戸・引出しが付いて完成となる。

地板や側板などのパネルは軽量な合板によるフラッシュ構造が一般的であるが、内部にセットされる可動棚のダボや、引出しのスライドレールや扉のスライド丁番など各種家具金物の取付けをフレキシブルにできるようにランバーコア材を使用することもある。

パネルの厚みは収納するモノや箱の大きさにもよるが通常は21㎜が多く使われ、箱体を連続させる場合は互いに締結金物で密着させることになる。

裏板は側板と同じフラッシュパネルとする

こともあるが、2.5〜4㎜厚の合板の片面フラッシュに、内側の仕切りなどに合わせて裏桟を取り付け補強することが一般的である。

家具の仕様を表す家具図

造作家具の図面は「家具図」といい、平面図、断面図、立面図と仕様書からなる。平面図はカウンター面の見下げ図だけでなく、各部の水平断面図と垂直断面など必要に応じて詳細図として描く。縮尺は1/10〜1/20が一般的であるが、小口の納まりなど特殊な納まりを要するときや、特殊な動作を伴う家具金物を登場させる場合などでは、1/1、1/2、1/3などとなり、家具職に設計の意図を伝えるうえで有効な手段となる。

家具図の重要なポイントは、クライアントの希望、何が置かれ、何を収納するのか、どのように使用するのかにもとづいた寸法の設定である。引出しの有効寸法、棚の有効幅・間隔、取り付けられる機器のための開口寸法、家具用コンセントの位置などを明記しておく。

● ランバーコア
木材の小片を芯材にし、その両側に薄い板を貼った3層構造の板のこと。表面の見え方は合板と同じだが、小口の見え方が異なる。素材には、主にシナやラワンなどが用いられる

● フラッシュパネル
サンドイッチ構造のパネルのことで、芯板の両面に合板を接着する

造付け家具の構成

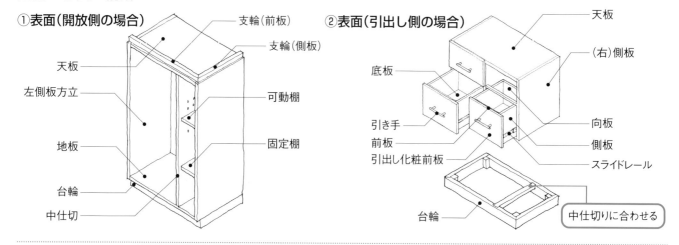

①表面(開放側の場合)

支輪(前板)
支輪(側板)
天板
左側板方立
可動棚
地板
固定棚
台輪
中仕切

②表面(引出し側の場合)

天板
(右)側板
底板
引き手
前板
引出し化粧前板
向板
側板
スライドレール
台輪
中仕切りに合わせる

基本の家具図

①姿図

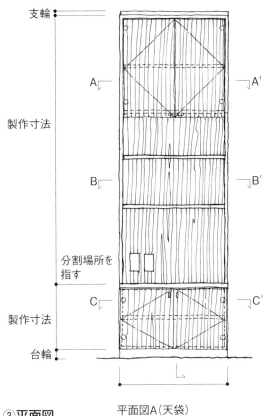

支輪

製作寸法

分割場所を
指す

製作寸法

台輪

A — A'
B — B'
C — C'

②断面図

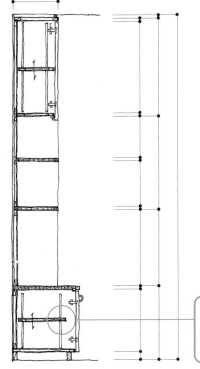

棚板の枚数や固定／
可動の別、ダボレール
の有無などが分かる
ようにする

③平面図

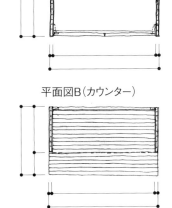

平面図A（天袋）

平面図B（カウンター）

平面図C（地袋）

※寸法線は最低限押さえておくものを表す
※平面図は必要に応じ数カ所を表現する

③裏面

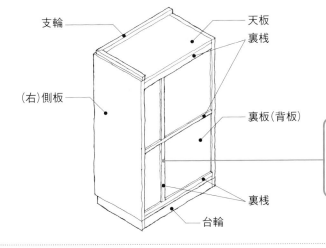

支輪

（右）側板

天板

裏桟

裏板（背板）

裏桟

台輪

箱体を建築本体に固定するとき
は、裏桟から間柱など鉛直方向
の下地部材にビス留めとすること
が多いため、裏桟は水平方向を
主に取り付けるのが基本である

各部屋の構成

キッチンの基本構成

キッチンのプランは家族との交流や家事動線を考えて決める。空間の印象はカウンターレイアウトにより大きく変わる

キッチンのプランニングとは

　食は人々の生存の原点であり、キッチンは食を担う場所として極めて大切な空間である。キッチンが単に豊富な調理道具やキッチン家電品を収納するスペースに取って代わらないよう、本来の視点に立ち、家族みんなにとっても楽しく、心地よいキッチンづくりを考えなければならない。そのためには調理だけでなく、ここにつながるスペースでの家族一人ひとりの行動も考慮したキッチンの計画が欠かせない。

　家事のこなしやすさ、子供の面倒やお年寄りの世話などのほか、テレビを見ながらの作業、来客との交流、パソコンや趣味の活動などと同時進行する時間と空間の関係は複雑で、これらが効率よくキッチンとつながることもプランニングの与条件になる。

　キッチンの構成は、食材を保管し、洗い、切り、調理するという作業がスムーズに流れ、食事のスペースにどうつながるかが基本。そのために貯蔵、調理機器や調味料、食器類の収納を適所にレイアウトする。

カウンターのレイアウト類型

　キッチンでの作業の流れを支える主役となるのが調理カウンターである。平面レイアウトを類型的にみるとI型、L型、コ型、Ⅱ型、アイランドキッチンといわれる独立型がある。

　カウンター家具は、冷蔵庫を傍らに、上部に吊戸棚、トップに流しやガスレンジなどさまざまな機器を内蔵する。一般に、調理カウンターが壁に向かって設置される場合は吊戸棚が設けられるが、対面型の場合は吊戸棚を設けない例が増えている。

　また、食卓や食器棚との関係をはじめ、勝手口や玄関、ダイニング、リビング、洗面室や浴室、家事室などとの動線や視線の抜けなどを考え、構成を検討する。さらに窓の位置など外部空間との関係も考慮する。

キッチンの高さ方向のポイント（シンク・カウンター）

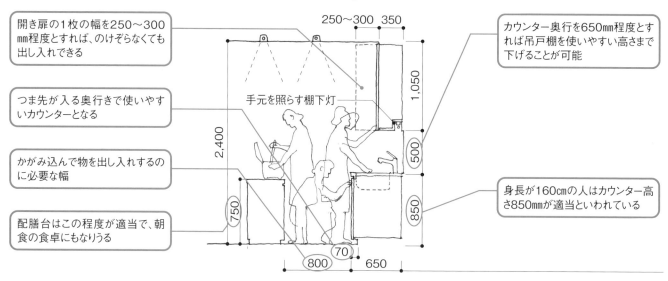

開き扉の1枚の幅を250〜300mm程度とすれば、のけぞらなくても出し入れできる

つま先が入る奥行きで使いやすいカウンターとなる

かがみ込んで物を出し入れするのに必要な幅

配膳台はこの程度が適当で、朝食の食卓にもなりうる

手元を照らす棚下灯

カウンター奥行を650mm程度とすれば吊戸棚を使いやすい高さまで下げることが可能

身長が160cmの人はカウンター高さ850mmが適当といわれている

250〜300　350
1,050
2,400
500
750
850
800　70　650

キッチンのレイアウトの種類

①I型

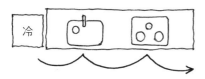

最も一般的なタイプ。3mを超えると使いにくくなるが、奥行きを700mm以上大きくすることで収容量を増すことができる。背後に食器棚とサブカウンターを置くと使いやすい

②L型

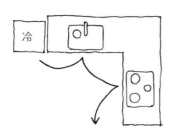

カウンターの長さに対し作業動線が短く、大型のキッチンでは中央にアイランド型のサブカウンターを設置すると使いやすい。コーナー部の収納に回転収納棚など工夫を要する。コーナー部分にコンロをセットすることでよりコンパクトなキッチンにもなりうる

③コ型

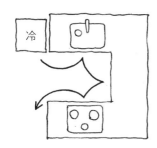

L型よりコンパクトなカウンター構成。シンク、コンロの位置によって有効な配膳台や家事のためのカウンターができる。向き合う部分を間を広くとりすぎると使いにくい

④II型

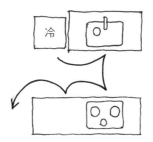

間を800〜900mm程度とすれば1人作業の極めてコンパクトなキッチンとなる。2人の作業となると1,100mmは必要

⑤アイランド型

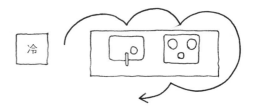

キッチンの中央に設置、大勢の家族でにぎやかにさまざまな調理を同時進行で楽しむには最適。排気ルートの確保に工夫を要する

キッチンでの調理は、冷蔵庫、流し(シンク)とコンロの3カ所での作業と移動が中心で、これらをいかにコンパクトにまとめ移動量を少なく使いやすくするかがポイントといわれている

キッチンの高さ方向のポイント(コンロ)

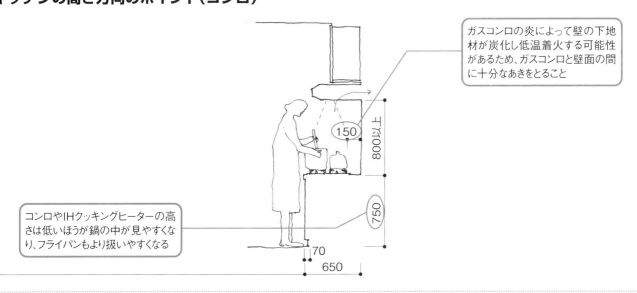

ガスコンロの炎によって壁の下地材が炭化し低温着火する可能性があるため、ガスコンロと壁面の間に十分なあきをとること

コンロやIHクッキングヒーターの高さは低いほうが鍋の中が見やすくなり、フライパンもより扱いやすくなる

150

800以上

750

70

650

キッチンのシンク廻り

キッチンの造作では水仕舞、防火性、防汚性などが重要。カウンターは素材を吟味し、壁との取り合いに注意する

水仕舞が最重要項目

キッチンでは大量の水を頻繁に使うため、造作では水仕舞が最も重要なポイントになる。防水性や耐水性のある素材を用いるだけでなく、材料同士のジョイント部のディテール、また床や壁の下地材への水仕舞も考慮したうえで設計に取り組む必要がある。

天井仕上げには防火性や耐火性だけでなく、湯気や油分を含んだ水蒸気、煙やホコリなどが上昇し表面に付着するので、汚れにくく清掃しやすい滑面であることが要求される。

また、天井材の熱貫流抵抗に部分的な違いがあると「パターンステイン」や「ゴーストマーク」と呼ばれる現象が起きる。これを防ぐには、断熱材をしっかりと施し、天井材を2重に張るなど、天井全体の熱貫流抵抗を大きくしておくことが肝心である。

カウンターの素材選定と納まり

キッチンカウンターは、一般的に下部分に収納や設備機器を備え、上端の天板・甲板は堅牢な素材で製作する。主に耐水性、耐火性、耐薬品性能、耐摩耗性や清掃性などが求められるが、手で触れたときの感触、柔らかさや表面の美しさにも注意を払う。

カウンター甲板の納まりで重要なのは、まずしっかりとした材料を選定することである。その後、厚みや幅を決定し、取付け場所への搬入が可能かなどを確認する。

甲板を支える箱体や接する壁体との納まりにも注意する。甲板と引出しなどの箱体との取付けに際しては、甲板を勝たせ、箱体の前面との間にチリを最低でも2～3㎜程度はとっておいたほうが逃げが効く。

壁との取合いでは、突付けは逃げが効かないので箱目地をとって納めたいが、水廻りでは使えない。押し縁は簡単で逃げもとりやすいが、甲板との納まりが見苦しくなる。枠との取合いでは枠より出ないように納める。甲板を壁仕上げに先行させて取り付ける納まりは、逃げもとりやすい。

パターンステイン・ゴーストマーク
熱貫流抵抗の小さい部分が先に汚れ、天井全体に下地の木製野縁の格子パターンがうっすらと浮かび上がる現象のこと。天井仕上げにケイ酸カルシウム板などの熱貫流抵抗の小さな材を単板で、しかも天井裏の断熱処理が不十分なまま張られた場合などに現れやすい

熱貫流抵抗
熱の伝わりにくさ。断熱性能のこと

カウンター甲板
甲板に使われる素材には、硬度のある広葉樹(ナラ、タモ、サクラなど)の堅木ムク材や集成材、突き板化粧単板、メラミン樹脂化粧板、積層合板、アクリル樹脂人工大理石板、ステンレス板(下地合板で裏打ち)、石材(御影石、大理石)などがある

カウンターの下部の収納の納まり

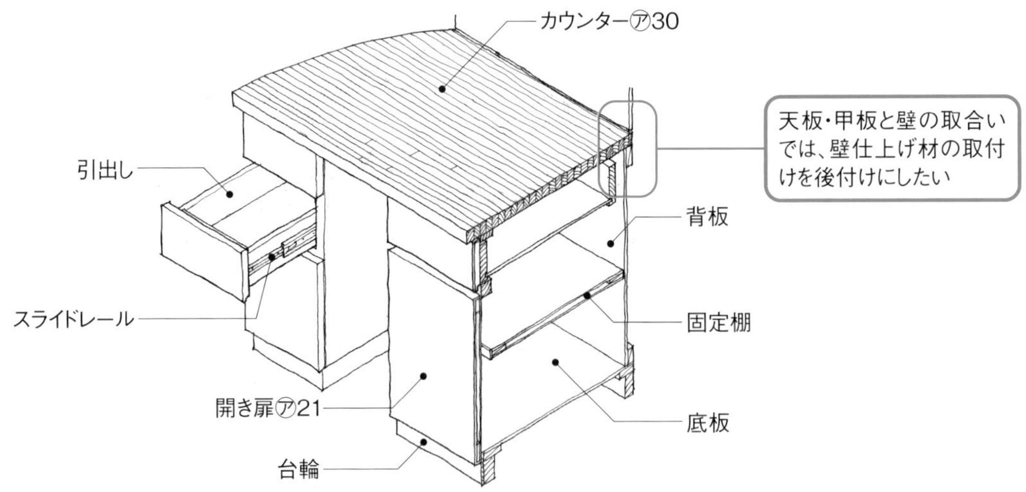
カウンター㋐30
天板・甲板と壁の取合いでは、壁仕上げ材の取付けを後付けにしたい
引出し
背板
スライドレール
固定棚
開き扉㋐21
底板
台輪

キッチンの基本構成

アイソメ図

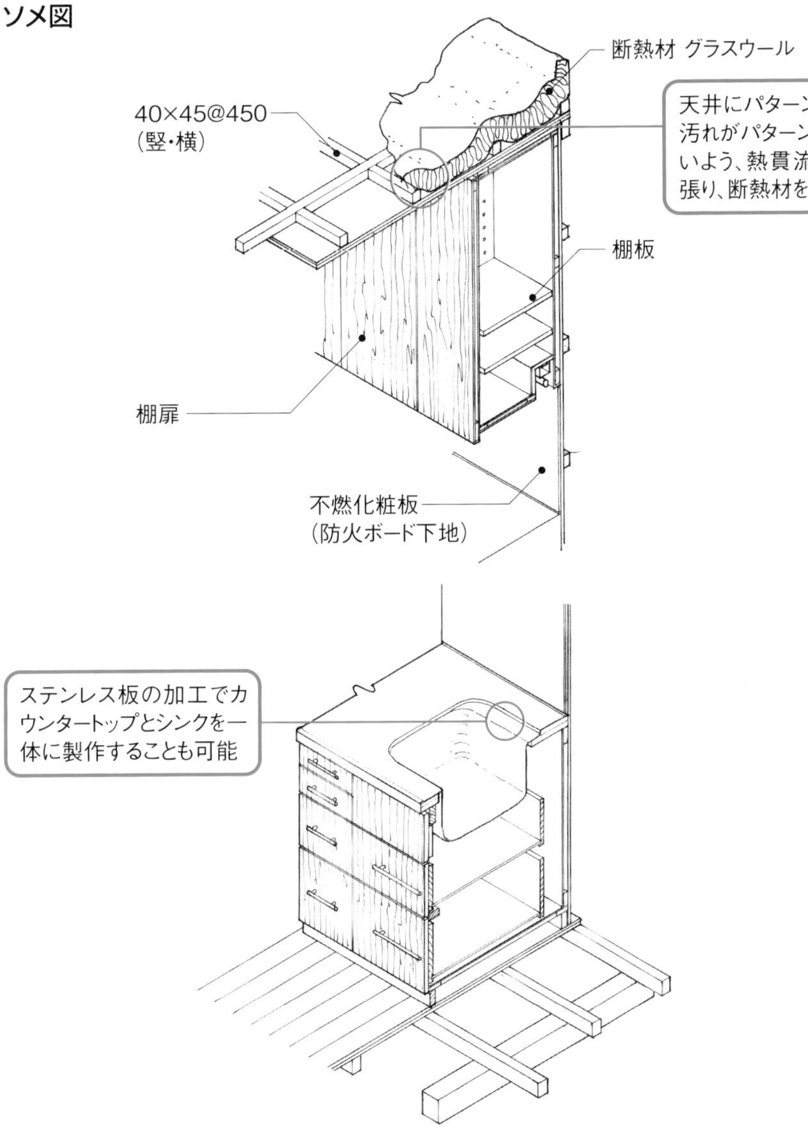
40×45@450
(竪・横)
断熱材 グラスウール
天井にパターンステイン(天井や壁に出る汚れがパターンをつくる現象)を発生させないよう、熱貫流抵抗の大きな仕上げ材を張り、断熱材をしっかりと入れる
棚板
棚扉
不燃化粧板
(防火ボード下地)
ステンレス板の加工でカウンタートップとシンクを一体に製作することも可能

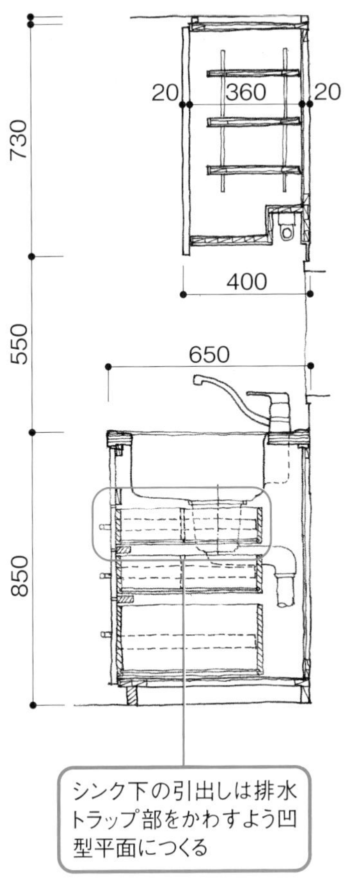
20
360
20
730
400
550
650
850
シンク下の引出しは排水トラップ部をかわすよう凹型平面につくる

ダイニングキッチン対面カウンターの納まり

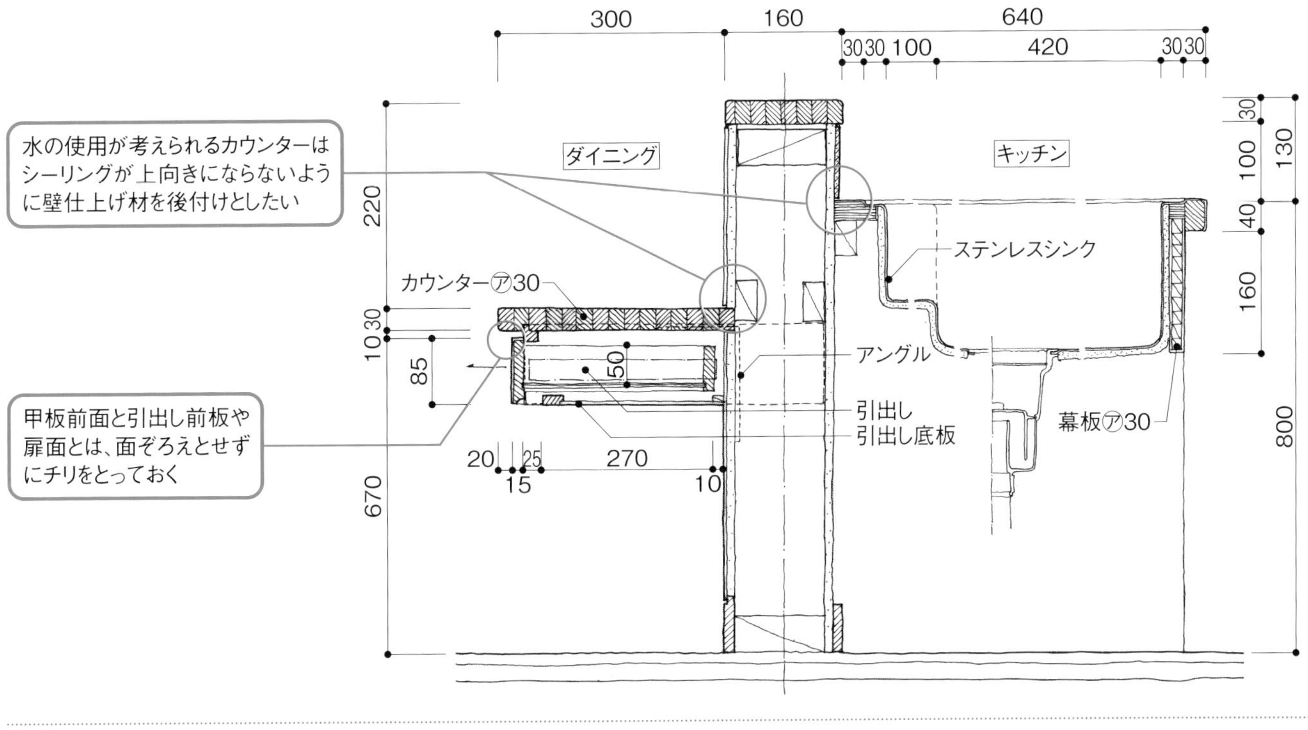
300
160
640
30
30
100
420
30
30
ダイニング
キッチン
水の使用が考えられるカウンターはシーリングが上向きにならないように壁仕上げ材を後付けとしたい
220
カウンター㋐30
30
10
85
50
ステンレスシンク
アングル
引出し
引出し底板
幕板㋐30
甲板前面と引出し前板や扉面とは、面ぞろえとせずにチリをとっておく
20
15
25
270
10
670
30
100
130
40
160
800

キッチンのコンロ廻り

ガスの場合、熱対策のため壁との距離を十分確保する。排気対策にはさまざまな機器が市販されている

コンロと壁面の間隔に注意

調理の熱源がガスの場合、コンロ廻りで注意しなければならないのが周囲の壁のつくり方である。不燃材の壁とコンロの間に十分な空間（150㎜以上）を確保することが必要だ。

鍋の底をなめた火炎や高温の熱気が壁面に直接当たった場合、タイルやモルタル、ステンレスプレートなど不燃材の壁面であっても、間柱や木摺り、合板などの木下地材が炭化し、熱が逃げにくい状態になり、やがて木材内部で蓄熱が起こり、低温着火に至ることがある。壁とコンロの間の空間が小さい場合は、下地にも不燃材を使用し、コンロ背面と側面の壁の素材には十分な注意を払う。

排気対策に配慮する

ガスコンロなどの開放型燃焼器具には、燃焼後の臭いのある空気や、調理に伴う熱気と煙、湯気などを排気する装置が必要である。

通常のレンジフードの排気量は500〜750㎥/hであるが、これに応じた給気量の確保も大切である。ドアや窓の隙間から流入する空気を考えると、燃焼量1万kcal/h当たり100〜150㎠以上の開口があれば安全上差し支えないとされている。また、常時開放状態のものが原則であるが、換気扇と連動する給気シャッターも市販されている。

調理中に火元近くの窓を開けると、風で弱火が立ち消えする危険性がある。そのため、壁面には開口面積の調節ができる防虫網付きベンチレーターを用意しておく。これは気密性を向上させる住宅計画に効果的で、コンロ近くの開閉操作のしやすい位置に設けておけば、季節や外気温に応じたキッチン全体の室温調節も兼ねることができる。

● ベンチレーター
閉鎖された内部と外部の換気を促す機器の総称。さまざまな形状のものがある

キッチンの構成と注意点

①展開図

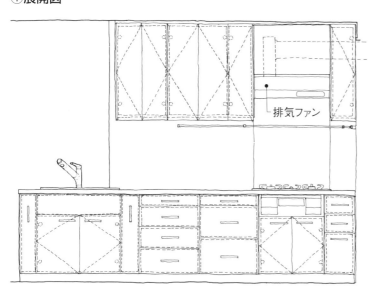

排気ファン

②断面図

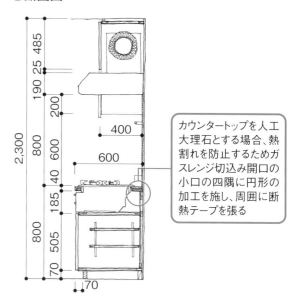

2,300
485
25
190
200
800
600
400
600
40
185
800
505
70
70

カウンタートップを人工大理石とする場合、熱割れを防止するためガスレンジ切込み開口の小口の四隅に円形の加工を施し、周囲に断熱テープを張る

横引き換気扇の構成と納まり

①断面図

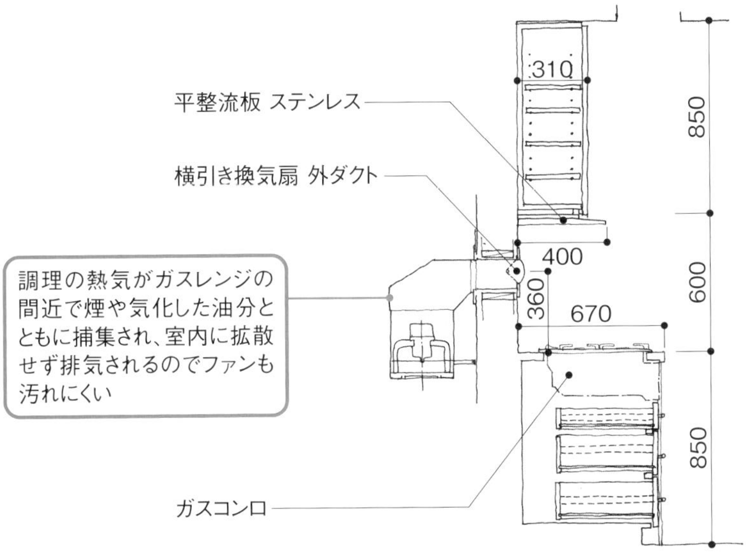

平整流板 ステンレス
横引き換気扇 外ダクト
調理の熱気がガスレンジの間近で煙や気化した油分とともに捕集され、室内に拡散せず排気されるのでファンも汚れにくい
ガスコンロ
310
400
360
670
850
600
850

②展開図

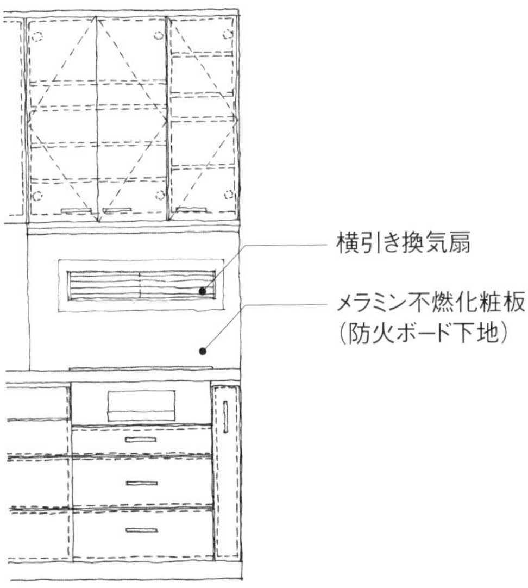

横引き換気扇
メラミン不燃化粧板
(防火ボード下地)

開閉式フード詳細

①キッチン平面図

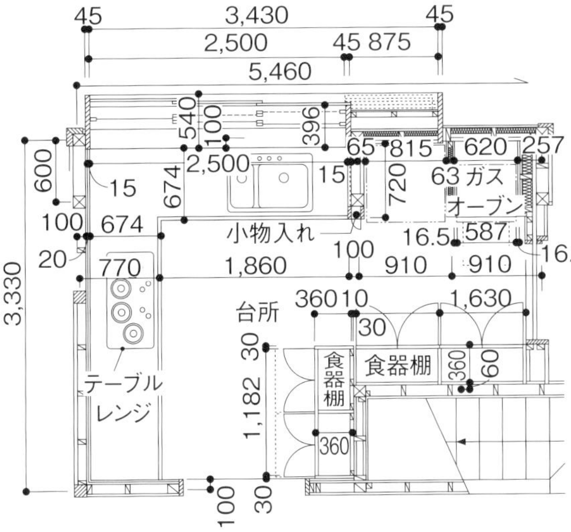

45
3,430
45
2,500
45 875
5,460
540
100
396
600
15
674
2,500
15
65
815
620
257
63 ガス
オーブン
720
100
674
小物入れ
16.5
587
16.5
20
770
1,860
100
910
910
3,330
台所
360
10
1,630
30
30
食器棚
食器棚
360
60
1,182
テーブル
レンジ
360
100
30

②グリスフィルター詳細

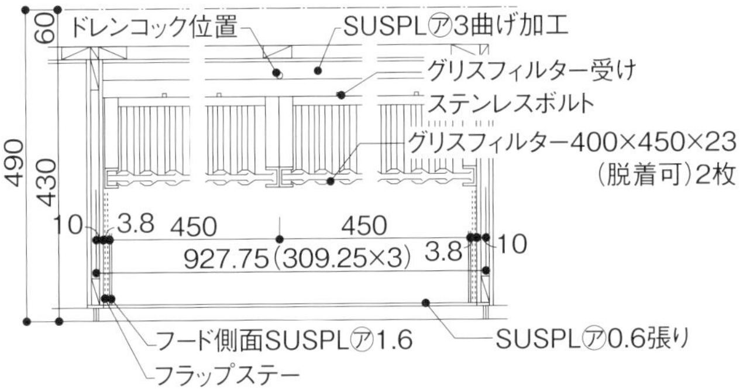

60
ドレンコック位置
SUSPL㋐3曲げ加工
グリスフィルター受け
ステンレスボルト
グリスフィルター400×450×23
(脱着可)2枚
490
430
10
3.8
450
450
927.75(309.25×3)
3.8
10
フード側面SUSPL㋐1.6
フラップステー
SUSPL㋐0.6張り

③レンジフード詳細断面

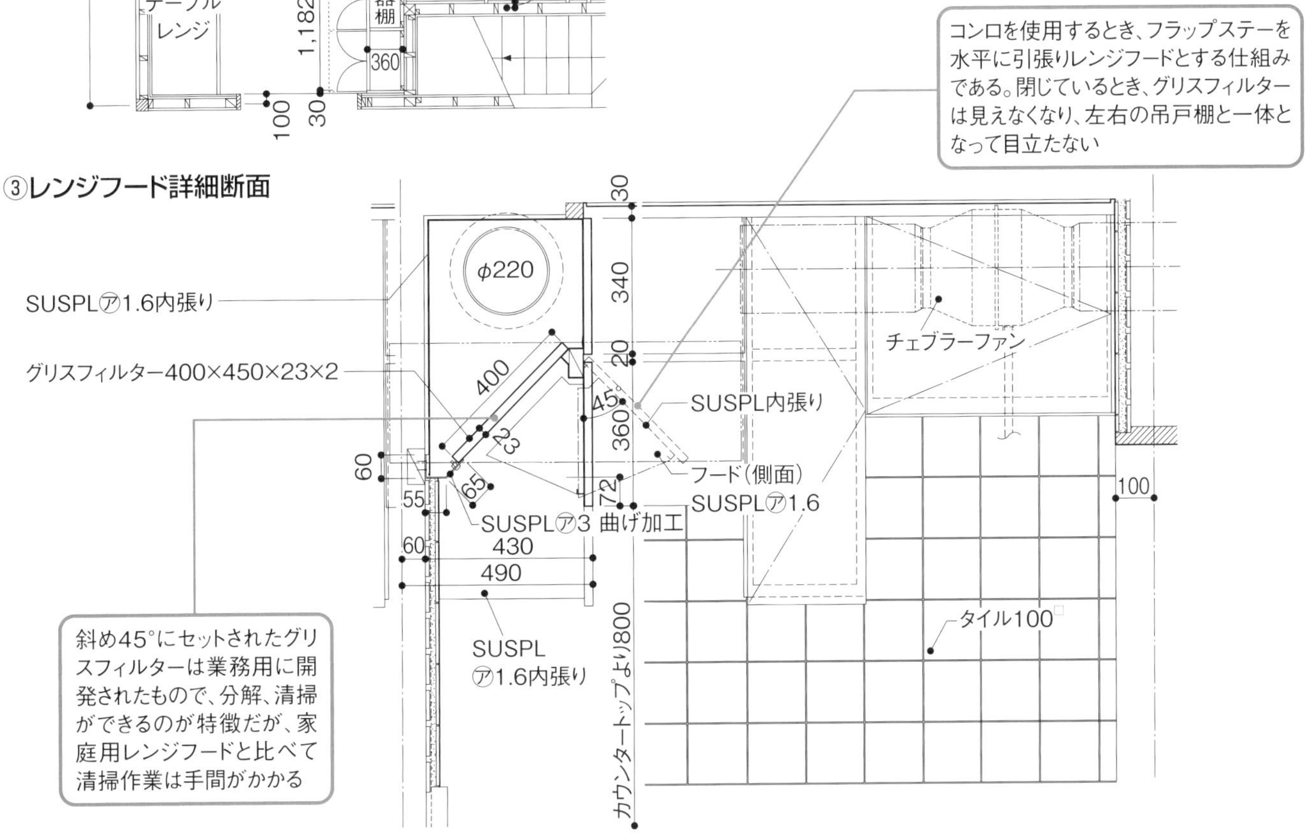

コンロを使用するとき、フラップステーを水平に引張りレンジフードとする仕組みである。閉じているとき、グリスフィルターは見えなくなり、左右の吊戸棚と一体となって目立たない
30
φ220
340
SUSPL㋐1.6内張り
チェブラーファン
20
グリスフィルター400×450×23×2
400
45°
SUSPL内張り
360
23
60
65
フード(側面)
SUSPL㋐1.6
72
55
SUSPL㋐3 曲げ加工
100
60
430
490
タイル100□
SUSPL
㋐1.6内張り
カウンタートップより800
斜め45°にセットされたグリスフィルターは業務用に開発されたもので、分解、清掃ができるのが特徴だが、家庭用レンジフードと比べて清掃作業は手間がかかる

浴室の納まり

過酷な環境に耐える浴室は防湿性能などが求められる。ハーフユニットバスは配管の接続を確実に行う

防湿性、耐久性、防滑性が必要

　浴室の床は水に濡れ滑りやすくなるため、床材や出入口に特別な配慮が必要だ。床、壁、天井は保温性、断熱性と防湿性、耐蝕性を確保するとともに、浴室全体の換気と冬季の防寒対策もあわせて設計することになる。床材はタイルか石を用いることが圧倒的に多い。耐久性に優れ、防滑性を確保しやすいためだ。

　壁材にはタイル、清掃のしやすいウレタン塗装のケイ酸カルシウム板、抗菌メラミン化粧板、水に強いヒノキのムク板などが選択肢に入る。天井材としては耐蝕性、保温性に優れたヒノキやケイ酸カルシウム板に湿気吸放湿塗材を塗布する仕様などが挙げられる。

開放感があるハーフユニットバス

　ハーフユニットバスは防水工事が不要なうえに、洗面脱衣室との仕切りや外壁にガラスや窓を取り付けやすい。ユニットバスの密閉感がなく、上階に眺めのよい浴室を配置しやすくなり、これまでにない展開が期待できる。

　木造の2階以上にハーフユニット浴槽を設置する場合は、入浴時、浴槽部に荷重が集中するため、下階にその荷重を支持する柱や壁が必要である。さらに脚固定金物に応じた構造用合板の設置床材の選定、根太寸法とその配置、梁桁との納まりで根太補強材を入れておくなど、構造上の検討を要する。

　ハーフユニットは、バスタブのエプロン部分に点検口が用意されているが、接続部分に漏水が起きないよう給排水配管をはじめ追い炊き用配管接続アダプターなど、数々のパイプ類の取付け、取回しには特に注意を要する。壁、天井などの上部の各納まりは在来の浴室と同様であるが、壁面内部に湯気や水蒸気が浸入しないよう、ユニット上端部の立上がり部と壁下地のアスファルトシートや浸透防水シート、また開口部の枠とを防水テープでしっかりと一体化させておく。

● ハーフユニットバス
浴槽と洗い場だけが高さ500mmにユニット化されたFRP既製品で、天井、壁、床、浴槽すべてが一体となったユニットバスと異なる。ユニットバスと同じく防水工事が不要なのが最大の利点で、壁天井の仕上げの自由度が高い

在来浴室全体の納まり

①平面図

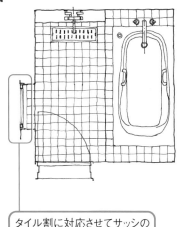

タイル割に対応させてサッシの取付位置と幅、高さを決める

②断面図

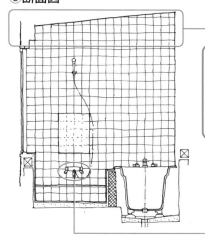

天井で注意すべきは、壁下地との取合いである。2階居室などとの間になる天井裏に湿気を入れないための、壁防水シートを張り終えた後、天井防水シートを壁の防水シートに重なるよう張り、仕上げ材も壁を先行させる

水栓金具などの取付位置はタイル割を考慮して決める

在来浴室の構成と注意点

①アイソメ図

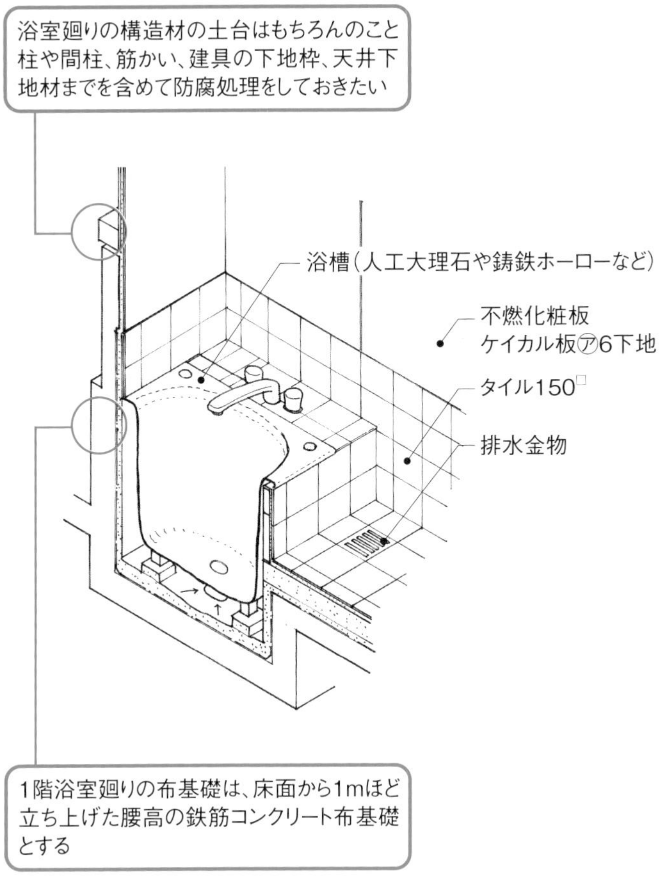
浴室廻りの構造材の土台はもちろんのこと柱や間柱、筋かい、建具の下地枠、天井下地材までを含めて防腐処理をしておきたい
浴槽(人工大理石や鋳鉄ホーローなど)
不燃化粧板
ケイカル板㋐6下地
タイル150□
排水金物
1階浴室廻りの布基礎は、床面から1mほど立ち上げた腰高の鉄筋コンクリート布基礎とする

②断面図

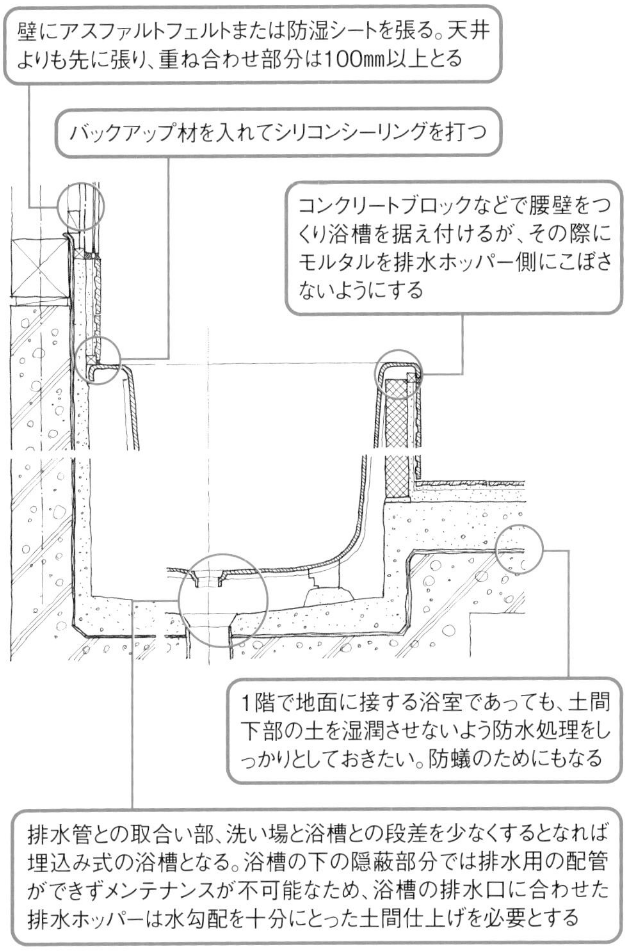
壁にアスファルトフェルトまたは防湿シートを張る。天井よりも先に張り、重ね合わせ部分は100㎜以上とる
バックアップ材を入れてシリコンシーリングを打つ
コンクリートブロックなどで腰壁をつくり浴槽を据え付けるが、その際にモルタルを排水ホッパー側にこぼさないようにする
1階で地面に接する浴室であっても、土間下部の土を湿潤させないよう防水処理をしっかりとしておきたい。防蟻のためにもなる
排水管との取合い部、洗い場と浴槽との段差を少なくするとなれば埋込み式の浴槽となる。浴槽の下の隠蔽部分では排水用の配管ができずメンテナンスが不可能なため、浴槽の排水口に合わせた排水ホッパーは水勾配を十分にとった土間仕上げを必要とする

ハーフユニットの構成と納まり

①アイソメ図

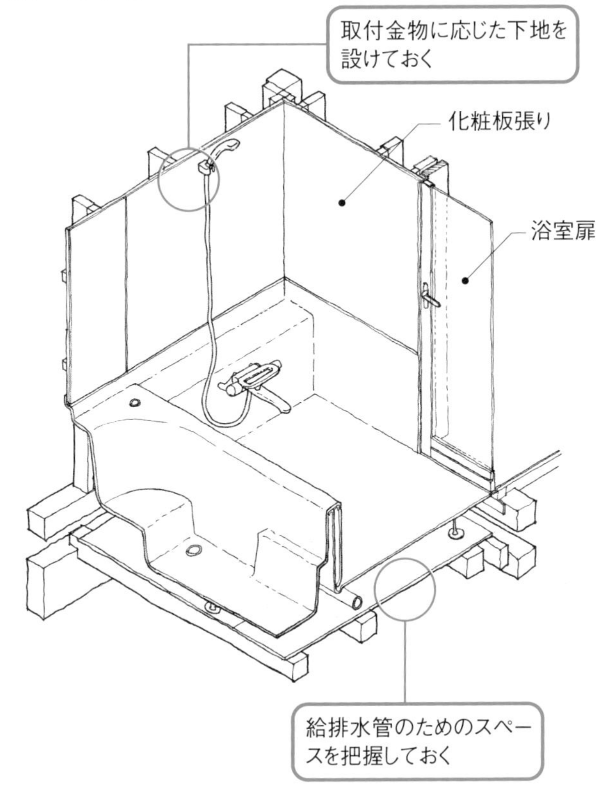
取付金物に応じた下地を設けておく
化粧板張り
浴室扉
給排水管のためのスペースを把握しておく

②断面図

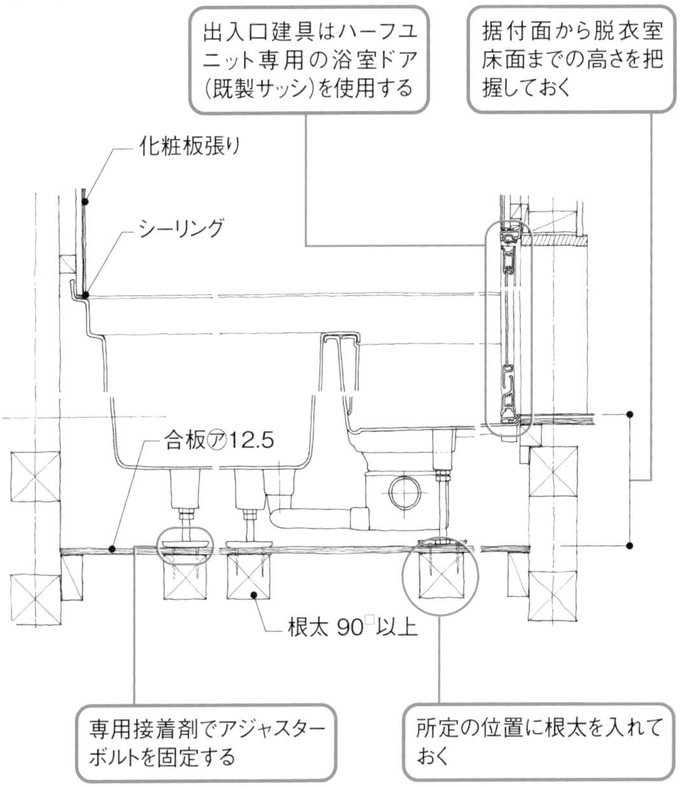
出入口建具はハーフユニット専用の浴室ドア(既製サッシ)を使用する
据付面から脱衣室床面までの高さを把握しておく
化粧板張り
シーリング
合板㋐12.5
根太 90□以上
専用接着剤でアジャスターボルトを固定する
所定の位置に根太を入れておく

洗面室の納まり

洗面室は換気に優れ、耐水性・耐久性が要求される。
浴室出入り口はバリアフリーを心がけ、水勾配に配慮する

清潔さが要求される洗面室

洗面室はキッチンと同様にカビやさびの発生しやすい場所であるが、最も清潔さが要求されるところでもある。洗面室の床材や壁材には耐水性、清掃性、耐薬品性が求められる。浴室からの湯気が入り込むため、天井仕上げ材には防湿性、調湿性のある素材を使用しなければならない。換気も大切で、常に湿気の排除を心掛けておく。

洗面台や鏡、タオル掛け、収納家具、電気設備機器があるため、造作と設備の作業が工程上交錯する。また、造作家具類や機器類を取り付けるための下地材や補強作業が重要で、特に使用中に引き抜く力のかかるタオル掛けやタオルラック、手摺りなどは、あらかじめ補強下地をしっかりと取り付けておく必要がある。

また、美容小物や生活用品が数多く置かれるため、モノの種類や数量を十分考慮したうえ、取り出しやすさ、使いやすさを念頭に収納空間をデザインしなければならない。

洗面カウンター下部は給排水管などのメンテナンスも考え、複雑な棚類は避けたい。

浴室への出入口は段差解消に配慮

浴室の出入口には開き戸、引き戸、折れ戸があり、浴室の広さや洗い場への段差のとり方などで選択される。建具廻りでは、水切れのよい断面形状と通気性を工夫する。開き戸や引き戸では、脱衣室側に水を運びこまないよう浴室側に引くようにする。

建具廻りの枠と建具材の素材は、耐水性や防腐性、肌に触れる感触から、ヒノキ、ヒバ、サワラなどが用いられる。

浴室はとかく事故の起きやすい場所といわれ、段差のない出入口が望まれる。この場合、洗面室に水が浸入しないよう出入口に向けて水勾配をとって排水溝を設け、出入口幅いっぱいのグレーチング天端を引き戸のレールとして利用し、段差を解消する。既製の排水グレーチングではなく、受け金物を含めてステンレスの加工となり、戸車など建具の金物にもステンレス製を採用することになる。

● グレーチング
排水口や側溝などの上に被せる格子状の蓋

洗面台の構成と納まり

アイソメ図

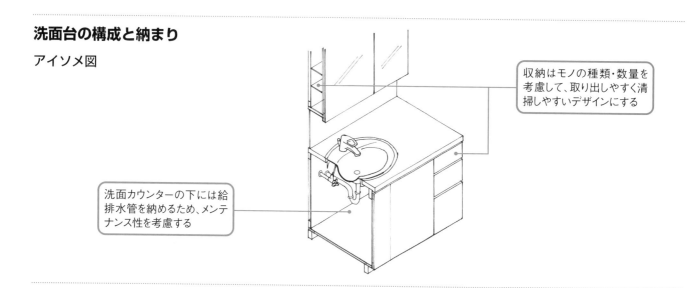

収納はモノの種類・数量を考慮して、取り出しやすく清掃しやすいデザインにする

洗面カウンターの下には給排水管を納めるため、メンテナンス性を考慮する

浴室出入口(開き戸)の構成

①アイソメ図

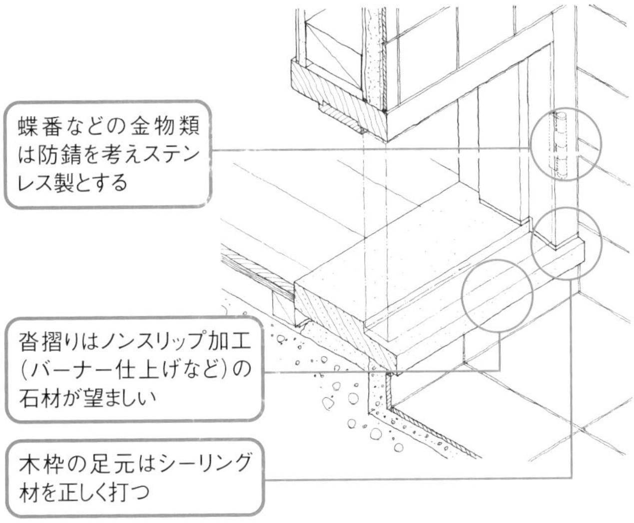

蝶番などの金物類は防錆を考えステンレス製とする
沓摺りはノンスリップ加工(バーナー仕上げなど)の石材が望ましい
木枠の足元はシーリング材を正しく打つ

②断面図

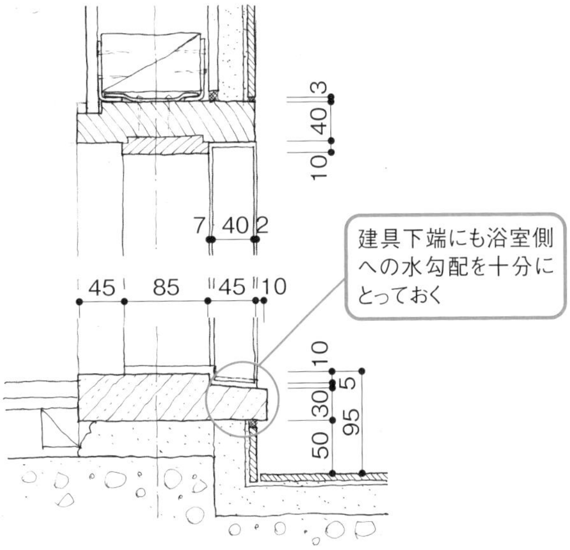

3
40
10
7 40 2
45 85 45 10
建具下端にも浴室側への水勾配を十分にとっておく
10
5
30
95
50

浴室出入口(引き戸)の納まり

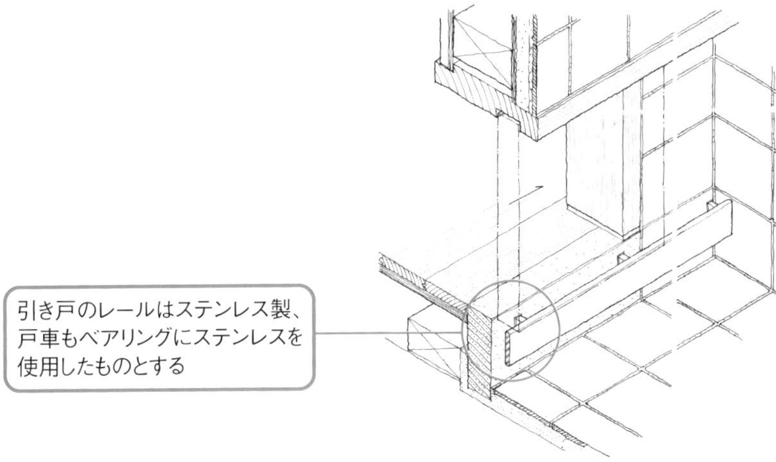

引き戸のレールはステンレス製、戸車もベアリングにステンレスを使用したものとする

洗面台の断面図

①断面図

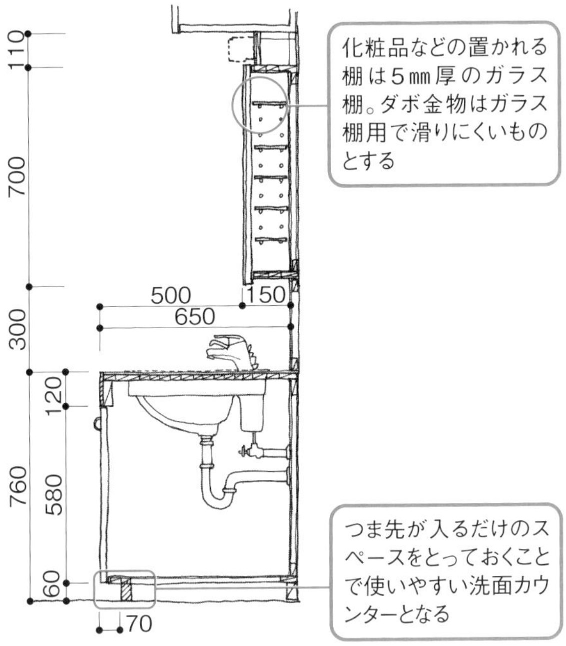

110
700
300
120
760
580
60
500 150
650
70
化粧品などの置かれる棚は5㎜厚のガラス棚。ダボ金物はガラス棚用で滑りにくいものとする
つま先が入るだけのスペースをとっておくことで使いやすい洗面カウンターとなる

②断面詳細図

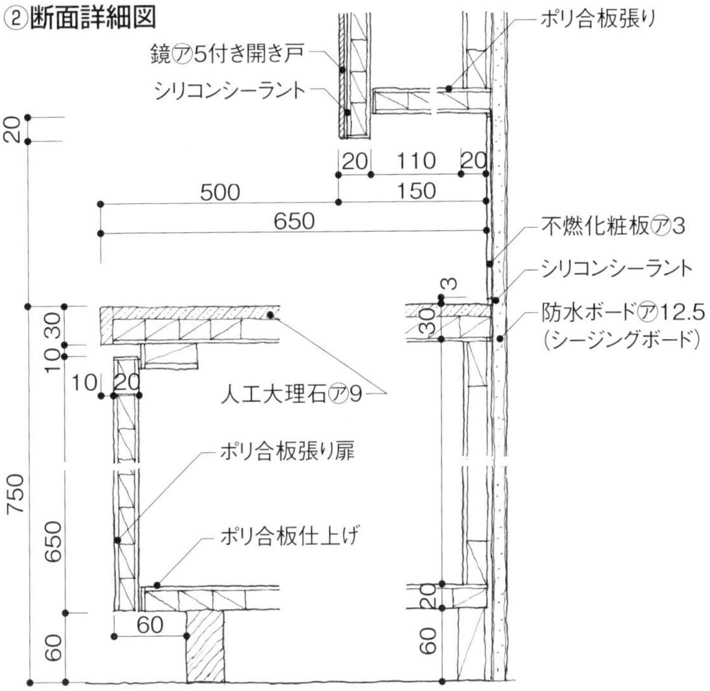

鏡㋐5付き開き戸
シリコンシーラント
ポリ合板張り
20
20 110 20
500 150
650
不燃化粧板㋐3
シリコンシーラント
3
防水ボード㋐12.5
(シージングボード)
10 30
10 20
30
人工大理石㋐9
ポリ合板張り扉
750
650
ポリ合板仕上げ
60
20
60
60

1階トイレの納まり

トイレの音問題には事前に設備面と納まり面から対処する。床組みの補強は排水管との干渉に注意

音の問題は設備・納まりで解消

トイレの各部の仕上げ材には耐水性や清掃性が求められるが、温水洗浄便座(シャワートイレ)が普及し、清潔感を促進させているためか、住宅ではさほど気にせずに木のフローリング材も使われるなど選択範囲は広い。

洗面室やトイレが寝室付近に配置されるようになり、設備機器や配管からの振動音や洗浄音、流水音さらには排尿音などが問題になってきた。これは住み手が生活をして初めて気付くことが多いだけに、ひとたび気になると事態は深刻になる。

事前の対策としては、静音タイプの機器を選ぶなど設備上の解決策がある。また、建築の納まりのうえでは、居室との界壁は石膏ボードを2重張りにし、間に遮音シートを挟み込むことなどが挙げられる。さらに、シャッター付きの給気口を備えておけば扉に遮音性をもたせることができ、他室への音の漏れも和らぐ。

床組補強の取り合いに注意

床組に関して、トイレがコーナー部に置かれる場合には、あらかじめ火打ち土台と排水管が干渉しないように注意しておく。便器を取り付ける床の根太は、排水管を挟むように間隔を小さくし、補強しておくことも忘れてはならない。

また、手洗い器や手摺りを壁に取り付ける場合は、あらかじめ取付け用下地を入れておく必要がある。

● 火打ち土台
建物の水平剛性を確保するために、1階土台の隅部に取り付ける斜材

1階トイレの構成

①アイソメ図

②平面図

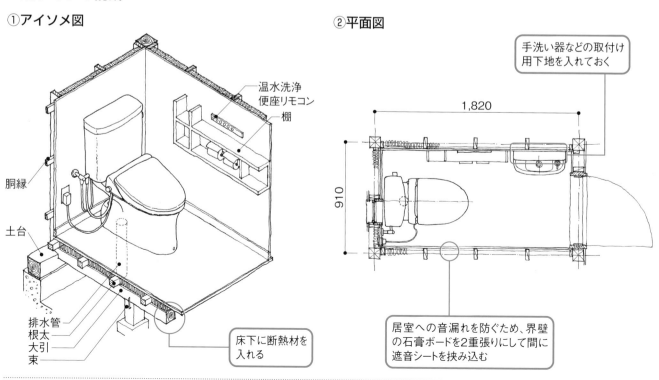

温水洗浄
便座リモコン
棚

胴縁

土台

排水管
根太
大引
束

床下に断熱材を
入れる

手洗い器などの取付け
用下地を入れておく

1,820

910

居室への音漏れを防ぐため、界壁
の石膏ボードを2重張りにして間に
遮音シートを挟み込む

2階トイレの納まり

2階トイレは1階のトイレ・水廻りとほぼ同位置に設置。遮音性の高い建材を使用し、同一階や階下への音を抑える

1階トイレと同位置に設置

2階トイレはプラン上、1階トイレあるいは水廻りとほぼ同じ位置にとることが定石となっている。高い場所は低い場所に比べて水圧が低くなるため、2階や3階での設置では製品のスペックを確認しておく。

2階のトイレ設置では、前項に挙げた1階と同じように、音に対する対策が必要である。同一階の居室との間仕切り壁については、1階の場合と同じく、壁下地の石膏ボードを2重張りにし、間に遮音シートを挟み込む方法がある。

階下への音を抑える

2階以上のトイレでは、排水時に出る音が下の階に伝播することが問題になりやすい。これについては制振遮音ボードを使用し、床・天井の下地に遮音シートを敷き込んで遮音性を高め、さらに給排水系統を独立させておくなどの対策が有効である。排水管には防露材の上から遮音テープを巻くか、制振遮音塩化ビニル管または耐火2層塩化ビニル管を採用する。小便時の便器内水面で生じる音も、下階に伝播しやすい。これは便器と床材の間に専用のゴムシートを挟み込むことで軽減することができる。

木造住宅ではあまり重視されなかったパイプシャフトを設けておくことも、メンテナンスのうえからばかりでなく、振動や流水音を躯体に伝えないよう離して配管できる利点があり、重要になりつつある。

また、建物のコーナーにトイレが設置される場合には1階と同じように、2階床に取り付けられる火打ち梁と排水管が干渉しないよう注意する必要がある。

● パイプシャフト
戸建て住宅やマンション内で、給排水管やガス管など設備関連の竪管をまとめて、上下階に通すスペースのこと

各部屋の構成

2階トイレの構成と納まり

①アイソメ図

排水管は防露材の上から遮音テープを巻くか、制振遮音塩化ビニル管あるいは耐火2層塩化ビニル管を使う

便器取付部を挟むように補強根太を入れておく

胴縁

根太

排水管
梁

排水音などの遮音性を高めておく

大引

1階天井材

②断面図

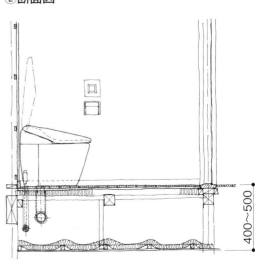

400～500

和室の基本構成

床の間は和室構成の中心となる要素であり、意匠の中心。
格式や嗜好により、数多くの形式が存在する

さまざまな形式がある床の間

江戸期に武家の住居様式として成立した書院造りは、日本の住宅における和室の基本となっている。とりわけ床の間は、和室構成の重要な要素で、意匠の中心となっており、その様式や広さに応じてさまざまな形式がつくられてきた。床の間を美しく仕立てるには洗練された感覚や素材などへの趣向の豊かさも大切ではあるが、構成要素についての基本を身につけておかなければならない。

床の間は、床柱、床框、落し掛けとともに、床、床脇、書院が主要要素である。その格式をどう表現するかで「真」「行」「草」に分けられるといわれ、それぞれの構えに応じて規模、使用材が選択、類別されてきた。

「真」は、書道の筆法における「楷書」のことで直線的な「本床」を指し、書院、床脇を備える格式を重んじた構えだ。

「行」「草」はくだけた、簡素な様相の優しさが表現される小座敷や茶席など数寄屋造りの床の間である。

数多くある略式床の技法

座敷に客を迎えるとき、床の間近くに主客の座席を用意するのが伝来の作法で、床の間は、南向き、東向きにとられるのがよいとされている。本床では床の間、床脇の大きさは、部屋の広さが8〜12畳の場合、それぞれ間口が1間(1.8m)、奥行きが半間(90㎝)となるのが普通である。

一方、小さな座敷などで見られる床脇を省いたり間口を短く構える略式床の技法が、一般住宅に取り入れられてきた。茶室では床の間と言わず「とこ」と呼び、書院や床脇を設けないのが基本である。

このように床の間にはさまざまな形式が生まれてきたが、これらにとらわれることなく、自由な発想で今日の住空間の創造に取り組んでさしつかえない。

● 真・行・草
もともとは書道の「真書」(楷書)「行書」「草書」を指す言葉。「真」は荘重で格式を重んじ、「草」は型にとらわれず自由な発想で風雅な雰囲気に、そして「行」はその中間と考えられている

本床と逆床

①本床

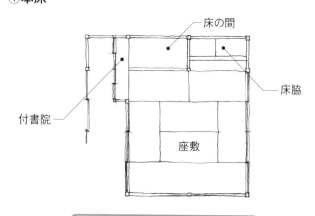

床の間に向かって左側に床の間を置く。「本勝手床」ともいう

②逆床

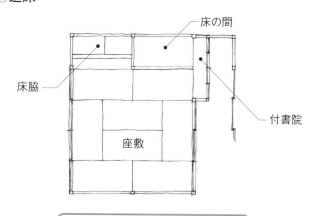

床の間に向かって右側に床の間を置く。「逆勝手床」ともいう

床の間の種類

①本床

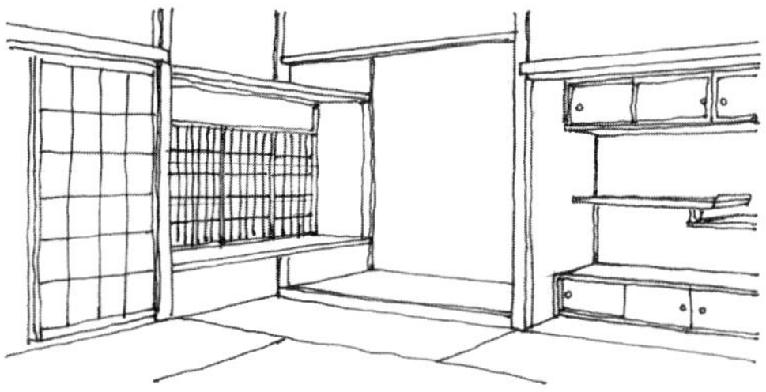

床の間、書院、床脇を備えた形式で、床は畳、薄縁を敷いたものが正式とされる。書院は平書院と付書院の2種類がある。出窓風のものを付書院または出書院と呼んでいる

②蹴込み床

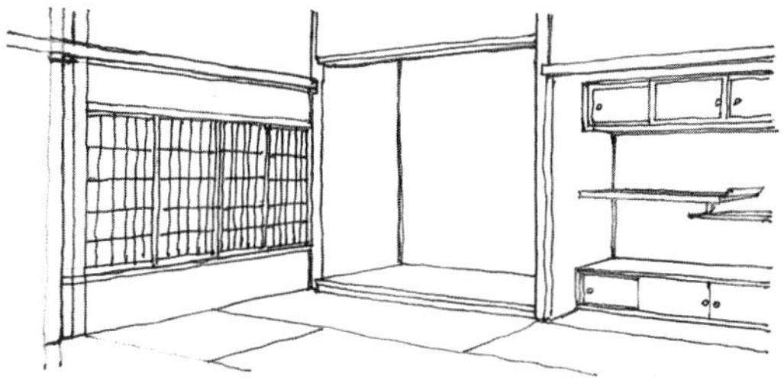

床板（とこいた）を1枚板とし、床板の小口を見せその下に蹴込み板をはめ込み床を1段高くした床の間

③踏込み床

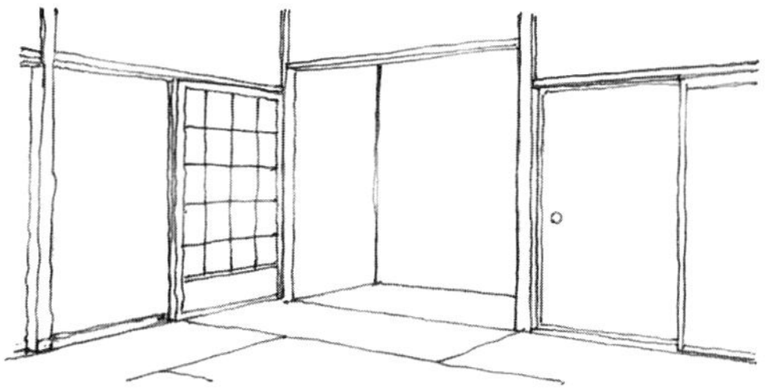

床面を座敷の畳面と同一面にした床の間。床框なしで板床を敷き込むので敷込み床ともいう

④袋床

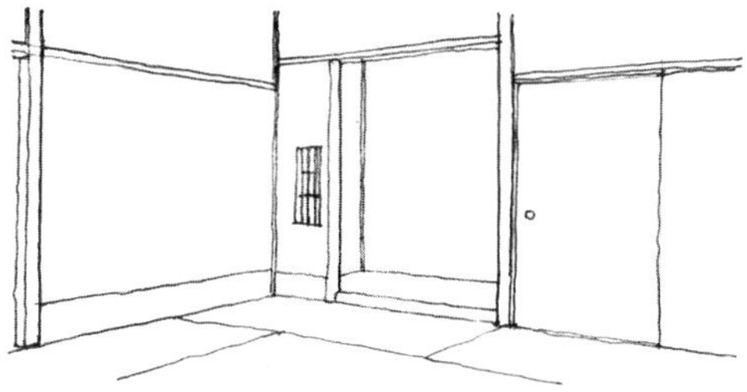

床の間の正面の一部を隠す袖壁を設けたもの。落し掛けの下に柱を立ててつくる袖壁に下地窓を設けたりすることがある

⑤吊床

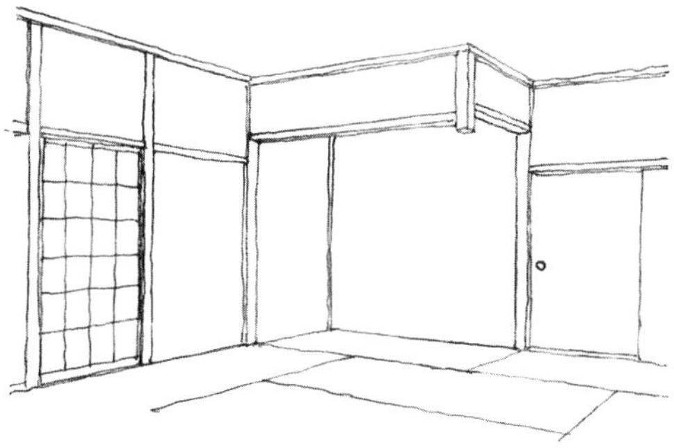

落し掛けと袖壁の上部を天井から吊ったもので、床は畳とすることが多い

⑥琵琶床

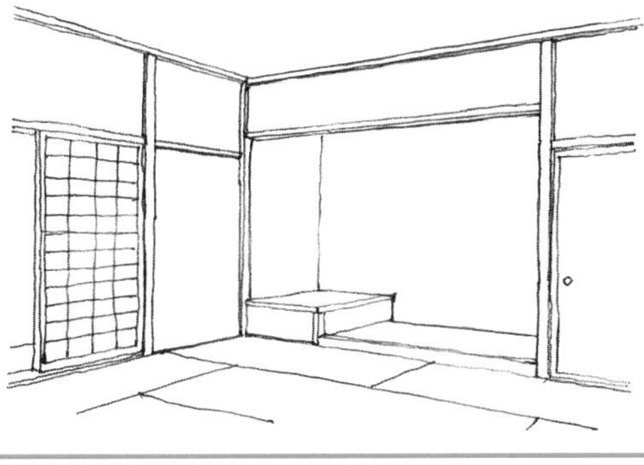

床の間の一隅に一段高く台状の地板を設けたもの。名前の由来は楽器の琵琶を飾ったためで、床板の小口は切りっぱなしで面を取らないとされている

⑦室床（むろどこ）

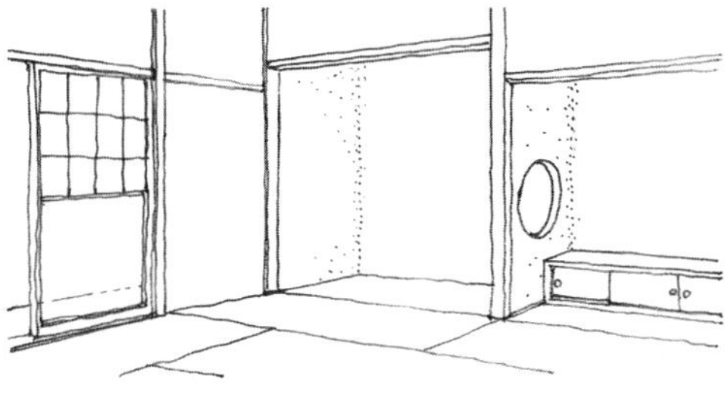

床の間奥の壁入り隅を曲面に塗りまわして隅柱を隠したもの。さらに両側の出隅や落し掛けまで木部を現さずに塗りまわした床の間を洞床（ほらどこ）という

⑧織部床（おりべどこ）

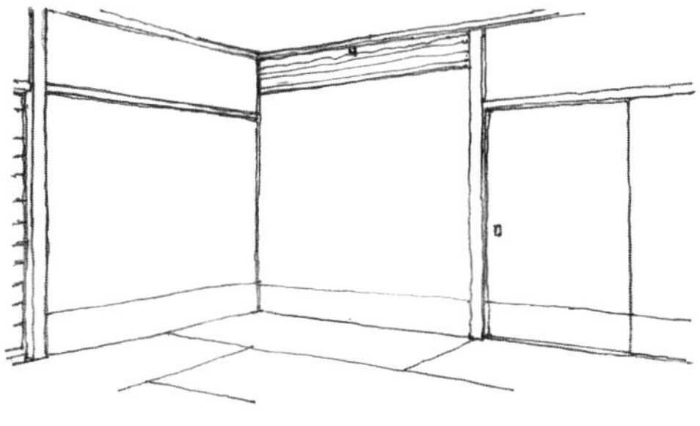

床を設けず、壁面を床に見立て、壁面上部に雲板（くもいた）を取り付け、竹釘に軸を掛ける簡素化された床の間。古田織部の創意によるといわれる

床の間の基本寸法

床の間空間を設計する際は、伝統的な寸法を基本とする。床の間の隣に床脇、書院が設けられ、本格和室が完成する

伝統的な寸法体系

書院建築をはじめとする伝統木造建築には、「木割」という標準寸法、ルールがある。これが建築様式の伝承とともに歩調をそろえ、木工事の担い手である大工職を中心に今日まで伝えられている。このルールは広く木造建築の「各部の比例と大きさを決定する原理」とされ、床の間の造作においても、各部の寸法が、座敷の広さと扱われる柱材の寸法を軸に受け継がれている。

床の間の基本寸法は下の図に示すとおり。床脇や書院付きの本格的な和室は現代では珍しくなったが、畳敷きを描くと同じように間口1.8m（1間）、奥行き0.9m（半間）をいつの間にか類型の床の間として定めることもあり、その時点ですでに床にまつわる空間構成がおのずと頭に描かれている。間の抜けた空間にならないためにも各部の比例、寸法を押さえつつ、天然の素材の選択を含め、創意に

富んだ表情豊かな空間構成としたい。

本格和室には床脇、書院も

床の間の隣に畳面と同面に踏み込み地板を納め、その上に地袋、違い棚、さらに天袋をつくれば、定石どおりの床脇ができあがる。床脇は、床の間、書院と同様、各材のさまざまな組合せにそれぞれ名称が付けられるほか、床と床棚の間の壁に「下地窓」や、「狆潜り」の開口を設けたりなどとそのバリエーションには際限がない。本来の役割は薄れてきていても、装飾的手法として今日まで、住宅建築に彩りを添えてきた。

書院は、縁側と床の間の間に設ける開口をもつ仕切りで、座敷の装飾としての床構えの1つである。

書院には、出窓形式の付け書院（出書院）と出窓のない形の平書院の2種類の形式がある。さらに床の間の奥まで窓を設けたものを「取込み付け書院」「取込み平書院」と呼んでいる。

● 下地窓
上に土壁を塗らず、格子状に編んだ竹や葦などの壁下地をそのまま窓として転用したもの。軽妙な印象を与え、あかり取りにもなることから、茶室や数寄屋造りなどに多用された

床の間の基本的な寸法（平面）

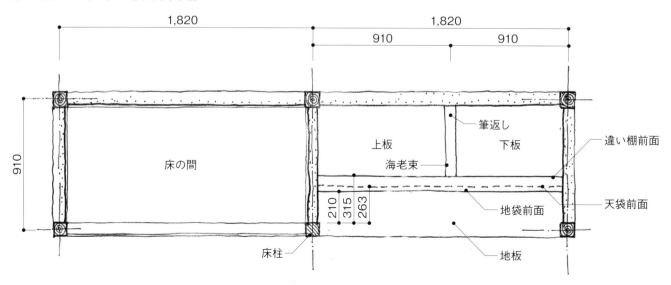

床の間廻りの名称

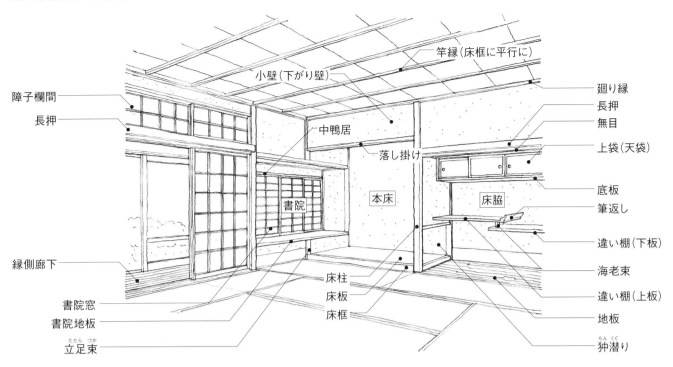

障子欄間
長押
縁側廊下
書院窓
書院地板
立足束(たたらづか)

竿縁(床框に平行に)
小壁(下がり壁)
中鴨居
落し掛け
書院
本床
床脇
床柱
床板
床框

廻り縁
長押
無目
上袋(天袋)
底板
筆返し
違い棚(下板)
海老束
違い棚(上板)
地板
狆潜り(ちんくぐり)

床の間の木割(断面)

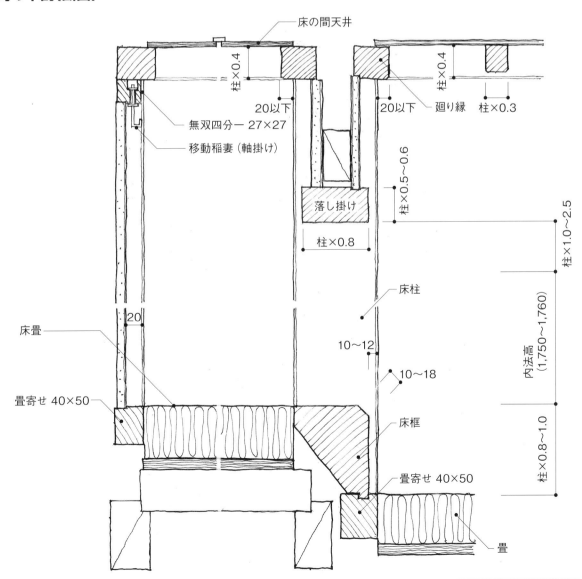

床の間天井
柱×0.4
20以下
無双四分一 27×27
移動稲妻(軸掛け)
柱×0.4
20以下
廻り縁
柱×0.3
落し掛け
柱×0.5〜0.6
柱×0.8
床畳
20
畳寄せ 40×50
床柱
10〜12
10〜18
柱×1.0〜2.5
内法高(1,750〜1,760)
床框
畳寄せ 40×50
柱×0.8〜1.0
畳

床框の納まり

床框は床の間の重要な意匠であり、形式によってさまざまな納め方が存在する

床框の納め方

床の間は床柱、床框、落し掛けなどの各部材で構成される。床框は、床の間の床面を座敷の畳面より１段高くし、畳または床板の端部を納める水平の部材である。木割では床框の高さ(成)を床柱見付け幅×1.0～1.2としているが、今は同寸または８掛け(×0.8)とすることが多い。欠けたり傷のつきにくいよう大面をとる。

「真」の床框とする場合、ヒノキに蝋色漆塗りが最もよいとされるが、取付けに際しては表に傷をつけないよう「カバ入れ」といわれる手法を使う。

「カバ入れ」とは、床柱の取り付け部に入れる彫込みのことで、床框の断面形状にクサビを打ち込むクサビ道を加えた形状に入れる。そこに床框を納めたあと、裏からクサビを打ち込んで固定するもので、塗り框に使われる技法だ。

素地の床框の場合は、「矩折れ目違い大入れ遣返し」という手法で左右に遣り返して納め、込栓で留める。

床框を用いない蹴込床の場合は、蹴込み板を畳寄せの小穴に立て、その上に床面と面を合わせる床板を載せる。

● 蝋色漆塗り
漆塗りの上に蝋を塗ったように光沢をつける技法で、鏡面仕上げともいう

● 込栓
細長い形状の小木片で、柱と横架材に打ち込み、固定するときなどに使う

床框と蹴込み床の納まり

①床框の納まり

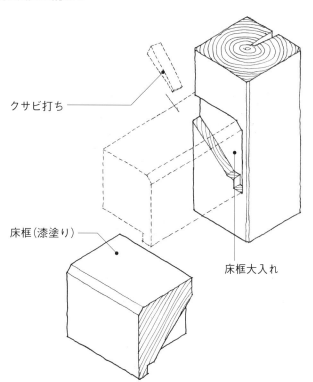

クサビ打ち

床框(漆塗り)

床框大入れ

②蹴込み床

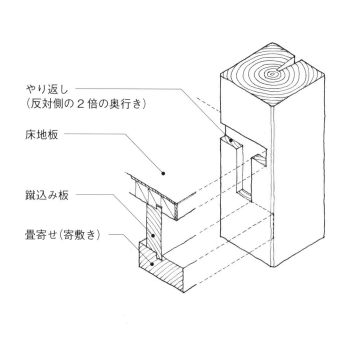

やり返し
(反対側の２倍の奥行き)

床地板

蹴込み板

畳寄せ(寄敷き)

床框のバリエーション

①本床

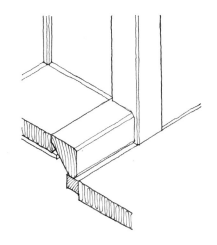

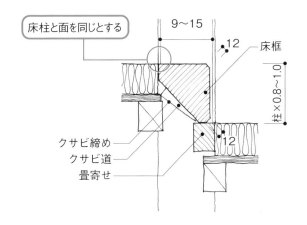

床柱と面を同じとする

9~15

12

床框

柱×0.8~1.0

クサビ締め

クサビ道

畳寄せ

12

②薄縁床　本畳の代わりに薄縁（うすべり）を張った板畳を敷き込んだもの

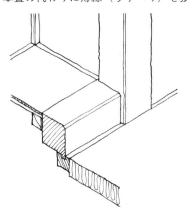

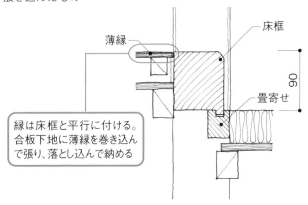

薄縁

床框

90

畳寄せ

縁は床框と平行に付ける。合板下地に薄縁を巻き込んで張り、落とし込んで納める

③蹴込み床　畳敷きの代わりに板敷きにし、床框を省いて床板と畳寄せの間に蹴込み板をはめ込んだもの

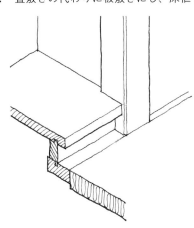

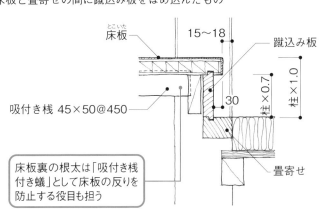

とこいた
床板

15~18

蹴込み板

吸付き桟 45×50@450

柱×0.7

柱×1.0

30

畳寄せ

床板裏の根太は「吸付き桟付き蟻」として床板の反りを防止する役目も担う

④踏込み床　床框を用いず、畳面と同一面に床板を設けたもの

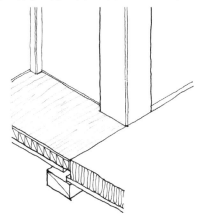

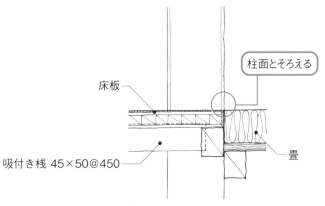

柱面とそろえる

床板

畳

吸付き桟 45×50@450

落し掛けと床天井の納まり

床の間全体のバランスを考え、落し掛けの納まりを決める。
床天井廻りには掛け軸を吊るす造作が欠かせない

落し掛けの納め方

床の間の落し掛けとは、床框と平行に上部の小壁を受け止める横木（無目）のことを指し、樹種はヒノキやスギ、キリ、マツを使うのが一般的である。

木割では内法より柱1～2本分ほど上げて取り付ける。角材の場合、その成は鴨居より大きめとされているが、座敷全体のプロポーションから決めるとよい。

丸柱と取り合う場合は、柱丸面と落し掛け見込み幅の納まり上、落し掛けの小口が小さく見えるようにする。これを「切目胴付き」と呼ぶ。

また、落し掛けをよりシャープに見せたいときの納め方に、見付けを極力薄くした「刀刃（はっかけ）」がある。薄くしすぎて落し掛けが反ってしまわないよう、また下がり壁との間に隙間が生じないように念入りな手作業が要求される。

床天井廻りの納め方

床天井は、吸付き桟で反りを防ぐなど手の込んだ部位で、スギなどのムク一枚板の鏡板とするのが一般的であったが、現在では合板に突き板を張ったものを取り付けることが多い。高さは座敷の天井高さと関係なく、床前一間ほどのところに座って、軸を見たとき軸吊り紐が目に入らない程度にする。

床天井廻り縁には「無双四分一」や「雲板」がつきものだ。

無双四分一は、両側に移動式の稲妻釘を取り付けた横木のことで、廻り縁の下に取り付ける。細めの掛け軸を二幅、三幅と並べて掛けるとき、それぞれ幅の異なる掛け軸をバランスよく飾るためのものである。

雲板は同じく軸を掛けるための釘を打つ板で、廻り縁の下に取り付ける。板はスギの柾目、板幅180mm程度、廻り縁から30mm下がった個所に竹釘または折れ釘を打つ。

● 無目
鴨居・敷居と同じ位置にあり、建具用の溝がない横木のこと

● 床天井
床の間の天井

落し掛けの構成

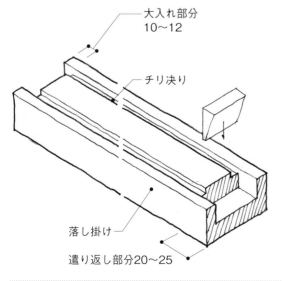

大入れ部分
10～12

チリ決り

落し掛け

遣り返し部分20～25

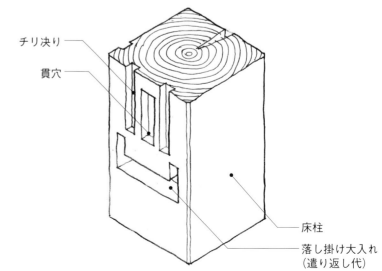

チリ決り

貫穴

床柱

落し掛け大入れ
（遣り返し代）

落し掛けの種類

①一般的な落し掛け

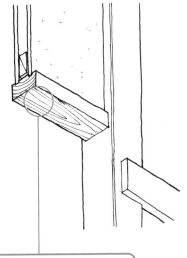

正面の見付けを柾目に、下端の見込み部分を杢目にする

③切目胴付き

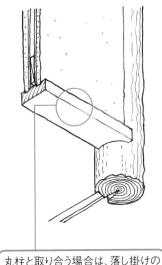

丸柱と取り合う場合は、落し掛けの小口が小さく見える仕口とする

40

12　81　12

②刀刃納まり

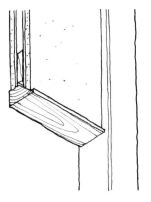

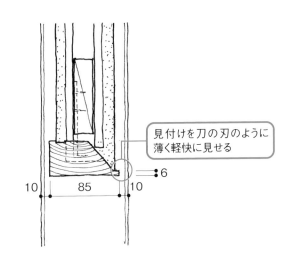

見付けを刀の刃のように薄く軽快に見せる

6

10　85　10

床天井廻りのバリエーション

①無双四分一

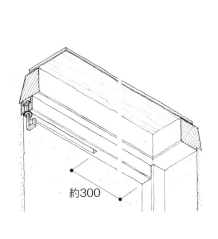

約300

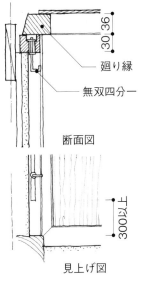

30 36

廻り縁

無双四分一

断面図

上り30

見上げ図

②雲板

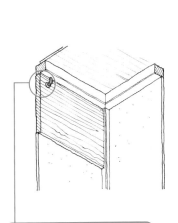

板幅200〜240mmのスギ柾の幕板。天井廻り縁より30mm下がりに折れ釘を打つ

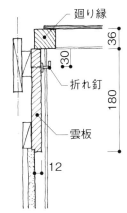

廻り縁

36

30

折れ釘

180

雲板

12

床脇と書院の納まり

床脇の各部位の名称と寸法は細かく定められている。
出書院の寸法は縁側の幅員や床柱とのバランスに準拠する

床脇の構成と納まり

　床脇の各部位について順に述べると、まず天袋は内法270㎜とする収納棚で、座敷の鴨居の無目の高さに鴨居を設ける。底板は柱の0.2～0.3倍程度の厚みの板で、前面を柱内面より柱の2.5倍後退した位置に合わせる。

　地袋は畳面と同面の踏込み板からの高さは360㎜、前面を柱内面より柱2本分を引っ込めて取り付ける。天板は天袋底板と同じ厚み・同じ樹種を用いるのが定石である。

　違い棚の棚は板厚が柱の0.2～0.25倍で、床の間側を上段とし、天袋下端と地袋上端の1/2位置に下棚の上端が、棚全体の前面は柱の3本分後退したところにもってくる。さらに違い棚同士の隙間は柱1本分あけ、海老束（えびづか）と呼ばれる45～50㎜角の束材で両板を蟻で接続（寄せ蟻）する。棚端部と海老束とは板厚の1.5倍あけ、上段の端部には、せいが板厚1.5倍、長さが板奥行きと同じ「筆返し」が吸い付き蟻で取り付けられる。

出書院の構成と納まり

　出書院の出寸法は360～450㎜程度で、縁側の幅員との関係から考慮されて決められる。書院柱は本柱より8/10程度と小ぶりで、内面を本柱にそろえて立てる。そのほか、縁側床面との段差を調整する地覆、地板、書院窓の障子、中鴨居、欄間や欄間鴨居、台輪、冠木（かぶき）など各部の納まりや慣用されてきた寸法の類は多種多様である。

　地板は厚みが本柱の0.25～0.3倍の30㎜程度とする。高さは360㎜としたり、重心を低くするために240㎜程度とすることもある。地板には障子の建具溝を彫り、反りなどの狂い防止のため吸い付き桟を付ける。

　中鴨居はせいが本柱の0.3～0.4倍、見込みは書院柱の面内とする。欄間鴨居は納まり上、座敷の鴨居とせいを同寸とする。外側の書院柱の頭つなぎが台輪で、せいは縁側の長押寸法との調和を考慮しながら決められる。台輪の上に冠木（かぶき）を載せる場合、そのせいは、本柱の0.2倍で24㎜ほどである。

● 吸い付き蟻・吸い付き桟
板の反りを防ぐために、板の端部にホゾで取り付けられる桟のこと

床脇の構成

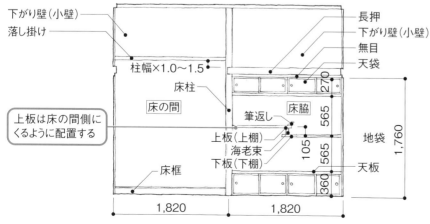

下がり壁（小壁）
落し掛け
柱幅×1.0～1.5
床柱
床の間
上板は床の間側にくるように配置する
床框
1,820　1,820
長押
下がり壁（小壁）
無目
天袋
270
床脇
筆返し
上板（上棚）
海老束
下板（下棚）
105
565
地袋
天板
565
360
1,760

書院の種類

①出書院（付け書院）

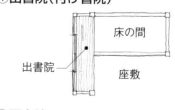

出書院
床の間
座敷

②平書院

平書院
床の間
座敷

床脇のプロポーション

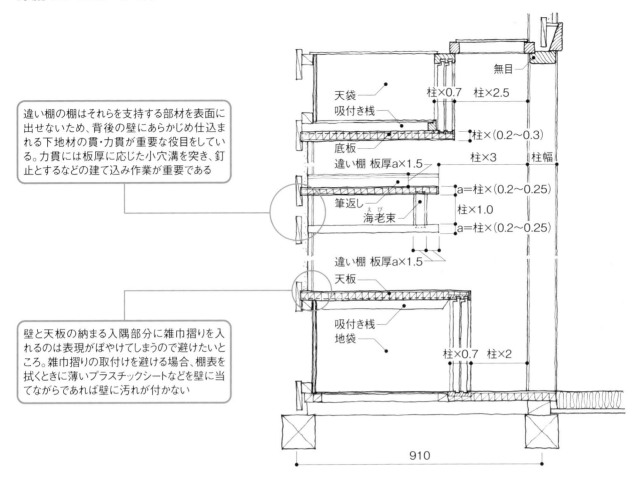

違い棚の棚はそれらを支持する部材を表面に出せないため、背後の壁にあらかじめ仕込まれる下地材の貫・力貫が重要な役目をしている。力貫には板厚に応じた小穴溝を突き、釘止とするなどの建て込み作業が重要である

壁と天板の納まる入隅部分に雑巾摺りを入れるのは表現がぼやけてしまうので避けたいところ。雑巾摺りの取付けを避ける場合、棚表を拭くときに薄いプラスチックシートなどを壁に当てながらであれば壁に汚れが付かない

天袋
吸付き桟
底板
違い棚 板厚a×1.5
筆返し
海老束（えび）
違い棚 板厚a×1.5
天板
吸付き桟
地袋

柱×0.7　柱×2.5
無目
柱×(0.2〜0.3)
柱×3　　柱幅
a=柱×(0.2〜0.25)
柱×1.0
a=柱×(0.2〜0.25)
柱×0.7　柱×2

910

出書院の構成

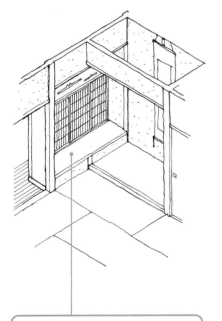

床の間脇の縁側沿いに設ける付け書院（出書院）は、もとは机を造付けにし読書などの場所として使用されていたもの。床脇とともに床の間に組込まれ座敷飾りとなった。縁側に張り出さずに壁面内に納める書院は平書院と呼ばれる

出書院のプロポーション

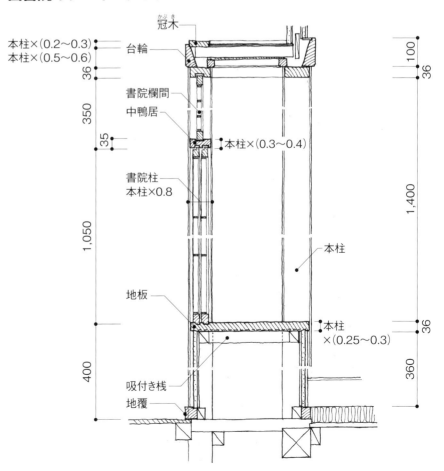

本柱×(0.2〜0.3)
本柱×(0.5〜0.6)
36
350
35
1,050
400

冠木（かぶき）
台輪
書院欄間
中鴨居
書院柱
本柱×0.8
地板
吸付き桟
地覆

本柱×(0.3〜0.4)
本柱
本柱×(0.25〜0.3)

100
36
1,400
36
360

仏壇・神棚の納まり

仏壇・神棚は宗派による決まりごとを踏まえ、造作する。南・東向きで、上階の人の足下にならない位置に設置する

しつらえを大切に、調和を図る

仏壇や神棚について建築設計で語られることはめったにない。しかし日本では古来より、亡くなった家族や先祖を祀る厨子、祭壇の常設が大切に考えられてきた。ときには伝来の仏壇や新たな仏壇の設置、内部に小さな仏像や位牌などを安置するための造作が設計者に委ねられることがある。同様に神道の神を祀る神棚の設置を求められることもあり得る。

いずれも家族の宗教上の事物に関わるだけにないがしろにはできない。それらを設計のなかに組み込み、ほかの要素との調和を目指すこととなる。

室内での設置場所に注意

仏壇は宗派ごとの決まりごとや仏具に関わる事柄などでの違いがあるため、既製品仏壇の収納に関して計画することも多いが、ここでは1つの例として、一般的で単純な、位牌壇を備えた仏壇収納を取り上げる。

仏壇には寺の山門を見立てたといわれる中折れ扉がつきものである。しかし、下図に示した例は、住空間のほかの部分のしつらえとのつながりを考え、スライドレールとスライド丁番を組み合わせて使う引込み開き扉（垂直収納扉）を備えた仏壇収納である。

住宅のなかでの仏壇の設置場所は、南向きまたは東向きがよいとされる。また仏壇の上（上階）には室や廊下がないほうがよいなど、地域によって種々の言い伝えも残されている。

神棚の場合も、上階に床のない個所の天井に近い南や東向きに設置するのがよいとされる。なお、仏壇と神棚はお参りする人が他方に背を向けないよう、つまり互いに向き合わないようにすべきなどともいわれている。

● 厨子
仏像を安置する容器や、モノを収納する棚を備えた仏具のこと。両開きの扉を開いた位置に仏像を安置する

開き扉を収納する仏壇

①アイソメ図

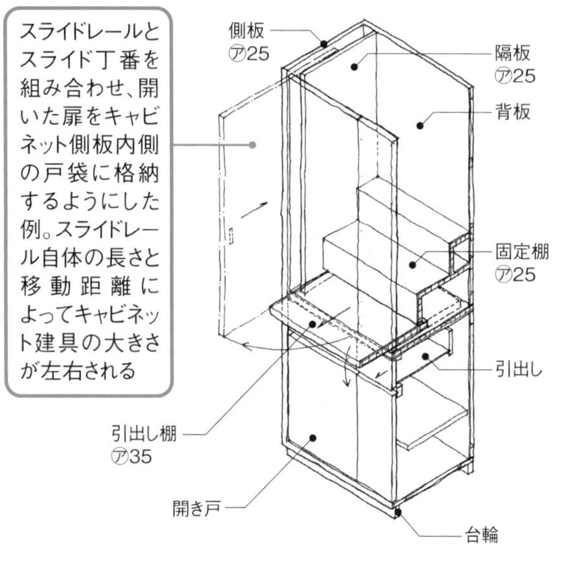

スライドレールとスライド丁番を組み合わせ、開いた扉をキャビネット側板内側の戸袋に格納するようにした例。スライドレール自体の長さと移動距離によってキャビネット建具の大きさが左右される

側板 ㋑25
隔板 ㋑25
背板
固定棚 ㋑25
引出し
引出し棚 ㋑35
開き戸
台輪

②詳細図

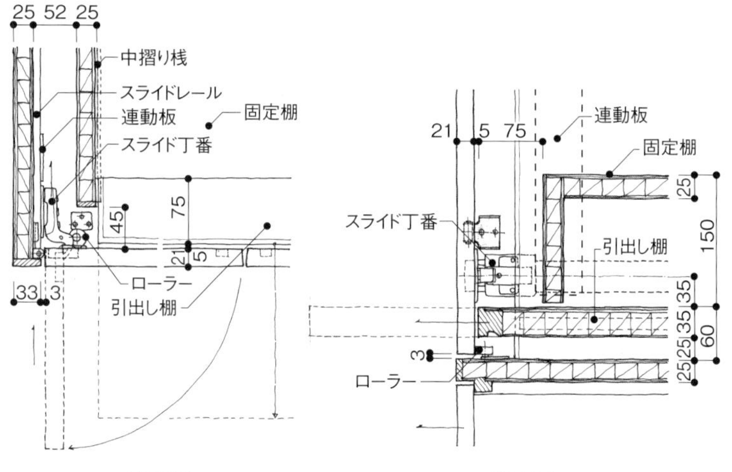

25 52 25
中摺り桟
スライドレール
連動板
スライド丁番
固定棚
45
75
ローラー
引出し棚
33 3

平面図

21 5 75
連動板
固定棚
スライド丁番
引出し棚
25
150
35 35
25 25 35 35
60
3
ローラー

断面図

設備を隠す納まり

配線・配管や機器の納まりが複雑化する設備機器類。設置場所は機器の入れ替え・メンテナンスにも配慮する

増加する一方の設備機器

今日の住宅では、極めて多くの設備機器や便利な電気製品が必要とされる。設計者はそれらの機能や役割を理解し、長年の使い勝手を考え、納まりや格納方法を検討する。

設備機器のなかでも、給排水設備の配管類、電気設備の配管配線類や空調換気設備のダクトや冷媒管など、壁のなかや天井裏、床下などに納められるものは、補修や更新に配慮したパイプスペースや配線スペース、また点検口を設けておく。納まり上難しいのは、手に触れ、目に触れる設備機器類である。市販の設備機器は誰にでも扱いやすいよう機能の向上をみせる一方、形に表情をもたせすぎているように感じられる。質感や色合い、表示パネルなども混在する。

機器の入れ替えなどに配慮

意匠上、壁掛け型のエアコンなどを壁面や天井に凹みを設けて納めることもあるだろう。ただし、数年で交換しなければならなくなった場合、事態は深刻だ。新機種が同じ大きさであることはまずないからである。そのため、設備をむやみに壁体内などに納めることは避けたほうがよい。

一方、壁掛け型のエアコン室内ユニットをルーバーで隠す方法もある。その場合、ルーバーはエアコンからの気流を妨げないよう極力薄い材料でつくり、リモコンからの受信を妨げないこと、機器の交換を可能にする工夫などが求められる。

電気設備に関しては、大きくなりつつある分電盤の納め方に検討を要する。単層100V、単層三線式200V、深夜電力対応の分電盤、さらに太陽光発電付属機器、情報設備、防災機器など機器の種類が多様で、これらの要素をさりげなく1カ所の壁面にまとめるとなると、配線スペースとともに盤類収納のための造作が欠かせない。

エアコンを隠すガラリ戸の構成

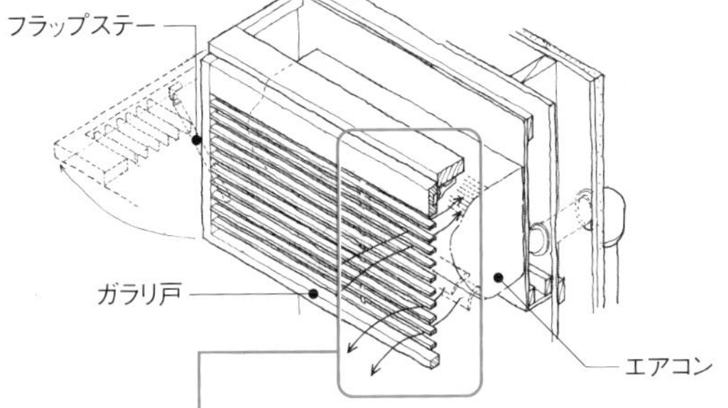
フラップステー
ガラリ戸
エアコン

ビルトイン型のエアコンは納まりがスッキリとするが、機器の変更時には大きさが異なるので、壁掛け型としてガラリ戸を設ける工夫で対処する例も多い。ガラリを水平開き戸とし、機器の交換時だけでなくメンテナンスや気流の状態に対応させる。また、リモコン受信部をふさがないように配慮する

エアコンを隠すガラリ戸の納まり

①姿図

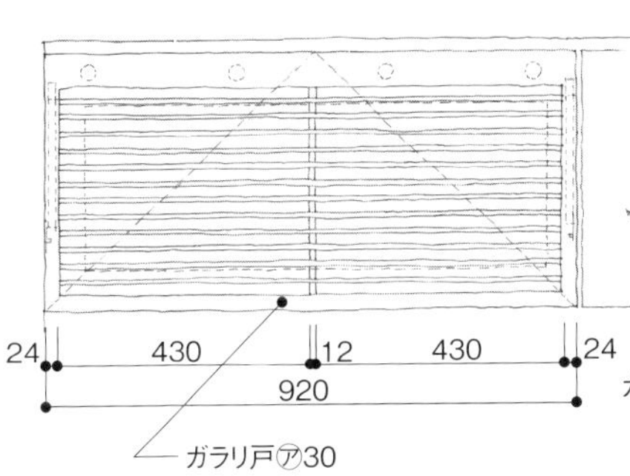
24
430
12
430
24
920
ガラリ戸㋐30

②断面図

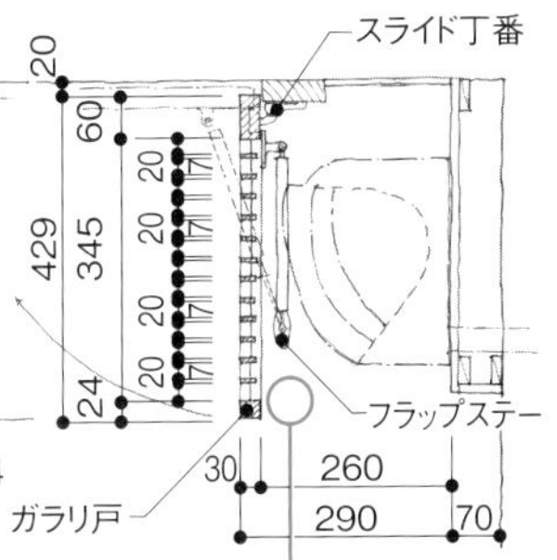
スライド丁番
20
60
429
345
20
20
20
20
24
フラップステー
ガラリ戸
30
260
290
70

下部をオープンにしておくとエアコンの気流を妨げず、機器の更新もしやすい

Column

屋根・壁の構造と仕上げ材

間柱と根太はサブの構造材

土台、梁、柱、筋かい、棟木などは主構造と呼ばれ、家全体を支え、生活用具などの荷重、いわゆる積載荷重を支えるもっとも重要な構造材である。それに対し、壁の強度や床の強度を得るための二次的な材を副構造材という。間柱や、床の根太、開口部の窓台やマグサ、屋根の垂木などがこれに相当する。

副構造材を入れる段階で、窓や出入口の枠を入れるための下地となるマグサや窓台を設ける。

屋根・内外壁の仕上げは機能もよく考える

屋根は風雨や厳しい直射日光を直接受けるため、防水の効果と同時に、最も耐久性が求められるところである。野地板を張り、二次的な防水の役割を果たすアスファルトルーフィングを敷いた後に、金属板、または瓦などで仕上げる。仕上げ材と葺き方によって屋根勾配を変えなければならないのと同時に、屋根勾配に合った適切な仕上げ材と葺き方を考える。

内部の床は、根太の上に仕上げ材の下地として合板などの荒床を敷き詰めるが、この荒床は外壁などの下地より先に張られる場合が多い。この工程の段階で、窓や開口部の枠またはサッシを入れておく必要がある。

壁は、剛性を強めるためと、仕上げ材のジョイントのために、外壁と内壁両面に胴縁を打ち付ける。胴縁は柱の外側に打ち付ける場合と、柱と同じ面で仕上げる場合がある。柱と同面で仕上げる場合は、柱や間柱を欠きこまなければならないが、壁を薄く仕上げられる利点がある。

外壁は銅縁の上に構造用合板などの下地材を打ち、その上にアスファルトフェルトなどの防水紙を張りつけてから外壁材を張る。断熱材は外断熱、内断熱などの方法とそれに使用するさまざまな断熱材がある。外壁材の仕上げで重要なのは開口部分の水切の納まりと、外壁材のジョイントなどのシーリングをしっかりしておくことである。

作業の流れと各部の納まり

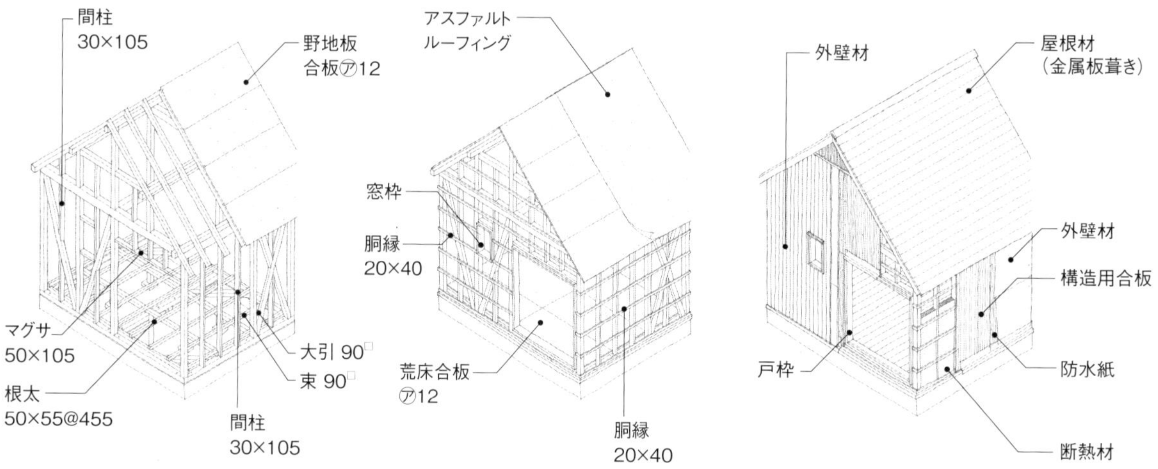

間柱
30×105
野地板
合板㋐12
マグサ
50×105
根太
50×55@455
間柱
30×105
大引 90□
束 90□
アスファルト
ルーフィング
窓枠
胴縁
20×40
荒床合板
㋐12
胴縁
20×40
外壁材
屋根材
（金属板葺き）
外壁材
構造用合板
戸枠
防水紙
断熱材

内外の開口部と建具

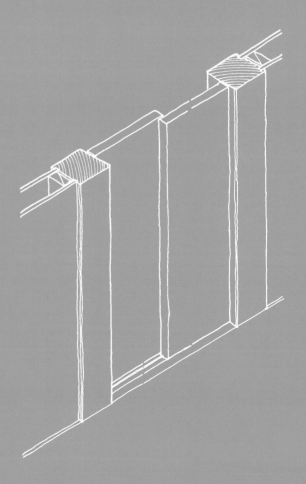

開口部の種類と形式

外部開口部のバリエーションは多種多様で、分類方式もさまざまある

開口部の役割と種類

外部、外壁の開口は多種多様であるが、大きくは、人やモノの出入りを主とする開口と、外からの日の光を入れ、通気・換気をする開口の2つに分けることができる。いずれの開口部も扉や戸建具、窓建具で外と内が仕切られ、閉じたり開けたりの動きをしながらも、建築の表情を決定づける重要なエレメントとなっている。

また、外部開口部は常に自然と接することで、空気、音、光などの外部エネルギーを取り入れたり遮閉したりしながら室内環境を調節する装置である。その仕掛けによって、戸や窓の開閉方式のバリエーションを豊かにしている。

出入口の建具を形態からみると、外部ガラス戸、格子戸、板戸フラッシュ戸、網戸や雨戸などが挙げられる。窓を形成する建具も、同じように外部ガラス窓、外部格子窓、網戸、フラッシュ戸としての雨戸などがあり、さまざまに分類される。

戸と窓建具の開閉方式は、引き戸方式と開き戸方式に大別される。出入口の建具は引き戸方式の引き戸・引込み戸、開き戸方式の外開き戸・内開き戸などがある。

窓建具については、開き戸方式の窓には、片開き窓・両開き窓・突出し窓・内倒し窓・横辷り出し窓・竪辷り出し窓・折れ戸や回転窓、天窓などがある。引き戸方式の窓には、引違い窓・引分け窓・片引き窓・引込み窓・上げ下げ窓などがある。はめ殺し窓も含めると種類は極めて多彩であり、さまざまな人のふるまいに即していることがわかる。

● フラッシュ戸
骨組みの両面に合板などを接着して、表面を平らに仕上げたドア。上部にガラスをはめたもの、下部に換気用のガラリをはめたもの、金属製のものなどがあり、室内用の戸として、最も広く用いられる。フラッシュは、平らという意味であり、表面に凹凸のない戸をフラッシュ戸と呼ぶ

● 引き戸
鴨居と敷居の溝にはめ込まれ、左右に開閉する戸

● 開き戸
蝶番などが軸となって前後に開閉する戸

開口部の種類と形式

①引違い戸

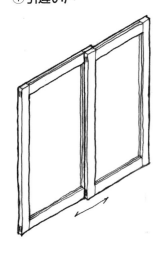

②片開き戸

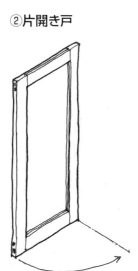

③両開き戸

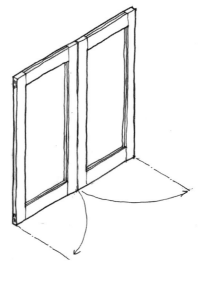

④縦辷り出し戸

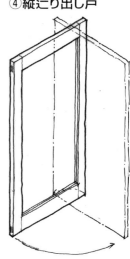

さまざまな建具の例

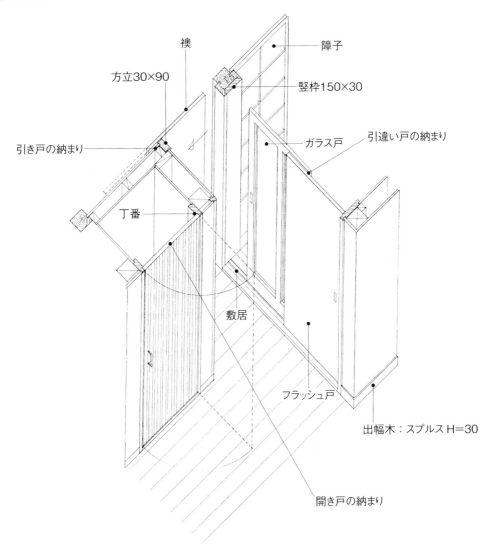

- 襖
- 方立30×90
- 障子
- 竪枠150×30
- 引き戸の納まり
- 引違い戸の納まり
- ガラス戸
- 丁番
- 敷居
- フラッシュ戸
- 出幅木：スプルス H＝30
- 開き戸の納まり

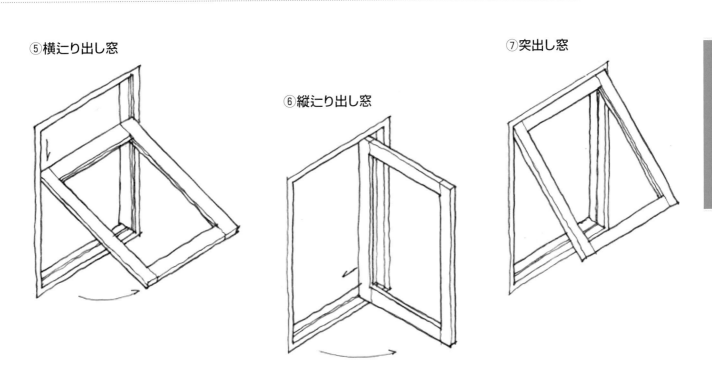

⑤横辷り出し窓

⑥縦辷り出し窓

⑦突出し窓

洋室の建具の種類

建具の分類は、開閉方式によるものと、框戸とフラッシュ戸とで分けられる

框戸の納まり

住宅内部の建具は開閉方式により開き戸、引き戸、折れ戸があるが、形態から分けると、框戸、フラッシュ戸に分類される。

框戸とは、建具の四周を枠で囲み、内側に板ガラス、アクリル板、合板やムクの板材などをはめ込むもので、全体の強度を枠の接合部に負担させる建具である。縦方向の2つの部材を竪框、上段・下段の枠をそれぞれ上桟・下桟と呼び、中間の補強部材が入る場合は中桟と呼ぶ。框の組み方は竪框を勝たせるのが原則で、上下桟を加工し、竪框の穴に差し込んで留める。

框戸は、なかにはめる素材により、さまざまな呼び方をされ、ガラス戸、ガラリ戸、格子戸、板戸などがある。

板ガラスを入れるには、ガラスの交換が容易にできる方法を選ぶ必要があるが、代表的なのが押縁留めでガラスを入れる方式である。竪框に小穴（片方の小穴は倍の深さにする）を突き、遣り返しでガラスを入れ、その後、上下桟に押し縁を取り付けてガラスを固定させる。

また、落し込み方式は、上桟を二つ割りにし、竪框に突いた小穴に沿ってガラスを落とし込む方法で、すっきりとした納まりとなるが、ガラスのがたつきを防止するには小穴を大きめにし、間にシーリングを打つなどするのがよい。

フラッシュ戸の納まり

フラッシュ戸は、コア材の桟組下地の両面に合板などの面材を張り表面に桟組がない建具で、タッカー釘で芯組みを行った後、接着剤を糊付け機で均一に塗布し表面材を張りプレス機で圧着してつくられる。

表面材は、つぶし塗装下地の場合はシナ合板、布張りの場合はラワン合板、突き板合板張りで、いずれも厚さ4mmとするのが一般的だが、その他、板厚7mm程度の縁甲板張りとすることもある。

● タッカー釘
タッカーとは、木工や建築用工具で布状や網状のものを針で固定するための工具で、建築用のホッチキスのようなものをタッカー釘という。ステープルと呼ばれる針などの金属片を打ち出すことで、モルタル下地のラス網や防水・防湿紙・板などを壁や材木などの特定箇所に固定したり、家具に布や革を張る場合に使う。タッカあるいは鋲打機ともいう

框戸とフラッシュ戸の構成

①框戸

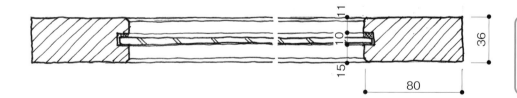

建具の周り四周を枠で囲み、内側に板ガラスなどをはめ込む

②フラッシュ戸

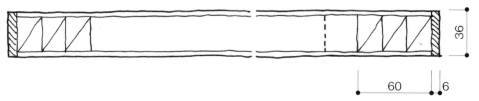

コア材の桟組下地の両面に合板などの面材を張る

框戸のバリエーション

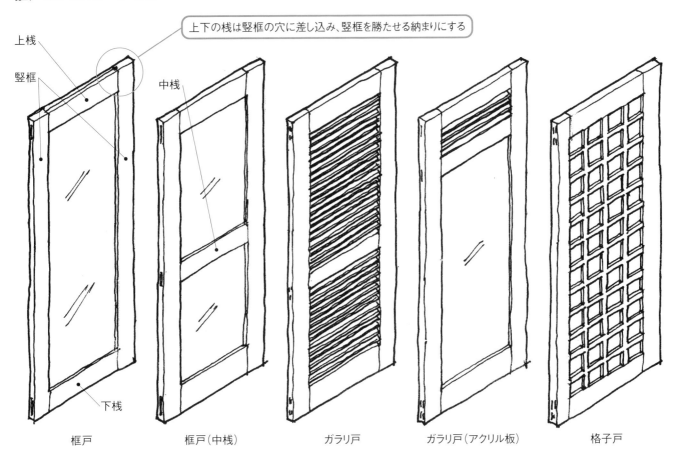

上下の桟は竪框の穴に差し込み、竪框を勝たせる納まりにする

上桟

竪框

中桟

下桟

框戸　　　框戸（中桟）　　　ガラリ戸　　　ガラリ戸（アクリル板）　　　格子戸

フラッシュ戸のバリエーション

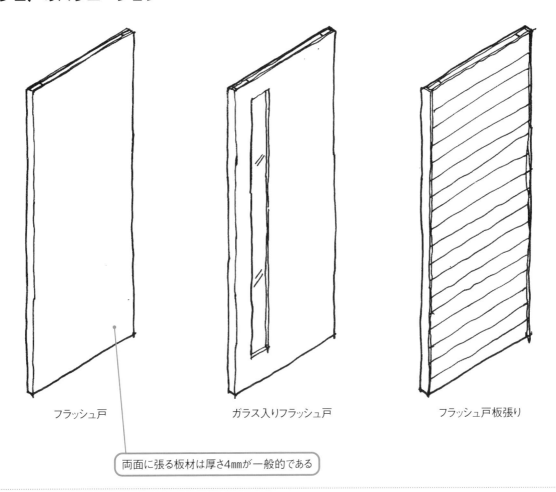

フラッシュ戸　　　ガラス入りフラッシュ戸　　　フラッシュ戸板張り

両面に張る板材は厚さ4mmが一般的である

洋室建具の製作図

建具製作図には寸法や材種、仕上げや金物などを詳細に入れる

建具製作図は詳細に

建具製作図には、建具にどのような性能、機能をもたせたいか、それにはどうしておけばよいのかなど十分に記載しておかないと建具職人に伝わらない。

建具表に表される建具図は一般的に1/50で描かれる。ただし、枠内法寸法、表面の仕上げ、使用金物の種類、メーカー名などの記入があいまいであるために、問題が起こることも少なくないため、図の縮尺を上げて、できるだけ多くの情報を盛り込みたい。

建具製作図の事例

図1では、浴室の入り口框戸を建具製作図の例とする。枠の使用材はベイヒバ、塗装は含浸性半透明塗料、手をついても割れることのない乳白アクリル板を入れ、上桟の下に通気用ルーバーをはめ込み、補強も兼ねた中桟

も入れる。

建具の材質は耐水性、ビスの保持力などからベイヒバとし、下端は水切りのため浴室に向けてテーパーをつけるよう指示する。ルーバーもベイヒバで、排気ファンで侵入する冷気が直接体に当たらないように建具上部に設けている。アクリル板は押縁留めで、浴室側にシーリングを打ち、シャワーからの湯水の浸入を防ぐ。

竪框にはバックセット51㎜・ケース深さ69㎜のステンレス・レバーハンドルと非常開き装置付き錠を埋め込むので、見付け120㎜、見込み36㎜としている。一般に竪框の見付け寸法はバックセットの2倍を最小寸法とするが、ここでは横桟の接合が2枚で、浸水を嫌い頭が隠れる「打込み」のため、余裕をもたせ大きくとっている。丁番は105㎜のステンレスギボシ丁番、建具の反りを防ぐため3本吊りとしている。

● ベイヒバ
日本名で米ヒバと呼ぶが学術上はヒノキ属で、色と香りが青森ヒバに近いので、「北米ヒバ」という意味でこの名が付いた。建築材、内装材、造作材、建具材などに多く使用され、土台角外部造作、軒裏などにも使われる

● テーパー
細長い構造物の径・幅・厚みなどが、先細りになっているものを指す。また、そのような設計にすることを「テーパーをつける」という。構造物の各部に荷重がかかる場合、各部はそこから先端までの全荷重を支えなければならなくなり、その荷重は根元ほど大きくなるため、根元ほど太くなるようテーパーがつけられる

戸に取り付ける丁番の種類

①ピボットヒンジ

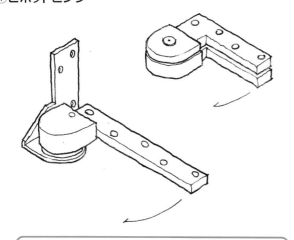

竪枠付け型のもの。扉の上端と下端に取り付けて上下軸を支点に開閉する。金物の見えがかりが小さい

②平ギボシ丁番

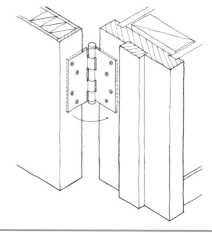

丁番の心棒の先端が平らな形で出ているタイプ

浴室框戸の製作図の例(図1)

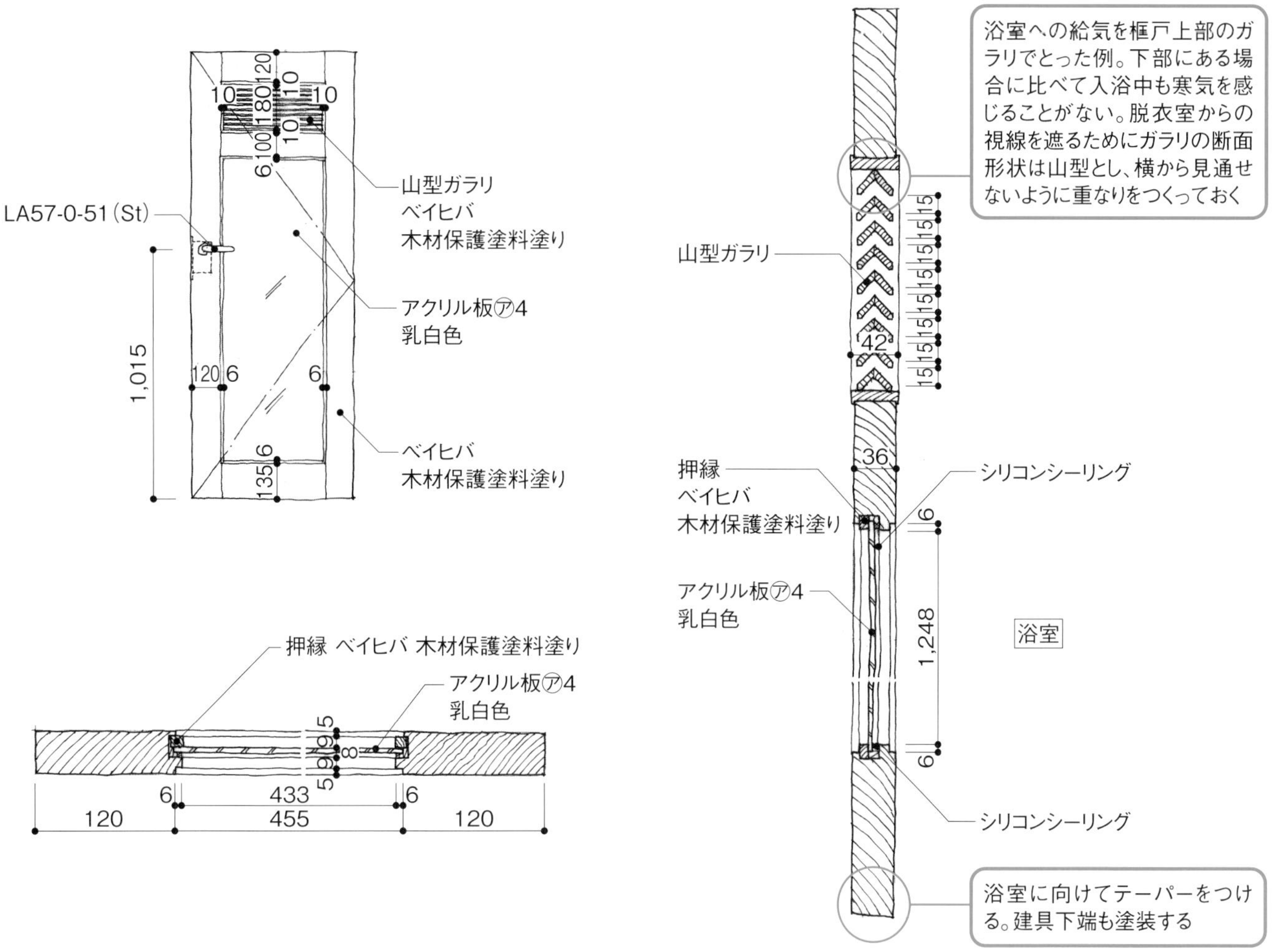
浴室への給気を框戸上部のガラリでとった例。下部にある場合に比べて入浴中も寒気を感じることがない。脱衣室からの視線を遮るためにガラリの断面形状は山型とし、横から見通せないように重なりをつくっておく
LA57-0-51(St)
山型ガラリ
ベイヒバ
木材保護塗料塗り
アクリル板㋐4
乳白色
ベイヒバ
木材保護塗料塗り
1,015
山型ガラリ
押縁
ベイヒバ
木材保護塗料塗り
シリコンシーリング
アクリル板㋐4
乳白色
1,248
浴室
押縁 ベイヒバ 木材保護塗料塗り
アクリル板㋐4
乳白色
120
455
120
433
シリコンシーリング
浴室に向けてテーパーをつける。建具下端も塗装する

スウィング戸の例

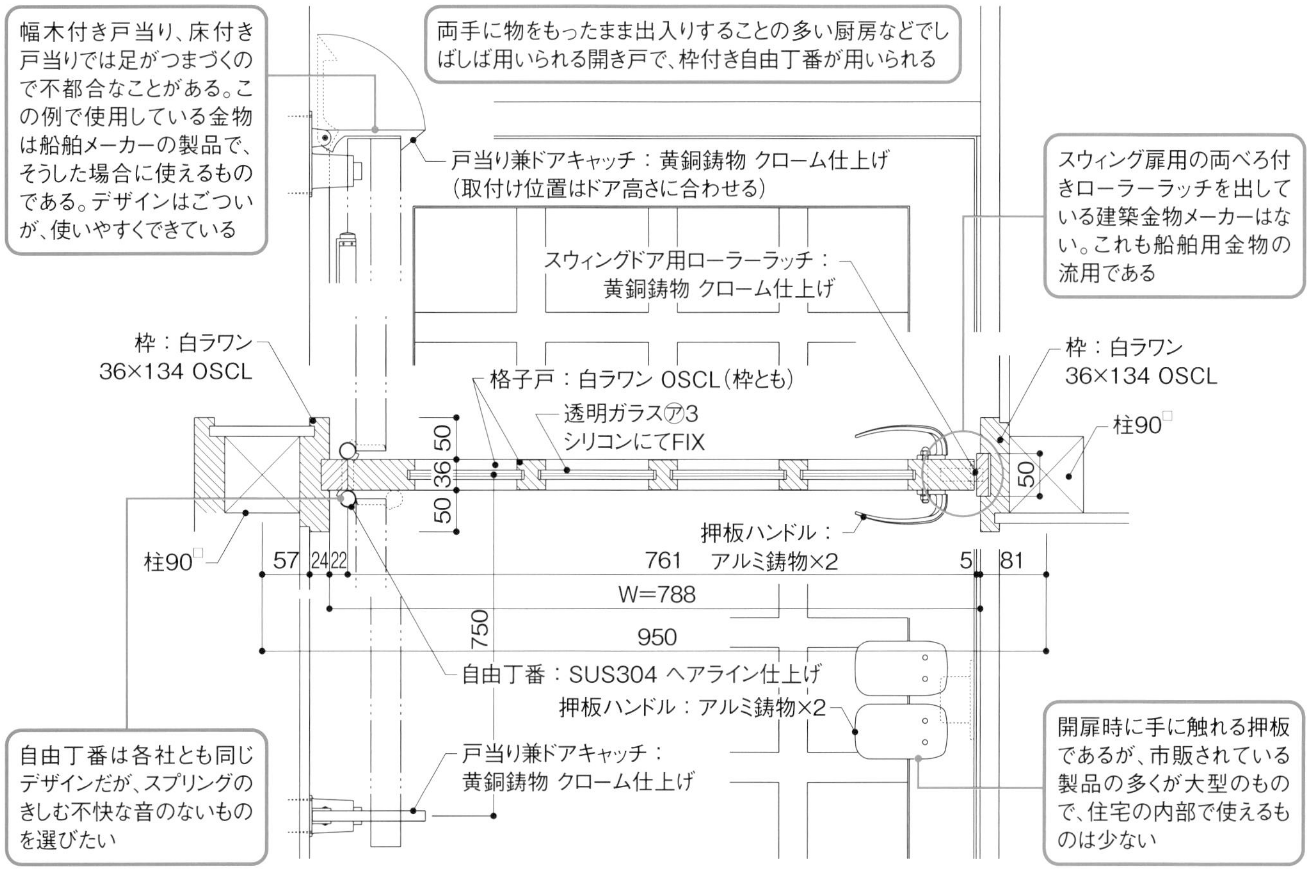
幅木付き戸当り、床付き戸当りでは足がつまづくので不都合なことがある。この例で使用している金物は船舶メーカーの製品で、そうした場合に使えるものである。デザインはごついが、使いやすくできている
両手に物をもったまま出入りすることの多い厨房などでしばしば用いられる開き戸で、枠付き自由丁番が用いられる
戸当り兼ドアキャッチ：黄銅鋳物 クローム仕上げ
(取付け位置はドア高さに合わせる)
スウィング扉用の両べろ付きローラーラッチを出している建築金物メーカーはない。これも船舶用金物の流用である
スウィングドア用ローラーラッチ：
黄銅鋳物 クローム仕上げ
枠：白ラワン
36×134 OSCL
格子戸：白ラワン OSCL(枠とも)
透明ガラス㋐3
シリコンにてFIX
枠：白ラワン
36×134 OSCL
柱90□
柱90□
押板ハンドル：
アルミ鋳物×2
761
W=788
950
750
自由丁番：SUS304 ヘアライン仕上げ
押板ハンドル：アルミ鋳物×2
戸当り兼ドアキャッチ：
黄銅鋳物 クローム仕上げ
自由丁番は各社とも同じデザインだが、スプリングのきしむ不快な音のないものを選びたい
開扉時に手に触れる押板であるが、市販されている製品の多くが大型のもので、住宅の内部で使えるものは少ない

和室建具の種類

和室建具の基本は引き戸。表面の仕様でさまざまなバリエーションがある

和室の建具は引き戸が基本

　和室の建具の開閉方式は、引違いや片引きなど、引き戸が基本である。室内建具としては柱間を占める形式の襖や障子、舞良戸や格子戸などになる。いずれも洋室の建具に比べると、軽く視線を遮る程度である。

　襖は、下地骨と呼ばれる組子に紙を下張りし、襖紙を張り、縁・引き手を取り付けるのが一般的で、種類には「縁付き襖」のほか、縁なしの「太鼓襖」「源氏襖」や「戸襖」などがある。太鼓襖は上下に滑り桟を打ち付けた縁なしの襖で「坊主襖」とも呼ばれ、茶室の出入口に使われてきた。

　戸襖は、洋室との間仕切りに使われる建具で、片面を合板張りに布などを張り、和室側は合板に襖紙を張り、縁を付けたものである。表面の仕上げ材の違いから反りやすくなるので要注意である。

　襖紙は、手漉きの本鳥の子や鳥の子、芭蕉布などの繊維襖紙など種類は豊富である。襖縁は、襖の周りを囲う木製の縁で、素地の場合と漆などで仕上げる塗り縁に分けられる。

　障子は格子の組子の片面に和紙を張ったもので、組子の組み方によってさまざまな名称がつけられている。荒組障子、横組障子、縦繁障子などのほか、ガラスをはめ込んで内側に摺り上げ障子をつける「雪見障子」や、引き分け小障子をつけた「猫間障子」など、古くから「明かり障子」とも呼ばれ、障子越しの柔らかな光の室内に導く主役であった。組子の素材はスギ、サワラなどの軟木が一般的だが、今日ではスプルスやベイヒバなども使われる。

　格子戸は、間にガラスを入れない「吹抜け格子戸」が本来であるが、格子を小振りの正方形に組み間に型ガラスを挟む「木連格子戸」も空間に優しさをもたらすこともあり、今ではしばしば使われている。

● 舞良戸
舞良子と呼ばれる、細い桟を等間隔に多数並べて取り付けた板戸。横桟が普通だが、縦に取り付けたものもある

● 鳥の子
鳥の子紙は、和紙の一種で、主に画材や書道の用紙、また襖の上貼りなどに使用される。鳥の子は、手漉き和紙のふすま紙のこと。現在では、手漉きと機械漉き紙を区別するため、前者を「本鳥の子」、後者を「鳥の子」という。本鳥の子紙は、現在では非常に高価で生産量も少ない

格子戸と舞良戸の構成

①格子戸（引き戸）
平面図

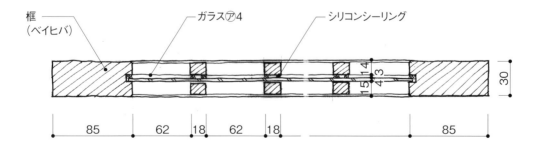

框
（ベイヒバ）　　　　　　ガラス㋐4　　　　シリコンシーリング

85　　　62　　18　　62　　18　　　　　85

14　43　15　30

和室の建具のバリエーション

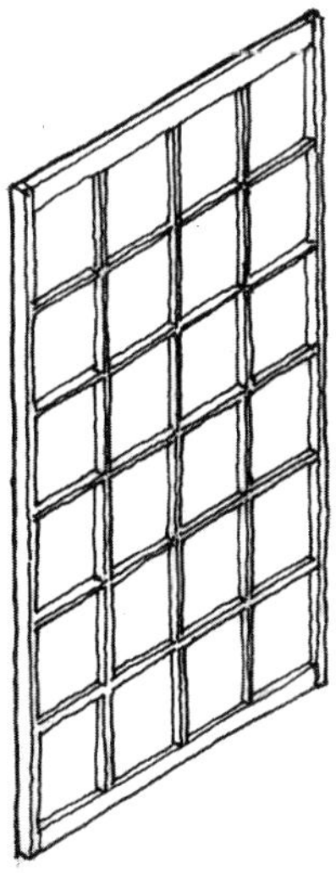
水腰障子

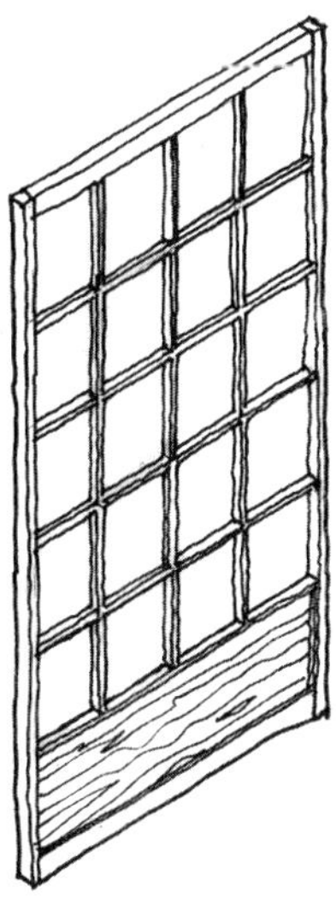
腰付障子

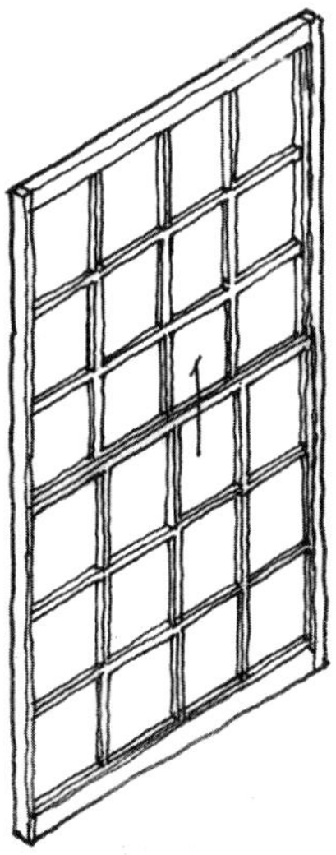
雪見障子

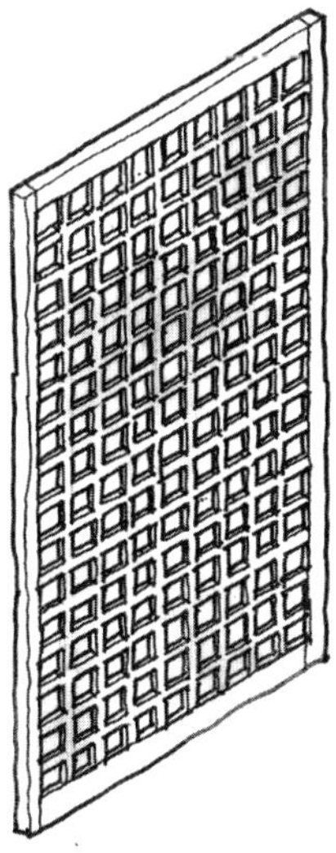
木連格子戸

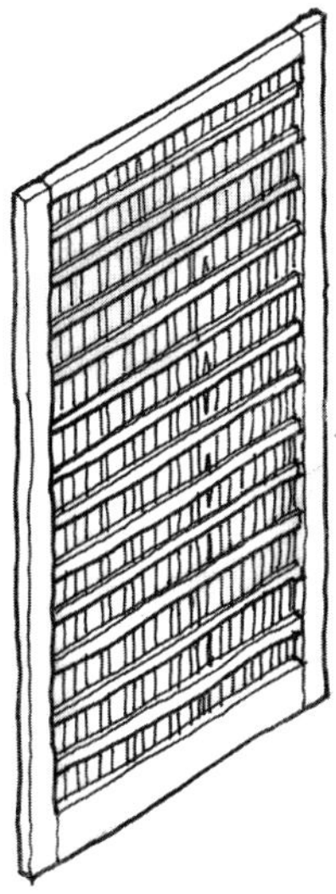
舞良戸

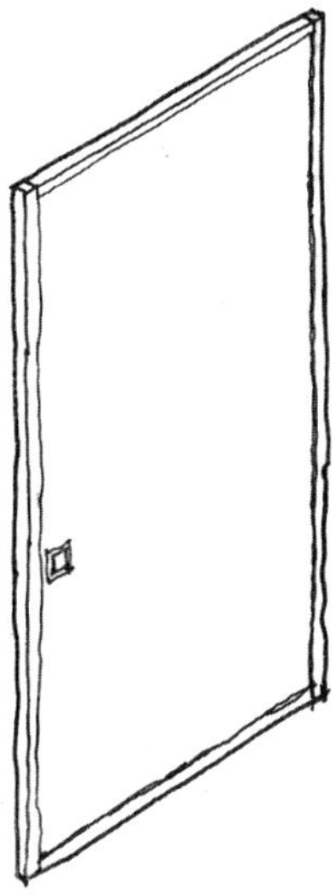
襖

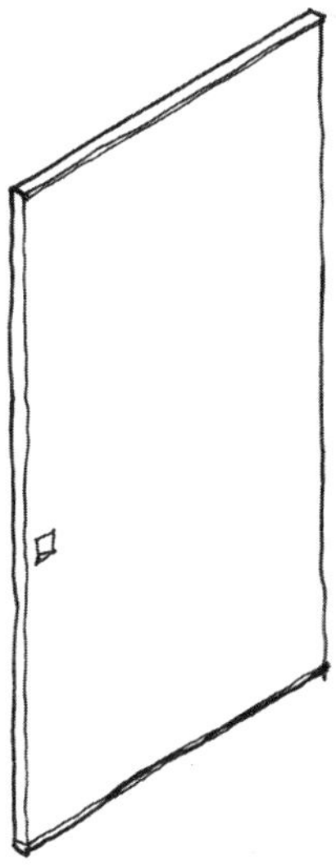
太鼓襖

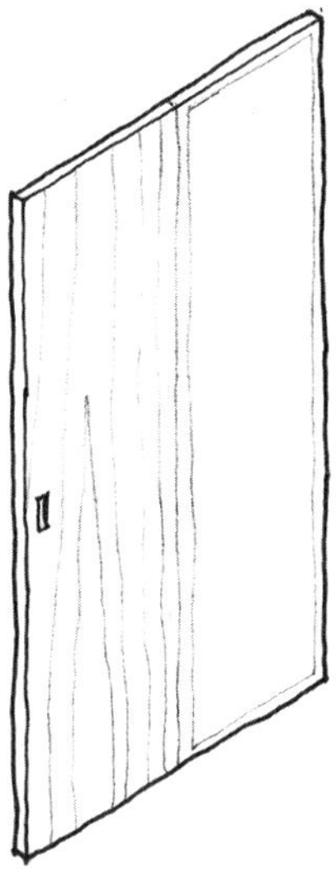
戸襖

②舞良戸(引き戸)

平面図

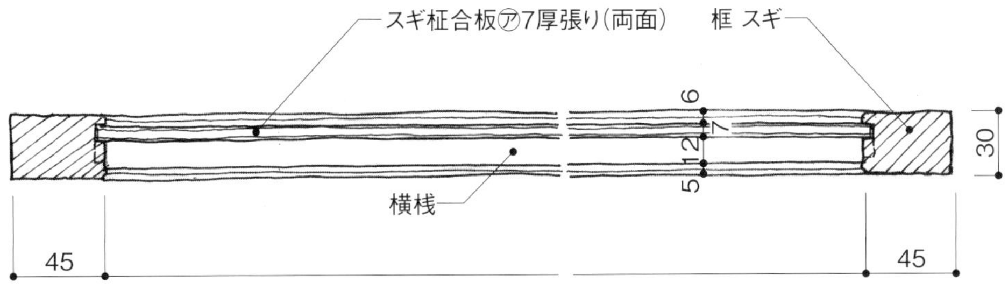
スギ柾合板㋐7厚張り(両面)
框 スギ
6
7
12
5
30
横桟
45
45

断面図

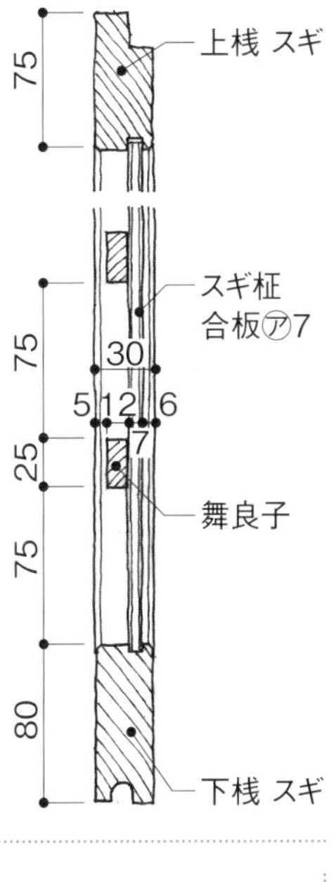
75
上桟 スギ
75
スギ柾
合板㋐7
30
5
12
6
7
25
舞良子
75
80
下桟 スギ

舞良戸は、見付の小さな四周枠にスギ柾合板などの薄板を入れ補強のために小さな桟(舞良子)を一定の間隔で細かく入れた引き戸建具で、表情も軽快である。格子戸は同じく桟戸の一種で、縦桟、横桟の組み方で連子(れんじ)格子戸(竪格子戸)、木連(きづれ)格子戸、荒間格子戸、横格子戸などさまざまな呼び名がある

和室建具の枠廻りと製作図

敷居と鴨居が建具枠代わりになる和室建具は、寸法調整を細かくする

和室建具は敷居と鴨居で納める

和室では、大工や建具職たちとの連携上、製作図とはいかないまでも、障子の組子や襖の納まりなど図化しておくことが必要である。通常は上張りの襖紙や引き手、縁の材質や仕上げを表すことで襖の等級が表現され、それらに応じた手法でつくられる。襖紙としては、雁皮紙の鳥の子、葛布や芭蕉布などがある。縁には、漆塗り、カシュー塗り、スギの素地とする場合や縁なしの袋張りとバリエーションは豊富である。引き手の取付け位置は床から二尺六寸（780㎜）が一般的である。

和室の建具は、柱間を埋める引き戸であり、枠となるのは2本の柱と内法に応じて建具の面内の位置に溝を突いた下枠の敷居と上枠の鴨居である。内法といえば内法高さ、敷居と鴨居の内側の寸法を指す。引き戸は開き戸に比べ大きな開口をとりやすく、開放性を中心

に考えられ、あらゆる位置で安定した状態で開いておけるのが特徴である。

戸厚30㎜の障子や襖などでは、鴨居に7分（21㎜）幅・深さ15㎜の溝2本と4分（12㎜）の残った部分（中樋端）で構成する加工を施す。建具同士のクリアランスは3㎜で滑らせるのが通常の納まりで、これを「四七溝」や「四七の溝」と呼ぶ。外側に残る部分を「外樋端」、中樋端を「しま」とも呼ぶ。

建具見込みを大きくとる場合は、樋端の見込みを大きく、5分（15㎜）「五七溝」などにして対応させることになる。敷居溝も幅21㎜・深さ1.5〜3㎜、摩耗を少なく滑りをよくするためさらに3㎜厚のサクラやカリンなどの堅木、埋樫を入れることもある。

鴨居は木表を下に向け、敷居は木表を上に使い、鴨居は上に、敷居は下に反らせるなど木の性質に合わせた納まりとし、建具が動かなくならないようにする。

● 雁皮紙
雁皮紙は、ジンチョウゲ科植物である雁皮からつくられる和紙。繊維は細く短いので緻密で緊密な紙となり、紙肌は滑らかで、赤クリームの自然色（鳥の子色）と独特の好ましい光沢がある。虫害にも強く、古来、貴重な文書や金札に用いられた。ちなみに、鳥の子紙は雁皮と楮を混ぜたものである

● 埋樫
埋樫は、建具の滑りをよくし、敷居の溝が摩擦で摩滅しないように、敷居の溝に埋め込む部材。別名、溝樫または滑り木。使われる素材はアカガシやサクラなどの薄い板のほかプラスチック製もある。施工方法には、敷居の木口から溝に差し込む方法や、接着剤で貼る方法がある

襖の断面図

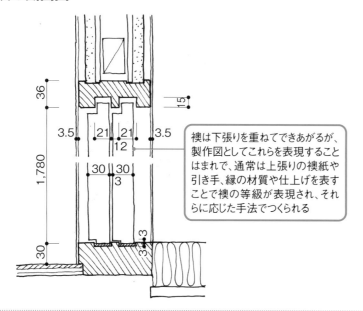

襖は下張りを重ねてできあがるが、製作図としてこれらを表現することはまれで、通常は上張りの襖紙や引き手、縁の材質や仕上げを表すことで襖の等級が表現され、それらに応じた手法でつくられる

引違い襖の平断面図

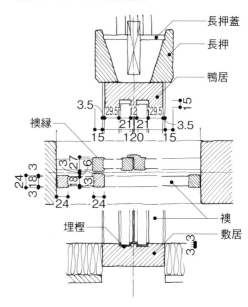

雪見障子の製作図

①姿図

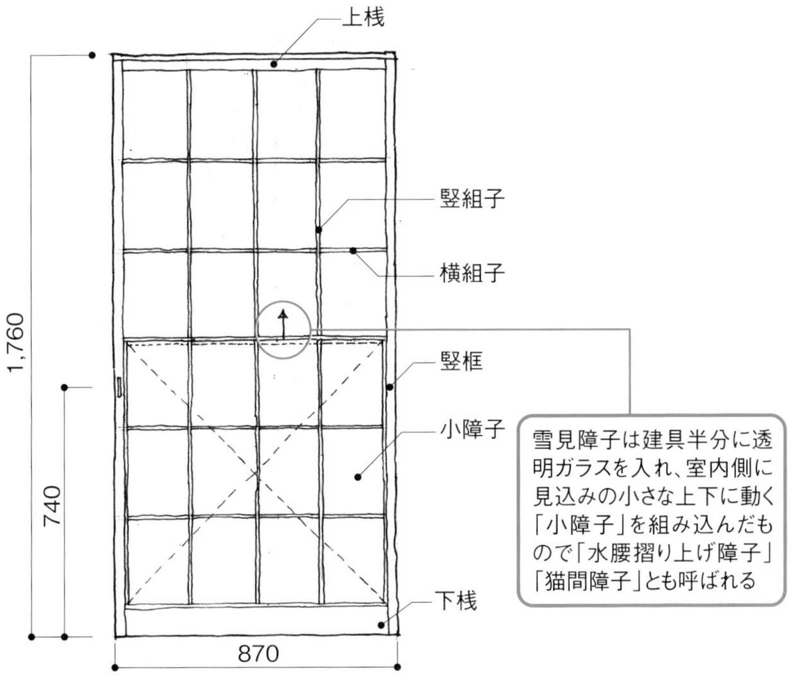

上桟
竪組子
横組子
竪框
小障子
下桟
1,760
740
870
雪見障子は建具半分に透明ガラスを入れ、室内側に見込みの小さな上下に動く「小障子」を組み込んだもので「水腰摺り上げ障子」「猫間障子」とも呼ばれる

②平面図

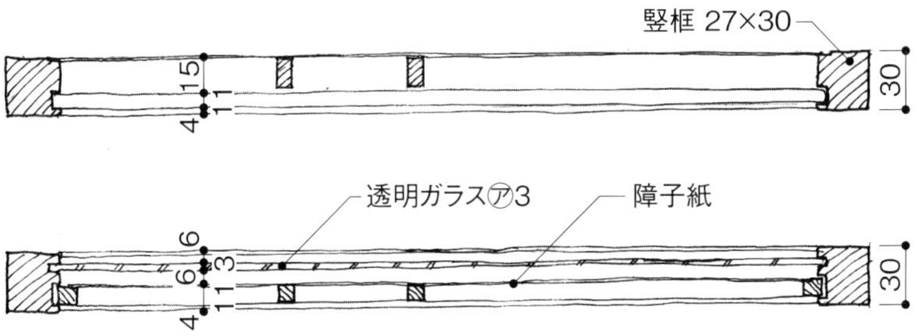

竪框 27×30
15
11
4
30
透明ガラス㋐3
障子紙
6
3
6
11
4
30

③断面図

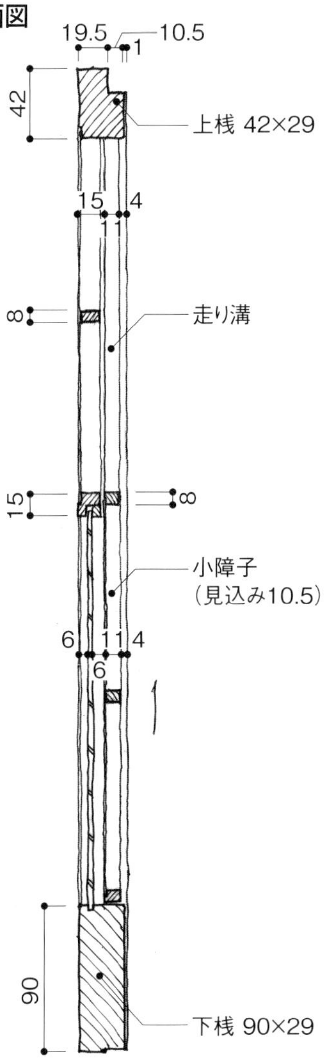

19.5
10.5
1
42
上桟 42×29
15
4
11
8
走り溝
15
8
小障子
(見込み10.5)
6
11
4
6
90
下桟 90×29

引違い襖のバリエーション

①引違い戸(真壁—真壁)

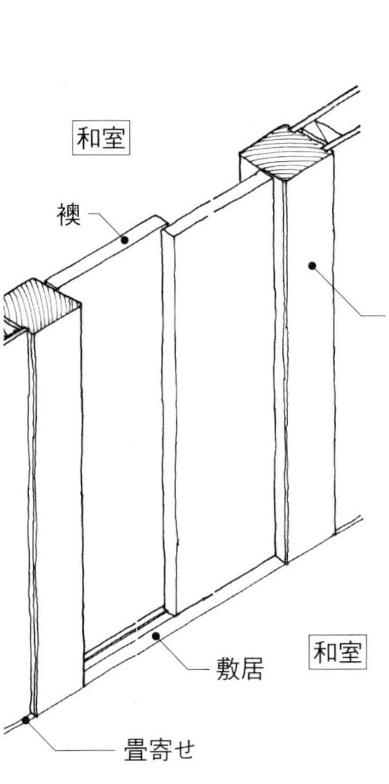

和室
襖
柱
敷居
和室
畳寄せ

②引違い戸(大壁—大壁)

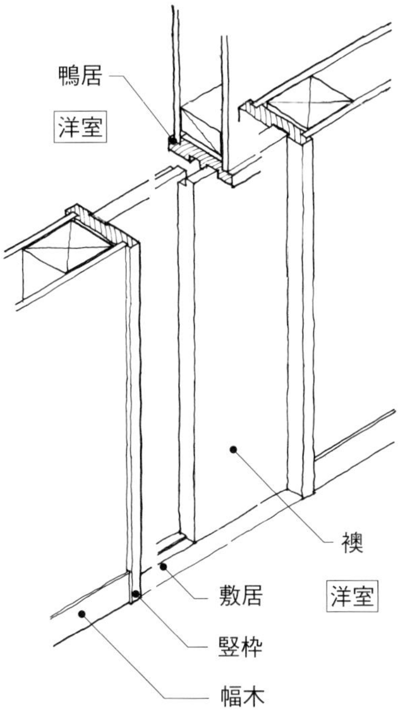

鴨居
洋室
襖
敷居
洋室
竪枠
幅木

③引違い戸(真壁—大壁)

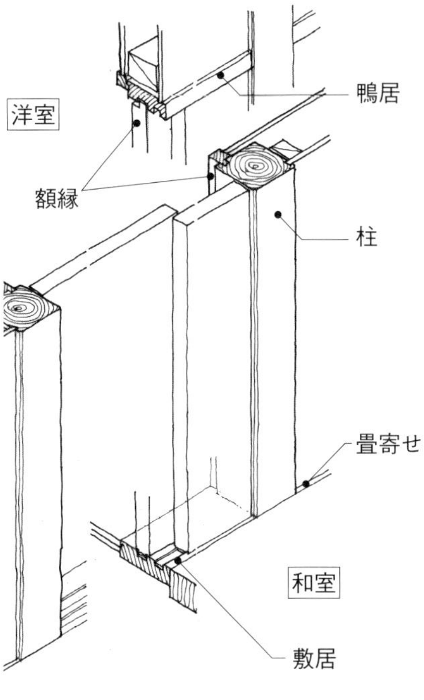

洋室
鴨居
額縁
柱
畳寄せ
和室
敷居

内部の開き戸

開き戸での遮音性と気密性は、建具枠廻りで調整する

開き戸は戸当たりに注意

開き戸は、引き戸と異なり閉鎖しているのが常態となる建具である。枠の形状も戸当たりを必要とするなど、引き戸とは違ってくる。また、真壁や大壁など、取り付く壁の構成の違いや内外の床仕上げの違い、段差がある場合などによっても納まりにさまざまな相違がでてくる。

内外真壁における開き戸の納まりでは、柱に「雇い戸当たり」を入れることになる。柱には塗装を施さないのが一般的であるため、建具の仕上げ材や建具金物の選定には注意を要する。内外大壁では上枠、竪枠(三方枠)を入れることになるが、枠の見込みが大きくなるので狂いのない素姓のよい材を使用する。竪枠に壁の仕上げ材を納めるための小穴を突いたり、枠見込みを小さくしすぎると丁番の木

ネジの保持力が落ちるので注意する。

真壁と大壁の隣り合う部分では、開き戸の取り付けを大壁側とする場合、強度の点などから丁番を柱付けとする。ただし、丁番の持ち出し量の確認をしておかないと、180°開けたとき建具が額縁に当たることがあるので注意する。

内部扉でも、ある程度の遮音性や気密性を求められる場合が多い。そこで、建具内に遮音材を挿入するだけでなく枠との間の隙間にネオプレンゴムやシリコン製の隙間ふさぎを取り付けることになるが、あらかじめこれらが取り付くスペースを考えておくことが肝心である。

逆に、換気のため閉めたままでも空気の流れを得られるように、建具下端を10mmほど短くし、沓摺りや床面との間に隙間をつくることもある。

● 戸当たり
扉の開閉時に、常に一定の位置で扉が止まるよう動きを制御する部分で、柱などに取り付けられる

● 真壁
柱や梁などを見せて納める伝統的な壁。主に和室の壁に用いられる壁仕様

● 大壁
柱と柱の間に間柱を設け、壁で柱を被覆して納める壁。近年の住宅は、ほとんどがこの大壁でつくられている

● 沓摺り
出入口の開き戸やドアの下枠の部分にある部材。木や石などを床面から少し出っ張る形にし、扉の気密性を上げたり、音漏れを防ぐために設ける

開き戸(真壁─真壁)

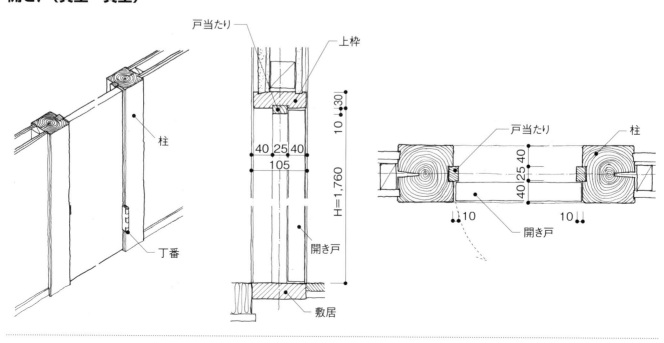

開き戸（大壁―大壁）

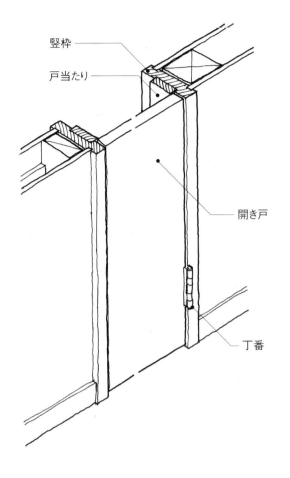

竪枠
戸当たり
開き戸
丁番

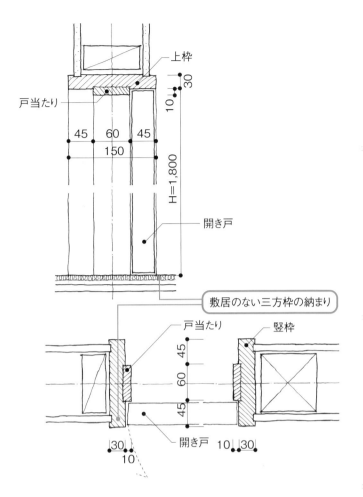

戸当たり
上枠
30
10
45　60　45
150
H＝1,800
開き戸

敷居のない三方枠の納まり

戸当たり
竪枠
45
60
45
開き戸　10　30
30
10

開き戸（大壁―真壁）

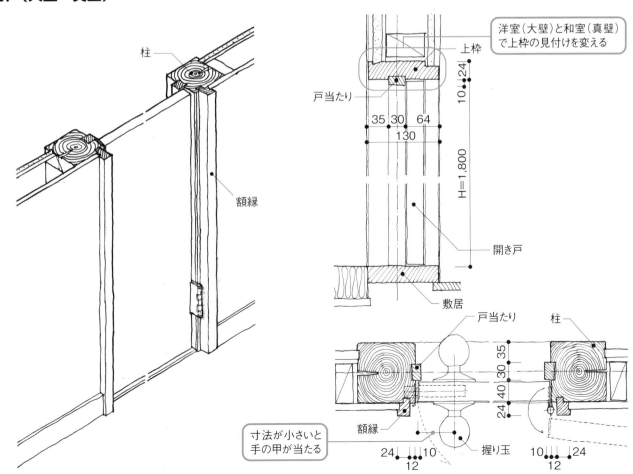

柱
額縁

洋室（大壁）と和室（真壁）
で上枠の見付けを変える
上枠
10　24
戸当たり
35　30　64
130
H＝1,800
開き戸
敷居

戸当たり
柱
35
30
24　40　30
額縁
握り玉

寸法が小さいと
手の甲が当たる
24　10
12
10　24
12

内部の引き戸と引込み戸

重量のある引き戸はフラッターレールと専用戸車を採用する

引き戸の引き方

　和室の引き戸は、風通や場面展開の変化を実現したりするためにも欠かせない。

　一般的な引き戸は、厚さ30mm程度のフラッシュ戸で、ガラスを嵌めこむことがある。移動を円滑にするため、七分溝の敷居に平戸車と呼ばれる底車を用い、大型引き戸の場合はフラッターレールと専用戸車を採用する。また、平戸車を使い耐久性を重視するときは、敷居溝に真ちゅう製の角レールを埋め込むこともある。

引込み戸の納め方

　真壁に引込み戸を納めるときは、100〜115mmの柱寸法内に建具と袖壁見切り材の方立をいかにとるかが重要である。引き込み状態で方立てと建具大手面、戸先をそろえるため、建具を溝止めにしたり、閉めた建具の戸尻と方立の後面がそろうよう寸法取りするなどの方法がある。

　引込み戸は、建具が引き込まれる戸袋部分が収納家具の一部であったり、隣室の間仕切り壁を兼ねることが多いので、戸の枠回りや戸袋口となる枠との関係に注意する。

　開口より大きくなる建具を外せるようにするために、鴨居・敷居に対しては倹鈍で納める。鉛直の枠には枠をずらして建具を入れる場合、片方の枠を外せるようにつくり建具の吊り込みに備える方法、建具枠の戸先を取り外せるよう小口ビス留めにしておく方法などがある。戸袋から引き出しやすくするには、戸先を50〜80mmほど引き残して納める方法と、戸先大手に半回転引き手を取り付けて、戸先面と枠をそろえる納め方がある。

　閉めたときに戸先と竪枠の隙間から光が漏れるのを防ぐには、枠に戸決りを入れる。2本以上の引き戸を戸袋に納める場合には、建具を閉めたときに戸袋口に建具本数マイナス1本分の隙間ができ、戸袋内部の暗がりが出るので、戸袋側の建具の戸尻に竪枠と同材のパネルで戸蓋とする。

　引込み戸の締りは、鎌錠を用いる。これは、枠に取り付けた受け金物に鎌状金物を引っ掛ける仕組みで、サムターン機構ももつ。建具が枠に当たらないと鎌が出てこない、トリガー付きのシリンダー彫込み鎌錠や小型で扱いやすい彫込み鎌錠もある。

● フラッターレール
引き戸金物の一種で、レール全体を床のなかに彫りこんで取り付けるタイプ。V型レールともいい、扉の下に戸車が納まり、V型の金物レールが敷居の代わりに取り付けられる

● 倹鈍
倹鈍とは、収納部の蓋・扉の開閉手段の1つで、上下に溝をつけ、戸や蓋を上げ落としに建て込んだもの

● 戸決り
木造の柱や方立てなどの戸当たり部分に浅い溝を掘ること

● サムターン
ドアの鍵の内側に取り付けられている、錠の開け閉めを行うために使う金具をサムターンという。つまみ部分だけでなく、内鍵自体を指すこともあるが、その場合は「内鍵」と言い換える

引き戸（真壁―真壁）

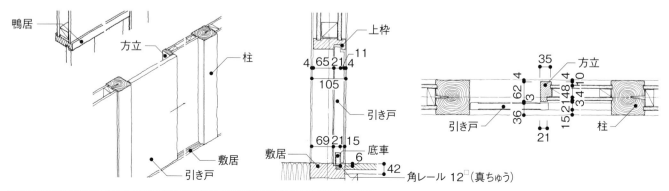

引き戸（大壁—大壁）

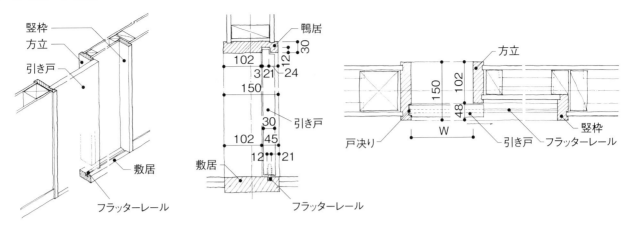

竪枠
方立
引き戸
敷居
フラッターレール

鴨居
30
102
12
24
3 21
150
30
引き戸
102
45
12 21
敷居
フラッターレール

方立
150
102
48
竪枠
W
引き戸
フラッターレール
戸決り

引き戸（大壁—真壁）

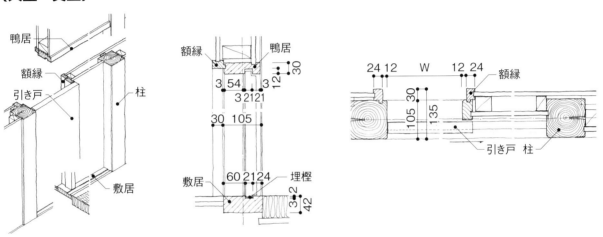

鴨居
額縁
引き戸
柱
敷居

額縁
鴨居
30
3 54 3
12
3 21 21
30 105
埋樫
敷居
60 21 24
3 2
42

24 12 W 12 24
額縁
105 30
135
引き戸 柱

引込み戸（大壁—大壁）

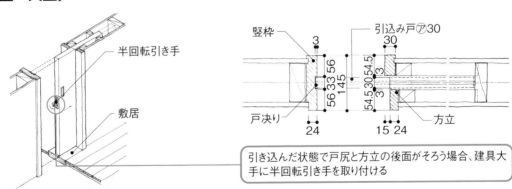

半回転引き手
敷居

竪枠
3
引込み戸㋐30
30
56 33 56
145
3
54.5 30 54.5
3
方立
戸決り
24
15 24

引き込んだ状態で戸尻と方立の後面がそろう場合、建具大手に半回転引き手を取り付ける

引込み戸（大壁—真壁）

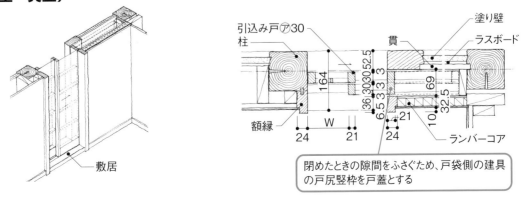

敷居

引込み戸㋐30
柱
額縁
164
W
24 21

塗り壁
貫
ラスボード
36 30 30 52.5
6.5 3 3
69
21
10
24
32.5
ランバーコア

閉めたときの隙間をふさぐため、戸袋側の建具の戸尻竪枠を戸蓋とする

折れ戸と引き戸の可動間仕切り

建具の滑らせ方・戸袋の設け方を検討し、遮音性を考慮した納まりにする

折れ戸の間仕切り

子供室を2つに分けたり、来客時のパーティションとして、また居間と食堂を仕切る簡易間仕切りにしたりするのが折れ戸や引き戸の間仕切りである。遮音性を確保するには適切ではないが、空間利用が柔軟になる。

折れ戸は、天井や鴨居に仕込んだレールから吊り下げられ連続するパネルを専用の丁番を介し、床面に埋め込まれたガイドに沿わせて折りたたみ、開閉を行う間仕切りである。広い開口部でも、パネルの枚数を増やして対応でき、パネルがフラットに納まるため、壁に近い表情にできる。ただし、閉めるときに、山型に折れた丁番の隙間に指を挟む可能性があるので、注意しなければならない。

戸建て住宅向けに製品化された折れ戸用の金物類は、比較的脆弱なものが多い。そのため、建具に反りなどが生じない材質で、建具重量限界を守り、吊りレールとローラー、ピボットなどを慎重に取り付ける必要がある。

引き手や締りは、一般的には一連の折れ戸用システム金物に含まれていない。建具を固定しておいたり錠として使用できる落し金物「彫込みボルト」など、日常の使い勝手を考慮しながら選定することになる。なお、扉表面を塗装仕上げとする場合は、手アカなどの汚れ対策をしておく。

引き戸の間仕切り

引き戸形式の間仕切りは、床面に面一に納めたフラッターレールの上にレール専用戸車を仕込んだ建具を滑らせるものである。遮音性を高めたい場合は引き分け形式とし、建具周囲にピンチブロックなどの隙間ふさぎ材を取り付け、召合せを印籠縁にする。さらに、建具内部に遮音石膏ボードを下地材とし、ロックウールを充填するなどするとよい。

● 面一
面一とは、2つの面の間に段差がなくフラットな状態であること。建築では、突き合わされた部材に段差がないことを指す

● 印籠縁
襖の縁の内側に骨が入るように削りとられ、縁がくわえ込む形の縁を指す。ホゾの違いなどにより、本印籠、皿印籠、片印籠の3種がある

可動間仕切りの導入例

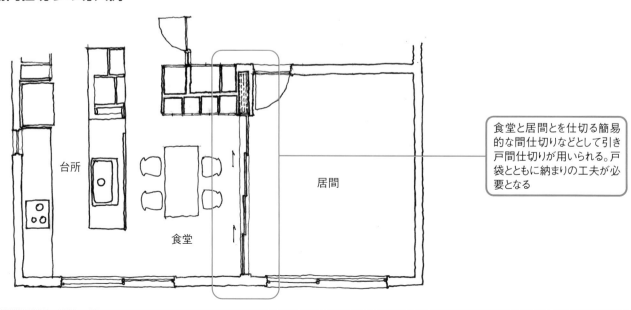

台所

居間

食堂

食堂と居間とを仕切る簡易的な間仕切りなどとして引き戸間仕切りが用いられる。戸袋とともに納まりの工夫が必要となる

折れ戸の構成と納まり

①アイソメ図

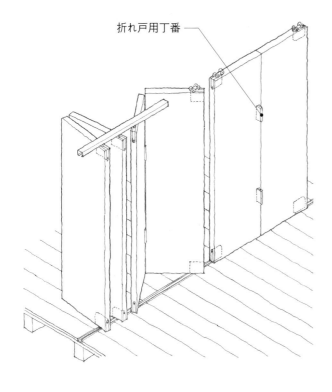

折れ戸用丁番

②断面図

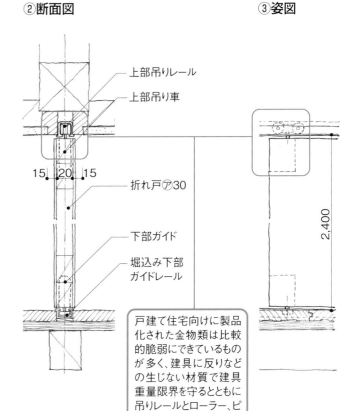

上部吊りレール
上部吊り車
15 20 15
折れ戸⑦30
下部ガイド
堀込み下部ガイドレール

戸建て住宅向けに製品化された金物類は比較的脆弱にできているものが多く、建具に反りなどの生じない材質で建具重量限界を守るとともに吊りレールとローラー、ピボットなどを慎重に取り付ける必要がある

③姿図

2,400

可動間仕切りの構成と納まり

①アイソメ図

フラッターレールの上にレール専用戸車を仕込んだ建具を滑らせる

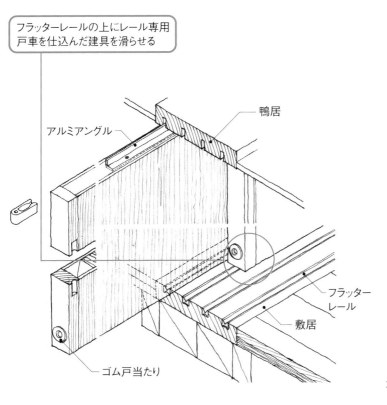

アルミアングル
鴨居
フラッターレール
敷居
ゴム戸当たり

②断面図

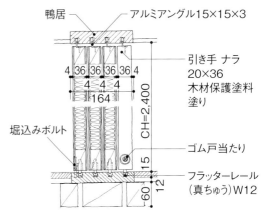

鴨居
アルミアングル15×15×3
4 36 36 36 4
4 4 4
164
引き手 ナラ 20×36 木材保護塗料塗り
堀込みボルト
CH=2,400
ゴム戸当たり
15
フラッターレール（真ちゅう）W12
60 12

③平面図

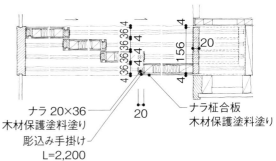

4 36 36 36 4
4 4
156
20

ナラ 20×36
木材保護塗料塗り
彫込み手掛け
L=2,200
20
ナラ柾合板
木材保護塗料塗り

内部の防音扉

扉の材料や枠廻りで適度な防音性能は得られる

軽い遮音にも応える

住宅内でも間仕切り建具に遮音性が求められることがある。それは、リスニングルームなどのように完璧な遮音性を確保するために、グレモン錠を備えたり、複雑な断面の枠形状を要する防音開き扉を設けたりする場合に比べて、やや軽度の防音である。たとえば、少し音が漏れる程度の遮音や、家のなかで気配が感じられるよう、または適度な音量で楽器の音を届けられるような程度の、防音扉を用いるような場合である。

扉の枠の納まりは、通常の開き戸と基本的な差異はないが、上枠、竪枠の三方枠にだけでなく、沓摺りにも戸当りを設け、戸当り部分の見付けを通常より大きく15㎜とし、扉の間に隙間ふさぎのネオプレンゴムが入る7㎜程度のスペースを確保する。

扉は、内部に遮音石膏ボードやグラスウールを入れるが、戸厚や重量が増すことになるため、丁番を3枚吊りとし、枠扉ともに罫書きを行ったうえでしっかりとした吊り込みができるよう枠見付を大きめにとっておく。

引き戸、引込み戸は、四周の隙間部の延長が長くなりがちで、防音性能をもたせるのが難しい。建具の内部構成は開き戸と同様であるが、枠廻りだけでなく召合せ部、印籠納めとする中央の召合せ部などに隙間ふさぎ材を取り付け、建具の重量に応じたフラッターレールと専用戸車、引き手の納まりに十分注意する。

扉の錠は通常のインテグラル錠(シリンダー錠)を使うが、引き寄せ動作を伴うこともあるので、取手はレバーハンドルとし、所定の戸厚に対応し、ガタのこないしっかりしたものを選定する。

● グレモン錠
ハンドルを回すことで、戸や窓の上下と大手の3方にロッドを突き出して戸締りするタイプの錠前で、一般の住宅では使用されない

● 罫書き
加工に必要な線や点を部材にしるすこと

● 召合せ部
扉と扉の合わせ部のこと

防音扉の構成と納まり

①アイソメ図

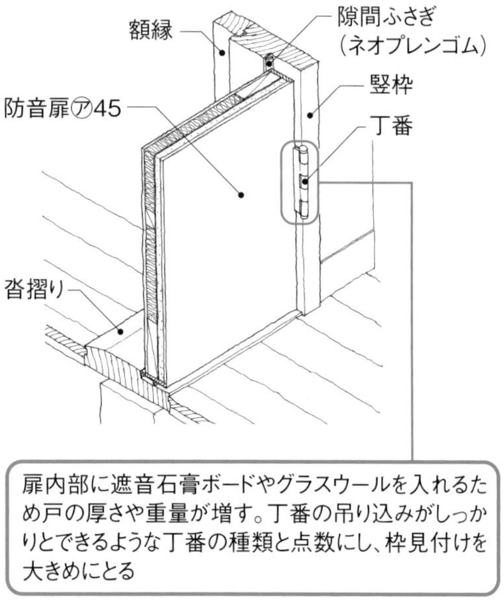
額縁
隙間ふさぎ
(ネオプレンゴム)
竪枠
防音扉㋐45
丁番
沓摺り
扉内部に遮音石膏ボードやグラスウールを入れるため戸の厚さや重量が増す。丁番の吊り込みがしっかりとできるような丁番の種類と点数にし、枠見付けを大きめにとる

②断面図

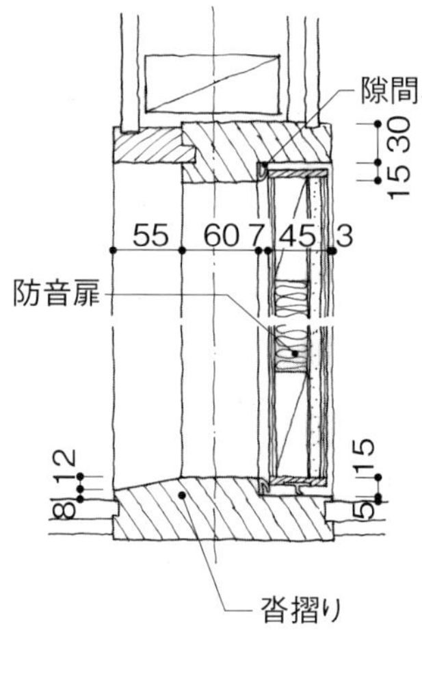
隙間ふさぎ
15 30
55
60 7 45 3
防音扉
8 12
5 15
沓摺り

③姿図

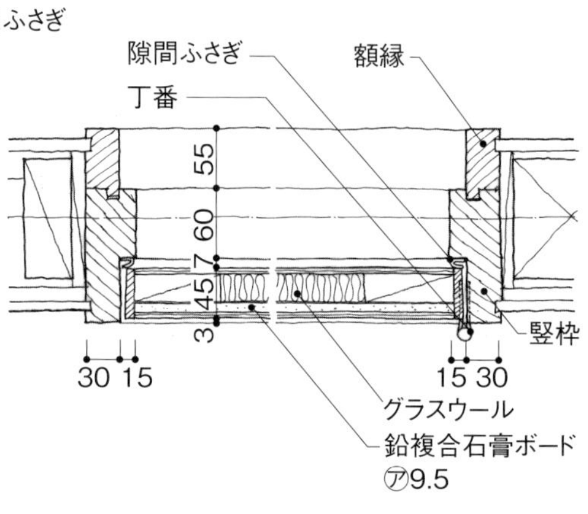
隙間ふさぎ
額縁
丁番
55
60
7 45
3
竪枠
30 15
15 30
グラスウール
鉛複合石膏ボード
㋐9.5

浴室扉

水に接する扉は耐水性と水切のディテールを考える

水対策を念入りに

浴室扉は水廻りの建具のなかでも、耐水性や腐りにくさ、狂いのなさがとくに求められる。アルミ製の既製品建具が使われることが多いが、人が裸のまま触れるものであり、木製の扉の導入も視野に入れておくとよい。

建具材は、枠廻りと同様にヒノキ、ヒバやサワラなどを選定し、木部の塗装には表面に膜をつくらない浸透性の耐水塗料を使用する。丁番、錠、引き手、ドアハンドル、レールや戸車などの金物は、さびのこないステンレス製とし、錠は非常解錠装置付きとする。

浴室には換気装置が付くため、扉に給気ガラリを忘れてはならない。框戸にガラスやアクリル板を嵌める場合には、取付け溝幅を大きめにとり、シーリングは浴室側に打つ。軽く枠への負担が少なく、うっかり手をついても割れないためアクリル板(乳白色)がよく使われる。下桟と竪框の下端は、浴室側にテーパーをとっておくことで水切りがよくなる。

ガラス単板の開き戸も考えられる。これは強化ガラスと水廻りにも使える自動閉止機構を内蔵した丁番を利用する。強化ガラスは万が一割れても、鋭利な破片とならない。ガラスを透明にしない場合は、タペストリー加工を脱衣室側面に施し、半透明状にする。

ガラスのサイズや厚みの決定にあたっては、ヒンジに応じた扉の回転軌跡をみて干渉する部位がないかを確かめる。また、ドアハンドルを含め所定の位置に取付け用の穴などの加工をあらかじめ指示しておく。

● 給気ガラリ
ガラリとは、ブラインドの桟を固定させた扉を指す。洗面所や浴室、クロゼットの扉に用いられることが多い。ブラインド状の羽根板を平行に取り付けて、視線を遮り、通風をしやすくする。また、ルーバーをさすこともあり、羽根は可動のものと固定の物がある

● テーパー
傾きや勾配のこと

● タペストリー加工
タペストリー加工とは、ガラスの表面に圧縮空気で砂を吹き付け、すりガラス状にするもので、サンドブラスト加工方法ともいう。ガラス表面を一様に細かく荒らして、すりガラス状にしたものにフッ酸処理し、半透明なガラスにする加工

浴室強化ガラス扉の構成と納まり

①アイソメ図

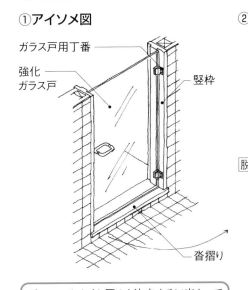

②断面図

③平面図

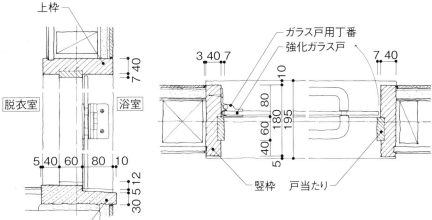

> ガラスのサイズや厚みを決定するに当たっては、ヒンジに応じた扉の回転軌跡を確認、干渉する部位がないかを確かめ、ドアハンドルを含め所定位置に取付け用の穴などの加工を指示しておく

欄間の納まり

欄間に内倒し窓や横辷り窓を設けて換気する

欄間の役割と種類

天井と鴨居の間に設けられた開口を一般に欄間と呼ぶ。和室の欄間は、もともと通風・採光のためのものであるが、透かし彫りの板、格子や障子が入り、意匠として重要な演出要素となっている。間仕切り欄間には、筬欄間、組子欄間、板欄間、障子欄間などがあり、欄間の開け方によって、塗り回し欄間、通し欄間、角柄欄間などがある。さらに装飾ごとに多様な種類の欄間がある。

洋室の欄間では出入口の枠のなかに組み込まれ、ガラスをはめ殺しにしたりすることもあるが、外気に接する部分が部屋の1面しかとれない場合などは、外からの空気の流れを生み出せるよう、開閉めできる建具を入れることになる。

欄間の納まり

欄間の開閉方式は、内倒し窓や横辷り出し窓などがある。それぞれ、開け放したままにすることができるメカニズムの建具金物と、キャッチ錠などの締りが不可欠である。

欄間に使う内倒し窓は、中鴨居に丁番を取り付ける水平開き戸で、一定の角度で開放しておくことができる「押し」と呼ばれるストッパーや、上桟に付けるキャッチ錠を利用するもので、建具は、ガラス框戸やフラッシュ戸である。

横辷り出し欄間窓は、同じく水平方向に開くものである。建具の両サイドにホイトコを取り付ければ、建具を自由な角度で止めておくことができる。枠への取付けは、竪枠に面付け、建具両側面に深さ8mm程度の決りを入れ、金物が見えにくいように取り付ける。これは丁番を用いないために中鴨居が不要で、下の出入口の建具と一体に見えるよう、面一に立て込むこともできる。

横辷り出し欄間窓は上開きにも下開きにも使えるが、下開きの場合、建具が重すぎると自然に閉じてしまうことがあるので、ガラス欄間窓とする場合などでは要注意である。

● ホイトコ
木製建具用金物の1つで、木製突出窓の両サイドにつける開閉金具をいう。小窓などで使うと、自由な角度でとめることができる

欄間の種類

塗り回し欄間①

塗り回し欄間②
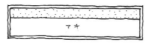

角柄欄間

幕板欄間

筬欄間

組子欄間

板欄間(透かし欄間)

障子欄間
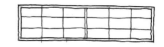

内倒し窓(押し倒し金物)

①アイソメ図

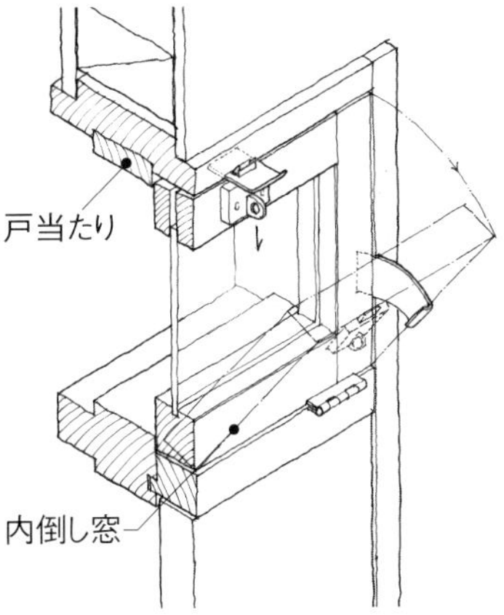
戸当たり
内倒し窓

②断面図

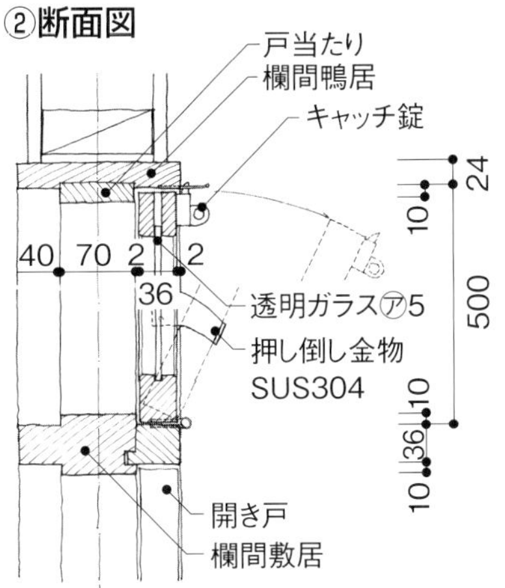
戸当たり
欄間鴨居
キャッチ錠
24
10
500
10
36
10
40
70
2
2
36
透明ガラス㋐5
押し倒し金物
SUS304
開き戸
欄間敷居

横辷り出し欄間窓(ホイトコ金物)

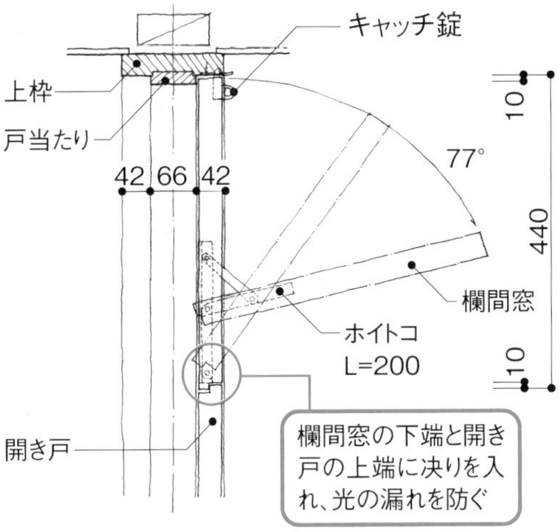
キャッチ錠
上枠
戸当たり
42
66
42
77°
10
440
10
欄間窓
ホイトコ
L=200
開き戸
欄間窓の下端と開き戸の上端に決りを入れ、光の漏れを防ぐ

塗り回し欄間の構成と納まり

①アイソメ図

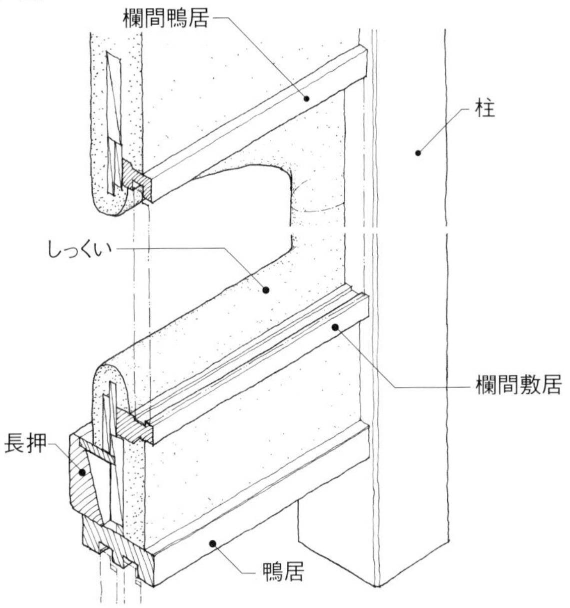
欄間鴨居
柱
しっくい
欄間敷居
長押
鴨居

②断面図

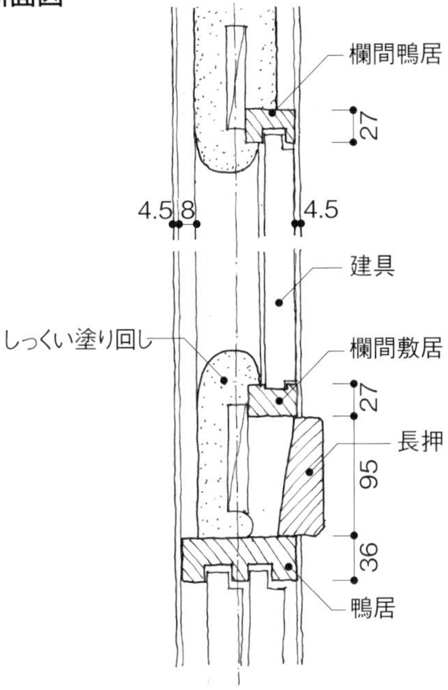
欄間鴨居
27
4.5
8
4.5
建具
しっくい塗り回し
欄間敷居
27
長押
95
36
鴨居

欄間のバリエーション

①引違い戸を設けたもの

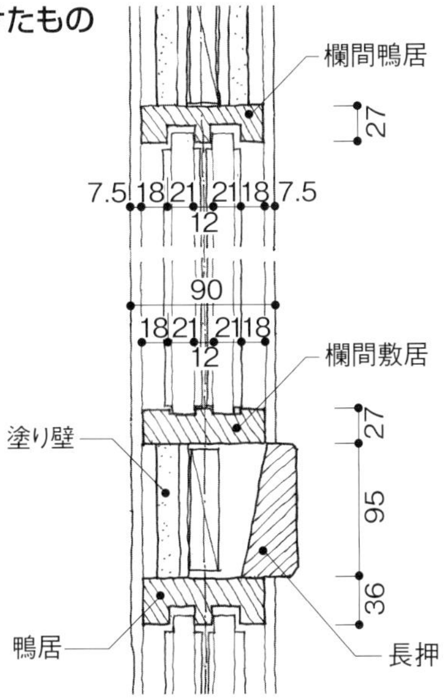
欄間鴨居
27
7.5
18
21
21
18
7.5
12
90
18
21
21
18
12
欄間敷居
27
塗り壁
95
36
鴨居
長押

②筬欄間

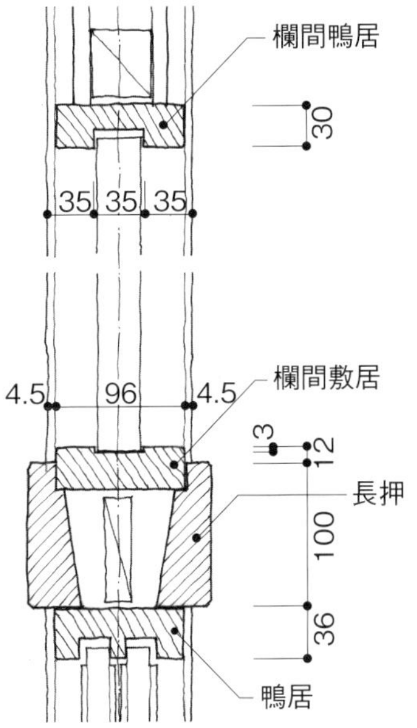
欄間鴨居
30
35
35
35
4.5
96
4.5
欄間敷居
3
12
長押
100
36
鴨居

間仕切り建具の出隅・入隅

動く間仕切り建具同士の出隅や入隅は立体的に考える

隅部の立体的な納まり

　来客を迎えたり、季節ごとの部屋の使い勝手に変化を与えたり、暮らしにバリエーションをもたらそうとしたりするとき、状況に応じて室内空間にさまざまな演出効果を与えることが必要になる。そのとき、間仕切り建具は重要な道具立てとして活躍する。

　間仕切り建具を有効に使うためには、場面転換に力を発揮する「動く建具」がどこに引き込まれていてどのようにしまわれるか、建具どうしがいかにつながり、いかにぶつかるかなどをよく考慮したプランが大切になる。

　これらの建具には引き戸が多く使われるが、平面的に動き、開いたり閉まったりするだけでなく、直交方向に動く建具にもつながるとなれば、そこに立体的な出隅や入隅を形づくることになる。そういった納まりからは、視界の広がりを伴った室内風景が生まれることになる。

　天井高いっぱいの引き戸は、パネルに反りのこない素材と仕上げ材を選定し、床面に埋め込んだフラッターレールとこれに対応した戸車を使う。こうすれば間仕切り建具が戸袋にしまわれて見えなくなった場面にも備えることができる。

引き戸の出隅・入隅が出る場面

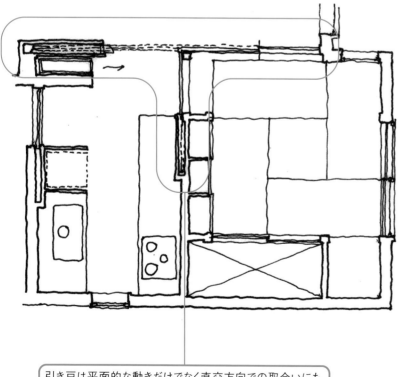

引き戸は平面的な動きだけでなく直交方向での取合いにも関連し、立体的な出隅や入隅が出てくる

引込み戸を開放した状態

引き戸の取合い例

平面詳細図

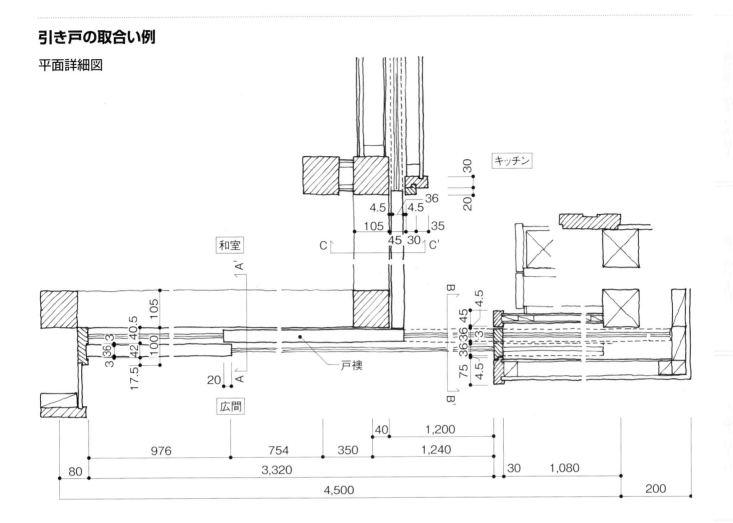

キッチン

和室

戸襖

広間

欄間のバリエーション

①A-A'断面図

②B-B'断面図

③C-C'断面図

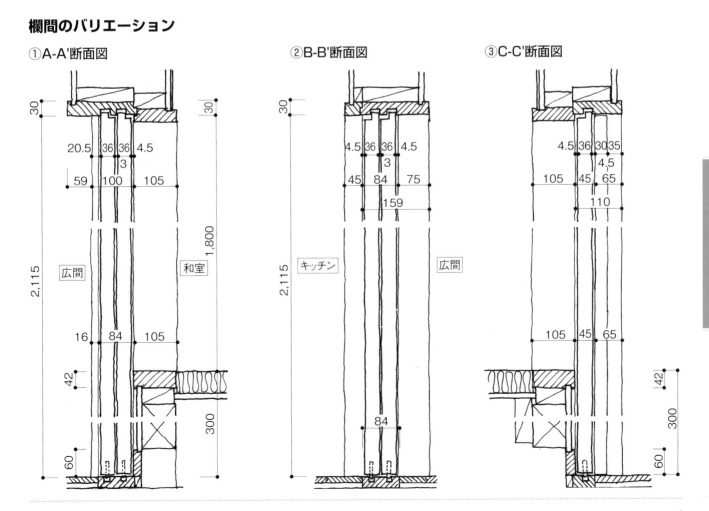

外部開口部（開き戸）

個々の建具金物は建具本体と一体となって、扉の性能を決める

外部開口部の役割と種類

外壁に設けられる開口は、人やモノの出入りを主とする開口と、外から日光を入れ、通気・換気をする開口に分けられる。これら建具の開閉方式は、開き戸方式と引き戸方式に大別でき、出入口の建具は外開き戸・内開き戸・引き戸・引込み戸などである。

扉の性能を左右する金物

開き戸の開閉を支えるのは、回転軸を受けもつ丁番や軸吊り金物のほかに、締り錠やハンドルといった建具金物である。それらは建具本体と一体化して、断熱・遮音・気密性、水密性などの物理的特性と採光、通気、視線の調節機能を発揮するため、開き戸の性能は金物の選定によって大きく左右される。

また、錠の選定取付けは防犯性能を高めておくうえでも重要な要素である。丁番の材質、寸法と数量、正しい取付け方を的確に指示しておくことは、開き戸のすべての機能を十分に果たすための基本である。

玄関扉などの出入口扉は、重く幅も広いため、ステンレス製とし、3枚吊り丁番とすべきである。これによって耐久力が倍以上となるだけでなく、建具の反り防止ともなる。

扉に使う金物

金物類はすべて、建具の製作にかかる前に決定しておく必要がある。注文時には、建具の大きさや開き勝手を伝えて選定する。框の各寸法、戸厚、重量や錠の性状などを考えずに進めてしまうと、後からは取り付けができないという状況を招くこともある。

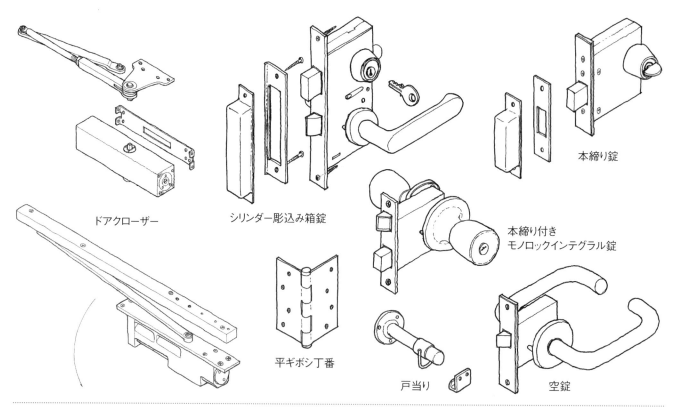

ドアクローザー

シリンダー彫込み箱錠

本締り錠

本締り付き
モノロックインテグラル錠

平ギボシ丁番

戸当り

空錠

扉金物の選定

①外開き扉の場合

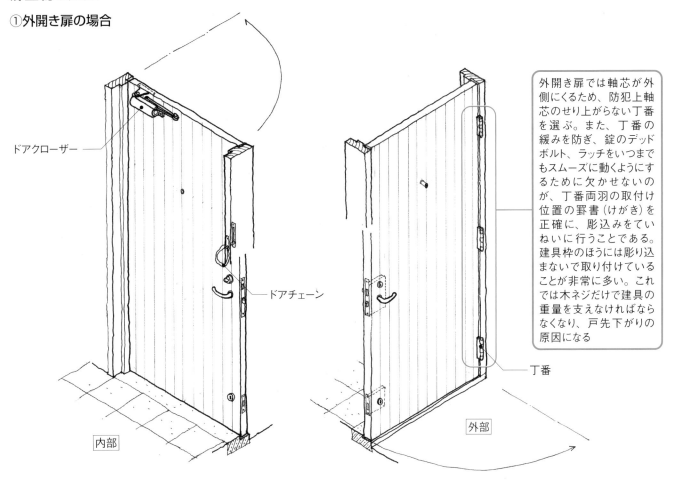

ドアクローザー

ドアチェーン

内部

外開き扉では軸芯が外側にくるため、防犯上軸芯のせり上がらない丁番を選ぶ。また、丁番の緩みを防ぎ、錠のデッドボルト、ラッチをいつまでもスムーズに動くようにするために欠かせないのが、丁番両羽の取付け位置の罫書（けがき）を正確に、彫込みをていねいに行うことである。建具枠のほうには彫り込まないで取り付けていることが非常に多い。これでは木ネジだけで建具の重量を支えなければならなくなり、戸先下がりの原因になる

丁番

外部

②内開き扉の場合

ドアクローザーを取り付ける場合は、油圧シリンダーの反力がかかるので最上部の丁番近くに補強用丁番を入れておく

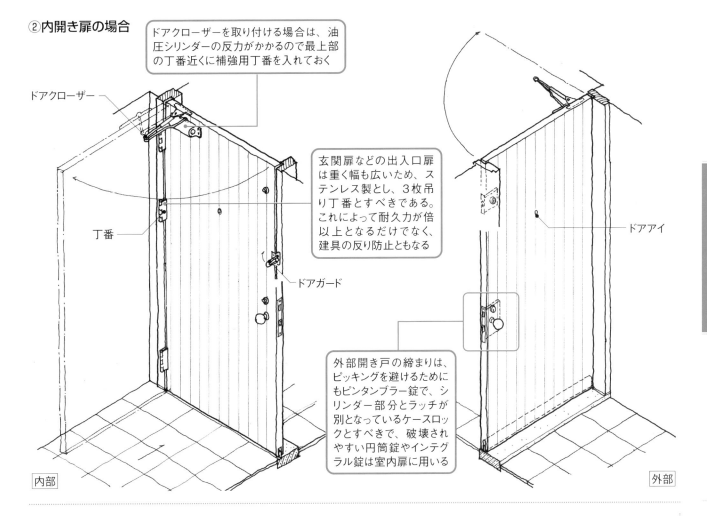

ドアクローザー

丁番

ドアガード

内部

玄関扉などの出入口扉は重く幅も広いため、ステンレス製とし、3枚吊り丁番とすべきである。これによって耐久力が倍以上となるだけでなく、建具の反り防止ともなる

ドアアイ

外部開き戸の締まりは、ピッキングを避けるためにもピンタンブラー錠で、シリンダー部分とラッチが別となっているケースロックとすべきで、破壊されやすい円筒錠やインテグラル錠は室内扉に用いる

外部

内外の開口部と建具

外部開口部（引き戸）

木製の引き戸は、引き戸用金物とその納まりをおさえる

木製引き戸にまつわる金物

外部の引き戸は、近年ではアルミサッシの採用が圧倒的に多い。アルミ押出し材のサッシバーによるノックダウン方式で組み立てられる外部建具は、かつてないほど気密性を与えてきた。

しかし、毎日のように人の手に触れ、目に触れる住宅の開口部には、豊かな表情と温かさを与えたいところである。そこで木製の引き戸建具に取り組む場合には、各種引き戸用建具金物とその納まりを知っておくことが必要不可欠である。

外部引き戸に使う金物

外部引き戸金物として一般的なのはレール、戸車、ドアハンガー、引き手と各種締りである。玄関の引違い戸や引込み戸のレールは、敷居の御影石にステンレス製角型レールを埋め込み、ステンレス製袖平型戸車などを使用。レールの端は竪枠との間を20㎜程度

あけ、土間の洗い水の排水に備える。
ほかには次のような金物がある。

シリンダー鎌錠：外から施錠ができるシリンダー錠。鎌を出したまま戸を引いても鎌部分が壊れないようにトリガー付きものを選ぶ。

中折れネジ締り：引き戸の中央召合せ部に設置する。複層ガラスなどで戸厚が45㎜ともなると、対応する締りが限られてくる。

半回転引き手：戸袋から建具を引き出す。

鎌錠：片引き戸の締りで、枠の受け金物に鎌を引っ掛けて施錠する。

彫込みボルト：小型の落し錠。雨などで受けに水が溜まるので、水抜きとしておく。

取手：建具の竪框に埋め込むタイプ。

戸車：レール形状に応じて形状を選ぶ。

レール：ステンレス製で、耐久性・耐候性が高い。

真ちゅう製ノイズレスレール：戸車との接触面に釘を打たずに設置するため引き戸の移動音が静か。ベースが広がっているため歪みにくい。

外部引き戸に使う金物

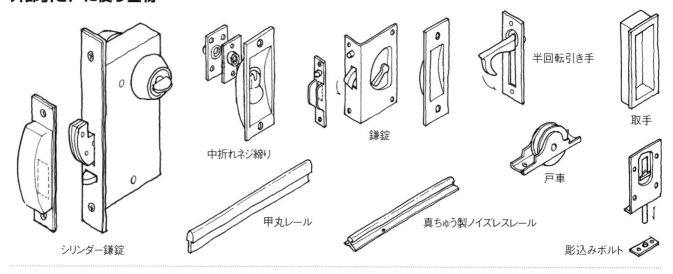

シリンダー鎌錠　中折れネジ締り　甲丸レール　鎌錠　真ちゅう製ノイズレスレール　戸車　半回転引き手　取手　彫込みボルト

木製玄関建具の構成と納まり

①アイソメ図

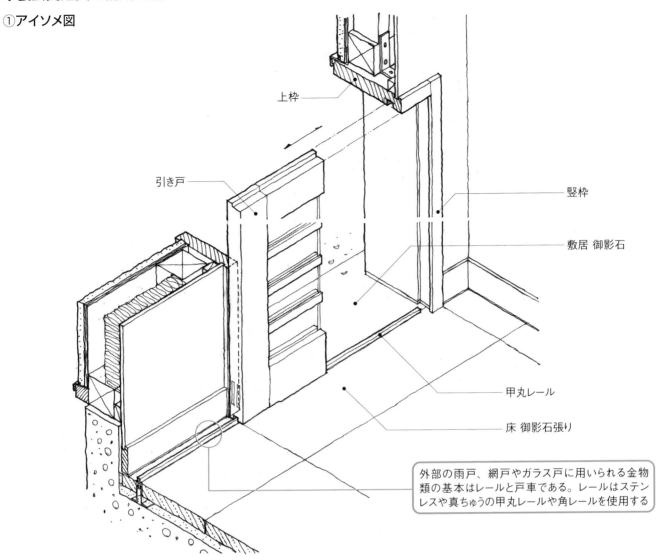

上枠

引き戸

竪枠

敷居 御影石

甲丸レール

床 御影石張り

外部の雨戸、網戸やガラス戸に用いられる金物
類の基本はレールと戸車である。レールはステン
レスや真ちゅうの甲丸レールや角レールを使用する

②平面・断面詳細図

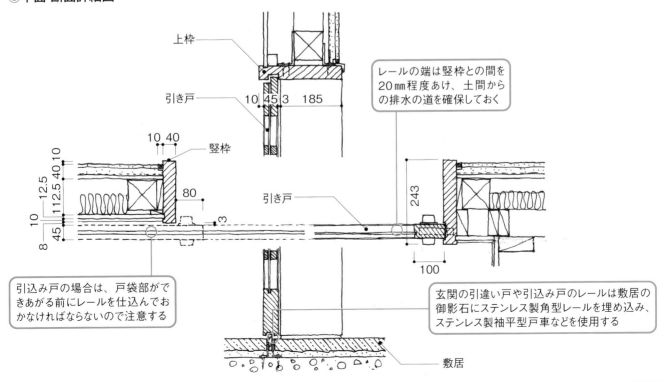

上枠

引き戸

竪枠

引き戸

レールの端は竪枠との間を
20mm程度あけ、土間から
の排水の道を確保しておく

引込み戸の場合は、戸袋部がで
きあがる前にレールを仕込んでお
かなければならないので注意する

玄関の引違い戸や引込み戸のレールは敷居の
御影石にステンレス製角型レールを埋め込み、
ステンレス製袖平型戸車などを使用する

敷居

外部開口部の雨仕舞い

開き戸は枠廻りで、引き戸では立上がりを設けることで雨仕舞いをとる

開き戸では立上がりが重要

外部開口部に求められる機能や性能のなかで重要なのは雨仕舞だが、これに関して、建具と開口部の接する部位である枠廻りの納まりが大切である。開き戸、引き戸いずれの場合も敷居（下枠、沓摺り）と、三方枠といわれる鴨居と竪枠が水密性のある状態を確保できているかによって性能が決まる。

開き戸の枠廻りでは、三方枠に戸当りを設ける。外開きの場合は下枠にも戸当りを設けたり、内開きの場合は建具下部や下端に水切やシール材が上下する特殊金物を取り付けることになる。内開き戸では、開けたときに室内側の土間水勾配のため戸先が床に当たらないよう敷居との隙間を大きくとっておかなければならないので、注意を要する。

気密性をさらに高めるためには三方枠にネオプレンゴムやシリコン製の気密材を取り付けるが、これは雨仕舞いの観点からも有効である。

引き戸の枠廻りでは、気密性をよくするため、三方枠のうち竪枠に深さ３㎜程度の戸決（とじゃく）りを設け、敷居には1/10以上の水勾配と15㎜程度の水返しの立上がりをとるのが基本である。ていねいな納まりとして立上がり下部に小さくエアスペースをとっておくと、より有効な雨仕舞いとなる。

一筋（ひとすじ）雨戸を設ける場合は、敷居をさらに１段15㎜落として設け、戸袋内に排水口を用意するとともに、敷居溝の雨水を排除するため敷居外樋端に水抜きをつくる。外部引き戸の場合、雨戸、網戸、ガラス戸と建具数が増すとともに枠の持出し寸法が大きくなり、敷居だけでなく、上枠上部の防水、水切をしっかりとしたものとする。

三方枠
主に開き戸、または戸無しの開口部を作成する際に壁に取り付ける枠材をさす。ドアを取り付けるためや、ぶつかりやすい開口部を傷めないために取り付けられる。竪枠と上枠（鴨居）で構成され、下枠（敷居）がないため床仕上げ材を部屋間でフラットな構造にすることができる

ネオプレンゴム
クロロプレンの重合によって得られる合成ゴムがクロロプレンゴム（略称CR）だが、その商品名がネオプレン。アメリカのデュポン社が開発した。耐候性、耐熱性、耐油性、耐薬品性は天然ゴムよりすぐれ、加工も容易。主な用途としては難燃性部品関係、一般工業用品、コンベアベルト、接着剤、ベヤベルト、ロール、ライジング、ウェットスーツ、電線被覆など

外開き扉の水仕舞い

①アイソメ図

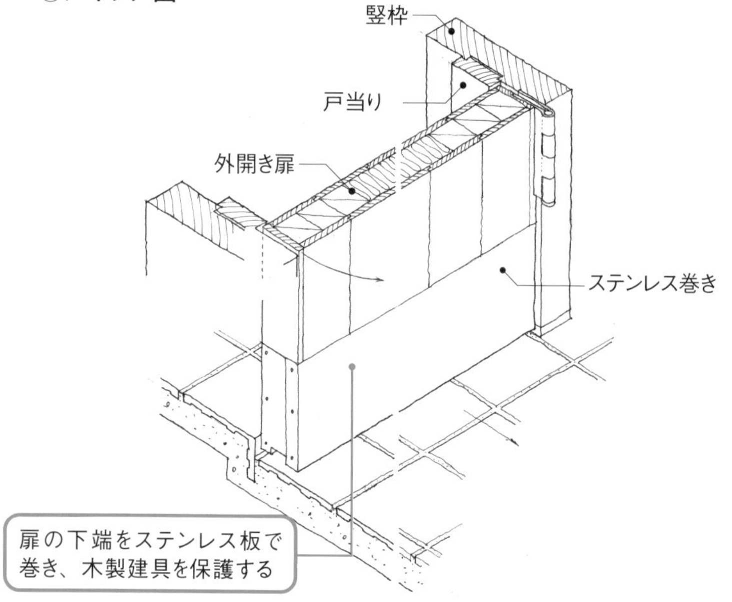
竪枠
戸当り
外開き扉
ステンレス巻き
扉の下端をステンレス板で巻き、木製建具を保護する

②断面図

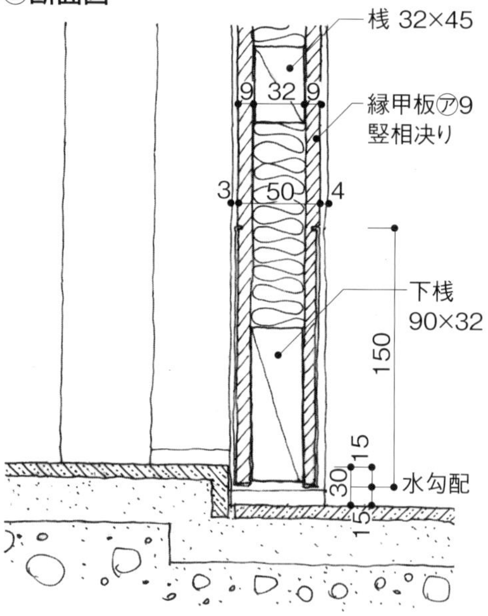
桟 32×45
9
32
9
縁甲板㋐9
竪相決り
3
50
4
下桟
90×32
150
15
30
15
水勾配

外部開口部の雨仕舞い例

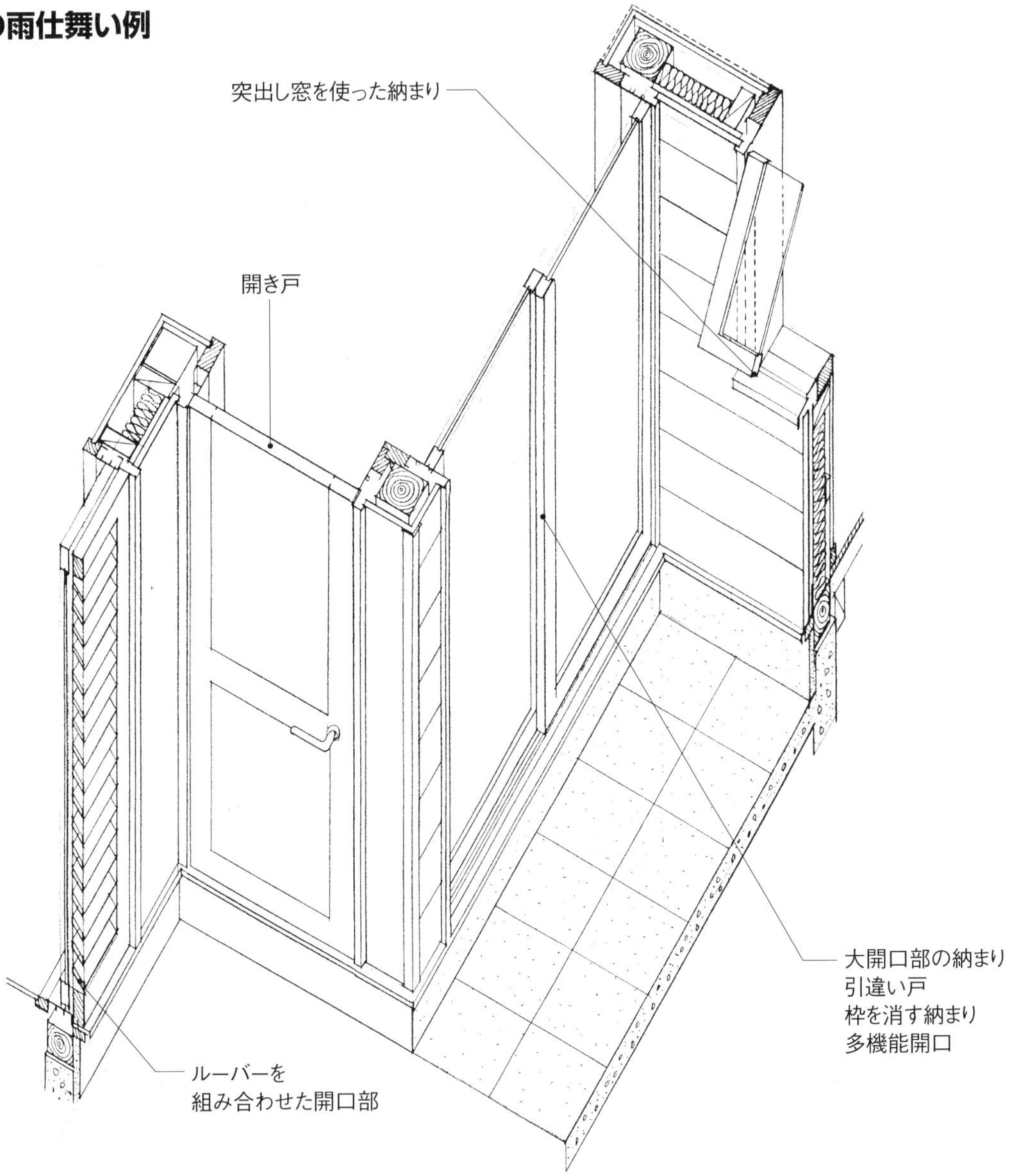

突出し窓を使った納まり
開き戸
大開口部の納まり
引違い戸
枠を消す納まり
多機能開口
ルーバーを
組み合わせた開口部

内開き扉の水仕舞い

①アイソメ図

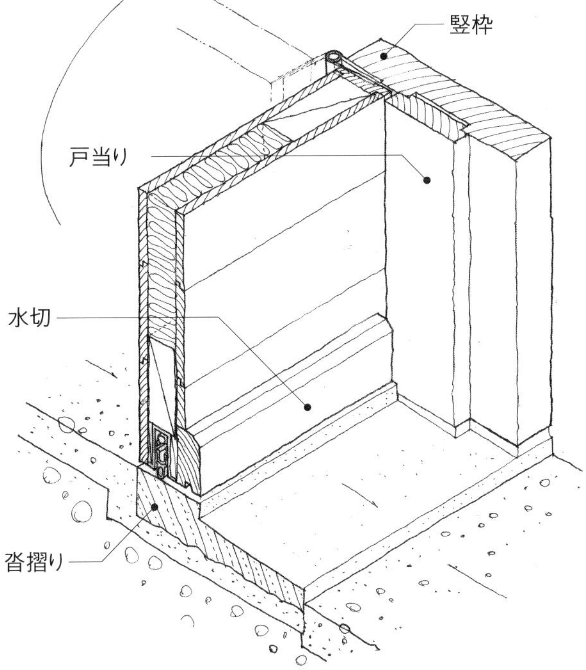

竪枠
戸当り
水切
沓摺り

②断面図

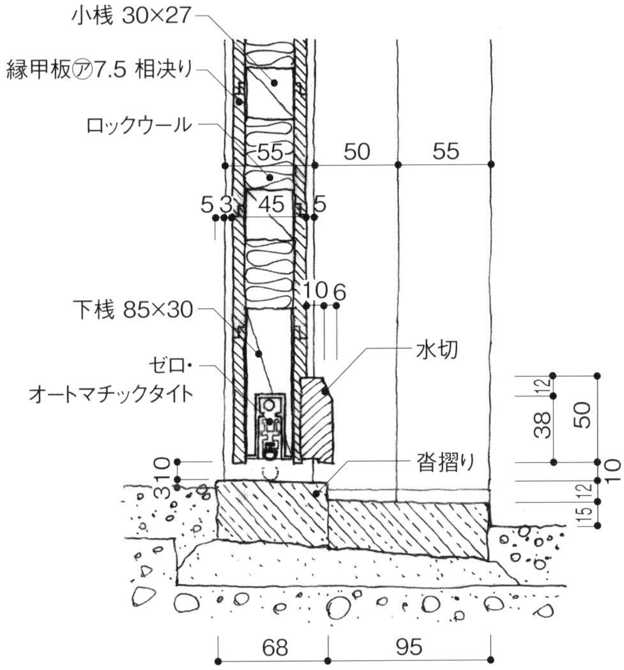

小桟 30×27
緑甲板㋐7.5 相決り
ロックウール
下桟 85×30
ゼロ・
オートマチックタイト
水切
沓摺り
55
50
55
45
10
6
12
38
50
10
12
15
68
95

アルミサッシの取合い

アルミサッシは、多くの外壁材に対応できる半外付けタイプが主流である

納まりの分類

　既製品の住宅用アルミサッシを納まりの面からみると、枠の形状によって、内付けサッシ、外付けサッシ、半外付けサッシに分けられる。各メーカーは開き窓、引違い窓をはじめあらゆる開閉方式のサッシでも共通の枠材で対応できるよう考え、外壁仕上げ材との取合いを含めて構造体への取付け方法をカタログなどで分かりやすく案内している。

　また各種性能や表情、機能などとともに寸法上のバリエーションがある。各社ともその選択の範囲は豊富で、真壁、大壁問わずさまざまな壁面開口に対応させている。

雨仕舞いと見え方

　通常、木造建築におけるサッシは、ビスを使って躯体に直接固定され、外壁仕上げ材に対しては防水材やシーリング材を介して接続される。このとき、通気層を確保しながら、防水テープでサッシアングル、防水シート、水切金物など接続部をしっかりと留め、雨仕舞いに十分配慮することが重要である。

　内付けサッシとは、躯体内側にすっぽりと納まるもので、三方外額縁の取付けと下端に水切が必要となる。そのため、特に外壁との取合いが難しい。

　外付けサッシは、真壁で使われることが多い。室内側にサッシ枠を見せない納まりができ、紙貼り障子も納めやすい。大壁での取付けでは、室内の仕上げ材や木枠に対してアングル金物で対応することが一般的だが、室内側の部材を樹脂系に変えて結露防止と金属の冷たい質感を避けようとする製品もある。

　半外付けサッシは、サッシ枠が多くの外壁材に直接対応できる外額縁を兼ねているため、扱いやすい。最も採用の多い一般的なタイプである。

アルミサッシの種類

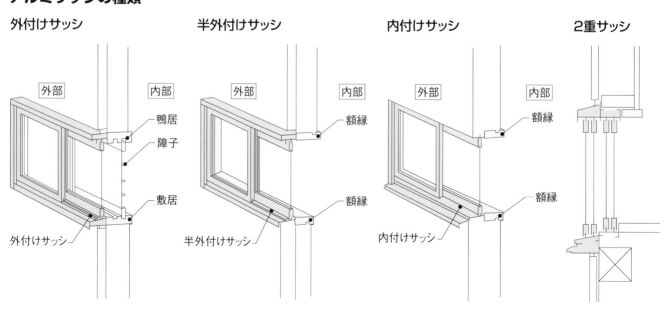

外付けサッシ　　半外付けサッシ　　内付けサッシ　　2重サッシ

外部　内部　鴨居　障子　敷居　外付けサッシ

外部　内部　額縁　額縁　半外付けサッシ

外部　内部　額縁　額縁　内付けサッシ

半外付けアルミサッシの取付けと納まり

①アイソメ図

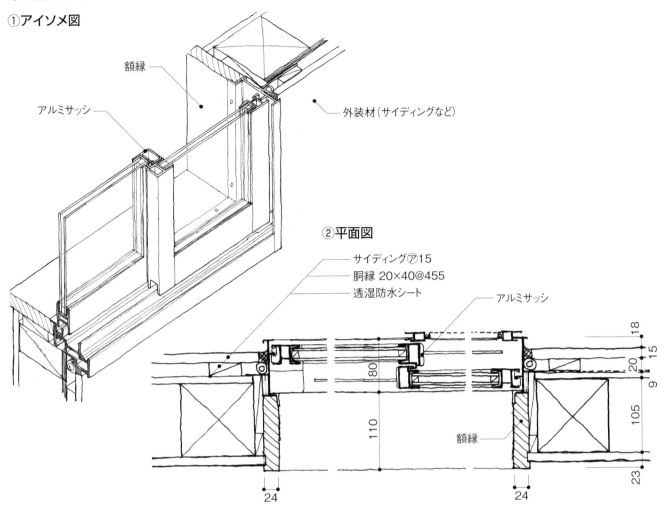

- 額縁
- アルミサッシ
- 外装材（サイディングなど）

②平面図

- サイディング㋓15
- 胴縁 20×40@455
- 透湿防水シート
- アルミサッシ
- 額縁

18 / 15 / 20 / 9 / 105 / 23

80 / 110

24 / 24

半外付けと外付けの納まりの違い

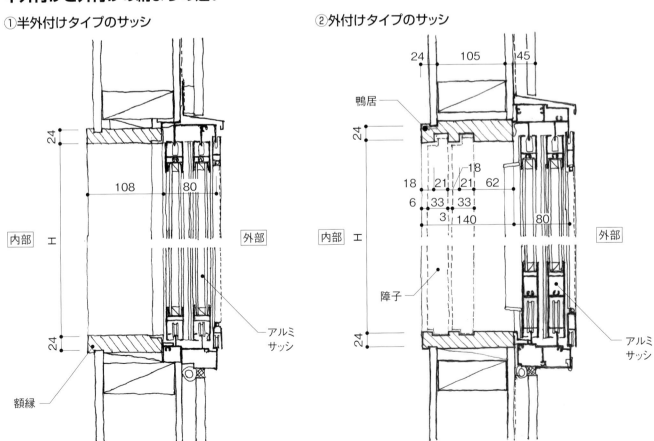

①半外付けタイプのサッシ

- 24
- 108 / 80
- 内部 / H / 外部
- アルミサッシ
- 額縁
- 24

②外付けタイプのサッシ

- 24 / 105 / 45
- 鴨居
- 24
- 18 / 18 / 21 / 21 / 62
- 6 / 33 / 33
- 3 / 140 / 80
- 内部 / H / 外部
- 障子
- アルミサッシ
- 24

外部引違い窓

外部引き戸の雨仕舞いは気密材で対応する

外部引き戸の雨仕舞い

外部引き戸の枠廻りディテールを考えるとき、最も留意する点は建具枠にまつわる部位の雨仕舞いや隙間風、防音対策である。引違い戸を構成する雨戸や網戸、ガラス戸、障子などは、木製建具であっても外部空間と室内空間の接点として、アルミサッシなどに劣らない機能をもつものとしたい。

柱や外壁面より外側に建具枠を取り付け、雨戸、網戸や重量のかさむガラス戸を設置することが多い。外枠の外壁からの出寸法が大きくなるため、下枠の垂れ下がりを防止するように十分な補強を入れておくのがよい。

外部引き戸はレールの上を移動するため、枠に対して隙間が大きくなる。気密性を高めるために、敷居や鴨居との間に気密材を取り付け、竪枠に深さ3mm程度、幅が戸厚＋3mmの戸决りを施す。

ガラス戸の場合に複層ガラスを使い気密性能の向上を図るときなどは、建具大手（高さ方向の小口）にネオプレンゴムなどの気密材を取り付けることもある。これは雨仕舞いや音の漏れを少なくするのに効果が高い。また、部屋に輻射暖房を設備した場合などでも、開口部全体の透過損失を少なくするために有効である。

引き戸の施錠は、中折れネジ締り、クレセント錠、雨戸錠、鎌錠がある。注意すべきは、障子とガラス戸のあき寸法を最低60mmはとっておかないとネジ締りの操作が不可能であること、クレセント錠の場合もレバーの回転をかわす隙間を確保しておかなければならないことだ。

● 輻射暖房
壁面、床面、天井面などに配管を埋設し、面からの輻射熱で暖房したり、輻射熱を多く出すパネル状の放熱器を用いる温水、蒸気暖房のこと。低温輻射と高温輻射があり、最も自然現象に近い暖房といえる

外部木製建具の構成と納まり

①アイソメ図　②雨戸部断面詳細図　③戸袋部断面詳細図

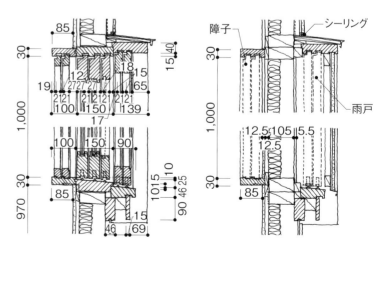

雨戸は建具の枚数が多くなると一筋雨戸では雨戸の繰出しが困難となるため、レール式としたい

外部辷り出し窓

辷り出し窓は動作範囲内のどこにおいても止めることができ、気密性や水密性がいい

辷り出し窓の特徴

外部開き窓にもさまざまな動作のものがあるが、辷り出し方式の特徴は、片開きの回転軸が移動しながら開閉し、動作範囲のどこででも開いたままにしておくことができることである。比較的小型の窓に適し、気密性や水密性も得やすく、部屋内からもガラス外面の清掃ができる。開閉の形式で竪辷り出し、横辷り出しに分けられる。

辷り出し窓を低い位置に取り付ける場合、外を人が頻繁に通る場所では開けたままの建具が障害となることがある。そのため、取付け場所に注意が必要である。また、室内でも吹抜け部分の通気や視線の確保などに手軽に使うことができる。

開き戸窓では網戸も肝心

一般に、このような開き戸系の建具では、外面の清掃が困難な形式も多く、網戸の取付けができない、もしくは網戸の取付けに工夫を要する場合が多い。

辷り出し窓に網戸を取り付ける場合は、室内側の壁仕上げのなかに引き込む納まりにし、網戸を隠すこともできるよう考慮するとよい。このような引込み網戸の場合は、夏の暑い季節では開口部の主役にもなり得るため、ガラス戸や雨戸、障子とともに、意匠上も大切に扱われるべきである。

網戸に使われる網には、合成樹脂の塩化ビニル製やポリプロピレン製、ステンレス網などの種類がある。

通風のよさ、汚れにくさ、耐久性を考慮し、さらに外の景色を妨げないようにと考えればステンレス網とするのがよい。しかし、モノや動物がぶつかった後などに戻りにくいなどの不安もあるため、合成樹脂製の黒い網を使うこともよくある。

外部横辷り出し窓の構成と納まり

断面・平面詳細図

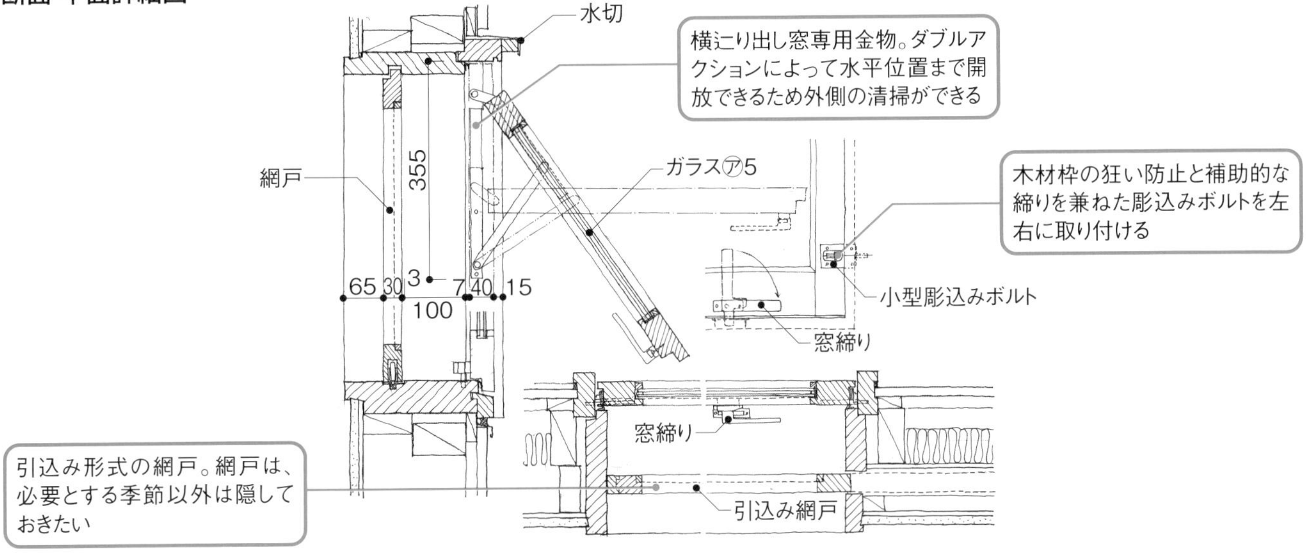
水切
横辷り出し窓専用金物。ダブルアクションによって水平位置まで開放できるため外側の清掃ができる
網戸
355
ガラス㋐5
木材枠の狂い防止と補助的な締りを兼ねた彫込みボルトを左右に取り付ける
65 30 3 7 40 15
100
小型彫込みボルト
窓締り
窓締り
引込み網戸
引込み形式の網戸。網戸は、必要とする季節以外は隠しておきたい

天窓・地窓

天窓ではガラスの仕様、雨仕舞い、結露、メンテナンスが重点

天窓は雨仕舞いに重点をおく

天窓で、開閉可能なものを取り付けるとなれば、雨仕舞いを考え、手動式、電動式を問わず既製品を採用することになるが、はめ殺しにする場合でも既製品を使うケースが多くなっている。

天窓をスリット状に長くしたり、極めて小さな開口を屋根に求めようとすれば、既製品の寸法体系では対応できず、製作することになる。その際は、ガラスの性状把握と雨仕舞いのほかに、結露対策、メンテナンスのしやすさ、遮光や調光の可能性、通気・換気など細部を検討して、納まりが決定される。

地窓の効果と納めかた

地窓は室内床に接して設けられるもので、掃出し窓などとも呼ばれる。一般には通風を得るための小窓であり、反対側の窓に向かって入ってくる微風の心地よさが狙いであるとされる。地窓には、そこから覗いて見える小さな外の風景とともに、部屋全体の重心を低く感じさせる効果も大きい。むしろ、落ち着いた空間をつくり出すこの効果を見込んで設けられることも多い。

地窓は、納まり上は特別なことはないが、雨による跳ね返りがないようにする必要がある。また、地面への工夫、防犯対策、外からの視線などが考慮される。

地窓では、はめ殺しのガラスも多く、遮光と防犯を兼ねた板戸と障子で構成されている。開口部に余分な素材を見せたくないという主旨でつくられたりするので、室内側の枠は刃欠け納めである。

地窓
床面に接した位置にある窓。対角線方向に向き合う窓と組み合わせれば、自然換気が効果的に行える

刃欠け納め
和室の落し掛けや、袖壁などの端部に用いられ、木部と壁との取合部分において、木部の見付部分を薄く軽快に見せるために、木部を杓って見付を細くした納まり

天窓の構成と納まり

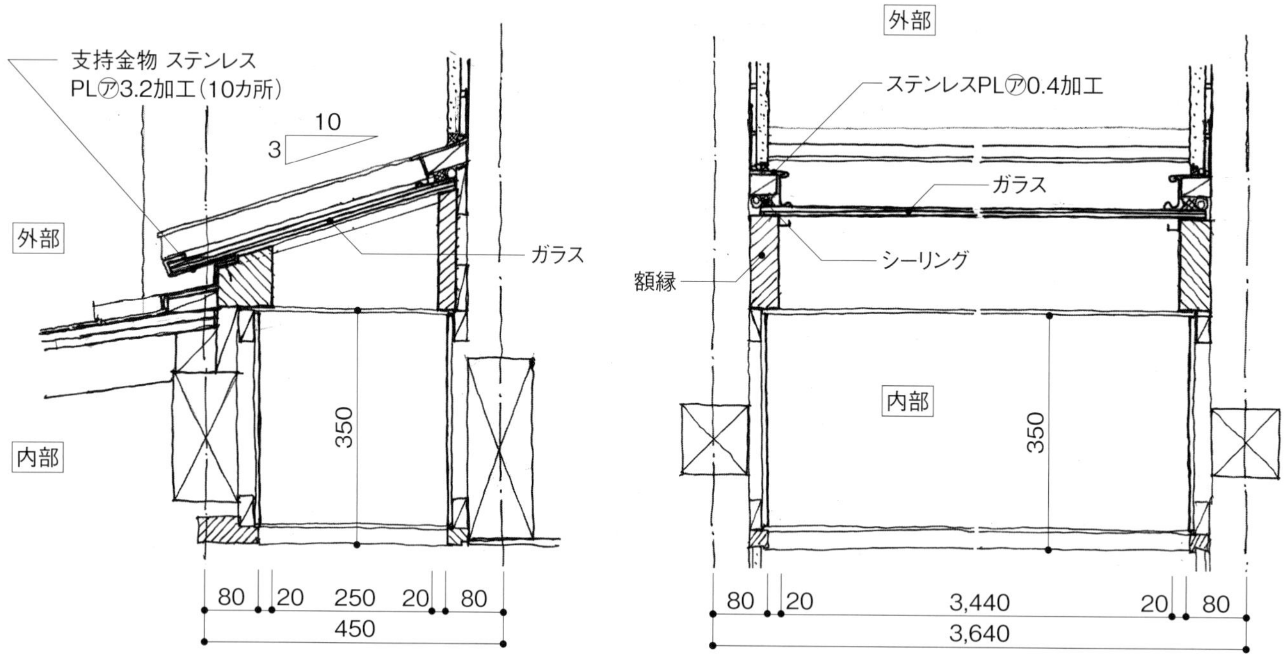

支持金物 ステンレス PL㋐3.2加工（10カ所）
10
3
外部
ガラス
内部
350
80
20
250
20
80
450
外部
ステンレスPL㋐0.4加工
ガラス
シーリング
額縁
内部
350
80
20
3,440
20
80
3,640

トップライト廻り断面

①流れ方向

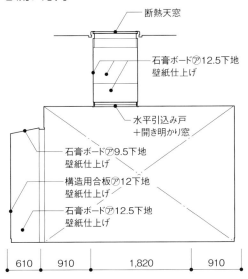

- 断熱天窓
- 石膏ボードア12.5下地 壁紙仕上げ
- 水平引込み戸 ＋開き明かり窓
- 石膏ボードア9.5下地 壁紙仕上げ
- 構造用合板ア12下地 壁紙仕上げ
- 石膏ボードア12.5下地 壁紙仕上げ

610 ／ 910 ／ 1,820 ／ 910

②桁方向

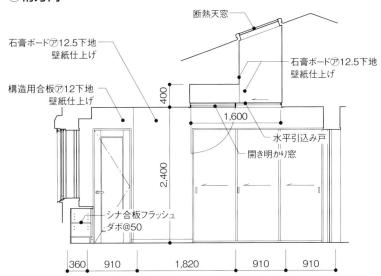

- 石膏ボードア12.5下地 壁紙仕上げ
- 構造用合板ア12下地 壁紙仕上げ
- 断熱天窓
- 石膏ボードア12.5下地 壁紙仕上げ
- 水平引込み戸
- 開き明かり窓
- シナ合板フラッシュ ダボ@50

400 ／ 1,600 ／ 2,400

360 ／ 910 ／ 1,820 ／ 910 ／ 910

地窓の構成と納まり

①アイソメ図

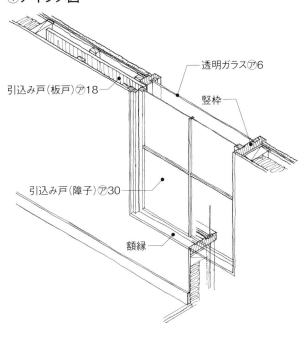

- 透明ガラスア6
- 引込み戸(板戸)ア18
- 竪枠
- 引込み戸(障子)ア30
- 額縁

②断面図

- 引込み戸ア30 ワーロンプレートア2
- 上枠
- 透明ガラスア6 シリコン留め
- 内部 / 外部
- 板戸ア18 シナ合板 フラッシュ戸
- ワーロン プレートア2
- 彫込みボルト
- 敷居

37.5 21 21 28.5 6 21 12.5
12H
179.5
36 30 8 27 6 33.5
3 3 3 1010
10
3
800
400
400
10
3

> 枠の見付けを小さくし、 すっきりと納める

網戸が見えない地窓の納め方

①断面

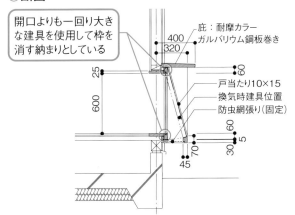

> 開口よりも一回り大き な建具を使用して枠を 消す納まりとしている

- 庇：耐摩カラー ガルバリウム鋼板巻き
- 戸当たり10×15
- 換気時建具位置
- 防虫網張り(固定)

400 / 320
25 / 600 / 60
60 / 45 / 70 / 30 / 5

②平断面

> 突出しガラス窓の下部に網戸を 設け、さらに隠し框でもあるため、 非常にすっきりとした納まりになる

- 防虫網(固定)
- ガラス框戸

30 60 / 1,200 / 60 30
36 / 320
25 / 1,200 / 25

内外の開口部と建具

出窓

出窓は庇との兼ね合いを含めて外観を検討し、構造や断熱にも配慮する

出窓は法規制に注意

　部屋が広々と感じられる、外の光をより取り込みたいといった理由などから出窓の設置を望まれることがある。どの開閉方式の建具を納めると扱いやすいのかなど、使い勝手や外からの見え方、取付け方法、雨仕舞いを含めて納まりが考慮されることになる。

　出窓は外壁面から外側に張り出すもので、建築基準法では張出し寸法が500㎜未満、出窓の床高さが床面より300㎜以上、また内部から見たときに開口部の見付け面積が出窓部分の見付け面積の1/2以上となっていれば、突き出た部分は建築面積にも床面積にも算入されないとなっている。そのほか、出窓が屋根と一体でないこと、地袋などの物入れがないことなどの条件があるので、よく確認する。

構造や断熱にも配慮を

　出窓の屋根は軽快に見せるため、建物本体とカーテンボックス上部の横材に垂木を載せ、金属板葺きとすることもある。

　出窓の間口が広い場合は、垂れ下がりを防ぐための納まりが必要となる。その際、補強金物や出窓屋根の架け方などが、窓建具とともに、出窓全体の表情に深くかかわる。

　出窓は、庇がないことが多く、開口部を含め大きな熱負荷を生じさせることにもなる。そのため、構成する部位それぞれの断熱方法にもしっかりと注意を払っておかなければならない。

● 地袋
床面に接して設けられる戸棚のこと

出窓の構成と納まり

①アイソメ図

②断面詳細図

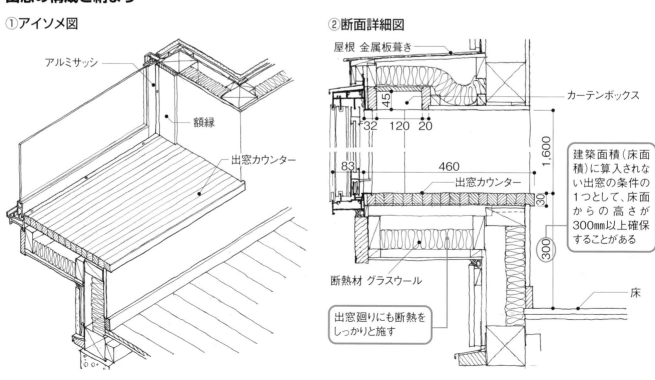

アルミサッシ
額縁
出窓カウンター

屋根 金属板葺き
カーテンボックス
45
32　120　20
83
1,600
460
出窓カウンター
30
建築面積（床面積）に算入されない出窓の条件の1つとして、床面からの高さが300㎜以上確保することがある
300
床
断熱材 グラスウール
出窓廻りにも断熱をしっかりと施す

格子

格子は、竪格子の見付け、空き、窓枠の竪見付の寸法が重点

格子と連子

　格子は、本来は竪横正方形に角材で組んだ建具を指し、竪方向に並べたものは連子（れんじ）と呼んでいた。しかし、今日ではいずれも格子と呼んでいる。どちらも建築の採光側に設け、内部への採光と通風を確保しながら、外部からの視線をコントロールし、防犯の役割も兼ねる。木製格子は意匠的にアルミサッシを隠したい場合にも用いる。

　外壁より外側に張り出して取り付けられた格子のうち、窓の外側に、格子の上下を切放しのまま打ち付けられたものは打付け格子、取付け格子などと呼ばれる。窓枠の外から大工職の手で取り付けられる。打付け格子は、比較的簡単に窓枠の鴨居と敷居に隠し釘で取り付ける場合が一般的である。

　一方、格子の周囲に枠を回したものは、建具職の手になるもので、建具格子や連子格子と呼ばれている。

　窓外に槍鈍（けんどん）で建て込まれる格子をデザインする際は、格子竪子見付け寸法と空き寸法の関係や、内側の建具の見え方の関係にも注意を払いたい。窓の竪の見付けと竪子見付けを同寸としたり、場合によっては竪子の見付け寸法と空き寸法を同寸（小間返し）としたりとバリエーションは豊富だ。さらに、竪子上端の腐れを防止するため銅板でふさいでおくなどの配慮も大切である。

　また、建具の取外しが可能なだけのあきを窓と格子との間にとっておくことも忘れてはならない。

　下図の建具格子は、甲丸レールを利用した槍鈍式で、レールを下桟につけて雨水の溜まりを防止する納まりをとっている。この場合、アルミサッシの脱着は格子を外して行える。

● 小間返し
垂木や格子など、細長い部材を連続的に並べるときに、見付け寸法と同じ幅の間隔をあけて並べること。長方形断面の部材の場合は、見込み寸法である、長いほうを背と呼ぶので、背返しともいう

打付け格子の構成と納まり

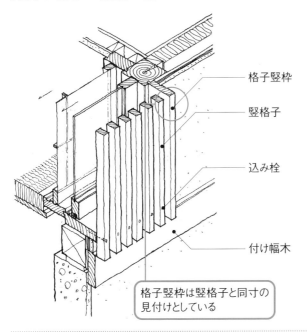

- 格子竪枠
- 竪格子
- 込み栓
- 付け幅木

格子竪枠は竪格子と同寸の見付けとしている

建具格子の構成と納まり

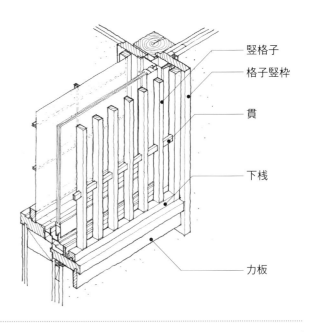

- 竪格子
- 格子竪枠
- 貫
- 下桟
- 力板

雨戸・戸袋

最後に戸袋に入る雨戸は、すべて格納されたときに蓋となるようにつくる

木製建具に欠かせない雨戸

従来、ガラス戸は外部開口において雨仕舞いの性能が不十分だったため、木製雨戸は文字どおり雨除けの建具として、日本の住宅には欠かせなかった。その後、住宅向けアルミサッシが普及し、雨戸や戸袋も一体商品となって広がった。しかし、それらの触感にひとたび物足りなさを感じると、木造の外部開口には性能確保を前提としたうえで、木製建具を導入し、木製の雨戸と戸袋が積極的に取り上げられることになる。

最後に戸袋に入る雨戸を蓋戸というが、蓋戸は、戸袋の妻板厚さ分幅を広くし、格納されたとき戸袋の蓋となるようにつくる。雨戸

の取出しは、戸袋妻板を30×120mmほどの切欠き口を利用する。

外壁のデザインを左右する戸袋

戸袋内は、雨戸を横にずらして格納するよう、敷居と鴨居の外樋端を切り落とし、敷居と面一に厚12mmの戸袋床・皿板が張られる。皿板には水抜き穴が開けられる。戸袋は建物本体に接続する両妻板が支えとなり、上長押、下長押がこれらを結びつけ、間を舞良羽目板でふさいでいる。

戸袋はしばしば外壁デザインの要となる場所で、かつては大工や左官匠たちが技を競ったところである。上長押は戸袋の屋根付き、下長押には水切を付けている。

● 皿板
ものを受けるために設ける板。戸袋の場合は、戸袋の底板のこと

雨戸・戸袋の構成と納まり

棚
蓋戸
雨戸
切欠き口
障子
一筋敷居
ガラス戸
敷居
戸袋

雨戸も防火性や防犯性、耐久性能の向上のため外側に鉄板などを張るとなれば、重量も増し、一筋とはいかなくなる。その場合雨戸本数分のレールを中までひく引込み形式のものとなる

雨戸と戸袋の詳細断面図

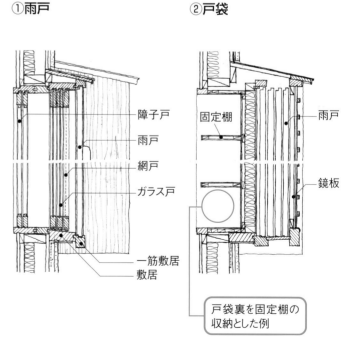

①雨戸
障子戸
雨戸
網戸
ガラス戸
一筋敷居
敷居

②戸袋
固定棚
雨戸
鏡板
戸袋裏を固定棚の収納とした例

外部の防犯用建具

建具も各種の錠や金具などで防犯性能を高める

防犯上の意味のある大きい外部扉

外部扉の機能を考えるとき、真っ先に取り上げるべきことは、防犯対策である。

かつて米国カリフォルニア州に住む友人を訪ねたとき、家の窓締り金物がごく単純なものにもかかわらず、大きな玄関扉には7つもの錠前が取り付けられていて驚いたことがある。不審者は必ず玄関から侵入してくるものだという。

錠の選定と防犯の扉

今日、完璧な防犯性を求めることは困難としても、外部扉に外からの施錠が可能な金物を取り付けているのが玄関扉と勝手口の扉である。ピッキングされにくい錠を選ぶことが必要だが、一般にこれらの扉に適し防犯性の高いといわれるのは「ピンタンブラー・シリンダー錠」の彫込み錠である。

さらに、外開きでは建具枠と錠の間にラッチやデッドボルトを見えなくするための「ガードプレート」を取り付け、補助錠としてデッドボルトだけの本締り錠を併設するとよい。モノロックと呼ばれる円筒錠は、こじ開けなどの衝撃に弱く、ノブをもぎ取られれば簡単に開くので外扉での使用は避ける。

さらに、前述したように外開き戸の吊り金具は、ステンレス製を選び外部からは軸芯を抜くことのできない構造かどうかを確かめる。訪問者を確認するためのドアアイや扉が中途までしか開かなくするドアチェーンやドアガードの取付けも忘れてはならない。

下図は雨戸も兼ねた、開口部用の木製折れ戸である。防犯対策として、無機質なアルミシャッターを設置する以外の方法の1つである。

● ピンタンブラー・シリンダー錠
シリンダー錠のなかでは最もよく使われるタイプの1つで、長さの違うピンを並べて仕掛けるタイプの錠である。外筒と内筒の2重管になっており、内筒が回転して施錠・開錠される。内筒はプラグと呼ばれることが多い

● ガードプレート
ドア枠とドアの隙間をふさぐためのプレート。バールを差しこみ、ドアをこじ開ける手口や、サムターン回しの針金などを差しこむ隙間として使われないようにするために用いる。ドアの上部から下部まですべてを覆うものが主流で、付いていない場合は、デッドボルトの付近を中心に取り付ける

防犯用扉の納まり

①アイソメ図（上部）

②アイソメ図（下部）

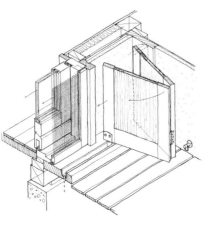

③断面図

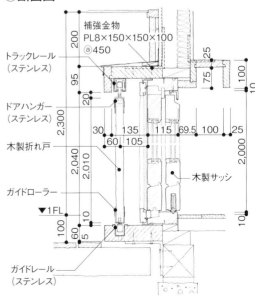

補強金物
PL8×150×150×100
@450

トラックレール（ステンレス）

ドアハンガー（ステンレス）

木製折れ戸

ガイドローラー

▼1FL

ガイドレール（ステンレス）

木製サッシ

内外の開口部と建具

外部のスチール枠建具

スチール枠の木部への取付けは、スチールプレートと枠内側からのビス留めで

スチール枠が有効な場合

木造住宅の玄関扉では、建具を木製とする場合でも、欄間窓や扉脇に小窓を併設するなど開口部分が多く発生する。そのなかで枠を細く見せたいとき、また重量も大きな堅固な建具を吊り込みたい場合、あるいは外壁の仕上げ材の金属パネルとの意匠上のつながりなどの理由から、スチール枠を使うことがある。

スチール枠を木部の柱や梁へ取り付けるには、あらかじめスチールプレートを木部にビスで留めておき、スチール枠を枠内側からビス留めして取り付ける。基本的にはアルミサッシの取付け方と同じである。スチールによる枠では、建具と建具枠の隙間に入れるネオプレンゴムなどの気密材をしっかりと納める溝がつくりやすく、木製の枠組みでは得ら

れない遮音性と気密性を確保できる。

錆への対応が大切

鉄は錆やすいので、庇を大きくとるなど、雨がかり部分での設置を避けたいところである。また、塗装に際しては、枠下地の防錆処理と、床や壁との接続部分へのシーリングが重要である。

シーリングに際しては接続相手となる素材に対応したシーリング材とプライマーを選定するとともに、バックアップ材やボンドブレーカーなどの挿入を忘れないようにしたい。バックアップ材部分でシーリングを切り離すことで2面接着を保持し、経年によるシーリング材の劣化を防ぐ。

スチール枠は塗装やシーリングなどのほか、メンテナンスがことさら大切である。

● プライマー
もともとは最初に塗る塗料という意味。たとえば、下地との接着力を特別によくした塗布剤は接着プライマーになる。防錆顔料などを混ぜて、下地の腐蝕反応を抑制する塗布剤は防錆プライマーで、鋼材の塗装で一般的にプライマーといわれているのはこれを指す

● ボンドブレーカー
目地が深くない場合に、シーリング材の3面接着を回避する目的で目地底に張り付けるテープ状の材料で、絶縁テープともいう。ポリウレタン系、ポリサルファイド系用のクラフトテープとポリイソブチレン系、シリコーン系、変成シリコーン系用のポリエチレンテープがあり、シーリング材の材質に合わせたものを使用する。戸建住宅では主に、シーリング材の厚みが設けられないサイディングの目地で、継目ジョイナーを併用して使われる

スチール枠を用いた玄関扉の納まり

①アイソメ図（開放時）　②アイソメ図（閉鎖時）

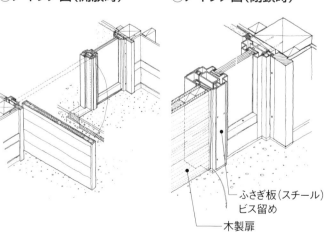

③断面図

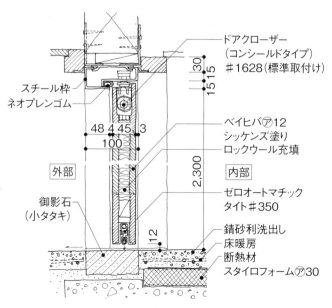

ふさぎ板（スチール）ビス留め

木製扉

木製扉とスチール枠を併用した玄関。スチール枠にシーリングを施す際は、隣り合う材料に適したものを指定しておく

ドアクローザー（コンシールドタイプ）♯1628（標準取付け）

スチール枠
ネオプレンゴム

ベイヒバ㋑12
シッケンズ塗り
ロックウール充填

外部

内部

御影石（小タタキ）

ゼロオートマチックタイト♯350

錆砂利洗出し
床暖房
断熱材
スタイロフォーム㋑30

30　15　15　48　4　45　3　100　2,300　12

外部開口の出隅・入隅

出隅・入隅の枠と召合せに気を遣い、引き戸に開放感をもたせる

出隅と入隅に建具が入る効果

外部引き戸の建具同士が、柱や枠なしで出隅や入隅をかたちづくりながら合わさる納まりは、引き戸ならではの特徴である。引き戸は開いた場面を常態とするため、意匠上の効果や開放感を狙って、出隅・入隅部分に開口部を設ける事例は数多く存在する。

特に庭先の光景や遠くの風景を室内のたたずまいの内側にまで飛び込ませ、引き込み、融合させる仕掛けとしてその効果は絶大である。また幾重にも重なる引き戸を2方向に開けていくにしたがって徐々に変化する景色を楽しめるのも、開放的な出隅・入隅の建具の動作ならではのものである。

枠とジョイントに注意

建具と枠の納まりに関しては、引込み戸に準ずるが、納め方に注意を要するのが、出隅・入隅部分の枠と建具の召合せの納まりと、建具幅と戸袋の関係である。これらは、設計者が中心になって建具職と大工との綿密な連携をとること抜きには実現できない。

隅部を構成する枠は、ジョイント部の口が経年後も開かないように、枠内に45°で埋め込んだ連結ボルトの締めを確実に行う。建具の出隅・入隅の各召合せ部は片方に小穴を突き、印籠とすると光が漏れなく納まる。こうすると、閉めたときに互いの建具が固定される効果もある。

引き戸錠は、中折れネジ締りのほか、雨戸錠や彫込みボルトなど、敷居や上枠を相手とする締りを多用することになる。このとき、敷居へのボルト受けの穴は、雨水が溜まらないように貫通させておかなければならないので注意する。

印籠
高級品で使う納まりで、2つの部材を凸凹状態にして、接合すること。もしくはそのようになった状態。また、襖の縁の内側に骨が納まるように、縁が大きくなっているもの

中折れネジ締り
中折れとは途中で曲がることをいい、廊下が曲がれば中折れ廊下で、階段が曲がれば中折れ階段となる。直角のことを矩手（かねて）ともいい、中折れ廊下を矩手の廊下ということもある。木製の引き違い戸に使用する回して施錠する内締り錠を、捻子締りといい、差し込んでいく軸が中心で曲がるようになったものを中折れ捻子締りという

外部開口部の出隅の納まり

①平面詳細図

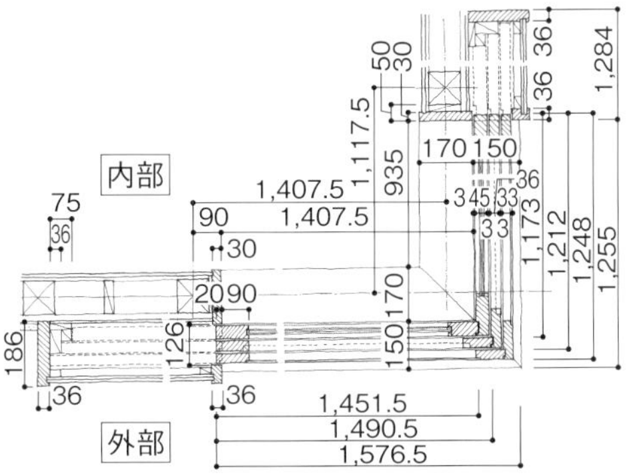
内部
外部
1,407.5
1,407.5
1,117.5
935
170 150
1,451.5
1,490.5
1,576.5
1,284
1,173
1,212
1,248
1,255

②断面詳細図

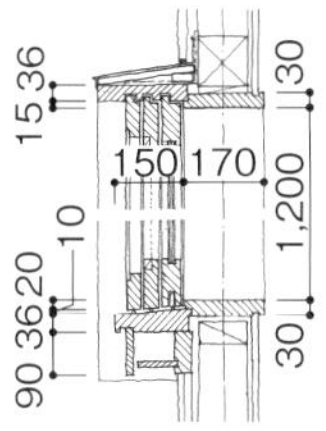
150 170
1,200

外部開口部の入隅の納まり

①平面詳細図

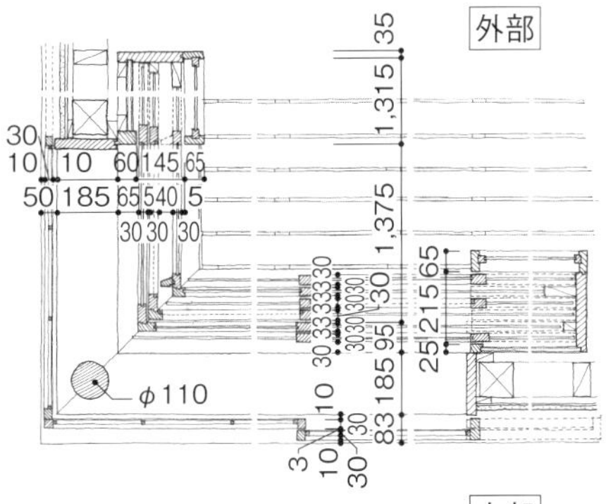
外部
内部
φ110
1,315
1,375

②断面詳細図

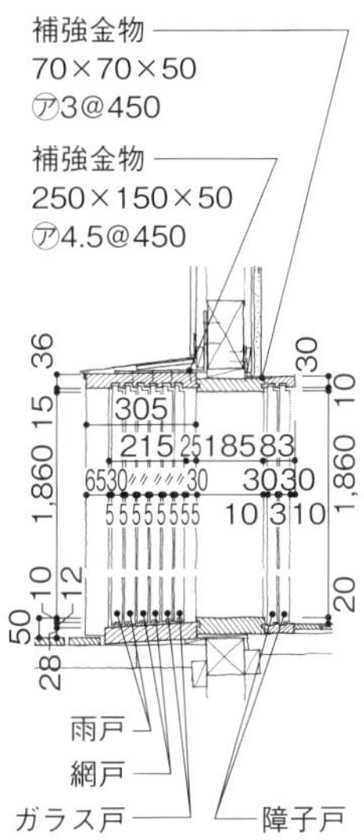
補強金物
70×70×50
㋐3@450
補強金物
250×150×50
㋐4.5@450
305
1,860
1,860
雨戸
網戸
ガラス戸
障子戸

Column

省エネ性・更新性が重要な設備の基本

■ 住宅の省エネ性

住宅の設備を考えるときは、省エネ性と更新性を考慮しなければならない。

省エネ性とは、設備機器だけに頼らず、建築本体が設備負荷を減らすようにすることである。空調設備を考えた場合、設備機器の負荷は、建築本体で賄えない分を設備で補充する考えが望ましい。たとえば、トップライトの大きさやハイサイドライトの位置・大きさを熱的・光的に検討すると、空調外部負荷が低減できる。また、断熱材を適性に設置することで省エネ効果が見込まれる。その次ぎの段階として、機械的に室内環境を改善していくことが必要となる。

■ 住宅の更新性

更新性については、設置する機器に対して将来の更新・補修を考えることが挙げられる。これまで日本の住宅の平均寿命は27年とされていた。一方、設備用配管の耐用年数は20〜25年で更新の必要がほとんどなかった。しかし、これからの住宅の寿命は、50〜100年を目指す傾向がある。すなわち、設備の更新は住宅であっても避けて通れなくなる。設備配管や設備機器の更新を考慮し、木造住宅でも躯体を障らずに施工する工夫が必要である。

こうしたことを考えて建築の設計を行い、その助けとして設備機器を設置していくことが建築と設備の正しい関係となる。

■ 省エネ性・更新性が重要な設備

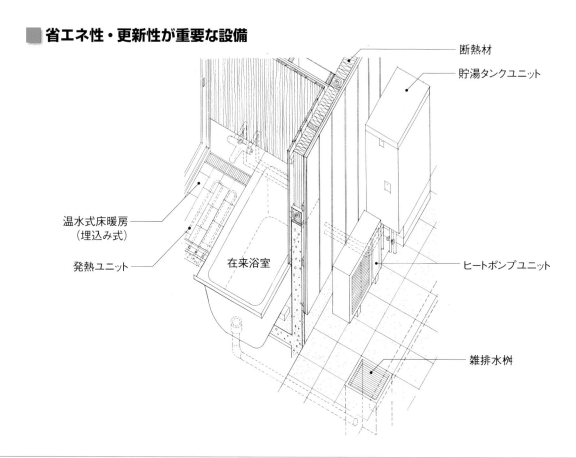

断熱材
貯湯タンクユニット
温水式床暖房（埋込み式）
発熱ユニット
在来浴室
ヒートポンプユニット
雑排水桝

CHAPTER 6

外構

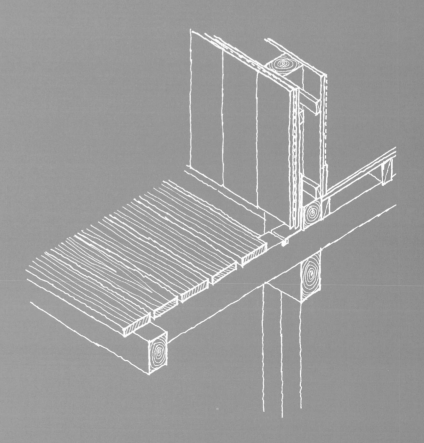

バルコニー

バルコニーは美観と耐久性が重要なため、建築本体とは切り離して設置する

バルコニーの役割

バルコニーとは、2階の壁面から張り出した屋根のない手すり付きの外部床のことで、ほとんどの場合、下の階の屋根の上の部分にあたることが多い。屋根のあるものはベランダと呼ばれ区別される。

近年、住宅の敷地が徐々に狭小化する傾向にあり、それにともなって、庭などの外部空間のスペースが少なくなってきている。そのため、室内空間の延長として利用できるバルコニーの利用度は高まっている。最近は耐候性の優れたアルミ製のバルコニーもあるが、風合いと美観の点を考えると、木で製作するバルコニーにはかなわない。

バルコニーは一般に、洗濯の干し場や、草花の育成場所として使われるが、風雨にさらされる場所のため、耐久性・耐候性の高さが求められる。また、雨水などが室内へ浸入するのを防ぐために、バルコニーと建築本体はできるだけ切り離した納まりになるよう配慮しなければならない。

バルコニーの防水

通常は、屋根や下屋の上に土台を敷き、床をスノコで張る納まりとすることが多いが、FRP製のすぐれた防水材の開発によって、木造住宅でも屋根上などにバルコニーを設置するケースが増えている。防水の納まりとしては、バルコニーの床には1/50以上の勾配を設け、開口部の下端は120㎜以上、外周部は250㎜以上の防水材の立ち上がりが望ましい。また、FRP防水を用いる場合は、ガラス樹脂を2層以上にするとよい。

● FRP
繊維と樹脂でプラスチックを強化した繊維強化プラスチックのこと。FRP防水は、FRP樹脂とガラス樹脂のマットを重ねた防水工法で、住宅防水の主流である

バルコニーの納まり例

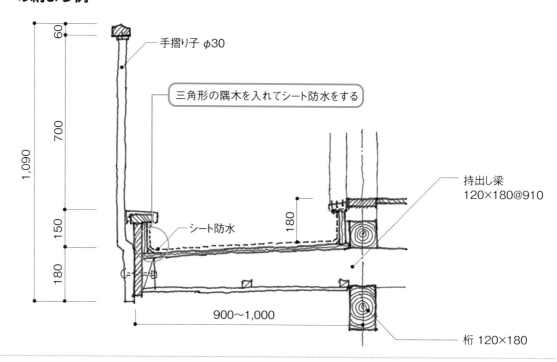

手摺り子 φ30

三角形の隅木を入れてシート防水をする

シート防水

持出し梁
120×180@910

桁 120×180

60
700
1,090
150
180
180
900〜1,000

バルコニーの構成

①アイソメ図

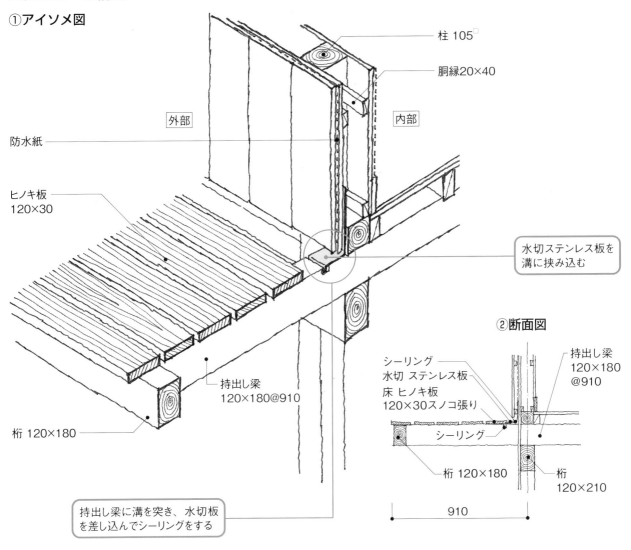

柱 105□

胴縁20×40

外部　内部

防水紙

ヒノキ板
120×30

水切ステンレス板を
溝に挟み込む

持出し梁
120×180@910

桁 120×180

持出し梁に溝を突き、水切板
を差し込んでシーリングをする

②断面図

シーリング
水切 ステンレス板
床 ヒノキ板
120×30スノコ張り
シーリング

持出し梁
120×180
@910

桁 120×180

桁
120×210

910

バルコニーと手摺りのバリエーション

①スノコ床の場合

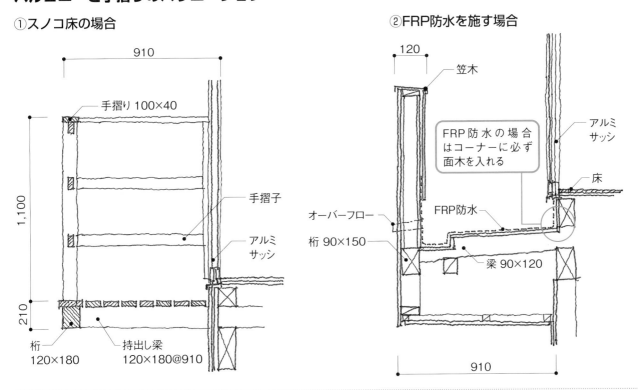

910

手摺り 100×40

手摺子

アルミ
サッシ

1,100

210

桁

持出し梁
120×180　　120×180@910

②FRP防水を施す場合

120

笠木

FRP 防水の場合
はコーナーに必ず
面木を入れる

アルミ
サッシ

床

オーバーフロー

FRP防水

桁 90×150

梁 90×120

910

ウッドデッキ

デッキと床のレベル差を減らすと広がりが出るが、納まりは水の侵入を防ぐように配慮する

ウッドデッキのスタイル

ウッドデッキは木材、または木材と樹脂を混合した合成木材でつくられたプラットホーム状の構築物である。室内空間と外部をつなぐ木の床ともいえる。

床下構造を構築することにより床板のレベルを一定にしたもので、ベランダの上にすのこ状のパネルを敷き詰めるのはウッドパネルとされる。また、地面に近いところに歩道の用途として敷き詰めたものはボードウォークと呼ばれるが、総称してウッドデッキと呼ばれることが多い。

住宅に設置される場合は、建物の掃き出し窓から庭に出入りできるようにして、エクステリアにおける庭とリビングルームの中間の空間として扱われる。イスとテーブルを置いて屋外のダイニングにしたり、また庭仕事の後のティータイムを過ごすための場などにも使われる。

材料と連続性を考慮する

ウッドデッキはその名のとおり、木材でつくられるが、設置される環境上、高耐久の木材を使う。一般的には水に強いヒノキやヒバ、クリなどが使われるが、最近では南洋材の堅い木材に特殊な加工を施した、長寿命のデッキ材も商品化されている。

ウッドデッキの床と内部の部屋の床のレベルは差を少なくすれば、内部と外部の空間が連続し、広さを感じることができる。出入りもしやすく、使いやすさが増す。

ただし、デッキから跳ねた雨水が建物の壁面や土台にかかり、建物本体を傷めかねない。そのため、建物とデッキをいかに水から切り離すかに気を付けなければならない。基礎廻りでは水切鉄板を十分に立ち上げ、土台に水が入り込まないようする。

● 水切鉄板
壁面にかかる雨水の浸入・汚れを防ぎ、化粧板を保護するため、開口部の下部や庇の先端などに設けられる金物

ウッドデッキの取合い

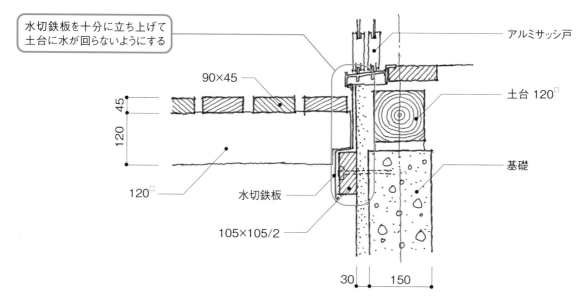

ウッドデッキの構成

①アイソメ図

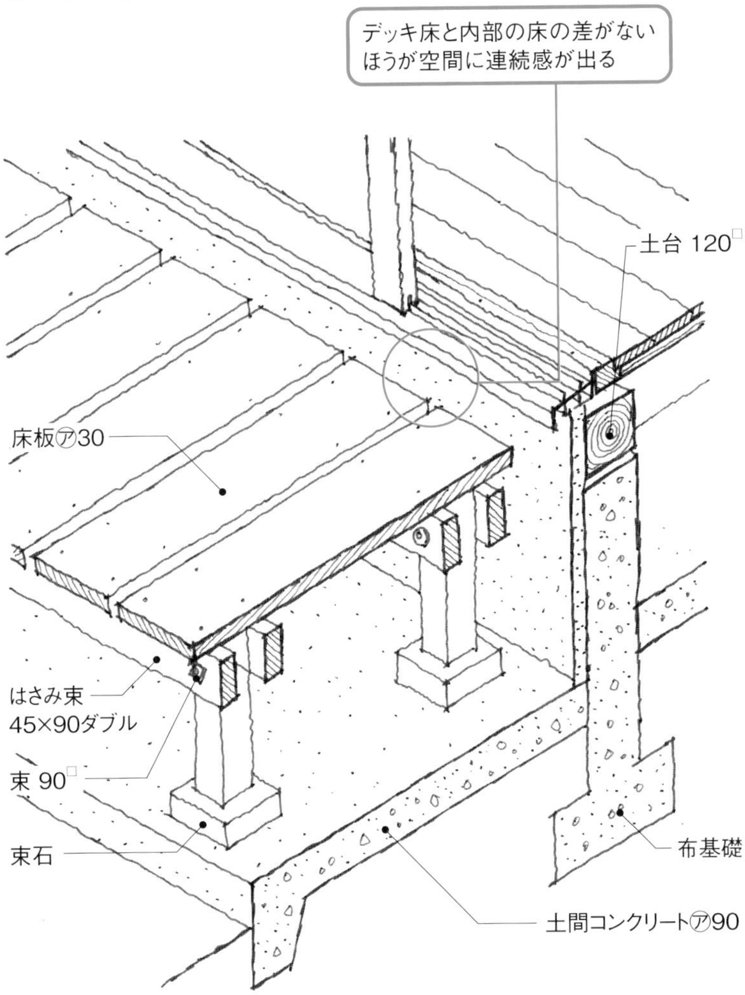
デッキ床と内部の床の差がない
ほうが空間に連続感が出る
土台 120□
床板㋐30
はさみ束
45×90ダブル
束 90□
束石
布基礎
土間コンクリート㋐90

②断面図

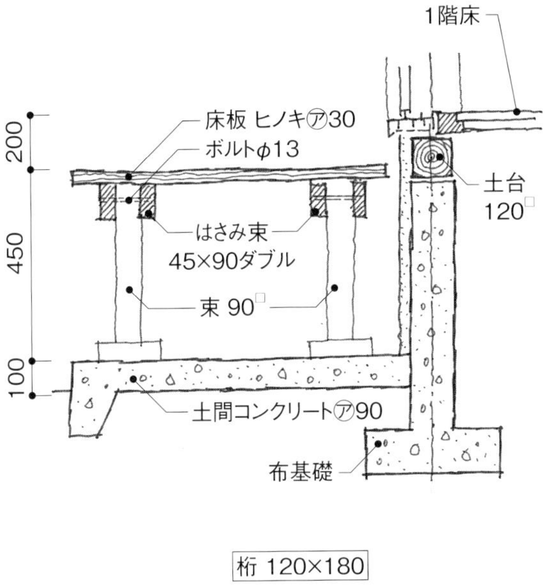
1階床
床板 ヒノキ㋐30
ボルトφ13
はさみ束
45×90ダブル
束 90□
土台
120□
200
450
100
土間コンクリート㋐90
布基礎
桁 120×180

デッキと建物の取合い

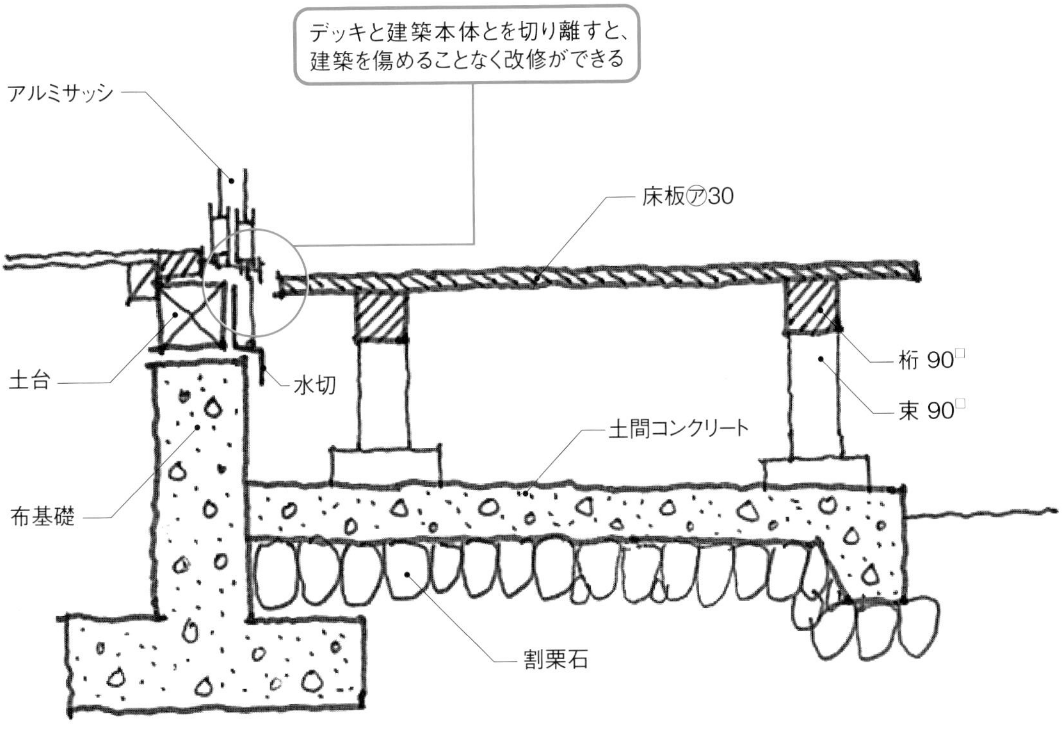
デッキと建築本体とを切り離すと、
建築を傷めることなく改修ができる
アルミサッシ
床板㋐30
土台
水切
桁 90□
束 90□
土間コンクリート
布基礎
割栗石

濡れ縁

雨水にさらされる濡れ縁は、水切やシーリングでの防水を確実に行う

濡れ縁の種類

濡れ縁とは、住宅の外部に設けられた雨ざらしの縁側のことである。和風の建物には欠かせないもので、室内の縁側より一段低い位置に設けた濡れ縁は、「落ち縁」と呼ばれることもある。板を張る方向によって、「切り目縁」と「くれ縁」とがある。

切り目縁は、床石に縁束（90㎜角）を立て、縁桁（90㎜角程度）をかけて縁板（15〜30㎜）を打つ。建物の出入口と直角に縁板を張り、通常、縁板は面取りをした板を突き付けて隠し釘で留める場合と、小幅板（120㎜）を15㎜ほどのアキをとって張る場合などがある。

くれ縁は、縁板を出入口と平行に張ったものとなる。縁桁に根太を架けて、それに縁板を打ち付ける。また、縁先の始末を縁板を切っ

たままにしておくものと、縁框で縁取りをするものがある。

濡れ縁の防水法

濡れ縁は雨にさらされ、腐りやすい個所でもある。外壁や基礎廻りに水が入り込むことが多い部分であるため、水切やシーリングを十分に施す必要がある。

使用する木材は、水による腐食や風化に比較的強い必要があり、合板やベニヤ板などの新建材は不向きである。防虫剤や、防腐剤を塗る場合もあるが、人が暮らす場所に塗布できるものかを考慮する必要がある。竹を用いて、水切れをよくするケースもある。また、腐食のないアルミ製の既成品などもある。

なお、濡れ縁は、部材が腐食した場合に、取り壊して再び付け替えられるような納まりを考えることも大切である。

● 縁側
　住宅の縁に張り出して設けられた板敷き状の通路

角材を用いた濡れ縁の納まり例

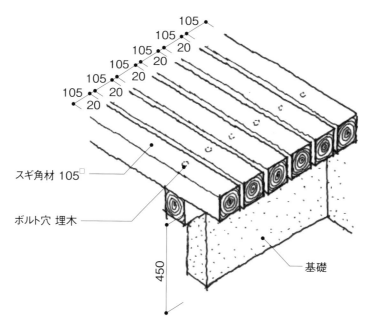

105
105
105
105
105
105
20
20
20
20
20
20

スギ角材 105□

ボルト穴　埋木

基礎

450

濡れ縁(くれ縁)のバリエーション

①アイソメ図

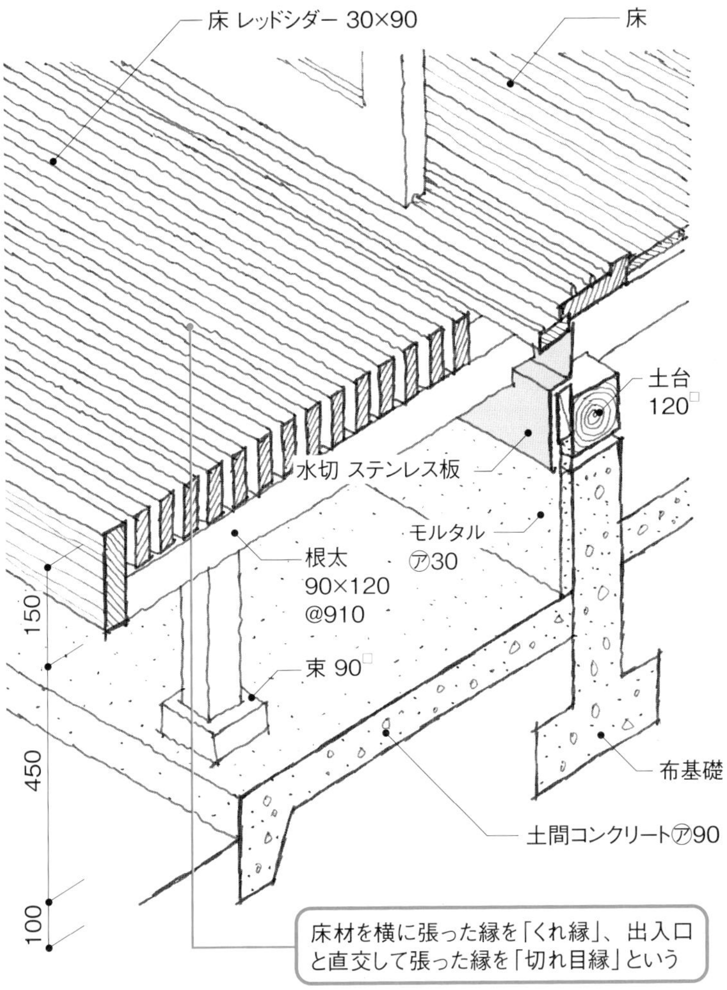

床 レッドシダー 30×90
床
土台
120□
水切 ステンレス板
モルタル
[ア]30
根太
90×120
@910
束 90□
布基礎
土間コンクリート[ア]90
150
450
100
床材を横に張った縁を「くれ縁」、出入口と直交して張った縁を「切れ目縁」という

②断面図

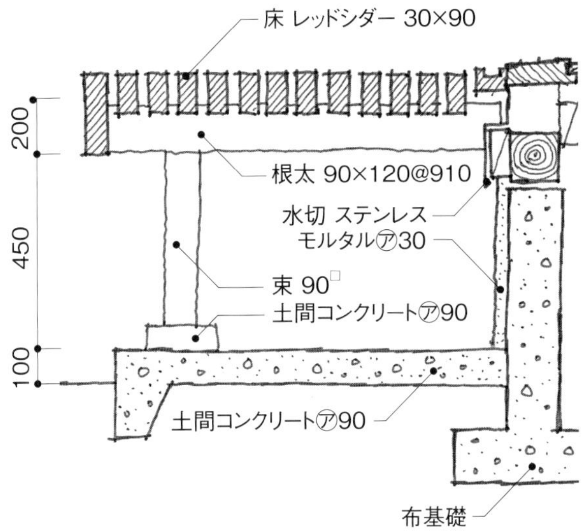

床 レッドシダー 30×90
200
450
100
根太 90×120@910
水切 ステンレス
モルタル[ア]30
束 90□
土間コンクリート[ア]90
土間コンクリート[ア]90
布基礎

濡れ縁(切れ目縁)のバリエーション

①小幅板を敷く

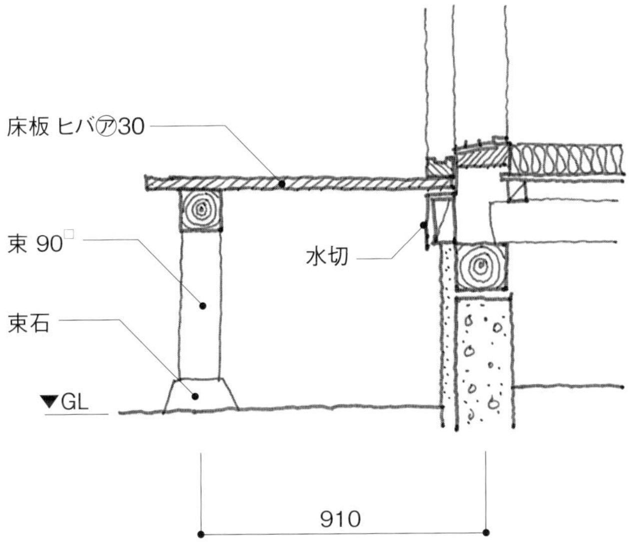

床板 ヒバ[ア]30
束 90□
水切
束石
▼GL
910

②床材を並べる

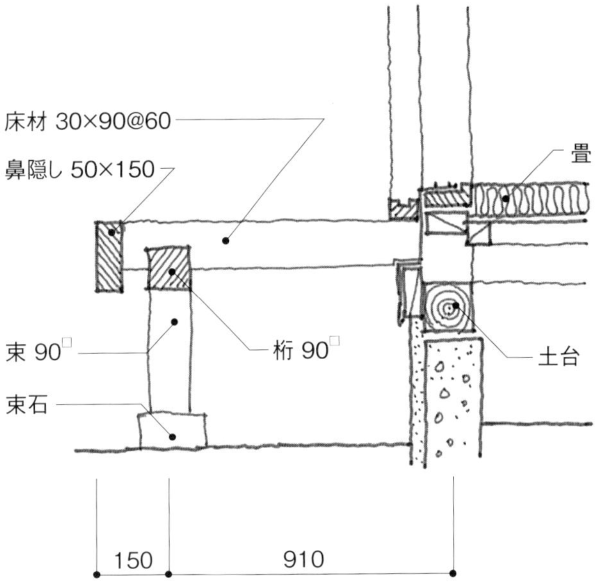

床材 30×90@60
鼻隠し 50×150
畳
束 90□
桁 90□
土台
束石
150
910

テラスと犬走り

どのような仕上げであっても、水勾配は確実にとり水はけのよい納まりを検討する

部屋と庭をつなぐテラス

テラスは、家屋の母屋から突き出した部分で、庭での生活を豊かに演出するスペースである。ダイニングやリビングから直接出入りできる屋根のない屋外フロアとして、部屋と庭とをつなぐ中間的な場所となる。

テラスには、さまざまな形態があるが、基本的には１階につくられ、盛り土を意味する原義のとおり、本来の地面よりはやや高くなっている。周囲を枠や柵で囲ったり、屋根がついているものもある。一般に、２階以上につくられたものはバルコニーやベランダと呼び、区別することが多い。

テラスは水勾配を確実にとる

テラスの床にはレンガやコンクリート・ブロックなどが敷き詰められることが多い。一戸建ての住宅や庭付きのテラスハウスならではのものであるといえるが、仕上げ材や広さによって、生活での利用度は高い。

通常、建物基礎から土間コンクリートを打ち、レンガや石、タイルなどを張って仕上げる。その際、雨水が建物基礎方向に流れ込まないようにしなければならないが、水勾配を急にすると、水はけはよくなるがテラスに置く椅子やテーブルの座りが悪くなる。それを解消するために、レンガやクリンカータイルの仕上げをフラットにし、目地底で水勾配をとるようにする方法もある。

犬走りは建物の汚れ防止に設ける

犬走りは、建物の周囲に打たれた土間コンクリート部分のことである。基礎部分の保護のほか、雨水による土の跳ね返りで外壁が汚れるのを防ぐ役割をもつ。コンクリートを打つ代わりに砂利などを敷いたり、コンクリートを打った周辺に雨落しの砂利を敷くこともある。砂利敷きの場合は縁石を設置して、雨などで砂利が流れ出すのを防ぐ。

水勾配
屋根、土間床、配管などで水が自然に流れるように設置する必要最小限度の傾きのこと。 通常、約1/100程度になることが多い

クリンカータイル
せっき質タイルの一種で、焼成時に食塩を塗り、その表面に褐色をしたけい酸ナトリウムのガラス質皮膜を形成したもの。耐久性に富み、主に床用に用いる

犬走りの例

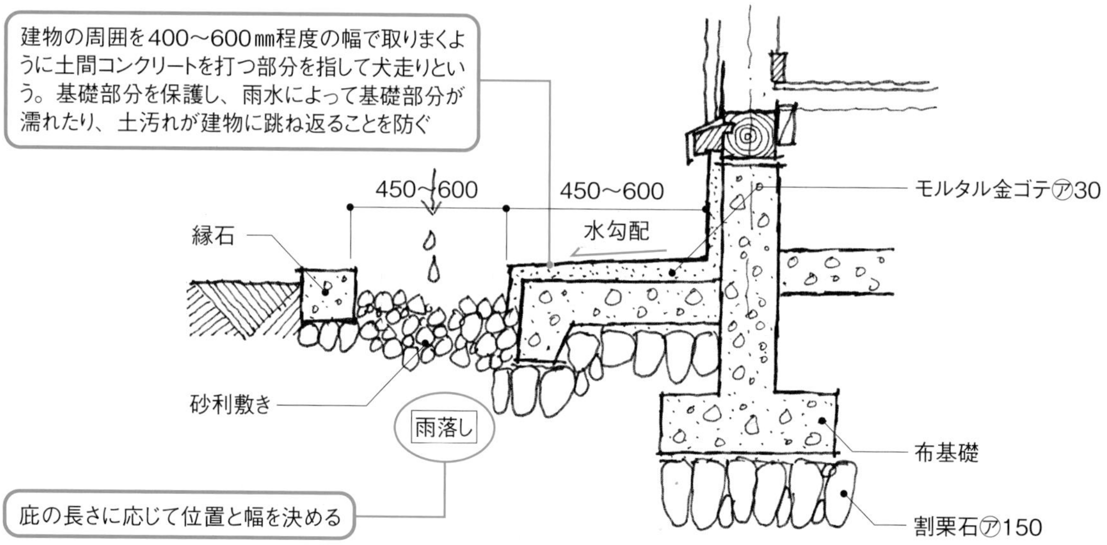
建物の周囲を400～600㎜程度の幅で取りまくように土間コンクリートを打つ部分を指して犬走りという。基礎部分を保護し、雨水によって基礎部分が濡れたり、土汚れが建物に跳ね返ることを防ぐ
450～600
450～600
水勾配
縁石
モルタル金ゴテ㋐30
砂利敷き
[雨落し]
布基礎
庇の長さに応じて位置と幅を決める
割栗石㋐150

テラスの構成例

①アイソメ図

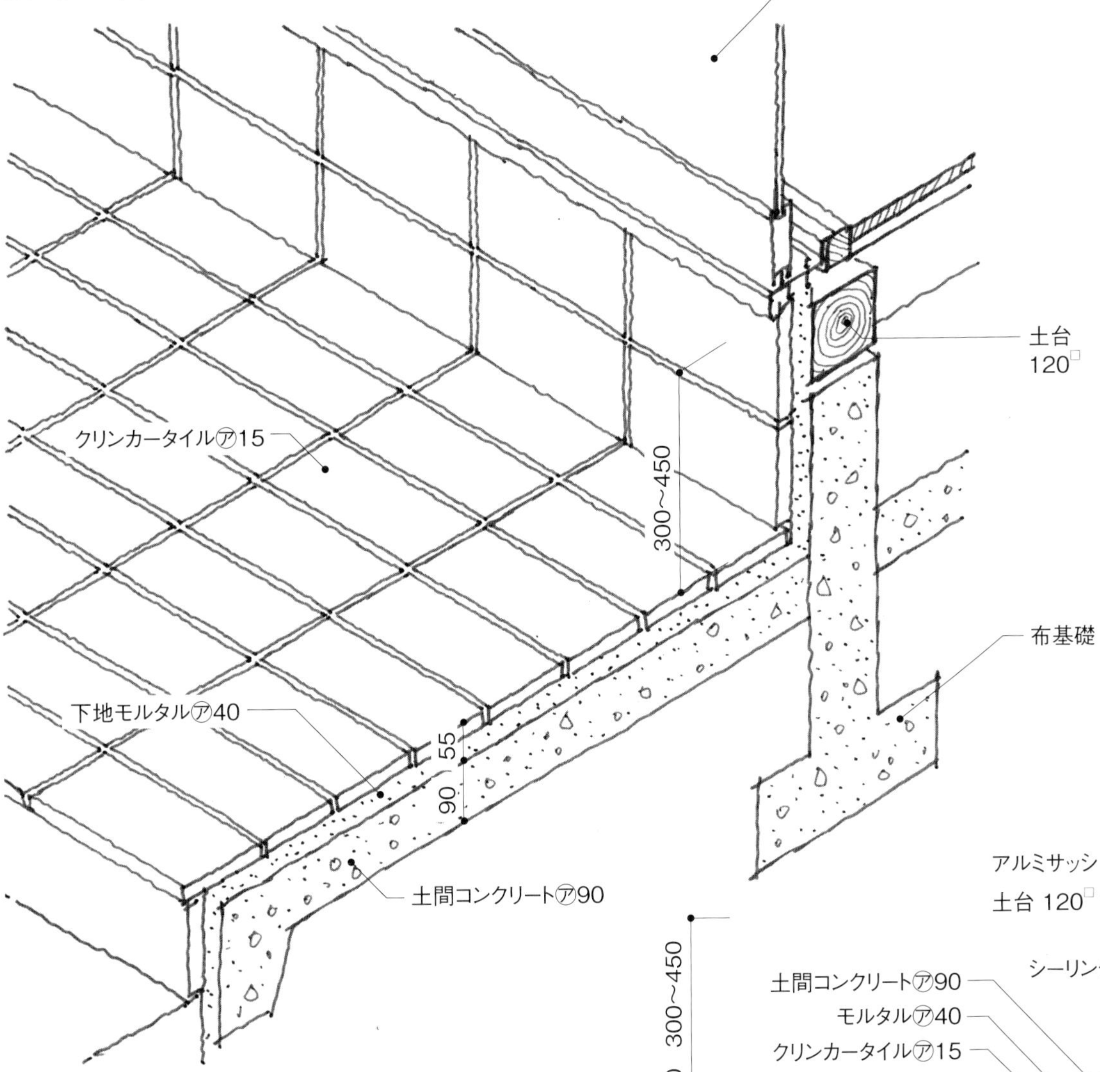
アルミサッシ
土台
120□
クリンカータイル㋐15
300〜450
布基礎
下地モルタル㋐40
55
90
土間コンクリート㋐90

②断面図

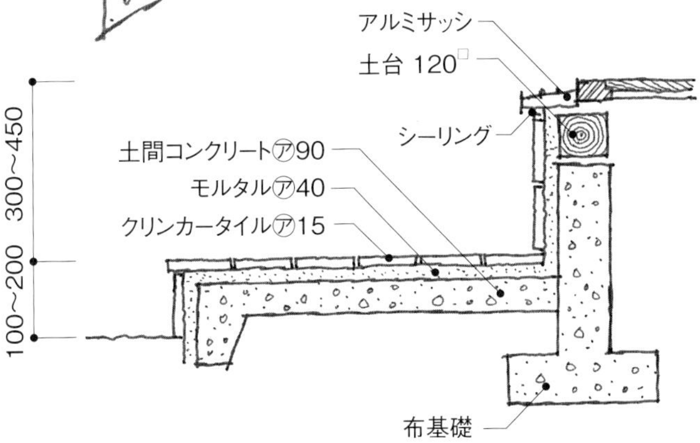
アルミサッシ
土台 120□
シーリング
土間コンクリート㋐90
モルタル㋐40
クリンカータイル㋐15
300〜450
100〜200
布基礎

テラスのバリエーション

①洗出し

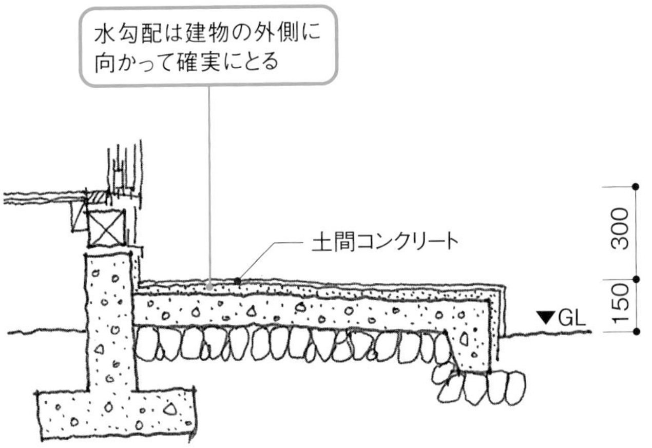
水勾配は建物の外側に
向かって確実にとる
土間コンクリート
300
150
▼GL

②レンガ仕上げ

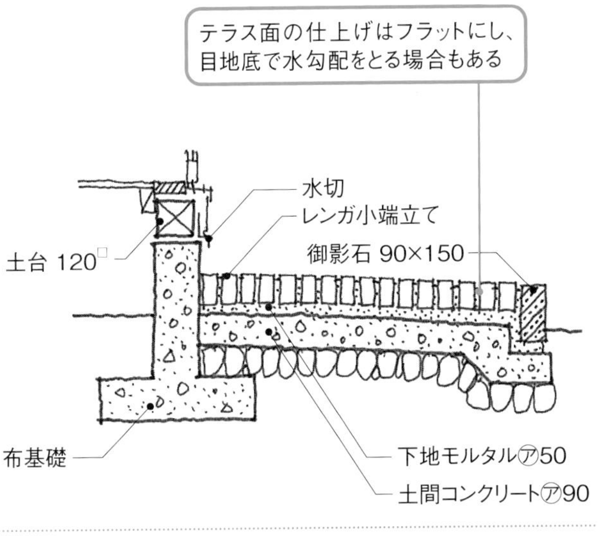
テラス面の仕上げはフラットにし、
目地底で水勾配をとる場合もある
水切
レンガ小端立て
御影石 90×150
土台 120□
布基礎
下地モルタル㋐50
土間コンクリート㋐90

門廻り

景観と防犯性、使い勝手と防水性など、複雑な条件を十分に整理する

変化してきた門廻りの役割

　門や塀は、私的な空間と公的な空間である道を分断し、殺伐とした街並みを生み出しているという意見と、プライバシーと防犯のためには欠かせないものでもあるという意見がある。宅地が狭小化しつつある現在、門と塀の意味やその在り方を真剣に考える必要があるだろう。

　門廻り全体は、その建物の顔にも例えられる場所であり、門自体はその家の象徴的な存在でもある。さらに、家に住む人だけではなく、門灯によって道行く人の足元を照らす役割などももつ。そのため、門廻りは、建物のテイストに合わせたものにするのが基本となるが、周辺環境との調和も考慮すべきであろう。また、塀、門柱、門扉、門灯、ポストなどは、統一性をもたせるためにも、トータルでデザインするとよい。

　防犯性を考えると、玄関ドアを開けた際に、門から室内が見えてしまうのは避けたい。門と玄関の間には、目隠しとなる植栽やフェンスなどを設置し、敷地が狭小の場合は、門の開口部と玄関が一直線上にならないよう、位置をずらすなど配慮する。

ポストには耐久性と防犯性が必要

　門廻りには、さまざまなアイテムが設置されるが、ここでは主に、門などに取り付けられるポストの納まりについて述べる。

　ポストは門や玄関口に取り付けられるが、必然的に風雨にさらされるため、耐久性と防水性が求められる。また、郵便物の盗難防止対策も必要となってくる。既製品を無造作に取り付けることですまさず、個性的なデザインのものをつくるのもよい。

門と門扉の例

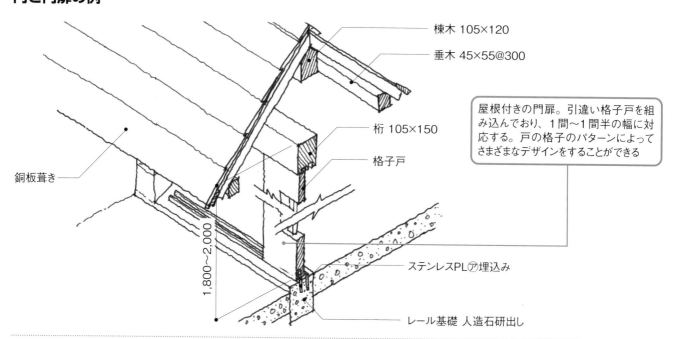

棟木 105×120

垂木 45×55@300

桁 105×150

格子戸

銅板葺き

1,800～2,000

ステンレスPL㋐埋込み

レール基礎 人造石研出し

屋根付きの門扉。引違い格子戸を組み込んでおり、1間～1間半の幅に対応する。戸の格子のパターンによってさまざまなデザインをすることができる

ポスト廻りの構成

①アイソメ図

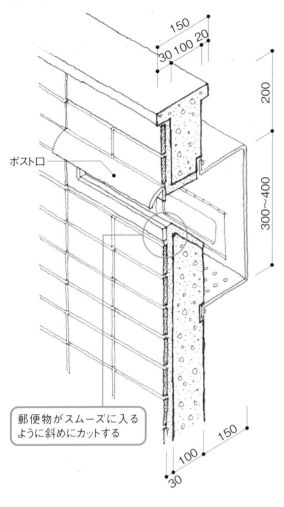

150
30 100 20

200

300〜400

ポスト口

150
100
30

郵便物がスムーズに入る
ように斜めにカットする

②断面図

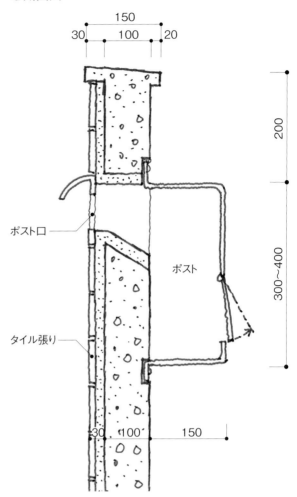

150
30 100 20

200

300〜400

ポスト口

ポスト

タイル張り

30 100 150

ポスト口のバリエーション

①塀につくり付けたポスト

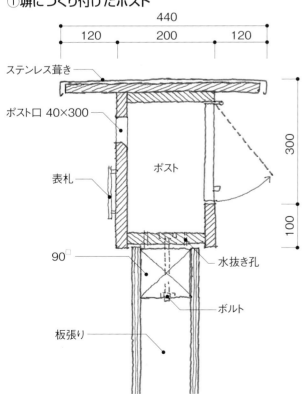

440
120 200 120

ステンレス葺き

ポスト口 40×300

ポスト

表札

300

100

90□

水抜き孔

ボルト

板張り

②コンクリート塀に既製ポスト取付け

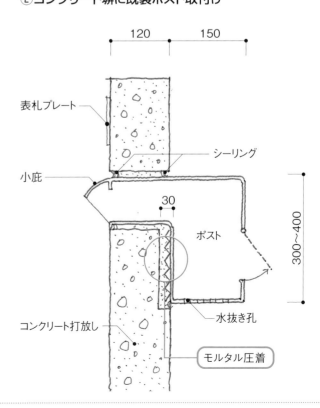

120 150

表札プレート

シーリング

小庇

30

ポスト

300〜400

コンクリート打放し

水抜き孔

モルタル圧着

アプローチ

玄関に至るアプローチで段差が大きな場合、安全面に配慮した形状や仕上げとする

アプローチは段差に注意

アプローチとは、道路から門、玄関にいたるまでの通路およびその周辺を総称したものである。通常、玄関は前面道路に面しており、アプローチには、道路や町並みといった公的な空間から私的な空間の間を取りもつ役割があるといえる。

道路から玄関口までのアプローチは、デザイン的にも機能的にも重要である。どこで高低差をつけるか、玄関の配置の仕方などで、物理的・精神的に変化をもたせる工夫を検討する。

また、道路と宅地のレベル差がある場合や、南道路・南玄関の配置の住宅では、来客者が庭先を通ることになるため、プライバシーの確保が必要である。そのうえで、建物への通風や日照を妨げないような工夫も必要となる。

敷地と道路にレベル差がある場合

敷地と道路に大きなレベル差がある場合には、スロープや階段を設けることになる。階段を設置する場合には、次の4点を考慮しなければならない。

①**階段の形状**：直通階段、回り階段、折れ階段などを敷地の形状に合わせる。

②**蹴上げと踏面**：蹴上げ150mm、踏み面300mm程度を確保すると、昇降しやすくなる。

③**仕上げ**：滑りにくい仕上げとするため、雨や雪などのときのために表面が滑りにくい材料を選ぶ。

④**照明**：足元灯の照明は、夜間でも階段がはっきりと知覚できるようなものを設ける。

● 蹴上げ
階段の1段の高さ。建築基準法では230mm以下にすることが定められている

● 踏み面
階段のステップの上面のこと。建築基準法では、踏み面の奥行は150mm以上と定められている

アプローチに段差がある場合の形式

①直通階段

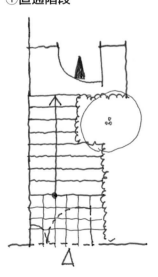

玄関へ直行する階段で、面積をあまり必要としない

②回り階段

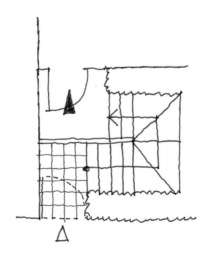

距離は長くなるが、趣のあるアプローチとなる

③折れ階段

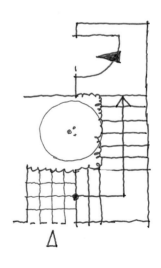

視線に変化が出るが、室内への視線は遮ることができる

アプローチの照明取付け例

①アイソメ図

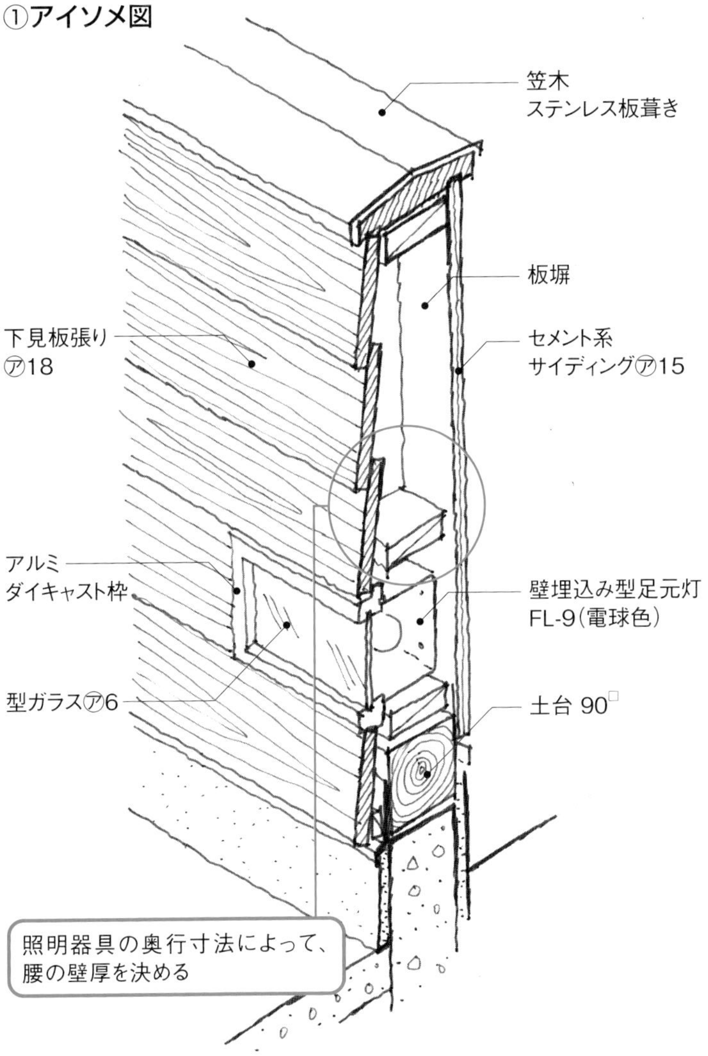
笠木
ステンレス板葺き
板塀
下見板張り
㋐18
セメント系
サイディング㋐15
アルミ
ダイキャスト枠
壁埋込み型足元灯
FL-9(電球色)
型ガラス㋐6
土台 90□
照明器具の奥行寸法によって、
腰の壁厚を決める

②断面図

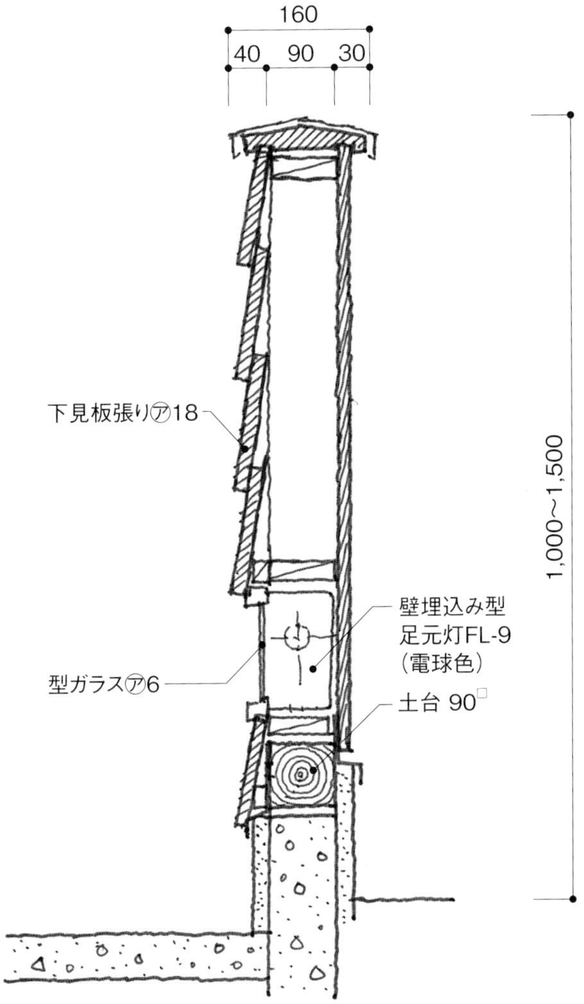
160
40
90
30
1,000〜1,500
下見板張り㋐18
壁埋込み型
足元灯FL-9
(電球色)
型ガラス㋐6
土台 90□

アプローチの仕上げ例

①レンガ敷きの場合

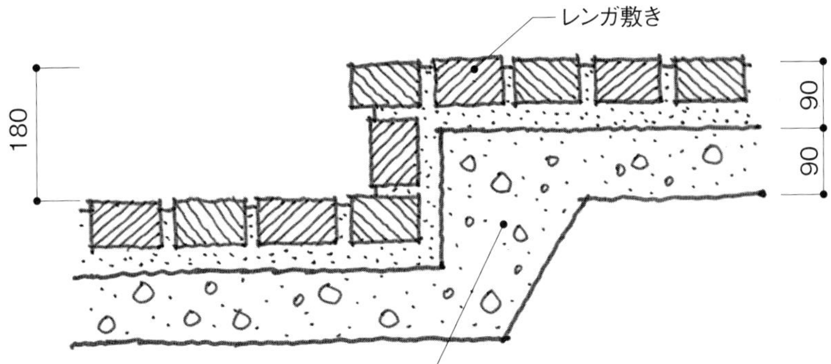
レンガ敷き
180
90
90
土間コンクリート

②洗出しの場合

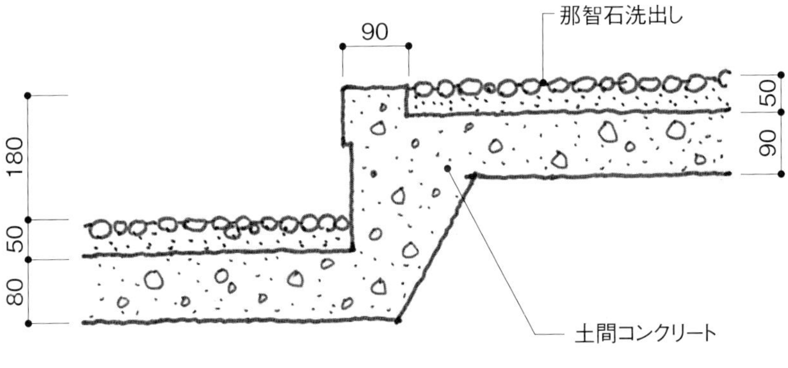
那智石洗出し
90
50
90
180
50
80
土間コンクリート

ガレージ・カーポート

車のサイズを確認し、車庫入れと乗降の動きから広さを確保する

カレージ・カーポートの構造

ガレージやカーポートは、車を停めておくスペースだが、一般に、車を格納するための建物がガレージ、壁のない柱と屋根のみのスタイルのものをカーポートと呼んでいる。なお、カーポートは屋根なしの駐車スペースを含めることもある。

ガレージには、大きく分けて独立型のガレージと、住宅と一体化したガレージがある。どちらのタイプでも共通して注意しなければならない点は、ガレージの広さである。車のサイズに応じて、車の幅と長さに対して余裕をもった寸法を確保しなければならない。またドアが開いた状態で、車への乗り降りに十分な寸法とすることが必要である。最小限の広さとして、車の長さに対して約800㎜、幅に対して約1,300㎜程度を加えたスペースが必要とされる。

ガレージは入口側が全面開口となるため、水平力に対して構造的な配慮をすることが必要である。

カーポートは、車1台用では、片側2本の支柱で屋根を支える片流れ屋根タイプが主流である。このほかに屋根の四隅を柱で支える両脚支持タイプや、2本柱を中心に左右対称に片流れ屋根がつく2台用の合掌タイプなども一般的である。

街の美観と機能性を両立させる

現在、私たちが生活するうえで自動車は欠かせないものになっている。自宅と行き先との関係はドア・トゥ・ドアが理想とされているが、町並み、家並みなどの美観などの点で、ただ自動車が置けるだけのガレージやカーポートでは十分とはいえない。

● 片流れ
屋根面が1枚で構成され、一方向に勾配がついている構造

● 合掌
2つの屋根材を山形に組み合わせた構造

カーポートの車止めポールの設置例

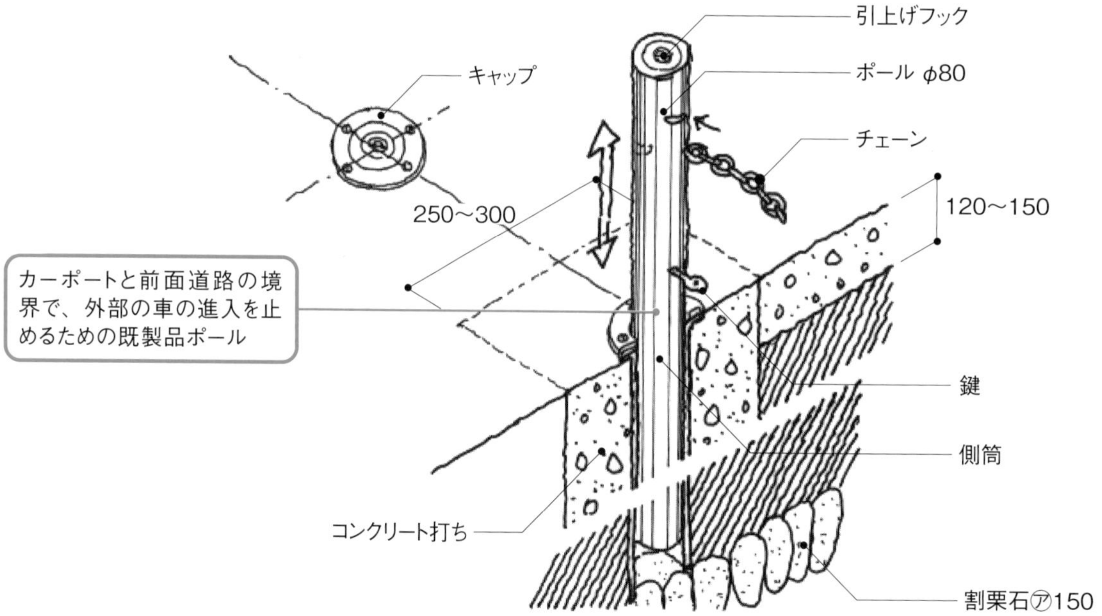

引上げフック
キャップ
ポール φ80
チェーン
120〜150
250〜300
カーポートと前面道路の境界で、外部の車の進入を止めるための既製品ポール
鍵
側筒
コンクリート打ち
割栗石㋐150

ガレージの構成例

①アイソメ図

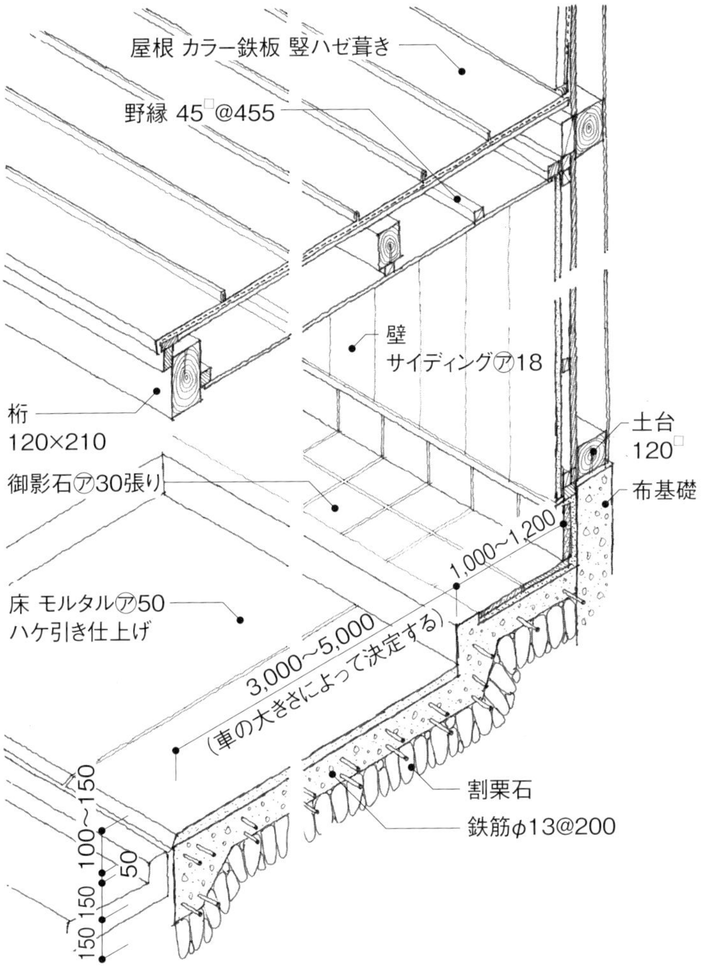

屋根 カラー鉄板 竪ハゼ葺き
野縁 45□@455
壁
サイディング㋐18
桁
120×210
土台
120□
御影石㋐30張り
布基礎
1,000~1,200
床 モルタル㋐50
ハケ引き仕上げ
3,000~5,000
(車の大きさによって決定する)
100~150
50
150
150
割栗石
鉄筋φ13@200

②断面図

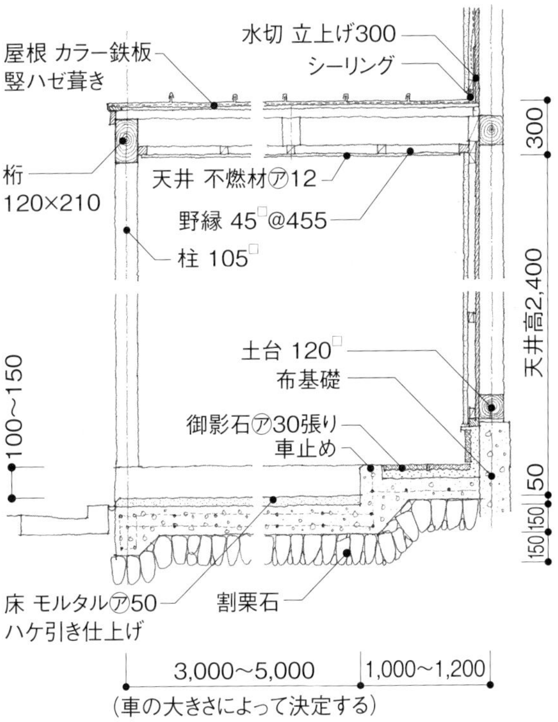

屋根 カラー鉄板
竪ハゼ葺き
水切 立上げ300
シーリング
300
桁
120×210
天井 不燃材㋐12
野縁 45□@455
柱 105□
天井高2,400
土台 120□
布基礎
100~150
御影石㋐30張り
車止め
50
150
150
床 モルタル㋐50
ハケ引き仕上げ
割栗石
3,000~5,000
1,000~1,200
(車の大きさによって決定する)

カーポートの車止めのバリエーション

①コンクリート床立上げの場合

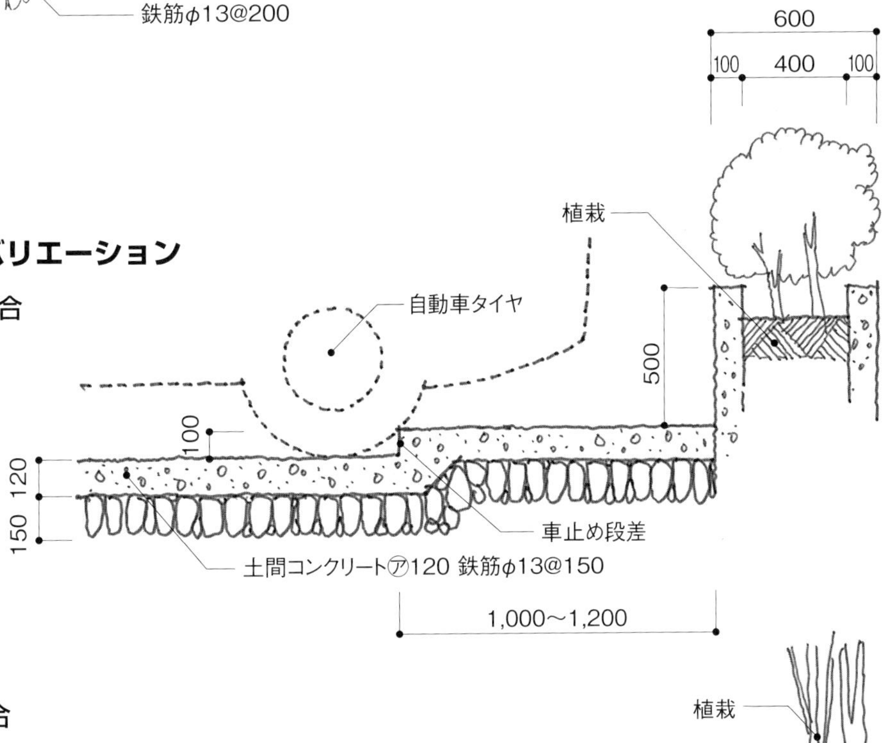

600
100
400
100
植栽
自動車タイヤ
500
100
120
150
車止め段差
土間コンクリート㋐120 鉄筋φ13@150
1,000~1,200

②車止めのみを埋め込む場合

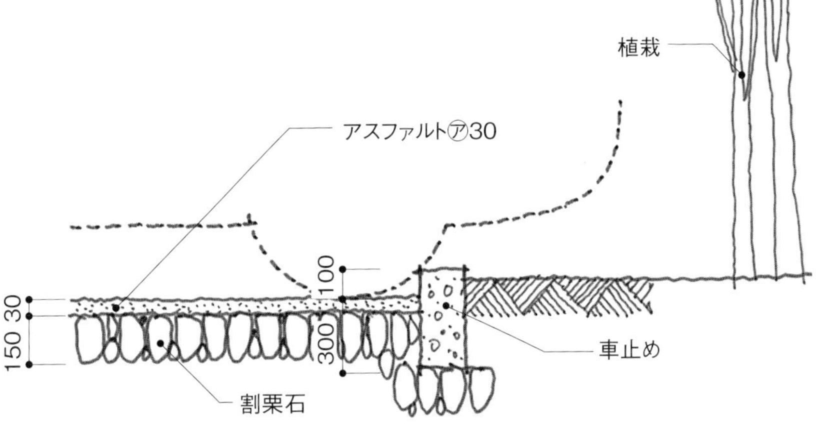

植栽
アスファルト㋐30
100
30
150
300
車止め
割栗石

外構

索　引

〈著者略歴〉

猪野 忍 [いの しのぶ]

1970 年法政大学大学院工学研究科修士課程修了。1968 年河原一郎建築設計事務所勤務。1976 年猪野忍建築設計（現、㈲猪野建築設計）設立。法政大学デザイン工学部兼任講師を経て、法政大学エコ地域デザイン研究センター研究員。ソフトユニオン会員。主な作品に、伊勢パールピアホテル、アニマル・メディカル・センター・ビル、可月亭庭園美術館、橋本邸（北鎌倉の家）、覚田邸（伊勢の家）、田中邸（T さんの家）など。主な著書に『世界で一番くわしい木造詳細図』、『木造住宅納まり詳細図集—コンプリート版』、『世界で一番幸福な国ブータン』（共著、エクスナレッジ）。『小さなコミュニティー』（共著、彰国社）など。

中山繁信 [なかやま しげのぶ]

1942 年栃木県生まれ。法政大学大学院工学研究科建設工学修士課程修了後、宮脇檀建築研究室勤務、工学院大学伊藤ていじ研究室助手、日本大学生産工学部建築学科非常勤講師、工学院大学建築学科教授を歴任。現在、TESS 計画研究所主宰。ソフトユニオン会員。

世界で一番くわしい木造詳細図 改訂版

2022年3月7日　初版第1刷発行

著　者　　猪野 忍
　　　　　中山繁信
発行者　　澤井聖一
発行所　　株式会社エクスナレッジ
　　　　　〒106-0032　東京都港区六本木 7-2-26
　　　　　https://www.xknowledge.co.jp/
問合せ先　編集　Tel：03-3403-1381 ／ Fax：03-3403-1345／info@xknowledge.co.jp
　　　　　販売　Tel：03-3403-1321 ／ Fax：03-3403-1829